CAYENDO HACIA ARRIBA

MI HISTORIA

TABOO

CON **STEVE DENNIS**

UN LIBRO DE TOUCHSTONE

PUBLICADO POR SIMON & SCHUSTER

NUEVA YORK   LONDRES   TORONTO   SYDNEY   NEW DELHI

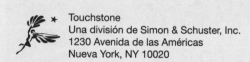 Touchstone
Una división de Simon & Schuster, Inc.
1230 Avenida de las Américas
Nueva York, NY 10020

Primera edición en rustica de Touchstone, October 2011

TOUCHSTONE y su colofón son sellos editoriales de Simon & Schuster, Inc.

Para obtener información respecto a descuentos especiales en ventas al por mayor, diríjase a Simon & Schuster Special Sales al 1–866–506–1949 o a la siguiente dirección electrónica: business@simonandschuster.com.

La Oficina de Oradores (Speakers Bureau) de Simon & Schuster puede presentar autores en cualquiera de sus eventos en vivo. Par más información o para hacar una reservación para un evento, llame al Speakers Bureau de Simon & Schuster, 1–866–248–3049 o visite nuestra pagina web en www.simonspeakers.com.

Diseñado por Ruth Lee-Mui

Impreso en los Estados Unidos de América

10 9 8 7 6 5 4 3 2 1

Library of Congress Cataloging-in-Publication Data es disponible.

ISBN 978–1–4516–2367–3

Para Nanny —por tu amor, en tu memoria.

Si uno avanza con seguridad en la dirección del sueño
de uno, y procura vivir la vida que uno se ha imaginado,
uno se encontrará con un éxito inesperado en horas
comunes.

—Henry David Thoreau

CONTENIDO

x

NOTA DEL AUTOR

Cuando era joven, en algún momento entre la niñez y la adultez, Nanny Aurora colgó un atrapasueños sobre mi cama. Me leía un cuento, luego me arropaba y me daba un beso en la mejilla y me deseaba buenos sueños. En ese entonces, no sabía lo que significaba este amuleto amerindio. Ahora creo que estaba ahí para atrapar mis sueños antes que otros los aplastaran.

A mis veintitrés años, y en algún lugar entre perseguir mis sueños y hacerlos realidad, mi abuela falleció y se juntó con el ser con el que hablaba todos los días: Dios. En aquel momento, no comprendía lo que significaba su muerte. Ahora creo que falleció para transformarse en el ángel que me salvó de mí mismo; frenándome a tiempo para que no destruyera el mismo sueño que ella me ayudó a construir.

Para cuando esté viejo, creo que llegaré a un entendimiento aun más profundo de mi vida —las razones, el propósito y significado de los caminos que tomé. Entre ahora y ese momento, me sentaré con mis hijos y les leeré esta historia como un legado de la familia Gómez. Se la leeré, espero, en parte como inspiración y en otra parte como un cuento con moraleja. Y el mensaje primordial será tan simple como una letra de una canción: "Sueña grande, encuentra un camino, hazlo realidad. Y no lo eches a perder al llegar".

Porque Dios no siempre nos brinda otra oportunidad.

A menos que tengas *mucha* suerte y camines con los ángeles.

Y créeme, yo fui uno de los suertudos, actuando y bailando con un atrapasueños llamado Nanny, quien con sus alas me ayudó a remontar vuelo y, aun más importante, me permitió seguir volando en el aire.

PRÓLOGO

Entro en razón en ese lugar llamado "tocar fondo".

Miro entre los barrotes de la prisión y evalúo la mierda en la que me he metido. Toma solo unos segundos darse cuenta que la mierda no llega a ser mucho más profunda que esto, y me siento engañado por mi propia estupidez: el arquitecto del sueño vuelto piloto kamikaze.

Esa dualidad demente hubiera formado parte de las palabras grabadas en mi lápida si no hubiera sido porque la gracia me salvó de la muerte.

En vez de eso, ahora puedo considerar el epitafio sobre mi carrera, si no mi vida: la redacción desconocida que la administración y el sello discográfico de los Black Eyed Peas están sin duda ya discutiendo con el cantero.

Me agarraron. Se acabó… todo terminó, me digo a mí mismo.

Tomo asiento con la espalda contra la pared helada, dolorido. Las drogas que latían por mis venas han perdido efecto y esto se siente como la humillación más empinada y oscura que me haya tocado vivir hasta el momento.

En los segundos previos a tomar conciencia, no sabía dónde estaba o qué estaba pasando; suspendido en el olvido. Al instante quiero rebobinar y atrapar esos segundos en un frasco y encerrarlos —y encerrarme— para crear un rudimentario globo de nieve casero. Pero, como es de esperarse de los castigos, no hay manera de escapar la realidad que yo mismo construí.

Mi cabeza se siente pesada y mecánica, mi boca está tan seca que siento como si tuviera una docena de bolitas de algodón metidas bajo la lengua, y la sensación de pavor se transforma en un pánico silencioso.

Estoy sentado sobre un banco de cemento en una celda sucia de policía, y mis muñecas todavía recuerdan la sensación de estar esposadas aunque mi mente sigue reconstruyendo los detalles fragmentados. Tres paredes grises me rodean. A mi derecha hay barrotes del techo al suelo que me separan del corredor que lleva a la oficina del jefe de policías.

Escucho voces. Sonidos débiles de actividad formal.

Luego risas.

¿Se están riendo de mí?

¿Los escuché decir "Black Eyed Peas"?

¿Qué están diciendo?

¿Qué están diciendo de mí?

La paranoia es cabrona cuando las drogas te la incrustan en el cerebro.

Mis músculos se tensan y tiemblan. Mi corazón late a todo dar. Este músculo en particular probablemente está igual de confundido que yo con el estilo de vida que llevo: latiendo con la excitación de la jala, y hundiéndose en ansiedad a la bajada. Y cada vez, en realidad, nunca sabe cuan cerca está de la muerte. Pero el resto de mi cuerpo sí parece estar muy consciente de su proximidad al abismo, porque todo por dentro se siente como si se estuviera volviendo gelatina y estuviera por estallar y cubrir las paredes de mierda. Hasta me siento claustrofóbico en mi propia piel.

Ahora sé cómo se siente mi gata cuando la meto en esa jaula antes de llevarla al veterinario. Sus grandes ojos siempre me dicen que ella tampoco sabe que diablos está ocurriendo, y de repente me identifico con ella.

Mi sudadera blanca se siente como una camisa de fuerza y mis piernas rebotan en los shorts de básquet negros que me había puesto de prisa antes de salir de casa. Deslizo mis pies dentro de mis chinelas y miro fijamente a la pared de cemento que tengo enfrente. No hay nada que ver excepto abolladuras, mugre y pintura descascarada.

En cuanto a la iluminación y amueblado, está el banco y hay un lavamanos en el rincón. Estoy agradecido por la ausencia de un espejo porque no quiero confirmar lo mal que me veo: pálido fantasmal con ojeras oscuras embrujando los ojos, la piel cubierta de acné, mejillas tan demacradas que me parezco al protagonista enmascarado de la película *Scream*. He visto esta cara miles de veces mirándome por el espejo del baño en casa cuando me recitaba palabras de ánimo a mí mismo.

"Vamos hermano, vas a parar", le urgía en voz baja a mi reflejo, "mañana estarás sobrio".

O la mentira: "Después de esta vuelta, nunca más voy a meterme esta mierda".

Es posible que cada vez que salía del baño, mi reflejo se quedaba en el mismo sitio, riéndose.

El vacío de la celda me recuerda mi primer apartamento en Hollywood. Solo que este antro es más limpio —no tiene cucarachas en cada grieta como mi viejo apartamento.

Mierda, no puedo volver a esos días. He llegado demasiado lejos.

Empiezo a caminar de un lado al otro, mis chinelas arrastrándose y saltando del piso, escupiendo un ritmo patético.

—La cagué —murmuro—, ¡la peor cagada de TODAS! —grito.

Las paredes de piedra me lo repiten con su eco, por si no lo escuché la primera vez.

En momentos como este, de niño, cuando pasaban cosas de mierda, yo me escapaba con mi imaginación y lo bloqueaba todo. Pero hasta al enloquecido y salvaje soñador le toca despertarse un día, y esta era mi señal de aviso, entregada la tarde del martes, 27 de marzo de 2007.

Este día cambiará mi vida.

Este arresto —por chocar la parte trasera del vehículo de una pobre mujer en la carretera mientras mi cerebro volaba con una mezcla loca de drogas— se registra alto en la escala de Richter de señales de aviso. Dicen que la vida te da algunas oportunidades para arreglártelas por tu cuenta antes de conspirar para que toques fondo en la perdición; la última advertencia antes del final. Me imagino que es aquí donde se empiezan a aprender las lecciones.

Fuera de la celda, escriben mi nombre en tiza: "Gómez". Sin necesidad del Jimmy. O, como me diría mi mamá: "Es JAIME (como se pronuncia en español); TU VERDADERO NOMBRE ES JAIME!!!".

No que importe. La vergüenza no te llama por tu primer nombre.

La fecha de nacimiento en la planilla de arresto revelará que tengo treinta y un años, que entre líneas se leerá burlonamente como un "A esta altura, debería tener más juicio". Especialmente de un hombre que está por casarse, que tiene un hijo, y que hace poco miró a la mujer que ama —que *verdaderamente* ama— a los ojos y le prometió: "Cambiaré. Las cosas serán diferentes".

"Sí, claro", me imagino que diría mi chica, Jaymie (pronunciado como suena en inglés, "jay-me").

En ningún lugar mencionan mi nombre artístico: Taboo. Es como bien me dijo el oficial cuando me encerró de un portazo:

—Eso no cuenta para nada. Aquí eres igual que todos los demás, amigo.

La ironía es otra patada en las bolas. He pasado toda mi vida trabajando como un burro para lograr ser algo más que "igual que todos los demás", he tratado de escapar de una vida común y corriente y romper el molde. Nunca me conformaría con una vida de salario fijo. Deseaba estar en el mundo del espectáculo. Eso es todo lo que quería desde los cinco años, y lo había logrado.

En 1995 nació el sueño. Ya no era solo Jimmy Gómez de Rosemead, California. Me convertí en Taboo, uno de los fundadores de los Black Eyed Peas. Nuestro viaje había empezado a estallar desde 2001, llevándonos de ser un pequeño grupo *underground* de Los Ángeles a una estratosfera que por momentos nos cuesta creer. Las celdas policiales son lugares terribles para darse cuenta cuan dichoso se ha sido.

Solo seis semanas antes de yo terminar aquí, ganamos Mejor Interpretación Pop por "My Humps" en los premios Grammy de 2007, sumándose a los otros dos gramófonos dorados que recibimos en 2005 y 2006. Esa misma noche en 2007, anunciamos el premio Grammy a la carrera artística de Booker T. & the M.G.'s, y yo abrí el sobre y dije el nombre de Mary J. Blige como la ganadora del mejor álbum de R&B por *Breakthrough.* En la superficie de Hollywood, la vida no podría haber sido más perfecta. Pero los demonios se escondían bajo ese exterior brillante, y ellos nunca están satisfechos con solo logros y felicidad. Los demonios internos desean tu sueño de igual manera que tú, pero ellos solo quieren que lo logres para volvértelo mierda. Yo soy el cliché de Hollywood. El clásico ejemplo de alguien que no está preparado para el éxito que deseó.

En mi mente, coloco estas dos escenas de Los Ángeles una al lado de la otra: la noche de los Grammys con los Peas y Mary J. Blige por un lado, y por otro esta vergüenza, vivida en solitario dentro de la estación policial de City of Industry en el San Gabriel Valley. Todas mis supuestas máscaras de estrella de rock se hicieron trizas contra el piso de esta celda y estar así de expuesto me hace sentir un farsante.

Un policía se acerca a los barrotes. Señala un vaso vacío y me dice que me habían pedido que orine en él para una muestra, pero fui incapaz; tenía tantas drogas en mi sistema que ni siquiera me estaba funcionando la tubería.

—Vamos a necesitar hacerte un examen de sangre —dice el policía.

Miro detrás de él, a lo largo del corredor, y veo un reloj. Son las cuatro de la tarde. Mierda.

Mi entrenador de actuación Carry Anderson y mi agente de cine Sara Ramaker estarán volviéndose locas.

Nunca voy a llegar a la cita.

"Esta se viene a lo grande… puede ser buena para ti", me había dicho Sara unos pocos días antes.

Hoy era la gran reunión con los productores para hablar sobre un pequeño papel en la película *The Bucket List,* protagonizada por Jack Nicholson y Morgan Freeman. Me estaban ofreciendo el papel de Manny, el mecánico —otra cosa hecha trizas.

Han pasado ocho horas desde que me arrestaron y el policía me recuerda como me salvó de una paliza más temprano. Trato de hacer memoria y pregunto cómo.

PRÓLOGO

—No parabas de rapear y estabas compartiendo una celda con dos miembros de un *gang* —me explica—. Ellos te pedían a gritos que te callaras. Te tuvimos que mudar a otra celda por tu propio bien.

Mierda, ahora me acuerdo.

—Sí —agrega—, seguías rapeando y diciendo que eras de los Black Eyed Peas.

Sonríe mientras dice esto, como si supiera que me dolería.

Mi humillación es total. Me siento asqueado de ser quien soy. El policía sigue parado ahí, mirándome fijo, indiferente a mi crisis. Debe estar acostumbrado a ver tanto remordimiento desenmarañarse aquí.

Para este momento me he convencido que ya no tengo una carrera esperándome.

Quiero arrancarme la cabeza y tirarla contra la pared. Quiero colgarla del techo como una piñata y reventarla con un bate para que toda la demencia auto-destructiva termine en pedazos sobre el piso.

—Ah —dice el policía antes de partir—, y mejor te cuento que los *paparazzi* te están esperando afuera.

Y se va.

Me apoyo contra la pared y espero algunas formalidades: que mis managers paguen los $15.000 de fianza, que me hagan el examen de sangre y que me tomen la típica foto de la ficha policial que ya sé terminará en el programa TMZ —y así es.

Mientras espero, mi culpa proyecta un montaje de imágenes y personas sobre la pared de enfrente: está Jaymie saliéndose de sus casillas, preguntándose por qué nunca llegué a casa; está Josh, mi hijo adolescente de una relación previa, asustado y desconcertado, pensando en qué habrá terminado su papá; está Will, Apl y Fergie, sacudiendo sus cabezas y preguntando "¿Qué estabas pensando, amigo?".

Luego me imagino a mi padrastro Julio suspirando y chasqueando mientras dice en voz alta: "Ayyy, Jaime".

Como siempre lo hizo.

Y después está la cara de Nanny Aurora —mi difunta abuela materna, mi segunda mamá, mejor amiga, confidente, principal animadora, inspiración y la roca en la cual me apoyaba para seguir adelante. Habíamos visualizado que yo lo lograría en la industria de la música desde que era un niño. Pensar en ella es lo único que logra tranquilizarme por el momento. Pienso en ella y desaparezco en aquellos días de mi niñez como si fueran una manta de consuelo.

Tengo seis años y estamos en El Mercado, un gran mercado cubierto de la comunidad mexicoamericana de East L.A. (el este de Los Ángeles). Mis pies han recogido tierra de arrastrarlos por las baldosas en forma de diamante, y el olor a cuero no deja mi nariz. Estoy sentado en una butaca con Nanny —la misma butaca negra y bronceada que reservamos cada domingo, semana tras semana, para conseguir los mejores puestos de la casa— dentro del restaurante del segundo piso El Tarasco, ubicado por encima del laberinto de casetas de feria. Nanny está sentada enfrente mío, su pelo tan blanco como la nieve atado con un pañuelo, sus hombros cubiertos por un chal negro.

Mis pies casi no llegan al piso y estoy fascinado por el asombro en su cara mientras me trago el tazón de sopa, sin sacarle los ojos de encima mientras ella mira para el costado hacia la pista de baile vacía, ilusionada. Está tan... entusiasmada. Me hace sentir el mismo entusiasmo. Nos ha traído aquí para darnos un gustito semanal mutuo al ver el grupo musical mexicano: los mariachis.

Estos tipos son mis reyes. Mi abuela ama a Freddy Fender, Elvis Presley y los mariachis de El Mercado. Juntan al oeste de México con el este de Los Ángeles. Somos súper fanáticos: nos subimos al autobús RTD cada semana, cada domingo a la tarde, para llegar a este sitio entre Lorena y 1st Street, y llegamos temprano para conseguir nuestros puestos antes de que el gentío de la hora del almuerzo se de cuenta que el espectáculo está por comenzar. Y, de repente, salen —un conjunto conformado por un violinista, un guitarrista, un trompetista y un cantante principal, tocando sobre una pista de baile de madera como escenario, con una pared terracota de fondo. No hay nada más emblemático de la música mexicana que los sonidos de los mariachis, con canciones que son serenatas para las mujeres. El pie de mi abuela lleva el tiempo desde el momento en que vibra la primera cuerda de la guitarra, mientras bailan con sus grandes sombreros y cantan, de alguna manera, con una sonrisa permanente en sus caras. Ella me pesca viéndola.

—Míralos, Jim —me dice.

Siempre me llama Jim, nunca Jaime. Siempre en inglés, no en español.

Los conjuntos de los mariachis son deslumbrantes, brillando con tachuelas y botones plateados. Su energía es contagiosa, y los veo trabajar duro animando a la gente, ganándose los aplausos. Caras previamente abatidas de las largas horas en trabajos difíciles ahora están resplandecientes como la de mi abuela. El sitio esta que arde. La gente se levanta para bailar. Desconocidos se juntan. Mi abuela aplaude al ritmo. Yo me empiezo a reír y también aplaudo, la sopa ya terminada.

—Si tú quieres bailar y actuar como ellos, Jim, puedes —me dice Nanny, acercándose—. ¿Quieres bailar algún día?

Asiento con la cabeza a todo dar.

Ella señala cada detalle de sus conjuntos mientras tocan: las costuras, los botones minuciosamente lustrados, el blanco inmaculado de sus botas, como todo brilla y hace juego, como se mueven sincronizados, cuán bien han ensayado. Está todo en el detalle, detalle, detalle. En aquel entonces no lo sabía, pero me estaba

PRÓLOGO

entrenando la mente y alimentando mi sueño. El detalle de la presencia, el detalle en la ejecución. Mi mente inconciente de niño considera mi primera lección en el mundo del espectáculo bien y verdaderamente afianzado.

Salgo de El Mercado dando brincos, lleno de energía por aquella actuación que nunca nos cansamos de ver. Nanny me hace pensar —me hace creer— que un día yo podría ser un artista, aun mejor que los mariachis. Los sueños que luego tejeríamos iban mucho más allá del restaurante El Tarasco.

—Un día, podrías estar subiendo las escaleras hacia un escenario ante el mundo. Créelo, Jim. Créelo.

Nanny me expuso a la música, el baile y el mundo del espectáculo a una temprana edad, y me enseñó en qué fijarme. Aunque los Black Eyed Peas eran de un mundo totalmente diferente al de los mariachis, nadie podría haber estado más orgullosa cuando los primeros brotes de éxito empezaron a nacer antes de su muerte en 1996.

"¡Así se hace, Jim!", me gritaba, "¡Bien hecho!".

En los límites de la celda que me he ganado, empiezo a llorar, sosteniendo mi cabeza en mis manos.

Mi propia vergüenza es peor que cualquier otra cosa que me puedan apilar otros.

Entonces, antes de que esta culpa me derrumbe, es como si su espíritu me pegara con su cepillo de madera. Solo me pegó una vez con ese cepillo —cuando me excité demasiado mientras me peinaba. Pero si alguna vez necesitaba un buen golpe de su parte, era ahora.

Nanny estaba orgullosa de sus raíces amerindias al igual que las mexicanas. Era parte Shoshone, y me alentaba a adoptar el "espíritu guerrero", que estaba, como decía ella, por siempre en mi sangre. Bajo la ley Shoshone, un guerrero derrotado debe abandonar la tribu para siempre. Así lo exigía la leyenda.

Estos pensamientos me dan un sacudón. ¿Estaré en camino al exilio?

Cuando tu tribu es los Black Eyed Peas, cuando tienes una familia tan llena de amor y cuando has trabajado tan duro para alcanzar un sueño, no hay derrota. Solo existe la autoderrota.

Hasta con toda la culpa bien merecida que siento, me paro, me siento lleno de poder, como si me estuviera animando previo a un concierto.

No dejes que esto te gane, sigo diciendo, repitiéndolo como un mantra.

No dejes que esto te gane, sigo escuchando, como si fuera la voz de otra persona.

En ese momento supe que tenía que reinventar mi forma de pensar.

Me hago una promesa en silencio: ahora puedo llegar a parecerme al arquetipo de celebridad patética a quien le dieron el mundo y lo tiró a la basura, pero esto no me quebrará.

No ha terminado… no ha terminado, me digo.

Los Shoshones admiran la fuerza, la sabiduría y el poder del espíritu, no la debilidad, la ignorancia y la inutilidad del ego humano.

Me subo la manga derecha de mi sudadera y ahí está mi recordatorio: un tatuaje de Australia 2002, chamuscado en tinta sobre mi piel en caracteres chinos y japoneses, deletreándome: "Espíritu Guerrero".

Espabílate. Ponte en contacto con aquel espíritu guerrero.

Te has caído, Tab, eso es todo. Levántate. Vuelve a armar el rompecabezas.

Cuando finalmente estoy sobrio, la policía me deja recuperar mi Range Rover Sport. En el camino a casa, hay solo una pregunta que se repite en mi mente: "¿Cómo llegué a esto?".

PRÓLOGO

Cayendo Hacia Arriba

DEJANDO DOG TOWN

Todos en los Black Eyed Peas decimos que somos unos inadaptados, y en mi caso es verdad. Muchas veces me he imaginado la cara de todos cuando llegué al mundo un 14 de julio de 1975, poco después de la una de la tarde de un Los Ángeles ardiente. Ahí estaba, listo para estallar en el escenario de la vida como este ansiosamente esperado, niño mexicoamericano de piel oscura con ascendencia amerindia, y entonces llegué... con una piel que no podía ser más blanca.

—¡Ay, mira, es blanco como un coco! —fueron las primeras palabras que le dieron la bienvenida a mi nacimiento, dichas por mi padre Jimmy.

Con ambos padres de tez oscura y la sangre de los Shoshone fuerte del lado de mi madre, este no era el tono de bebé que habían ordenado.

El tío Louie, hermano de mi mamá, llegó al cuarto, me vió y dijo:

—¡Parece una rata blanca y larga!

Mamá dijo que simplemente estaba agradecida de que salí rápido.

No estoy diciendo que fui una desilusión. Solo estoy diciendo que desde que salí a la luz estaba rompiendo el molde. Por lo tanto, no le debería haber sorprendido a nadie que, uno, crecí sintiéndome algo marginado y, dos, había una gran posibilidad de que siguiera así y me convirtiera en un inconforme. Desde el primer día, fue claro que no iba a cumplir con las expectativas de nadie.

Nanny lo entendía: luego me diría que ella sabía que yo iba a ser diferente desde aquel primer minuto. Pero en sus ojos tolerantes, "diferente" lo decía como algo bueno. Me imagino que hasta en aquel momento ella ya sabía que yo no sería igual a los demás.

Nací en el East Los Angeles Doctors Hospital, sobre el bulevar Whittier —una calle que parece interminable y hoy día esta repleta de mercados y tiendas de todo por un dólar, pero que una vez fue la capital de los chavales paseando en sus *low riders* en el lado este de la ciudad durante la década de los sesenta, inmortalizados por un grupo chicano de siete piezas llamado Thee Midniters. No salía mucho de East L.A. en aquella época más allá del hit de este grupo "Whittier Boulevard", que llevó a que se refirieran a ellos como los "Beatles locales", aunque dudo que eso le molestara a John Lennon y Paul McCartney.

En el *baby shower* unas semanas previa a mi nacimiento, mi mamá no podía parar de bailar. Cuando escuchaba música tenía que moverse.

—¡Laura!—le decían todos. Laura era una abreviatura de Aurora—, vas a tener el bebé si pierdes cuidado!

—Pero no puedo parar de bailar. ¡Necesito bailar! —le respondió ella.

Y bailó y bailó, y todos rieron, por casi dos horas seguidas.

Mi mamá dice que sabía que yo iba a ser tremendo en este instante. Es bueno saber que hasta en la matriz ya estaba inyectando la vibra de los Black Eyed Peas, saltando y metiéndole rock, haciendo que todos se pararan a bailar. Mi mamá dice que fue así durante el último trimestre de su embarazo.

Por eso me gusta pensar que empecé a bailar hasta antes, siquiera, de comenzar mi vida. También me gusta pensar que le avisé a mi mamá con anticipación lo que le esperaba.

Si me conocieras en la calle y no supieras nada sobre los Black Eyed Peas y me preguntaras mi nombre y dónde nací, la respuesta te podría despistar. Te daría mi nombre de pila: Jaime Luis Gómez. Te diría donde crecí al principio: una comunidad mexicoamericana en East L.A. Eso seguramente te sorprendería porque, como muchos, podrías pensar que soy asiático. Si te dijera las viviendas subvencionadas donde crecí y si conocieras East L.A., notaría esa mirada sorprendida y te diría, sí, eso es —el barrio llamado Dog Town por el *gang* de la zona. Esto es todo parte de mi identidad, tan informativo como los sellos de un pasaporte. No te dicen nada sobre quién soy o cuál es mi historia, y lo que mejor me explica, al recordarlo, es por qué nunca sentí que pertenecía desde el primer día. No me malinterpretes, nadie está más orgulloso de mis raíces mexicoamericanas que yo, pero estas son meramente mis raíces e identidad nacional. Esta información no termina por definirme.

El señor Callaham, mi maestro de inglés en décimo grado, una vez dijo que toda historia requiere un buen comienzo, un desarrollo y un final. Lo recuerdo

diciendo eso. Debe de haber sido una de las pocas veces que estaba prestando atención en clase en vez de estar soñando.

La cosa es que no estaba contento con la historia que me habían presentado: el latino que debería entender su lugar en el mundo, mantenerse leal al barrio y conseguir un "trabajo de verdad" de nueve a cinco. No le veía un bueno comienzo, desarrollo ni final a eso.

Tienes que entender que en mi comunidad estaba la historia que te dieron al nacer —una copia de la misma que le dan a todos los demás que te rodean: un futuro lleno de limitaciones que le pregunta al ensoñador: "¿Qué te hace creer que eres especial?". Creo que yo nací con algo de ese espíritu amerindio guerrero del cual hablaba Nanny, brindándome un desafío que se negaba a respetar los límites preestablecidos. Para mí, tienes que estar dispuesto a destrozar el bloque de hielo que te ha encerrado. Tienes que estar dispuesto a salir y ser tan original como quieres, convertirte en la persona que tienes el potencial de ser, en vez de ser la persona que otros esperan que seas. Se trata de romper la historia sin esperanza y reescribirla con el guión del ensoñador. Algo innato en mí sabía esto desde niño.

Hay una cita que mi compinche y mejor amigo David Lara y yo muchas veces nos recordamos: "Aquellos que abandonaron sus sueños siempre desalentarán los sueños de otros".

Aprendí de chico que pocas personas te dicen lo que es realmente posible, salvo los espíritus libres como Nanny. Porque si te conviertes en el que si la logra, entonces les recuerdas a los otros de sus propias limitaciones y lo que ellos, quizá, podrían haber hecho pero eligieron no hacer. Busca cualquier comunidad unida y luego encuentra el soñador de esta, y siempre habrá un grupo mala onda cagándose en su sueño.

Por eso soy mucho más que simplemente de dónde vengo. Porque lo que era invisible —la determinación, la creencia, la perseverancia— es lo que moldeó mi historia, y para aquellos que me pusieron trabas con dudas o nunca creyeron que llegaría lejos, solo una respuesta silenciosa me cruzaba la mente: *¿Ah, en serio? ¿No lo crees? Pues entonces, mírame bien.*

Mi mamá, Aurora Sifuentes, y mi papá, Jimmy Gómez, se conocieron en un mercado mexicano en el este de la ciudad. Mamá estaba de compras con Nanny, Aurora madre, cuando sus caminos se cruzaron. Probablemente dice mucho el hecho que no sepa más sobre la parte romántica. Mamá era una estudiante de veinte años, asegurando las calificaciones que a la larga le conseguirían el trabajo como oficial del Los Angeles Unified School District —el distrito escolar de Los Ángeles—, y mi papá era un mecánico de veintitrés años. Previamente había tenido una relación con una mujer llamada Esther con quien produjo un hijo, mi medio hermano Eddie que tiene cuatro años más que yo. No sé los detalles de esa historia enredada aparte de que Eddie terminó quedándose con Papá.

Mamá y Papá se enamoraron, se casaron y ella quedo embarazada conmigo a sus veintidós años, pero la etapa de luna de miel no duró mucho porque, como me contaría mi mamá, mi padre tenía dos lados. Su mejor lado era el de caballero bondadoso y cariñoso. Su lado malo era del bebedor y, cuando aparecía este lado, el hombre encantador y guapo desaparecía y dejaba solo al dañado. No era mal tipo, pero el alcohol tristemente lo cambió. Más adelante se recuperaría, pero no antes de que fuera demasiado tarde en cuanto a mi mamá.

Al parecer, bailaba un baile de borracho llamado el "Pepe Stomp", lo que en español sería el pisoteo de Pepe. Básicamente trataba de nada más técnico que el dando pisoteadas en el mismo sitio, cada vez más rápido. Una vez, perdió el equilibrio y se cayó para atrás en el corralito de niño que estaba armado para mi llegada. Se estrelló contra él y quedó dando vueltas en el piso borracho. Yo ni había nacido y ya mi mamá estaba preocupada por mi bienestar. La gota que rebasó la copa fue durante una discusión cuando levantó una bicicleta y se la tiró encima, ya ella entrada en el embarazo. La bicicleta no le llegó a pegar a mi mamá, pero casi aplasta a mi medio hermano Eddie quien quedó parado en llanto por el proyectil de dos ruedas que casi lo golpea. Mamá fue lo suficientemente lista y fuerte como para irse de ahí poco después.

Por eso no conozco a mi padre. Estuvo en mi nacimiento y se mantuvo cerca por un rato, pero era uno de esos papás por escrito y por sangre, pero no por acción. No tuvo casi nada que ver con criarme. Mamá solía reírse porque la canción favorita de mi papá era "Daddy's Home" (Papá está en casa) por Shep & The Limelites. Nada mal para un padre ausente.

Admiro a mi mamá por tener el valor para empezar de nuevo y escoger la vida de madre soltero. De muchas maneras, hubiera sido más fácil quedarse con él, pero ella escogió la opción más dura y un trabajo de medio tiempo en una juguetería cerca del centro de Los Ángeles. Estos momentos difíciles no le eran nuevos. De niña, su casa había sido un garaje convertido en un apartamento de un ambiente improvisado, compartido con su tío Louie y Nanny.

El nombre de Nanny era Aurora Acosta cuando se casó con Luis Sifuentes. No se más nada sobre mi abuelo más que siempre andaba con traje y zapatos, y la dejó a principios de su matrimonio. Nunca comprendí por qué me nombraron como los dos hombres menos fiables en las vidas de las dos mujeres que me criaron: Jaime y Luis. ¿Por ahí la intención era que fuera la versión mejorada de los dos?

Mamá siempre decía que era guapo "como tu padre", pero yo pensaba que era más bien feo, así que nunca le agradecí eso. Tenía su nariz, sus orejas y su

nombre, pero las semejanzas terminaban ahí. Yo soy alto, el es bajo. El es de piel oscura, yo soy más blanco. Yo tengo ambición, él no.

Nanny mantuvo una relación cordial con mi abuelo, pero, en este entonces, una madre soltera de dos hijos, independiente, era como estar en una isla desierta, así que vino bien que fuera una superviviente.

Su primera prioridad era conseguir un techo para nosotros, y ella sabía de unos amigos que tenía lugar en su garaje.

—No tengo mucho dinero, pero te lo alquilo —ofreció.

—¿Y que harías con el espacio? —le preguntaron.

—Convertirlo en un hogar —respondió Nanny.

Y así fue que este espacio, no más grande que una sala de estar, fue donde vivió la familia por un rato, equipado con estufas, muebles y hasta una televisión portátil. Ella lo volvió lo más cómodo que pudo.

Cuando se necesitaba ropa "nueva", Nanny la hacía de cualquier tela que pudiera suplicar, pedir prestada o encontrar. Luchó a lo grande para mantener a sus hijos, pero no aceptaba el reconocimiento de heroína. "Lo único que importa es la familia", me dijo una vez, "lo demás se arreglará solo".

Creo que no necesitaba un hombre después del abuelo porque solo había un hombre en el cual ella confió después de eso, y su nombre era Dios. El hecho de que en última instancia logró comprarse su propia casa cuando sus chicos eran grandes y pudo mudarse habla mares sobre la fe que tenía, y la situación imposible que transformó a su favor.

Con esa definición sobre lo que realmente se siente al luchar, es fácil entender por qué mi mamá pensó que hacerlo todo sola no era gran cosa. Pero no estaba sola. Me tenía a mí. Y esos próximos cinco años serían los más felices que compartiríamos. Éramos solo ella y yo contra el mundo.

De niño, no podía ver los horizontes.

Por donde miraba, habían paredes, alambradas y portones confinándonos, y el gran bloque de L.A. County Jail —la cárcel del condado de Los Ángeles— estaba plantada a más o menos una milla calle abajo, fea, con seis pisos de altura. Vivía dentro de una jungla de concreto dentro de Los Ángeles, una metrópoli de concreto; una zona de la ciudad que la oficina de turismo no promociona; una vecindad pobre que está a un mundo de distancia de Sunset Boulevard, Melrose Avenue, Beverly Hills y las playas.

El barrio era uno de los proyectos de viviendas subvencionadas del gobierno construido en 1942 para las familias mexicoamericanas de bajos recursos. En inglés se llamaban los *projects*. El nombre oficial era el William Mead Housing Project, y alojaba a 450 moldes idénticos, uno al lado del otro, con una uniformidad deprimente; bloques de ladrillo con dos o tres piso pintados un rojo amarronado con una banda de pintura blanca que separaba cada piso. El número y color de la puerta de entrada era lo único que distinguía cada edificio. Juro que hasta las palmeras y los tendederos triangulares estaban situados en el mismo lugar afuera de cada edificio.

No era un lugar donde se cumplieran los sueños, y la vida era dura dado todo el desempleo, las drogas y el crimen. Las vidas de las personas parecían igual de moldeadas que la de los bloques de edificios, y las opciones estaban restringidas. Pero por más deprimente que pareciera la vida para el de afuera, había un gran sentido de familia, comunidad y valores que nos mantenía unidos.

Nuestra casa era el primer piso de un edificio en la esquina al final de una de las cuadras rectangulares llena de apartamentos mínimos. No era más que un ambiente con una puerta enrejada, y Mamá y yo éramos dos de mil quinientos residentes en ese lugar, acorralados por la cárcel del condado por un lado y el río de Los Ángeles por otro. El río terminaba en el Océano Pacífico en Long Beach, pero ese es el único hecho idílico que puedo usar para describir el barrio.

Este primer hogar fue un lugar especial porque representaba el mundo que compartía exclusivamente con mi mamá. Las paredes eran todas blancas y había lugar para un sofá estampado con flores rojas que desentonaba con las sillas amarillas de respaldo duro que estaban alrededor de la mesa del comedor de madera. Compartíamos una cama y teníamos una televisión en blanco y negro. La puerta de entrada abría a un balcón que, cuando jugaba a que era un soldado o guerrero, se volvió mi puesto de vigía al mundo, bajo el foco del sol de California.

Nanny Aurora era una visita constante, llegaba en el autobús desde su casa en el centro-sur de Los Ángeles, y los tres nos sentábamos afuera en el balcón comiendo helado Nutty Buddy que ella regularmente traía de regalo. No pasaba ni una semana sin que Nanny nos visitara, y si no, nos subíamos a un autobús para ir a visitarla. El vínculo entre madre e hija era feroz, y yo, como hijo y nieto preferido, era el niño afortunado que recibía todo el amor y la atención en el medio.

Un piso debajo del balcón había un pedazo de pasto usado y quemado. Quemado por el sol y usado por las ruedas de mi gran bicicleta roja Big Wheel. Este pedazo era tanto mi zona de recreo como mi escenario mientras Mamá se mantenía ocupada arriba, vigilándome mientras escuchaba su colección de vinilos de música disco de los Bee Gees, Donna Summer y Chic. Era una reina del disco, y cada vez que escucho "Le Freak" de Chic o "Funkytown" de Lipps Inc., siempre me lleva a aquellos días abrasadores jugando afuera en mi primer hogar.

Pasé mis primeros años corriendo, pateando mi pelota de fútbol americano y andando en mi Big Wheel por los caminos alrededor del edificio, con los pies en el aire jugando a que estaba en una patrulla motorizada. Mamá muchas

veces me mandaba afuera con un disfraz: de guerrero, de pirata o de luchador de la lucha libre mexicana. Me rellenaba la camisa y me daba una toalla como capa, y yo me mandaba unos movimientos mortales para ganar el campeonato al ganar combates clave contra mis contrincantes imaginarios. Siempre jugaba a ser algo o alguien en ese escenario de pasto porque no nos alcanzaba para la alta tecnología de la consola del Atari y sus seductores cartuchos de juego.

Lo recuerdo ahora y veo lo básica que era la vida, pero no crecimos queriendo o codiciando cualquier cosa. Éramos los desposeídos que no sabíamos lo que era poseer. Era igual para todas las familias de bajos recursos, y matábamos el tiempo jugando a la pelota y armando nuestra propia diversión en nuestros mundos imaginarios.

Muchas veces jugaba solo. De vez en cuando veía a Eddie mientras Papá entraba y salía de los primeros dos años de mi vida, luchando por que lo dejaran volver, pero siempre enfrentándose al sabio bloqueo de mi mamá.

De chicos, había una cosa que nuestros ojos jóvenes no se perdían: el grafiti gigante sobre toda pared. Crecí leyendo las palabras DOG TOWN al final de cada cuadra, sobre muros de piedra y garajes. Esta letras escritas en *spray* negro eran más altas que yo, y esta frase en particular se transformó en el apodo de estas viviendas subvencionadas. No crecí diciendo que vivía en William Mead. Crecí diciendo que vivía en "Dog Town", sin saber al principio qué significaba. Hasta que un día me mató la curiosidad caminando con mi mamá a casa del preescolar llamado Head-Start, lo cual significa "ventaja" en inglés.

—¿Qué es Dog Town? —le pregunté.

Se detuvo y me hizo mirar con escrutinio a un grupo de jóvenes pasando el tiempo en el estacionamiento. Los motores de sus autos marchaban con los techos corredizos abiertos y la música a todo volumen; el sonido distante de los Miracles, Smokey Robinson y los Originals.

Estos tipos se apoyaban en el paragolpes o se sentaban sobre el capó, fumando. Usaban camisetas sencillas o sin mangas con pantalones perfectamente plegados, y algunos usaban pañuelos atados alrededor de sus bocas como mascarillas quirúrgicas. Pero si algo se destacaba, eran sus cabezas peladas y sus cuellos repletos de tatuajes que también cubrían sus espaldas y brazos. De vez en cuando veías un viejo con lágrimas tatuadas debajo del ojo. Como un payaso llorando. No supe hasta más adelante en la vida que cada "lágrima" equivalía una vida tomada, marcando a estos tipos como asesinos.

—Esa gente ahí —me empezó a explicar Mamá, con su cabeza al lado de la mía y ambas manos sobre mis hombros—. Siempre debes esquivarlos, Jaime. Nunca estés en esa zona.

Otra vuelta me dijo:

—Esa no es nuestra vida… eso no somos nosotros.

Esta fue mi introducción a los cholos —los mexicanos gángster— y la cultura de los *gangs* callejeros de Los Ángeles, presentada como una advertencia para mantenerse alejado.

"Dog Town" es el nombre y sello de uno de los innumerables *gangs* criminales callejeros que le dan a Los Ángeles la calificación no deseada de "la capital de *gangs* de Estados Unidos". El eslogan y grafiti están por todas partes para recordarles a todos de quién es el territorio en el cual andan —no confundirse con una extensión de playa en Venice conocida como el Dogtown de los patinadores. Cada mañana me enfrentaba a este recordatorio del *gang* callejero cuando salía de la puerta principal y caminaba por las escaleras entre edificios y llegaba al patio. Ahí, gritándome en la cara desde el gablete estaba DOG TOWN.

La leyenda en la calle dice que este nombre apareció en los años cuarenta, llamado así por una vieja perrera en la cercana calle Ann. Perros callejeros andaban salvajes atacando a las personas, así que le pusieron precio a la cabeza del animal, llevando a los adolescentes de la zona a que los capturaran y reclamaran el premio. Pero esto también llevó a que las mascotas de familias fueran raptadas por el dinero de la recompensa, y estos chicos se ganaron la fama de matones locales. Como respuesta, crearon el *gang* Dog Town.

Eso es lo que dicen.

Las cosas habían llegado mucho más allá que el precio de la cabeza de un perro para cuando yo era un niño. Ahora había un precio por la cabeza de la *gente*, y los gángsters andaban con cuchillos y pistolas. Si mi niñez fuera una tapa de un disco, pintarías una imagen mía en primer plano como un niño corriendo con manchas de pasto en mis rodillas por jugar al fútbol americano y andar en mi Big Wheel. Pero, en el fondo, algo siniestro y oscuro siempre andaban ocurriendo.

Mi mamá seguía inculcando sus advertencias llenas de temor porque sabía —más que yo— que la ley promedio daba que yo tendría un 95 por ciento de posibilidades de crecer y convertirme en un cholo, uno de ellos. Cada niño en mi comunidad era tan susceptible, por las desilusiones de la vida. La vida en un *gang* estaba en el ADN de la comunidad, y mi mamá temía esas influencias externas.

Mamá nunca me dejó olvidar lo que representaba la vida de un cholo. Sus advertencias constantes se deben de haber filtrado de alguna manera porque me volví cauteloso de esta gente que andaba por las calles. Era como si me hubiera plantado una pesadilla en mi cabeza con imágenes de cárceles, gente muriendo y gente llorando.

Mi tío Cate, el hermano de Papá, fue asesinado, y mi tía Minnie, la hermana de Papá, fue la primera persona de la familia que murió de una sobredosis. Demasiada heroína, así me dijeron. Un asesinato y una sobredosis, menos el detalle sangriento, es todo lo que sé sobre los horrores de los cuales nadie hablaba.

Luego estaba mi tía China. No era gángster, pero le tenían muchísimo

respeto en los barrios de East L.A. porque era una mujer fuerte, sensata y bulliciosa que no le comía mierda a nadie.

El apellido Gómez tenía un elemento de fama adjunto a él por la dureza de la familia.

Mi impresión es que Papá pensaba que era más duro de lo que era: existía la imagen que él tenía de sí mismo, y luego estaba la triste realidad expuesta cuando bebía. Como resultado, si soy sincero, crecí tomándomelo un poco como un chiste.

Lo que no era un chiste era el *gang* Primera Flatz, que mandaba en el barrio. En su auge tenía aproximadamente 350 miembros que dejaban sus sellos sobre paredes con grandes iniciales "PF de AV" por Aliso Village. El *gang* Dog Town con sus 120 miembros era uno de sus subgrupos afiliados, solo dos de alrededor de 720 *gangs* y un total de 39.000 miembros desparramados por toda la ciudad, según las cifras estimadas publicadas por el departamento policial de Los Ángeles (LAPD, por sus siglas en inglés) en 2007.

Yo diría que alrededor del 60 por ciento de nuestro barrio era gángster.

Los *gangs* callejeros en los setenta no estaban tan organizados como hoy día. En ese entonces, habían muchas batallas territoriales, peleas entre *gangs* y riñas entre miembros armados con cuchillos, cadenas y bates, y de vez en cuando una pistola. Hoy, las ganancias y las armas han escalado a una mierda seria, donde los gángsters en las calles van equipados con armas semiautomáticas y sus jefes —la mafia mexicana— manejan imperios desde la cárcel.

Hoy día, los jueces de Los Ángeles le están dando a los consejeros legales de la ciudad el poder para designar toques de queda y llevar a los gángsters a la cárcel si se los encuentran callejeando, o llevan consigo armas o material para pintar grafiti. A Dog Town le aplicaron este mandato judicial en 2007 como parte de una campaña para limpiar las calles del noreste de Los Ángeles. Pero antes, los *gangs* básicamente mandaban en las calles con su propia ley marcial. Era la ley del barrio primero y luego la ley federal. De muchas maneras era un lugar sin ley, incluso si los policías no estaban de acuerdo. Los chicos crecían con calle desde temprana edad. Las primeras lecciones de la vida eran bastante simples: nunca delates a nadie, nunca acuses a nadie y nunca le claves una puñalada a tu vecino. Anda con la cabeza alta, mira fijamente a todos, mantente firme y defiéndete. Al comprender esto, el barrio estará contigo. Al saber cuál es tu lugar, siempre estarás protegido. Todos se cuidaban entre sí, a un nivel tribal, y creo que Mamá se sentía tanto cómoda como incómoda dentro de este medio. Aceptaba que los *gangs* eran parte de nuestra comunidad, pero no quería que me metiera en eso.

Muchas veces me iba a dormir escuchando el alboroto en el estacionamiento, y el sonido de las sirenas gimiendo. Y siempre había un olor extraño en el aire. Este aroma a la niñez estaba por todas partes —mañana, tarde y noche— y ahora sé que eran las nubes constantes de porro fumado flotando de las casas.

Ese mismo aroma pesado que flota en los festivales de música o atrás de los escenarios en los conciertos.

Toda el mundo de los *gangs* no era lo mío. Nunca me llamó la atención.

Mamá hizo todo a su alcance e ingreso limitado para mantenernos a flote. No diría que vivíamos por debajo de la línea de pobreza, pero vivíamos con lo básico día a día. Yo ayudaba con lo que podía, yendo a la tienda con nuestros vales de comida para buscar provisiones y, en el verano, haciendo la cola para los "almuerzos de verano" subvencionados por el gobierno en los barrios pobres. Para estos almuerzos, cada apartamento recibía una libreta semanal de boletos. Cada boleto servía para una bolsa de papel que llevaba adentro un sándwich, un cartón de leche, una bolsa de papas fritas y una manzana. Yo lo veía como nuestro almuerzo gourmet subvencionado por el gobierno.

Mamá se rompía el culo trabajando como estudiante y en la juguetería, cumpliendo con todas las horas disponibles para mantenernos y poder comprar los mejores juguetes —a descuento— para Navidad. Siempre quiso mejorar nuestras vidas, nos decía.

Juguetes con descuentos eran uno de los beneficios del trabajo, y me consiguió unas cosas increíbles. Recuerdo la maquina de escribir, la bicicleta nueva, el uniforme de patrulla motorizada con el casco, las esposas y la chapa de policía, el G.I. Joe, el teléfono, los juegos de mesa. Lo que pidiera, ella lo conseguía. Yo vi lo duro que trabajó y como yo era el centro de su mundo. Suena egoísta, pero, de niño, eso era todo lo que quería. Es por sus sacrificios en este entonces que la amo a morir hoy.

Esos juguetes me entretuvieron mucho del tiempo. Es más, solo tenía una persona con quien jugar y esa era una niña dulce llamada Penny, la hija de mi niñera Lola que vivía en el apartamento opuesto al nuestro. Cuando Mamá estudiaba o trabajaba, Lola me protegía. Nunca olvidaré la voz aguda de Penny y sus trenzas oscuras. Se me adhería como pegamento.

"¡¡¡JIMMY!!!" gritaba desde abajo del balcón, llamándome a la reja. "¿Vienes a jugar?"

Es justo decir que es la primera niña que me gustó porque durante un tiempo éramos inseparables. En nuestro mundo imaginario sobre ese escenario de pasto, ella era la princesa y yo el príncipe, o la animadora en el cuadrilátero cuando era luchador. Sin Penny —y mi perrito de juguete Cleto— hubiera sido una niñez bastante solitaria.

Había un hombre llamado "Roadie" que vivía en la misma cuadra que Penny. Era un hombre negro corpulento, algo poco común en nuestra comunidad mexicana, y era el alma más buena y dulce. Acumulaba canastas llenas de golosinas. Por eso lo llamábamos el "Candyman", el hombre de las golosinas.

No importaba cuales eran los otros negocios que ocurrían en el barrio, había solo un proveedor que importaba y ese era Roadie con sus golosinas y chicle Bazooka. Al parecer, compraba golosinas al por mayor y luego las vendía a los padres y nosotros los hijos por diez centavos la bolsa, mucho menos que en las tiendas. Era como tener a Willy Wonka a la vuelta de la esquina. Lo que pidieras, él lo tenía. En aquel momento, yo era demasiado joven para comprender el tema racial, pero de alguna manera comprendí que se veía diferente. Sin embargo, era como el tío más amigable, siempre con una sonrisa, cálido y cariñoso. A un nivel, eso me grabó en la cabeza que todas las personas negras eran buena onda como Roadie.

Sus golosinas eran casí tan buenas como las "chip-chips" que hacía Mamá muchas mañanas para el desayuno. Solíamos inventarle nombres a las diferentes comidas y "chip-chips" era el apodo para su especialidad: tortillas fritas con huevos. Cuando sentía el olor a esa fritura, corría hacia la mesa y me sentaba allí con el tenedor y cuchillo, listo. Anhelaba estos desayunos porque era el único momento del día que podía sentarme con mi mamá y recibir toda su atención. Luego, al final del día, siempre me leía un cuento antes de dormir, teniéndome entre sus brazos. O, a veces, agarraba mis figuras de acción o mis peluches y hacías las voces de los personajes, y así me deseaba las buenas noches. El comienzo y final del día eran mis momentos más felices, y no había nada más reconfortante que sentir cómo se hundía la cama cuando ella se acostaba.

Mamá está aquí... ahora puedo dormir, me decía a mí mismo.

—Te amo, Jaime —me decía ella, pensando que ya estaba dormido.

La vida era perfecta. Nada ni nadie podía interponerse entre nosotros.

Por lo menos eso es lo que me decía mi inocencia.

Poco antes de cumplir seis años, un hombre llamado "El Amigo" entró a nuestras vidas, y tomó mi mundo en ambas manos y lo dio vuelta.

Yo era demasiado joven para darme cuenta que mi mamá puede que estuviera necesitada de atención y amor de otra fuente que no fuera yo, así que nunca anticipé este rayo. Supongo que ella también se sentía culpable porque cuando Julio Arévalo entraba a la casa, ella no le daba tanta importancia al referirse a él como *el amigo* —nada más que un amigo.

Así que El Amigo es un amigo, acepté al principio. Bueno.

Um, como amigo, viene bastante seguido, pensé durante las siguientes semanas.

Ah, ahora sales a la noche con él más y más, me di cuenta rápidamente.

Mamá nunca usó la palabra "novio" ni se molestó en tener una de esas charlas entre madre e hijo donde se explica todo. Simplemente entró a nuestras vidas y lo invitaron a quedarse, y a mí me tocó comprender lo demás.

Todo era muy blanco y negro para mí: yo quería estar con mi mamá pero este hombre extraño, quien parecía un poco raro y farsante conmigo, me había robado tiempo y atención que me pertenecían.

Entonces, todos empezaron a decir lo feliz que se veía Mamá.

Así que, bueno, este hombre la hace feliz, pensé.

Estaba sonriente. Estaba risueña.

Eso es bueno, pensé.

Pero igual lo miraba fijamente a Julio deseando que desapareciera en una nube de humo. Me imaginaba con poderes mágicos para borrarlo y volver a como era antes.

Julio trabajaba en la industria manufacturera de aviones. "¡Julio ayuda a construir aviones!" decía Mamá, como si eso me fuera a impresionar. Pero no lo lograba.

Era un tipo de aspecto regular: flaco, con un gran pelo negro y bigote del mismo color. Lo puedo visualizar, tirado en la silla abriendo una cerveza.

Supongo que hizo lo que pudo conmigo, jugando el papel de padre postizo, pero no me terminaba de convencer. Lo resistí por mucho tiempo. Lo miraba y pensaba: *¿Quién es este tipo? No es mi papá. No es mi tío. ¿Entonces qué hace aquí?*

No pasó mucho tiempo para que empezaran los cambios drásticos.

Nanny llegaba a la tarde para hacer de niñera el resto de la noche. Luego anunciaron que nos mudaríamos con Nanny, y así fue como dejamos a Dog Town. Dejamos atrás las viviendas subvencionadas y nos mudamos a pocas millas al centro-sur de Los Ángeles. Me despedí de Penny y Roadie, y me transplantaron a lo que para mí era un mundo totalmente nuevo.

Al principio, pensé que sería temporal, pero el centro-sur de Los Ángeles terminó siendo mi casa desde los cinco hasta los siete años. Y hasta después de eso, siempre volvería a casa de Nanny a vivir los tres meses de verano con ella, sin falta.

Al mudarme al centro-sur de Los Ángeles, pasé de estar en una comunidad cien por ciento mexicoamericana a una mezclada, donde los mexicoamericanos eran la minoría. El 70 por ciento eran afroamericanos y el 30 por ciento eran mexicanos. Más o menos sabía de esta diferencia por las visitas a casa de Nanny, pero solo al vivirlo fue que aprecié lo que eso significaba. Algo muy bueno fue que fue en el centro-sur de Los Ángeles donde mis oídos empezaron a escuchar los sonidos distantes del hip-hop. Y parecía ideal que ahora estuviera viviendo con mis dos mujeres preferidas. Pero entonces Mamá empezó a pasar más tiempo en casa de Julio en South Gate. Eso significó menos desayunos compartidos y menos cuentos antes de irme a dormir.

Luego vi las maletas; las de Mamá, no las mías.

Después se fue a México de vacaciones. Lo que nunca dijo fue por

cuánto tiempo se iría. Cuando se fue, me pegó como un martillazo. Nanny me trataba de consolar.

—¡Ahora somos solo tú y yo! —me dijo—. ¡Nos vamos a divertir!

Mamá desapareció en el pueblo de Julio, Morelia, la capital del estado de Michoacán, para visitar a su familia. Cada hora que no estaba parecía un día, y cada día parecía una semana. Al final de la primera semana, me iba a la cama llorando. Supongo que estas ausencias inexplicadas siempre se sienten como una catástrofe cuando eres un niño; y las horas siempre parecen más largas en la niñez que en la adultez. Pero este dolor era entendible: nunca antes se había ido fuera de Estados Unidos y nunca antes nos habíamos separado. Sin Mamá a mi lado, honestamente sentía que era el fin del mundo, especialmente porque sentí que este hombre nuevo en su vida me estaba reemplazando.

Al final, solo se fue por tres semanas, pero eso es una eternidad cuando eres niño. Su regreso se trató como si no fuera nada, y las cosas pronto volvieron a como eran antes de que se fuera.

Hasta que me sentó y me contó que estaba embarazada.

Al darme la noticia, con Nanny presente, yo me hice el que escuchaba, pero lo único que pensaba era *¿Quieres otro hijo? ¿Por qué? ¿Qué tengo yo de malo?*

A esa edad, supongo que realmente crees que el mundo gira entorno tuyo, y creo que todo niño se pone celoso cuando alguien se mete entre su madre y él. Te roba atención. Para mí era como que de repente llegaba este tipo y se paraba entre mi mamá y yo, ¿y ahora yo tenía que lidiar con que él entrara a formar parte de mi mundo? Si no podía tener a Eddie como hermano, no quería a nadie más.

Mamá pareció pasar la mayor parte de su embarazo en reposo en lo de Nanny. Realmente le afectó el cuerpo, y estaba constantemente débil y cansada. Yo preguntaba una y otra vez por qué esta cosa en su panza la estaba enfermando tanto. Siempre había alguna explicación adulta, pero solo me podía enfocar en sus gemidos y llantos. Me sentaba en la esquina de la cama, sin poder dejar su lado, deseando que se sientiera mejor.

Su miseria terminó cuando finalmente nació mi nueva hermana Celeste el 15 de noviembre de 1981. Yo tenía siete años.

Nuestra relación de hermanos no empezó de la mejor manera al verla por primera vez, arropada en los brazos de Mamá en el hospital, y observar:

—¿Por qué es tan fea nuestra bebita?

—¡Jaime! Esa es tu hermana, ¡es hermosa! —dijo mamá riendo.

—¡Pero Mamá! Es fea… ¿no puedes pedir otra?

Nunca olvidaré ese ataque de celos, y creo que fue entonces que me acerqué aun más a Nanny.

Por favor entiendan, nadie trabajaba más duro ni me dio más amor que mi mamá. Pero estos gran cambios en nuestra vida me eran difíciles de llevar. Y esta fue mi primera lección dura: que cuando las cosas van bien, no durarán, que cuando alguien te ama, se pueden ir sin ti —no cuentes con que siempre estarán ahí. Esto era lo que quedaba grabado en mi mente.

Sin embargo, hasta de niño, tenía el don de mantenerme positivo. Y un resultado positivo de estos cambios no tan gratos era estar con Nanny —la única persona responsable de encaminar mi vida hacia un nuevo rumbo.

SOÑANDO EN GRANDE

Gran parte de mi niñez fue impredecible: viví con mi mamá y luego con Nanny; viví en el barrio latino, luego en una comunidad mixta racialmente; escuchando solo el ritmo de la música latina, luego sintiendo el pulso del hip-hop. Ni siquiera sabía cuál era mi nombre: Mamá me llamaba Jaime —pronunciado en español— pero Nanny me decía que no me preocupara por eso, que Jim estaba bien.

Dentro de las contradicciones que hicieron que mi niñez pareciera desarraigada, en general la escuchaba a Nanny porque, bajo su ala en el centro-sur de Los Ángeles, ella se convirtió en mi guía, tanto en la educación como en la vida.

Era una maestra en todos los sentidos. Enseñaba inglés como segundo idioma a los chicos mexicanos de la 66th Street Elementary, la misma escuela donde comenzó mi educación, así que la educación era muy importante en su casa y Nanny de inmediato empezó a influenciarme con su perspectiva positiva de la vida. Siempre digo que ella fue mi primera mánager de música porque ella me enseñó lo que es pensar por sí mismo.

Ocupó el vacío que dejó mi papá, y en lugar de ponerme un bate de béisbol en la mano, me puso un sueño y me educó artísticamente. Era una maestra, un padre y una segunda madre, todo en uno.

Nanny en seguida se volvió mi simpatizante y principal persona de apoyo. Agradezco a Dios todos los días por su influencia, y me la puedo imaginar detalladamente como era entonces: una mujer robusta con pelo blanco impactante y lentes con una montura como la que usaría una lechuza con cristales polarizados que dominaban su cara dulce. A su lado, a toda hora, tenía un bolso que olía a perfume. Dentro de ese bolso, siempre llevaba chicle o pastillas de menta. ¡Eso puede explicar mi obsesión por siempre tener buen aliento!

Usaba un pañuelo de seda o un chal negro, y era el alma más considerada y bondadosa que podrías conocer. Era la esencia de una dama, pero tampoco le importaba ensuciarse las manos. Desde que mi abuelo se fue, aprendió a ser autosuficiente y nunca llamó a un hombre mañoso sin primero tratar de resolver el problema primero. Lo que más recuerdo es su voz suave. Nunca fue discordante, hasta en las raras excepciones cuando subía el tono.

Estaba llena de chispa y era genuinamente fervorosa con la vida. Creo que nunca la vi derrotada por las circunstancias, y nunca la escuche quejarse. En comparación, Mamá tendía más a la depresión y era más retraída, y siempre parecía envuelta por alguna preocupación o tensión.

A Nanny le encantaba bailar y nada podía parar su exuberancia natural. Por un tiempo, caminaba con un bastón porque se había roto el pie en un accidente de auto, pero cuando empezaba la música, largaba el bastón a un lado y bailaba a todo dar. Le encantaba demostrar su pasos de baile como los "sock hops" y el jitterbug. Un poco de dolor e incomodidad no se iban a interponer en su camino.

Estoy convencido que ese amor por el baile es su legado más grande para mí. Siempre dijo que veía el bailarín en mí, diciéndome que tenía ritmo. Parecía no importar que tipo de música sonara o que edad tuviera, yo siempre encontraba el ritmo y me movía a tiempo, con Nanny aplaudiendo y alentándome a través de cada canción.

—¡Baila, Jim! El mundo es tuyo; sueña en grande —me gritaba.

Cuanto más me decía que tenía ritmo, más me enardecía el entusiasmo. Cuanto más me alentaba, más me hacía creer que tenía algo especial. No sé nada sobre la metafísica ni la manifestación. Solo sé que esta dama real despertó mis sueños y me ayudó a perderle el miedo a entretenerlos, y esto es lo que les enseñaré a mis propios hijos: el espíritu de soñar es interminable. Haz tus sueños inmensos e ilimitados, y luego sigue adelante con sea cual fuere el talento que Dios te regaló.

Nanny me animó a enfocarme en el futuro desde niño. Como inspiración, me llevaba a ver los mariachis de El Mercado o al Million Dollar Theater en el centro de la ciudad donde actuaban artistas mexicanos. En días innumerables, volvíamos a casa y armábamos nuestro propio espectáculo, mientras me guiaba hacia un futuro que creo ninguno de los dos nos podríamos haber imaginado. Pero de todas maneras, nos imaginamos un escenario:

. . .

Nanny es la maestra de ceremonias y yo soy el espectáculo. Ella está al frente del sitio y yo en los pasillos.

—Damas y caballeros —anuncia, entusiasmada—, desde Los Ángeles, California...

Mientras me agranda con sus palabras, yo estoy escondido detrás de la puerta entre la sala de estar y la cocina, pensando que todos los camarines deben tener paredes con paneles de madera y alfombra roja Merlot.

—Por favor, un gran aplauso para... ¡¡¡Jiiiiimmm... GOMEZ!!!

Escucho mi nombre y entro. Comienza la música. Pone la aguja sobre el disco y se escucha el crujir del vinilo y luego el número de Elvis Presley suena. Estoy bailando con todo lo que tengo a la música del Rey, improvisando como un amateur *pero unido al ritmo por tres minutos jadeantes.*

Las manos de Nanny son las únicas que aplauden, pero lo escucho como si fuera un auditorio completo. Ella es solo una persona, sentada al borde de su silla, pero yo veo luces y miles de personas.

Esta aplaudiendo al ritmo de la música, animándome a seguir adelante. "¡Qué bien Jim! ¡Buenísimo Jim!" y yo escucho todo un público gritando mi nombre.

La sigo un rato más, dando todo de mí hasta que termina la última canción.

Nanny aprueba radiante:

—¡Serás un bailarín un día, Jim!

Me da un abrazo.

—¿De veras te parece, Nanny? ¿En serio?

Ella asienta con la cabeza y aplaude.

—¡Sí! ¡Sí! —y luego se iba a la cocina en busca de una bolsita de golosinas como regalo, y yo me regodeo en su visto bueno.

Mi niñez es un baúl de recuerdos como esos.

Cuando estaba cocinando en la cocina, hacía como si fuera un restaurante llamado Los Amigos y teníamos que preparar los platos. Ella era la chef. Yo era su asistente.

Otras veces, yo era el detective y ella era mi socia. O yo era un abogado, armado con un maletín, y ella era mi cliente. O yo era un marinero, con uniforme y todo, o un pirata con un parche tapando un ojo y una espada en mano. Una niñez llena de cambios de vestuario.

La casa humilde de Nanny era un lugar mágico porque siempre estaba lleno de calidez, diversión, imaginación y el espíritu del espectáculo. Dentro de su mundo, yo era el niño Max en *Where the Wild Things Are (Donde viven los monstruos)*, y Nanny era el monstruo más amigable. Como resultado, ambos nos escapábamos en mi imaginación cada dos por tres. La vida de alguna manera parecía más feliz cuando estábamos ahí encerrados juntos.

Nanny vivía en un dúplex en frente de la 66th Street Elementary. Eso significaba que podía salir de casa a las 8:25 de la mañana y estar sentado en mi escritorio a las 8:30. Desde su ventana del frente, viendo hacia la calle East 67th donde vivía, yo podía ver la entrada a la escuela, los basureros monstruosos y las ventanas del comedor. Había un mercado en la esquina donde siempre íbamos en busca de provisiones y, al final del otro lado de la calle, un gran salón de exposición que vendía autos reparados.

Yo era más soñador en la escuela que en cualquier otro lugar. Eran esas fantasías las que hacía que la educación fuera soportable. De niño a adolescente, Nanny siempre revisaba mis notas y me recordaba la importancia de una buena educación, pero yo nunca iba a brillar académicamente. Era más como una mosca en el salón de clases, zumbando por todos lados, sin poder quedarme quieto. A través de mis años escolares, solo paraba de zumbar para las clases de inglés y arte —cualquier cosa que tuviera que ver con la creatividad—, pero nueve de cada diez veces, estaba en una tierra lejana. Hasta que sentía el ardor de una bofetada a la cabeza y escuchaba la palabra "¡Gómez!".

En cualquier escuela, a cualquier edad, yo era uno de esos chicos tímidos y un poco retraídos, un poco solitario. Lo malo de ser un soñador es el aislamiento que viene con estar perdido en tu cabeza. Probablemente pasé más tiempo conmigo mismo que con un grupo de amigos o compañeros, y constantemente miraba el reloj y veía por la ventana, siempre ansiando salir por esas puertas, cruzar la calle y estar devuelta con Nanny.

Su casa era mi refugio. Era estrecho y básico, y se ponía frío porque ella no podía pagar cuentas de calefacción. El sur de California puede helar hasta los huesos en los meses de invierno, así que Nanny abría todas las puertas interiores y prendía el horno y dejaba la puerta entreabierta para calentar la casa, dejando que el calor se dispersara a través de la cocina y hacia la pequeña sala de estar, el cuarto que compartíamos y el bañito. Su perro pastor alemán, Lady, siempre dormía cerca.

Habían tres lugares donde vivía Nanny: al lado de la cocina, preparando su pollo frito especial o sus macarrones con queso y horneando su increíble torta amarilla bañada en chocolate; la banera, donde yo la acompañaba mientras lavaba nuestra ropa a mano; y el sillón, donde se sentaba a verme bailar. Aquí también era donde rezaba, sin falta.

Rezaba todas las noches antes de acostarse y luego se despertaba a las cinco de la mañana para preparar café previo a sentarse en su sillón a leer la Biblia, rezando una oración mientras comenzaba el día. Yo no era el tipo de chico que hacía muchas preguntas. Era más un observador que aprendía al mirar. Un día

me levanté para ver que hacía, y parado medio soñoliento a la entrada de la sala. Dicen que todo artista entra un estado de enfoque especial antes de subirse al escenario, y Nanny hacía lo mismo al rezar, en casi un estado meditativo. Era una con Dios. Había silencio total, ese silencio que no te atreves a interrumpir. Estaba en su momento, la Biblia descansando en su regazo, una taza de café humeante sobre la mesa auxiliar, perdida en su oración.

Me convencí que la casa de Nanny era un puesto terrenal para Dios por todos los símbolos y decoraciones religiosas en la casa. Espíritus malos nunca se hubieran atrevido a visitar nuestra casa, Su presencia era demasiado grande. También quemaba salvia, en honor a una antigua tradición amerindia para alejar a los espíritus malvados y la energía negativa. Y había un atrapasueños colgando sobre su cama, a la derecha de donde dormía —otra tradición amerindia. Con mi cabeza sobre la almohada antes de que apagara la luz, miraba fijamente a esta red de plumas suspendida del techo, y confiaba en sus poderes.

Si era lo suficientemente bueno para Nanny, lo era para mí también.

Un día pregunté cuál era su propósito. Me dijo que estaba ahí para atrapar y alejar las pesadillas, solo permitiendo que entraran sueños buenos. Eso probablemente explica porque, después de leerme un capítulo de *Peter Pan* o *La leyenda de Sleepy Hollow*, me deseaba buenos sueños antes de dormir.

La Virgen María vigilaba la puerta entre la sala de estar y la cocina como una pintura de tres pies de altura. En la cultura mexicana, la Madre de Jesús juega un papel fundamental, representando la fortaleza de una mujer cuidando sus hijos; la madre que dice que no es necesario tener miedo porque ella está ahí para protegerlos. En nuestra cultura, la Virgen María es Nuestra Señora de Guadalupe, un venerado ícono católico.

La historia milagrosa de su aparición es una de las primeras lecciones que aprendí de niño. El evento del 12 de diciembre de 1531 está grabado en las mentes de los católicos españoles. Cuando Nanny narraba la historia era tan fascinante como escuchar el cuento de Peter Pan. Nunca lo pude contar así de bien, pero la versión corta es que un campesino llamado Juan Diego vio una visión de una dama, una niña adolescente, rodeada de luz, mientras caminaba por las laderas del Monte de Tepeyac camino a la ciudad de México. Esta dama le dijo que construyera una iglesia en el mismo sitio donde ella apareció. Mientras hablaba, Juan Diego la reconoció como la Virgen María, y volvió de prisa para contarle a su obispo local de la revelación. Al campesino lo mandaron de vuelta a que encontrara esta aparición para traerla y probar su afirmación. La Dama le ordenó a Juan que recogiera flores. Aunque era invierno, encontró unas rosas castellanas. Las recogió y la Dama las arregló sobre su capa desplegada. Juan Diego cargó este paquete devuelta a donde del obispo y le presentó las rosas. Y fue ahí cuando ambos lo vieron: la imagen milagrosa de Nuestra Señora de Guadalupe impresa en la tela de la capa del campesino; una imagen mostrándola parada orando, con una corona de doce estrellas, bañada en la luz del sol y parada sobre una luna creciente acarreada por un ángel.

Esa era la prueba que pidieron ver, y es por eso que el santuario de Nuestra Señora de Guadalupe en Monterrey, México, es la más visitada de los destinos de peregrinación católicos del mundo. En diciembre de 2009, seis millones de personas le rindieron homenaje para marcar el día. En 1992, el papa Juan Pablo II dedicó una capilla en su memoria dentro de la basílica de San Pedro en el Vaticano.

Nuestra peregrinación semanal en Los Ángeles no era tan impresionante. Nanny le rendía pleitesía todos los domingos en el santuario del lado extremo del estacionamiento de El Mercado antes de que entráramos a comprar provisiones y viéramos los mariachis.

Allí, Nuestra Señora de Guadalupe está enmarcada dentro de un arco al final de un edificio de ladrillos. A sus pies, la comunidad mexicana le dejaba un jardín de flores y velas encendidas en oración. Yo siempre me acercaba a este espectáculo en asombro, y no podía creer la cantidad de velas parpadeantes y flores coloridas que habían allí. Cada semana, Nanny agregaba a la colección y rezaba.

Se paraba frente al santuario, con Nuestra Señora de Guadalupe observándola desde lo alto. Yo siempre me ponía a unos pasos atrás, sin nunca saber qué hacer menos estar callado. Nanny estaba tan quieta, cabeza gacha, ojos cerrados y manos unidas a su pecho orando.

¿Qué estás pensando? siempre me preguntaba, al verla. *¿Cuáles son tus oraciones?*

Ella solo me decía que hablaba con la madre del niño Jesús, y eso era todo lo que necesitaba saber. Lo que *ella* no sabía era que mientras ella miraba hacia arriba a Nuestra Señora de Guadalupe, yo mantenía mi mirada en *ella*, igualmente de encantado. En mis ojos, Nanny era más grande y mejor que la Virgen María. Nadie era más fuerte y nadie me protegía más.

Todo esto era parte de un ritual irrompible los domingos.

Nanny se levantaba y rezaba. Íbamos a la misa de la mañana en la iglesia de la calle Olvera, y ella rezaba. Visitábamos el santuario, y ella rezaba. Se iba a la cama, y rezaba. Era como si sus domingos fueran una oración constante, interrumpida por una ventana pequeña de entretenimiento, cortesía de los mariachis.

Un domingo, camino al autobús para volver a casa, Nanny y yo íbamos charlando sobre Nuestra Señora de Guadalupe y cuán importante era.

—Nanny —dije—, yo te protegeré. Si alguien alguna vez tratara de hacerte daño, yo te protegería.

No es que necesitara protección, y definitivamente no la de un niño de seis años. Era el estilo de abuela que no tenía miedo de tomar el autobús a casa a las diez de la noche en un barrio peligroso. Intrépida, eso es lo que era. Pero me dije que siempre estaría a su alcance.

—Sé que me protegerías —me respondió, siguiéndome la corriente.

—Patearía a cualquiera que te atacara. ¡De verdad! —le dije.

Me miró, sonrió y me despeinó cariñosamente.

No sabía entonces que unas semanas más tarde, llegaría el momento de probarme.

Estábamos en una parada de autobús en el centro esperando el bus cerca de la calle 7 y Spring. Era la media tarde y ahí esperábamos, sin decir mucho. De repente, de la nada, este tipo se lanza y agarra el bolso de Nanny. Él no la bajó y ella no la soltó y los dos estaban tirando el bolso.

Nanny era desafiante, luchando con todas sus fuerzas.

Yo estaba paralizado.

Ella empezó a gritar y chillar.

Yo estaba ahí parado, pegado en el mismo lugar.

Nanny luchó y luchó. Ahí estaba esta señora de sesenta años y este ladrón de veintipico no estaba logrando nada. Al final se dio por vencido, soltó el bolso y se fue corriendo con las manos vacías.

Camino a casa en el autobús, no dijimos mucho. Todavía estaba repitiendo la escena en mi cabeza y apuesto que Nanny estaba bastante sacudida, aunque no lo demostrara. Rompió el silencio al volverse a mí y bromear:

—Jimmy, ¿pensé que lo ibas a patear aquí y allá para protegerme! ¿Dónde estabas?

—Perdón, Nanny. Yo... Yo... Yo...

Me dio un gran apretón. Yo sabía que Nanny era fuerte, pero ese día fue una superhéroe. Como dije, ella no tenía nada que envidiarle a Nuestra Señora de Guadalupe.

Nanny hacía esto mientras me enseñaba sobre la vida; sus acciones hablaban por sí solas. *¿Con que crees que estoy sin hogar con dos niños? ¡Bum! Dame ese garaje y lo transformaré en un hogar. Haz lo imposible. ¿Con que crees que no puedo bailar con este bastón? ¡Bum! Allá va el bastón —ahora veme bailar. Haz lo imposible. ¿Con que crees que me puedes robar a la luz del día? ¡Bum! Contraatacaré y ganaré. Haz lo imposible.*

De vuelta en la casa, pensé que ambos ya habíamos vivido lo suficiente ese día.

Afuera, en el patio trasero, había una camioneta Chevy marrón, oxidada y destartalada. Sus ruedas estaban tan arraigadas al suelo como la mala hierba que la rodeaba, y tenía enganchado atrás un tráiler lleno de neumáticos viejos. Este rincón de la entrada parecía una chatarrería. La camioneta era como un vehículo fantasmal. No tenía motor, ni ventanas, solo dos asientos desgastados y un volante. "Esta es tu camioneta, Jim", Nanny me dijo cuando nos mudamos. "Llévatela cuando quieras".

Muchas veces me sentaba adentro con la perra Lady, y "manejaba a través del país" mientras Nanny estaba en la cocina. Luego salía y me acompañaba, subiéndose al asiento del pasajero, y ambos hacíamos como si fuéramos granjeros llevando cosas al mercado.

En este día en particular, los tres —mi abuela, yo y Lady— nos subimos a la camioneta. Di vuelta la llave y mi voz imitó el sonido de un motor ahogado encendiéndose.

—¿Dónde quieres ir, Nanny? —le pregunté.

—Donde quieras, Jim —me respondió—. Simplemente maneja.

Al mudarme al centro-sur de Los Ángeles, había cambiado un terreno de *gangs* por otro. Ahora estaba en el corazón de hostilidades entre dos de los *gangs* más conocidos y de los más violentos: los Crips y los Bloods. Había un mierdero serio ocurriendo entre estos dos, particularmente en ese entonces: tráfico de drogas, extorsión, asaltos y asesinatos.

Claro que yo no estaba muy consciente de mucho en esos días. Todo lo que sabía era que los Crips usaban azul y llevaban un trapo o pañuelo azul.

Y los Bloods usaban rojo.

Yo vivía en la zona de los Crips, que significaba que el grafiti en los muros decía CRIPS en vez de DOG TOWN, y no tomó mucho tiempo aprender qué colores *no* usar.

Entré a una licorería con una gorra roja de los St. Louis Cardinals. Tenía siete años, pero no sabía lo que significaba esto allí, y la edad no era una defensa aceptable. Mientras cruzaba la entrada principal, alguien me quitó la gorra.

—Epa, ¡no puedes usar esa gorra muerta aquí!

—¿Por qué no? Me gustan los Cardinals —respondí con una inocencia que ahora hace que me encoja.

—Estas en un barrio de los Crips, ¡no usas rojo por estas partes!

Nunca volví a usar rojo. Les hice caso, pero nunca me llamó la atención la vida de los gángsters. No buscaba tener una reputación en la calle. Me parecía inútil. Quería armarme una reputación como artista. Ahí yacía la esperanza.

• • •

Antes de cumplir ocho años, me mudé de casa de Nanny para estar con mi mamá y mi nueva hermana Celeste en el apartamento de Julio en South Gate. No quería irme del centro-sur de Los Ángeles, pero no tenía opción. Mamá decidió que quería vivir como una familia con Julio. Después de tres años en el refugio de Nanny, tuve que volver a un mundo ajeno.

Mientras nos mudamos, el compañero de alquiler de Julio, un hombre pakistaní llamado Jamal, se estaba mudando del apartamento, así que toda la movida se sentía un poco esforzado y yo me sentía fuera de lugar. Me mudé a una unidad familiar en la cual no me hallaba, y Mamá ya no me podía dar el cien por ciento porque ahora tenía que preocuparse por Celeste y por Julio. Por lo tanto, nunca fue un hogar para mí. La casa de Nanny sí era mi hogar. El lugar de Julio —y así era como me refería a esa casa— se sentía frío y práctico. También había vuelto a una comunidad predominantemente mexicoamericano en South Gate y a una nueva escuela, la primaria Otis Street Elementary. Pero mi corazón y alma se quedaron con Nanny. Soñaba con esos tres meses cada verano cuando podía volver al centro-sur de Los Ángeles, y disfruté de esos veranos desde los siete hasta los quince años.

Durante mi primer verano con Nanny, encontré que el tío Louie se había mudado con sus dos hijas, mis primas Jez y Darleen, porque le había tocado momentos duros. Había estado viviendo de mes a mes después de salir de la marina de Estados Unidos y tuvo que volver a casa para rearmar su vida. Mis primas dormían en la cama de Nanny, el tío Louie dormía en el sofá-cama en la sala de estar y el otro sofá se convertía en mi cama por mis siguientes doce semanas. Aunque vivíamos apretados, yo lo disfrutaba porque siempre había alguna actividad y charla constante. Ahora *esto* sí se sentía como una familia —y me garantizaba un público de cuatro para mis "actuaciones".

Si alguna vez tuve una figura paternal en mi vida, era la del tío Louie.

El era el tío más buena onda porque le gustaba el básquetbol y veíamos vídeos y hablábamos de música y sus zapatillas padrísimas. En lo de Nanny, nos quedábamos despiertos hasta tarde y escuchábamos a Zapp y Roger, Slick Rick, Too Short y Public Enemy. Si no fuera por el tío Louie, mis oídos nunca hubieran sido expuestos a la música que escuchaba la comunidad negra.

Lo que más recuerdo del tío Louie son sus zapatos porque siempre los estaba lustrando. Relucientes como un espejo, una disciplina que le quedaba de sus dias en el ejército. Se sentaba a la noche y le aplicaba pomada con un trapo y le sacaba el brillo con un cepillo de dientes. Eso es una cosa que noté de él: todo tenía que estar prolijo y ordenado, hasta cuando su vida no lo estaba.

Se movilizaba con una bicicleta de diez velocidades. Tenía varias en el patio trasero y las arreglaba para que se vieran impecables y llamativas. Un día salió de la casa todo prolijo en una de sus bicicletas. Unas horas más tarde, volvió caminando y entró a la casa ensangrentado y golpeado. Nanny lo mimó y curó, y recuerdo estar ahí sentado, aterrado por su cara golpeada.

Al parecer, había ido a la tienda y se llevaron su bicicleta, su dinero y lo golpearon. La violencia me atemorizaba. Eso puede explicar porque no pude proteger a Nanny en aquella parada de autobús. Las peleas, el crimen y la confrontación me paralizaban.

Nanny no nos dejaba pensar mucho en el miedo y cosas como esas. Ella nos mantenía enfocados en lo divertido, y con tres niños en su casa, estaba en su salsa como maestra de ceremonias. Le encantaba llevar la Navidad a otro nivel, nos armaba búsquedas alrededor de la casa durante Pascuas y nos mantenía ocupados y felices durante las fiestas. En nuestros cumpleaños, se paraba sobre una silla, con sus manos detrás de su espalda, y nos llamaba a su lado.

—¿LISTOS?

Estábamos a sus pies, mirándola, rogando como cachorros. El tío Louie ya estaba riendo anticipando el entusiasmo.

—Bueno… a la una… a las dos… a las tres… ¡PIPLOOYA!

Y lanzaba sus manos arriba y billetes de un dólar junto con monedas nos llovían encima. Esa era su cosa, crear momentos divertidos y conectar con nosotros los niños.

Lo que me gustaba del centro-sur de Los Ángeles era que los chicos mexicoamericanos que veía no tenía ningún problema con los chicos afroamericanos. Todos estaban como que "esta todo bien… estamos bien", y la hostilidad no tenía donde ir.

También registré otras cosas. Los chicos negros me empezaron a hablar como a un hermano, sin importar el color de mi piel. Me aceptaron y me trataban como uno de ellos, y eso *se sentía bien*. Vi su estilo de moda y de inmediato me gustó más que nada de lo que había visto o usado. Y su música me gustaba: las calles se despertaron con la llegada del hip-hop de la costa oeste, y algo de estos ritmos prendieron una luz en mí. Oí hablar de Run-D.M.C., Afrika Bambaataa y el Sugarhill Gang. Oí a gente rapeando y rimando, y toda la onda irradiaba frescura.

Vi como los chicos sacaban su reproductores portátiles, largaban pedazos de cartón al piso y empezaban a girar, deslizarse, moverse como robots, y fliparse sobre sus espaldas, cabezas, manos y pies. Este estilo de baile se llama *b-boying* o *breaking*. La "b" en *b-boying* significa *break* (romper/cortar), porque cuando comenzó el hip-hop estos bailarines solían bailar durante los cortes de las canciones mientras los DJs improvisaban con los tocadiscos. Los

b-boys eran lo que luego los medios denominarían *breakdancers*, los bailarines de *breakdance*.

Los *b-boys* bailaban *break* en el patio de juegos o la calle, atrayendo círculos de multitudes. Que un bailarín de la calle pudiera atraer tal murmullo parecía una de las cosas más padres del mundo. Me dije en ese instante que quería poder hacer lo mismo. Pero no solo hacerlo, sino dominarlo. Olvídate del *motocross*, básquetbol, fútbol americano o béisbol. Había encontrado mi pasión. Había encontrado mi nuevo amigo de por vida.

El hombre que le hechó leña a mi obsesión fue Boogaloo Shrimp, el bailarín y actor llamado Michael Chambers. Yo tenía nueve años cuando protagonizó como "Turbo" la película *Breakin'* (y la siguiente *Electric Boogaloo*). Esa película hizo figurar el arte de hacer *b-boying*, con el actor moviéndose robóticamente e improvisando por todas partes, y era el mejor bailarín que había visto. Compré el vídeo para ver a este pionero del hip-hop de la costa oeste e imitar sus pasos. Parecía que lo único que hacía era apretar *play*, pausarlo, rebobinar… *play,* pausar, rebobinar… y practicar, practicar, practicar. Boogaloo fue el bailarín que inspiró a Michael Jackson a hacer el *moonwalk*, y también fue un gran fenómeno por sí solo.

Todos hablaban sobre su primera película, y de repente hacer *b-boying* era la nueva moda. En este momento, la cultura del hip-hop estaba pasando de ser parte de un movimiento *underground* a surgir como algo que empezaba a dominar las comunidades tanto de la costa oeste como la este de Estados Unidos. Lo que empezó como DJs tocando ritmos en discotecas *underground*, ahora era una escena que estaba llegando a las calles, con tipos rimando e improvisando bailes *b-boy* al ritmo de la música.

No creo que sea de casualidad que la cultura del hip-hop haya estallado en zonas de bajos recursos donde la vida es dura y la violencia es de todos los días. Apareció como una válvula de escape para darles voz a las minorías, y sentido a lo que no lo tenía. Si el rock permitió que la clase media encontrara su voz y gritara, entonces el hip-hop permitió a la gente de viviendas subvencionadas encontrar su voz y expresarse. Y no tenía nada que ver con ser mexicoamericano o afroamericano o asiáticoamericano. El hip-hop que yo conocí trataba de una sola nación, un solo grupo de gente. Los puertorriqueños disfrutaban del hip-hop al igual que los afroamericanos en la costa este. Su inclusión era contagiosa.

Desde los cinco años yo sabía que quería ser algún tipo de artista. Ahora, con alrededor de nueve años, la imagen detallada estaba entrando en foco.

Creo que eso es lo que ocurre de niño —los sueños se construyen en etapas. Primero está la imaginación que arma la fantasía. Si esa fantasía dura lo suficiente, se transforma en un sueño lejano. Esa noción luego se vuelve una obsesión, algo de lo que el espíritu se agarra antes de que despierte el niño. Y luego

—en algún momento de la adolescencia— te vuelves el soñador comprometido si es que la pasión ha perdurado.

Nadie estaría tan comprometido como yo. Desde chico, algo de las imágenes, el estilo y el sonido me habían hablado, al forastero, y me había invitado a entrar. Una vez adentro, quería encerrarme con barricadas.

Porque había llegado a casa.

ESCAPANDO

El hip-hop era el genio de mi lámpara.

Hasta inadaptados sociales pueden tener momentos donde todo cae en su lugar, y este descubrimiento fue uno de ellos; cuando algo dio en el clabo tan perfectamente que, hasta de niño, *simplemente tenía sentido*. A los nueve, este "conocimiento" estaba disfrazado de un excitación que se me salía por los poros. Como un Black Eyed Pea, este conocimiento es la felicidad que saboreo cada vez que me subo al escenario con Will, Apl y Fergie.

Piensa en cómo sería si no pudieras sentir, ver ni oír, y de repente, un día, descubres todos los sentidos en unísono y te das cuenta que te puedes expresar por primera vez. Esa es la mejor manera que tengo para describir lo que sentí al descubrir el baile y el hip-hop.

Siempre habrá bailarines mejores y más perfectos a nivel técnico, pero cuando estoy listo para darle todo a un lugar, la confianza en mí mismo es mortal y la liberación emocional y física es volcánica. En ese medio, me *siento* invencible. Antes de cualquier actuación —tanto en nuestros comienzos como durante la gira mundial de The E.N.D. en 2010— hay algo dentro de mi ser que quiere estallar.

Minutos antes de subirme al escenario, toda esta ansiedad y adrenalina está latiendo, como si mi cuerpo entero estuviera enchufado a mil parlantes a todo volumen. Es un anticipo que me dice que estoy listo para dar mi todo, encenderlo, matarlo.

Entonces la multitud está cebada y es la hora y... euforia; una nirvana en donde tú y la multitud se pierden y se encuentran en el medio de una energía trascendental que une a los fans con el grupo. Todos los cuerpos Pea subidos a la misma ola.

No hay mejor nota que la de una actuación, y yo viví las primeras torrentes embrionarios de estas sensaciones eléctricas de niño, como si mi cuerpo se estuviera sintonizando con el futuro.

Antes de ni siquiera entrar a la edad de doble dígitos, ya estaba impaciente con respecto al escenario, desesperado para probar lo que ya sabía en mi interior. Toda esta energía acumulada significaba que nunca me podía quedar quieto, así que la vertí a la práctica interminable. Pero cuando estás deseando una posibilidad para empezar, también se acumula una pila de frustración, y la vida escolar parecía una de esas propagandas demasiado largas que interrumpen la acción. Mi verdadera educación la recibí en las calles, a través del hip-hop, y no se podía encontrar en libros de texto ni aulas.

A los doce años, estaba sentado en mi cuarto una noche, y traté de expresar esta frustración en el papel. No fue el intento de un poeta en ciernes, más bien el primer intento de un rapero en ciernes. Recuerdo mirar fijamente a la luna, pensando en que eso era lo que Nanny dijo que debería tratar de alcanzar. Recuerdo pensar que estaba oscuro, y recuerdo escuchar a los grillos chillando en el calor de la noche. Este rap/poema hoy día se lee como el idioma básico del diario de un adolescente, pero iba así:

> *Moons in the horizon*
> *Surprisin' that my sun's not risin'*
> *Crickets' chirps are tremendously loud*
> *And here I sit on this lonely dark cloud*

> *Lunas en el horizonte*
> *Sorprendente que mi sol no es naciente*
> *Los cantos de grillos aturden*
> *Y aquí estoy sentando en esta nube solitaria y oscura*

Ese es el primer poema/rap que escribí, y pasaba horas jugando con las palabras, uniendo oraciones, rebotando más palabras. No es gran cosa, obviamente, pero era un comienzo.

Probablemente no pasé más de doce días enteros con mi hermano Eddie durante mis primeros nueve años, pero tanto mi mamá como mi papá ausente sobrepusieron sus diferencias para reconocer el vínculo fraternal. Eddie y yo podríamos haber caminado uno al lado del otro como mejores amigos a través de la vida, pero nuestras vidas tomarían caminos muy diferentes.

Yo era la rata blanca, larga y delgada, y él era el niño pequeño y gordito.

"De huesos grandes", decía mi mamá. Le encantaba comer. Era como el niño alemán en *Charlie y la fábrica de chocolates*, siempre queriendo más y atiborrándose. Una vez, Mamá se frustró tanto con él pidiendo más comida que le quitó el plato y le puso la olla entera en su lugar. Eddie se lo comió todo más rápido que un perro hambriento.

Crecí queriendo mucho a este chico. Hasta me gustaban sus lentes con la montura negra y los cristales como tapas de botellas que hacían juego con su cara redonda.

Nuestra afinidad estaba arraigada a mi infancia. Al parecer, cuando aprendí a pararme en mi corralito de niño, solíamos compartir un juego en donde yo lanzaba todos mis juguetes por encima del corralito hacia el otro lado y él los recogía y los volvía a meter. Luego yo los volvía a arrojar al otro lado, y así sucesivamente hasta cansarnos, acompañados d160e mis risas de regocijo. Jugábamos a la pelota juntos en las pocas ocasiones donde me dejaron visitar a Papá. Lo único que puedo recordar de aquellas visitas es a Papá sentado en su silla, llenando un crucigrama. Nos servía vasos con limonada que no podíamos tomar hasta después de terminar nuestras comidas. Le podría haber dicho a Papá que ni la promesa de la limonada hubiera parado a Eddie de terminar todo lo que había en su plato.

Al crearse más distancia entre Mamá y Papá, Eddie también se volvió más distante. Solo recuerdo el hecho que el cheque mensual de $75 de Papá para mi pensión alimenticia dejó de llegar y el teléfono no sonó más para arreglar una visita con Eddie. Estaba súper desilusionado porque para mí a esa edad todo giraba entorno a verlo.

Sabía que nuestra próxima visita seguramente sería la última porque Mamá me lo había avisado. Estuvimos unidos como uña y mugre esa tarde. Estábamos felices dentro de nuestra inconsciencia, disfrutando del presente como lo hacen los niños. Lo último que Eddie hizo por mí fue darme un regalo de despedida: su valioso robot de juguete —todo azul, rojo y plateado con alrededor dos pies de altura. Era un robot superior Tranzor-Z, y era de la más alta tecnología. Eddie me dijo que me lo estaba dando para que nunca me olvidara de él. Era una de esas despedidas simples que los niños en realidad no comprenden. Lo vi irse con Papá, y este robot se volvió mi compañero de juegos por un rato. Luego Eddie desapareció de mi radar.

No volvería a verlo por otros veinte años.

Poco antes de cumplir nueve años, nos mudamos del apartamento de Julio en South Gate a una comunidad en Cudahy —una zona llamado así por el magnate de empacadores de carne. Es la segunda ciudad más pequeña del condado de Los Ángeles, sin embargo, dicen que es una de las más pobladas, mayormente por latinos.

Cuando pienso en mi tiempo en Cudahy, pienso en tensión porque no hay peor sensación que hallarse en la cultura del hip-hop solo para llegar a casa y sentirse un inadaptado social en la familia.

Me sentía como una imposición a ojos de Julio, y su energía parecía dominar el lugar. Inevitablemente, mi resentimiento me hizo reaccionar, y cuánto más se lo sacaba en cara a Mamá por invitar esto a nuestras vidas, más nos peleábamos y más confundido me sentía. En la vida fuera de casa, estar en Cudahy no terminaba de cuadrar. Volví a un mundo donde la música latina reinaba de nuevo. Miraba a mi alrededor y pensaba *¿Dónde están mis amigos negros?* y *¿Dónde está el hip-hop?* Había tanta diversidad en el centro-sur de Los Ángeles. Ahora estaba sumergido en una enorme comunidad mexicana.

Lo que más me pegó fue escuchar la palabra *nigger* por primera vez (forma despectiva de llamar a los negros en inglés). Siempre he sido particularmente sensible a las palabras, y esta palabra me daba vergüenza ajena. No me podía identificar con el odio de su expresión o por qué todos puteaban a los negros. Yo escuchaba a esta mierda y pensaba *No tienen idea*, pero no decía nada por miedo —el miedo a que me llamaron un traidor racial y un vendido.

Una declaración como esa tendría que esperar hasta más adelante.

Habían "reglas raciales" que eran tan atrasadas y bobas como lo eran duras y permanentes: no hables con los negros, no pases tiempo con negros y no salgas con negras.

Era como ser un extraterrestre en mi propia tierra porque yo veía al mundo con otros ojos, más abiertos. Para mí, era muy simple. Mis ojos habían visto y apreciado otra cultura. Vi el amor. Escuché música de verdad. Vi bailar. Vi amistad. Vi hermanos.

No vi color.

Y no vi todos los problemas que esto me causaría a la larga.

El día que cumplí nueve años, tocaron a la puerta.

Mamá me dejo abrirla, sabiendo cuál sería la sorpresa al otro lado: un grupo profesional de *b-boys* vestidos de rojo y negro, con un reproductor balanceado en uno de sus hombros. Estos tipos se veían cool, con sus pañuelos, pantalones al estilo paracaídas, púas, guantes negros y boinas con prendedores. Uno de los tipos hasta tenía unos lentes centelleantes que, para mí, representaban el objeto más padre del mundo.

"¡Feliz cumpleaños, Jaime Gómez!" anunciaron antes de llevarme —como a un niño anonadado por una estrella— afuera al camino de entrada bañado en la luz del sol. Con las películas *Beat Street* y *Breakin'* a todo furor, esto era tan bueno como si el mismo Boogaloo Shrimpo hubiera aparecido en mi casa.

Mamá lo había organizado junto con una estación de radio local después de ver un aviso en un diario que promocionaba sorpresas especiales con *b-boys*,

donde mandaban grupos a casa privadas para hacer actuaciones de treinta minutos.

Los miré asombrado. Esto estaba en un nivel aparte de todo lo que había visto en las calles. Observé cada paso tan intensamente como lo haría cualquier estudiante con su maestro. Había una fluidez y un empuje que me dejaron sin aliento. Estos chicos se movían tan rápido que parecía que todas sus extremidades estaban volando en el aire, tan rápido como las alas giratorias de un helicóptero. Esto era un verdadera expresión artística de baile en movimiento.

Al final, vi a Mamá ponerles un fajo de dólares en sus manos.

Ah, te pueden pagar por esto, pensé.

Desde ese momento, no me pararía nadie. Nada de sentarme en frente de la televisión como antes; eso era una pérdida de tiempo precioso. Me enfoqué en convertirme en un *b-boy*. Mamá me ayudó a comprar el equipo porque vio lo que significaba para mí, y me armé hasta las manos con el medallón africano, los pantalones con cierres, los cordones de zapatillas de moda, los *jeans* sueltos, las gorras de *b-boy*, la gorra al estilo marinero, las chaquetas grandotas. Mamá se rió cuando me lo probé todo junto, burlándose de mi pantalón talla 50.

—¿La onda es que te veas como un payaso? —me preguntó.

—¡Es la moda, Mamá!

Me quedaba afuera practicando alrededor de cinco horas al día. No veía el momento que terminara las clases para seguir practicando. Era una mierda dura tratar de ser un *b-boy*. Había tanto por aprender antes de que siquiera pudiera pensar en dominar la técnica. Los pasos incluían el *six step* (pasos básicos del *b-boy*), *up-rocking* (pasos con movimientos de brazos al estilo tijeras), *flares* (paso bengala), *c-stepping* (salto girando pies en forma de "c"), *air-trax* (girar sobre las manos con las piernas en el aire), *freezes* (quedarse congelado en una posición), *backspins* (giros sobre la espalda), *knee-spins* (giros sobre las rodillas), *head spins* (giros sobre la cabeza), los *1990s* (giros sobre una mano) y *2000s* (giros sobre dos manos), *turtle* (movimiento tortuga), *hand glides* (desliz de manos) y *windmill* (movimiento molino de viento).

Primero aprendí como hacer el *pop* —usando los brazos, al estilo robot. Aprendí a dominar el paso *pop* viéndome en el espejo del cuarto, el del baño y cualquier reflejo de vidriera en la calle. Practicaba horas para ajustarme al ritmo de cómo se movería mi cuerpo, concentrándome en un simple movimiento de la mano o muñeca. No seguía adelante hasta no dominar cada movimiento a la perfección. Luego pasaba al trabajo en el piso, como girar sobre mi espalda.

Cuando Mamá estaba en el trabajo, bajaba todos los espejos —alrededor de seis— y los apoyaba en el piso para formar un círculo en la sala de estar, y así verme desde todo ángulo posible mientras practicaba cada paso.

Una vez, ella volvió temprano a la casa.

—¡Jaime! ¿Qué estás haciendo? —me gritó, parada en el umbral de la puerta.

De un salto me paré.

—Estoy *breakdancing*, Mamá.

—Lo único que vas a *break* (romper) son mis espejos. ¡DEVUÉLVELOS A SU LUGAR… AHORA!

Le tomaría unos años a mi mamá hasta comprender mi pasión.

A mis once años, nos mudamos —otra vez— a otra comunidad mayormente latina: la ciudad de Rosemead.

Mi escuela nueva, la primaria Janson Elementary, estaba orgullosa de su lema de Henry Ford: "Juntarse es un comienzo, mantenerse juntos es progreso, trabajando juntos es éxito".

Decidí poner en práctica la promesa de "trabajando juntos" luego de reconocer lo bueno de ser el chico nuevo, en especial el chico con los pasos nuevos y cool de baile. Encontré la oportunidad para impresionar y contestar la pregunta que me siguió eternamente por mi niñez: "¿Quién es el chico nuevo?".

Se estaba programando la asamblea navideña de la escuela y yo quería impresionarlos. Bailar era la única cosa que no me daba timidez, y cuando has encontrado la llave, esa herramienta que abre el caparazón, quieres seguir adelante sin parar.

Tomé mi oportunidad cuando la señorita Rasmason estaba organizando la actuación del sexto grado en un concierto de Navidad. Todos se habían puesto en la cabeza que cantarían un villancico navideño y se me vino el mundo abajo.

Esto no es bueno, pensé.

Sin inmutarme, subí la mano.

—¿Sí, Jaime?

—Señorita, ¿puedo bailar durante nuestra actuación?

Eso la sorprendió. Asintió con la cabeza.

—Seguro, Jaime, ¿qué tipo de baile?

—*B-boying*, señorita —ya sabe, *breakdancing* —le dije.

Todas las cabezas latinas se dieron vuelta y fijaron su mirada en mí. Las chicas se rieron bajito y los chicos se mofaron. Pero la señorita Rasmason seguía asintiendo con la cabeza. Un poco inquieta, pero definitivamente asintiendo. Señaló que sería un reto bailar hip-hop durante la canción navideña "Walking in a Winter Wonderland".

—Yo haré lo mío, señorita —le dije.

Habíamos llegado a un acuerdo. Yo cantaría con el grupo "Walking in a Winter Wonderland", pero meteríamos un corte y tocaría mi propio ritmo y lo bailaría. Hay que reconocer que no era lugar para Run-D.M.C. ni Boogaloo Shrimp, pero una oportunidad para probarme.

El gran día llegó y toda la escuela —estudiantes, padres y maestros— estaban allí. El clásico navideño comenzó, y el coro empezó a cantar: *"Sleigh bells ring…are you listenin'/In the lane…snow is glistenin'/A beautiful sight/We're happy tonight…"*

Y entonces, después del coro, la canción paró a la mitad y comenzó mi parte. Había traído mi reproductor portátil y decidí tocar viejo hip-hop de la costa este, "Freaks Come Out at Night" de Whodini. Recuerdo sentir que estaba dominando el momento, *sabiendo* que me estaba yendo bien. El coro estaba totalmente quieto y callado detrás de mí, y ahí estaba yo bailando mi número alocado.

Al final, mientras estaba al frente del escenario, entre el coro y el aplauso, noté las expresiones en las caras de los maestros, no los niños. Vi sonrisas enormes, cejas asombradas y manos aplaudiendo con entusiasmo.

Miré hacia atrás a los estudiantes sentado y vi a las niñas pensando, *Eso estuvo bien bueno,* y a los niños pensando *No fue nada.* Pero no me importaba. Tenía a los maestros en la palma de mi mano. Me había ganado el visto bueno de muchos por la primera vez en mi corta vida. No encontré ni una mirada desilusionada.

Ahora, cuando la gente preguntaba "¿Quién es ese chico?", yo era el chico que podía bailar. Había pasado de ganso a un tipo con calle en una sola actuación. Ahora *eso* —como niño— estaba padrísimo.

Rosemead, en el San Gabriel Valley, consistía en mi cuarta mudanza antes de cumplir los doce años. Este camino imprevisible me llevó de las primarias 66th Street Elementary a Otis Street Elementary a Park Avenue Elementary a Janson Elementary y ahora a la secundaria Rosemead High.

Parecía que siempre tenía una maleta hecha, despidiéndome de un grupo de personas y empezando de otra vez con nuevo amigos. Esta vida nómada me entrenó a no prestarle mucha atención a otros chicos porque algo siempre me decía, "No me puedo acostumbrar a esto porque nos mudaremos de nuevo". No me apegaba a nadie.

Lo bueno de Rosemead es que nos quedaríamos y *no* nos mudaríamos más, y así arenas movedizas se cementaron en cimientos firmes. Por eso hoy en día lo llamo casa —mi verdadera casa.

—¿De dónde eres? —alguien me pregunta.

—Rosemead —respondo orgullosamente.

Así es, uno de los Black Eyed Peas. De Rosemead.

Nunca dejaré de sentirme orgulloso al decirlo.

También estaba orgulloso de la casa nueva. Julio le debe de haber ido bien armando sus aviones porque había logrado comprar la propiedad de su hermano y estacionar un Mercedes en el garaje. Para mí, esta casa representaba el éxito —un paso adelante en el mundo. No eran las viviendas subvencionadas, ni el dúplex, ni un apartamento, sino una casa con tres habitaciones, dos baños, una sala de estar y un patio trasero gigante. No estaba compartiendo una cama ni durmiendo en el sofá. Tenía una cama simple y un gran cuarto todo para mí. La casa hasta tenía una barra en la sala de estar, y Julio lo abasteció con su licor. También tenía un bong de madera, proveniente de sus días como *hippie*, guardado en un armario. Tomaría algunos años más darme cuenta que eso *no* era un instrumento musical.

No importaba que la casa estuviera al lado de la autopista 10, atrapándonos en el zumbido de tráfico, día y noche. Al abrir la puerta principal veíamos un gran pedazo de muro, detrás del cual se hallaba la autopista de ocho carriles. Las montañas de San Gabriel estaban al norte, y no se te podía escapar al gigante eléctrico de Edison International, que también hacía de Rosemead su casa.

Lo que estaba afuera no me importaba. Lo único que me interesaba era pegarle a las paredes mi inspiración: afiches de mis héroes, Bruce Lee y Michael Jordan. De maneras diferentes, estos dos iconos representaban el significado del espíritu guerrero: nunca conociendo la derrota, nunca escuchando la palabra "no", adoptando una dedicación que transformaba la práctica en perfección.

Lee dominó su técnica en las artes marciales al punto que logró crear su propio estilo. Tomó al kung fu básico y lo volvió un arte más flexible llamado Jeet Kune Do. Luego se hizo actor, y dada su popularidad, cambió la imagen de los asiaticoamericanos en el oeste; el era el asiático con menos posibilidades que se transformó en el primer superhéroe étnico de la televisión. Toda su actitud decía: "Está bien, soy el hombrecito. No me veo como gran cosa. Pero tengo carisma y te daré una paliza si te metes conmigo".

Muchas veces me imaginé lo que impulsaba adelante a Michael Jordan mientras era un chico creciendo en Brooklyn. Se había hecho la idea de ser un jugador de básquetbol, pero fue rechazado en décimo grado de la secundaria por ser demasiado pequeño. Su respuesta fue crecer cuatro pulgadas y demostrar su valor, y el resto es historia. Tenía un refinamiento y un enfoque por cada pelota que metía en la cesta. Como diría luego al ser admitido al salón de la fama del básquetbol: "Los límites, como los miedos, muchas veces son solo una ilusión".

Lee y Jordan también trabajaban con *precisión*: tiempo preciso, arte preciso, ejecución precisa. Y en ambos casos, tenían sueños que nadie podía frenar, y solo los lograron al dominar sus destrezas y técnicas. Sus ejemplos que me dieron un empujón con mis propias inspiraciones y sueños.

Me encerraba e inspiraba por los movimientos acrobáticos de los Nicholas Brothers, los Mop Tops y los Soul Bros. Es más, uno de los mejores casetes mixtos que hice a principios de la secundaria incluía todos los ya mencionados, más "Baby Be Mine" de Michael Jackson y "When Doves Cry" de Prince. Dos clásicos.

Escuchaba a Michael Jackson —visualizando a Boogaloo Shrimp—

por horas mientras practicaba mis pasos de movimientos que flotaban y se deslizaban.

Nunca me quedé quieto y en silencio de niño. Siempre sonaba música en alguna parte. Música contagiosa que hacía que la gente se parara y bailara. Estaba constantemente haciendo casetes mixtos de la estación de radio KDAY en 1580 AM. Me brotaban las ganas de actuar, y fue durante una de mis vacaciones de verano en lo de Nanny que presenté mi primera "actuación".

Nanny y yo tomamos el autobús a lo del tío John en el San Fernando Valley y juntamos una pequeña muchedumbre de amigos y familiares. Habían más o menos veinte personas en la sala delantera ese día, y Nanny se aseguró de que cada uno pagara una entrada de un dólar cada uno. Las expresiones en las caras de todos, y el orgullo de Nanny, me dijeron que había sorprendido a la familia ese día. Era como que pensaban: "Él es uno de nosotros, ¡pero baila como un tipo negro!". Y me pagaron por el privilegio. El total de veinte dólares fue mi primer pago como artista.

A través de todo esto, continúe siendo un soñador.

Cubría los libros de texto con una lluvia de pensamientos inconscientes, matando el tiempo entre la mañana y la hora del almuerzo, y de la hora del almuerzo hasta el final del día escolar.

Una vez dibujé toda la portada roja del libro de español *Hola*.

—¡Jaime Gómez! —declaró horrorizada la señorita Chrisanti un día—. ¡Esto es vandalismo!

Pero ella no comprendía mi creatividad.

—Estoy aprendiendo a rapear, señorita… ¡es arte, señorita!

Tuve que pagar dos veces por desfigurar la propiedad de la escuela. Pero fue cuando marqué y desfiguré al libro la segunda vuelta que empecé a jugar con la palabra "Tab".

¿Qué es un "Tab"? me preguntaba.

"Sí, ponlo en mi cuenta (*tab* en inglés)" o "Una tableta de ácido" o "Tab la gaseosa".

Luego "Tab" se transformó en "Taboo". *Como el título de la película porno de los setenta,* pensé.

Ilícito. Sexy. Fuera de lugar.

Vi la palabra y me gustó como la "T" y la "b" saltaban en comparación a las otras letras pequeñas; dos torres creciendo entre el resto de los edificios pequeños. La "T" y la "b" buscando las alturas. La palabra en sí simplemente se veía… fresca.

Deliberé otro rato sobre el significado de "taboo". Prohibido. Indescriptible. Algo vedado. Algo contestatario.

Lo escribí en letras mayúsculas. De repente, la portada del libro se convirtió en un muro para mi grafiti de tinta: "TABOO" en cursiva luego "TABOO" en mayúsculas de imprenta. Mi mano era como un láser, escribiendo tan rápido como pensaba.

"TAB-OOOOOO".

"TA-B-BOY".

"TAB-007".

Empecé a firmar mi nombre fervientemente, como si me hubieran pedido firmar docenas de autógrafos en un minuto descontrolado. Este "vandalismo" me costó otros diez dólares, pero era un precio barato para lo que sería mi nombre artístico.

Así que así es como llegué a llamarme Taboo.

El apodo me siguió durante mi adolescencia y la gente le parecía que estaba padre. Lo que no estaba padre eran mis elecciones en la vida, y aprendería todo sobre el significado literal de la palabra "taboo" (tabú) y las consecuencias que pronto me tocarían de cerca.

EXCLUSIVAMENTE TABOO

En Rosemead High School yo era el equivalente a Mumbles de la película *Happy Feet*. De la misma manera que nadie había oído hablar de un pingüino que bailara claqué, nadie en Rosemead había oído de un mexicano bailando al estilo *b-boy*. Yo era el chico hip-hop en una comunidad donde no existían los chicos hip-hop.

"Epa, ¿tú crees que puedes hacer *free-style*? ¿De verdad? ¡No seas ridículo!" era la reacción en general.

Ni siquiera me tomaban en serio mi mamá y Julio. Creo que veían mi pasión como un pasatiempo que pronto dejaría atrás. No los culpo ya que con un vistazo a mi ropa hip-hop o mi vestimenta estilo ninja y daba a entender que todavía estaba disfrazándome como los días en Dog Town. Es difícil expresar una intención seria de niño porque, como niño, ni te das cuenta del destino que estás eligiendo. Pero pasión es pasión sin importar la edad y, por unos cinco años, prácticamente había rebobinado y repetido cada paso, estilo y técnica.

Pregúntale a Tiger Woods que hacía con un palo de golf de niño o a Michael Jordan que hacía con una pelota de básquet o a Andre Agassi que hacía con una pelota de tenis. Era lo mismo para mí y el *b-boying*. Estaba bailando bien y arremetiendo la pista; tan bien que todos empezaron a incorporarse y tomar nota. Había probado lo que valía en el centro-sur de Los Ángeles, pero mi baile realmente floreció en la zona mayormente latina de Rosemead, donde solo había unos cuantos chicos negros en la comunidad. Mis habilidades ganaron su aceptación y amistad, pero por otro lado eso significó que —en los ojos de los latinos— había cruzado la línea divisoria racial. Había una separación racial notable en Rosemead High. Si bien no era una guerra racial, los mexicanos se pegaban a otros mexicanos, los asiáticos con asiáticos y los afroamericanos con afroamericanos. Como en las cárceles.

"Actuar como un tipo negro" y haciendo amigos negros, por lo tanto, era percibido como si yo fuera un vendido al pasarme al otro bando. Pero en *mis* ojos, nunca tuvo que ver con bandos. Solo tenía que ver con una cosa: demostrarme como un *b-boy*.

Sin embargo el razonamiento creativo no importaba. Había quebrado el tabú de pasar tiempo con amigos negros. Las burlas que siguieron tenían el mismo tono triste:

"Epa, ¿por qué tienes que bailar como tipos negros, carnal?"

O "Aquí viene el que se hace pasar por negro".

O "Epa, cuate, ¿por qué andas haciendo esa mierda china?"

Lo escuchaba en los pasillos, en el patio de juegos, en el bus escolar y en mi caminata a casa.

Se *suponía* que yo debería ser el cuate mexicano que usaba pantalones Ben Davis o Dickey y Nikes Cortez. O tenía que vestirme como deportista o a lo disco con ropa demasiado apretada. En cambio, yo me ponía mis pantalones MC Hammer, camisas con lunares, zapatos a lo Heavy-D y medallones africanos.

No estaba tratando de dar un mensaje particular. Simplemente me identificaba más así, y el resultado es que me veía diferente al crear un *look* inspirado en la cultura del hip-hop.

Cuando naces con la piel clara "como un coco blanco", o cuando siempre has sido el niño nuevo en la escuela, o cuando has sido el latino entre la comunidad afroamericana de temprana edad, no existe el miedo a verse diferente.

Pero ciertos "estilos" eran como uniformes que dividían las razas, y a mí me veían como el niño con el uniforme equivocado, y pasando tiempo con la gente equivocada. Pero no iba a dejar que la presión social me afectara. Si mi nombre es Taboo, simplemente aceptaré el tabú, me dije. La bravuconada me armaba de valor. Las máscaras importan de igual manera en la vida diaria y en el escenario.

Yo tomaba mis propias decisiones. Incluyendo la decisión de asociarme con cuatro a cinco amigos negros que se veían superados en números en Rosemead High. Habían solo cinco niños negros que estaban igual de aislados que yo por elección. Estos muchachos —Courtney, Eclipse, Phoenix, Terence y Antwon— eran mis hermanos más que nadie. Parecía una opción fácil pasar tiempo con espíritus afines que compartían la misma onda y sed por la creatividad de artistas aspirantes.

Gracias a la aversión de mi mamá al yo bajar los espejos para practicar, pasamos mucho tiempo ensayando en diferentes casas, pero la casa principal era la de Phoenix —alias Joey Jordan— porque vivía a dos cuadras de la escuela, y se volvió un punto de encuentro cómodo. Parecía ser que su mamá nunca estaba, pero aprobaba de que usaramos el apartamento para practicar. También íbamos a la casa de Antwon en South El Monte y usábamos su garaje.

Donde fuera que estuviéramos era como la película *Groundhog Day (El día de la marmota)*: veíamos vídeos de baile, escuchábamos música, probábamos números nuevos y fumábamos un montón de porro que había caído en nuestras manos. Luego aniquilábamos el contenido de la heladera, y estoy convencido que cuando volvía a la casa la mamá de Phoenix, debe de haber pensado que la heladera había sido asaltada por osos. Estos eran buenos tiempos, y dudo que me hubiera convertido en un bailarín tan consumado si no hubiese sido por el apoyo y la creatividad de estos hermanos adoptados. Estar con ellos me ayudó a establecer mis altos estándares.

Juntos nos empujamos al siguiente nivel. Había mucho amor y alma en ese grupo. Eramos unidos y leales, y lo teníamos que ser porque mi asociación con ellos significó que los chicos mexicanos empezaron a odiarme.

Encontré insultos escritos en la puerta de mi casilla en la escuela: "Aspirante a negro", "Traidor", "Judas" y "Pégate a los tuyos". En los baños, mi nombre, "Jaime Gómez" estaba escrito en grandes letras atravesadas con una línea gruesa negra. También escribían "Hyme-dog Gómez" en letras grandes. Nunca comprendí que significaba eso, y nunca tuve las bolas para preguntar.

Cada mañana caminaba a la escuela ansiosamente, preguntándome qué mierda me daría la bienvenida. Preguntándome de dónde vendría la próxima ronda de abuso. Me trataban como un marginado y me estaban excomulgando públicamente. No le hablé a mi mamá del asunto, ni a Nanny. La regla número uno de la calle es nunca acusar a alguien, y yo sabía que mi mamá hubiera ido directo a la escuela para averiguar quién me estaba acosando.

Tenía mucho tiempo para lidiar con esta mierda solo porque era un niño de llave —la llevaba como colgante alrededor del cuello— que entraba a la casa solo después de clases a eso de las 3:30 de la tarde, abría una gaseosa, subía la música y esperaba a que Mamá y Julio entraran por la puerta a eso de las 7:30 u 8 de la noche.

Mi hermana Celeste siempre andaba con Terry, la niñera, quien vivía a una cuadra. Ella cuidaba de todos los niños del barrio, pero algo en mí prefería estar solo en casa. Durante ese tiempo para pensar, estimaba que los eslóganes de la casilla se borrarían con el tiempo, pero eso resultaría ser solo una ilusión.

Previamente había estado al tanto de las tensiones raciales como matices, pero ahora sentía una hostilidad seria. Yo, personalmente, no lo podía comprender porque el único factor discriminador en mi mente era si alguien tenía talento o no. Quizás era la ingenuidad de mi juventud el no comprender que las razas le importaban tan profundamente a otros. Pero si era ingenuidad, entonces era la consecuencia de yo haberme mezclado con otros credos en el centro-sur de Los Ángeles.

En Rosemead la forma de pensar de los latinos iban en contra de mis instintos que automáticamente contaba con todos como amigos. Mi grupo le gustaba la música, el baile y la creatividad. Por otro lado, muchos chicos latinos querían pasar el tiempo juntos, colocarse y fumar cigarrillos. No parecía que nada productivo viniera de eso. Y puede ser que —por las advertencias anticipadas de mi mamá— veía un futuro con *gangs* de la calle y eso me hacía nadar con aun más fuerza contra la corriente.

De todas maneras, no sentía la pena ni la vergüenza que los líderes de mi barrio deseaban que sintiera.

No digo que no haya sido intimidante el ser seleccionado para el trato pesado, pero no les iba a demostrar que tenía miedo. Si tenía una virtud de niño, era que bajaba la cabeza y solo me hacía caso a mí mismo.

Algo en la vida siempre me ha llevado hacia el camino correcto —algo magnético. Me atraía estar con Nanny, me atraía el baile, me atraía estar con mis amigos negros, me atraía la oportunidad, y ese es el lema magnético que atraviesa mi historia. En otros momentos también me llevaría hacia malas influencias, pero ya llegaremos a esa historia. Sin embargo, este lema es lo que me llevó, como un Black Eyed Pea, a llamar mi compañía registrada "Tab Magnetic", por las fuerzas magnéticas en juego en mi vida; porque hay algo magnético relacionado al destino.

A los catorce años mi confianza —en cuanto al baile— también era magnética. Mis habilidades estaban tan pulidas que podía liquidar a cualquier que se me interpusiera. Cuando te sientes así de poderoso, siempre aparecerá el momento en que quieras probárselo a un público más grande. Lo llamo mi momento Karate Kid.

La hora del almuerzo en Rosemead High era cuando teníamos nuestros "almuerzos de baile" afuera en el patio de la escuela. Un tipo que hacía de DJ sacaba el equipo de sonido de la escuela afuera y entretenía al gentío mientras los del grado once de la secundaria bailaban en el medio de un círculo lleno de espectadores. Fue en uno de esos círculos que primero conocí a un grupo de mexicanos mayores que se hacían llamar Z-Crew. Se vestían al estilo GQ, con pantalones entubados de Z Cavaricci plisados, de tiro alto, con cinturón y hebilla, y camisas de seda con estampado de cachemira. Eran tus clásicos niños bonitos al estilo banda juvenil que pensaban que vestirse elegante se veía padre. Su estilo de baile también era al estilo banda juvenil, como los New Kids on the Block.

Los había observado por un par de semanas, diciéndome que estaban bailando en el pasado, y que yo podía bailar en el futuro.

Ahí estaba, el de noveno grado parado en la línea lateral, vestido cool y a

la moda con pantalones sueltos de teñido anudado, una gorra de malla, una chaqueta alocada también de teñido anudado y un medallón, que parecía que había salido de un autobús de gira de los Jungle Brothers. No paraba de ver al Z-Crew con sus coreografías demasiado ensayadas y era terrible. Entonces, una voz interior ignoró la diferencia de edad y me empezó a susurrar: "Tú puedes con ellos… los puedes aniquilar".

Así que me metí en el círculo, yo solo contra los cuatro Z-Crew.

La multitud aplaudía mi atrevimiento como el muchacho pequeño con pantalones sueltos refutando a sus mayores. Ejecuté pasos que nadie había visto antes salvo en la pantalla grande. Me salió impecable: giré sobre una rodilla, hice *popping*, me deslicé y les di unos pasos complejos. Todo lo que hice les abrió un nuevo ano a cada uno de los del Z-Crew. Estaba tan entregado al momento que ni me di cuenta que se habían ido de la pista y unido al gentío. La gente seguía aplaudiendo y celebrando cómo había destruido la pista.

Cuando paró la música, me quedé allí parado, sin aliento pero eufórico. El menos esperado le había sacado la tarjeta a los del grado once de la secundaria. Fue en aquel momento, mientras la multitud se abría que escuché el grito: "Botemos al de noveno!".

El Z-Crew y sus seguidores querían botarme al basurero cercano por enfrentarlos de tal manera. Fueron a la carga, y yo empecé a correr —y fue ahí que el señor Dunaway apareció, en el momento oportuno, y ellos desaparecieron.

Había roto otro tabú y declarado una guerra de baile —y no sería la única que vez que tendría que intervenir el señor Dunaway para salvarme la patria.

Karish fue mi primera novia y representaba el rompimiento de otro tabú: el que decía, "Nunca salgas con una chica negra".

Quedé enganchado desde la primera clase que compartimos; enganchado en la primera sustancia alucinógena que la vida me había ofrecido —esa droga que llaman el amor adolescente. Me hizo creer en todos los delirios clásicos de la experiencia de un muchacho virgen: ilusionándome de que era el amor de mi vida y la mujer con la que me casaría. Sería mi novia por los próximos tres años, y es por eso que tiene un lugar en esta historia.

Pasábamos mucho tiempo en la casa de su mamá, primero en El Monte y luego en Rowland Heights. Recuerdo estar sentado con Karish contándole todo sobre mis sueños, imaginando un futuro que yo sentía que me haría ver aun mejor en sus ojos.

Cómo suena algo importa.

Lo que importa es la música.

El sonido es el oxígeno que respiramos, y la música es la sangre en nuestras venas.

Piensa en lo que es el sonido, y luego piensa en lo que sería el mundo sin un solo sonido; sin música —que tonta, muda, estéril y blanca y negra serían nuestras vidas. Los sonidos se unen para hacer música, con diferentes instrumentos, ritmos, notas, efecto y frecuencias. Y la música se vuelve musicalidad —conectándose con nosotros en el nivel más profundo e íntimo, haciéndonos sentir mejor, brindándonos compañía, dándonos vida, ayudándonos a recordar, haciéndonos saltar, durmiéndonos, llamándonos a tomar acción. Es el único puente que abarca toda emoción posible, y es un hecho de la vida que cada ser humano alrededor del mundo ingiere música para sentirse bien. Es el medio más íntimo que comunica a extraños. Como bien le dijo Bono a Will: "La música nos pone en sus oídos y en sus cabezas".

Cuando los Peas están haciendo música, vemos colores. Es casi una experiencia psicodélica. Si pudiéramos ver el sonido, creemos que veríamos colores porque cada canción lleva consigo una cierta energía y aura.

Entonces, mientras Will se le ocurre un ritmo, un sonido, uno coro, nosotros nos enfocamos en la música y nos imaginamos un color; viendo los tonos que explotan en nuestras cabezas. Hazlo. Escucha. Cuando un sonido llega a tus oídos, ¿cuál es la frecuencia? ¿Está vibrando en lo alto para alzarte? ¿O vibrando bajo como para traer oscuridad? Cuando escuchas, ¿qué ves? ¿Es claro u oscuro? ¿Es rojo, porque está caliente, húmedo y *sexy*? ¿O azul porque evoca oscuridad, tristeza o un momento profundo de reflexión?

Toma como ejemplo a algunas canciones de los Black Eyed Peas.

"I Gotta Feeling": es roja porque te alza, es radiante, calienta el cuerpo. Nosotros en realidad decimos que es un arco iris, una fiesta de colores.

"Where Is the Love": es azul y gris porque es la tristeza en busca de esperanza, creando emoción con las menciones del KKK y la CIA… gente muriendo y llorando.

"Meet Me Halfway": es rosada porque es suave, es sobre el amor, es para niñas.

"Imma Be": es dorada y plateada porque es majestuosa y robótico futurística.

Este enfoque es una comprensión que todos compartimos, y es Will quien nos inculcó esta visión y nos hizo ver a la música de esta manera.

Para mí, desde joven, la música —en especial el hip-hop— fue una ráfaga que se apoderó de mi cuerpo y se conectó con mi alma, disparando electrones que me hicieron desear perder el control. Libera una sensación que va más allá de la serotonina y las endorfinas. Va más allá de las drogas. Me puedo sentir enfermo, cansado o deprimido, pero la música y la actuación me levantan el ánimo. De verdad se siente como una corriente eléctrica disparando colores en mi cabeza.

Y hasta los sonidos de la niñez me hacían sentir bien: la música pulsando

de los reproductores portátiles, la música de De La Soul o MC Hammer. El sonido de una buena melodía. El sonido tranquilizador de la voz de Nanny.

Pero había un sonido que detestaba: el sonido de las instrucciones.

Cualquier cosa que tuviera que ver con ese tono raspante instructivo me recuerda, hasta el día de hoy, a la voz de mi padrastro, al igual que otro sonido que me irritaba de niño: el sonido de mi nombre de pila.

Mamá y Julio insistían en pronunciar "Jaime" en español. Yo escuchaba esa pronunciación de Jaime y sentía como si mil uñas estuvieran raspando una pizarra.

"¡Jaaaiimeee, alcánzame una cerveza!".

"¡Jaaaiimeee, saca la basura!".

"¡Jaaaiimeee, ve a regar el césped!".

Mamá odiaba que me dijeran Jimmy. "Tu nombre es Jaime", diría, "no Jimmy".

Yo sé porque le molestaba. Porque mi papá era "Jimmy", y ella no quería nada que se lo recordara. Pero "Jimmy" era la identidad con la cual me asociaba desde los cinco años. A nivel acústico, era tranquilizante para el oído y divertido y agradable; un recordatorio constante de la voz de Nanny.

El sonido de "Jaime" en español suena a la autoridad de los padres y la frialdad de Julio de mi niñez. También hace que me resuenen las advertencias de Mamá en cuanto a los *gangs* de la calle cuando, durante mi adolescencia, me dijo: "Jaime, si ves problemas, corre. ¿Me entiendes, Jaime? ¡Corres!".

Así que escuchó "Jaime" en español y me dan ganas de salir corriendo.

Te puedes imaginar que te afecta un poco la cabeza el tener dos nombres de niño. Si hubiera sido un perro, hubiera corrido en círculos, confundido. Pero cada noche, antes de apagar las luces, me recordaba silenciosamente: "¡Tú eres Jimmy y serás un artista!". Lo decía una y otra vez, solo para que quedara claro.

Todo lo que necesitas saber hoy en día es que mi nombre es Jimmy y soy Jimmy. Si me llamas "Jaime", se me pondrán los pelos de punta. Llámame Jim o Jimmy, y está todo bien.

No importaba cómo me llamara Julio. La tensión siempre iba a explotar. No ayudaba que cada vez que no hacía algo, o cada vez que nos dábamos un encontronazo, él gritaba y me metía el dedo en el pecho para declarar su punto con ahínco.

"Jaime", ...dedo en el pecho... "¿cuándo vas a...".

"Jaime", ...dedo en el pecho... "¿haz hecho...".

Una vez escuchó como le contaba a Mamá que un día sería un artista, y se burló en voz alta. "¡Nunca lo vas a lograr, Jaime! Baja a la realidad. Yo también estuve en una banda y nunca la logré, así que ¿qué te hace creer que tu sí puedes, eh?".

Este hombre se cagaba en mí todos los días. Cada vez que lo veía, sacudía la cabeza y daba chasquidos y yo pensaba, "¡Vaya! ¿Y *ahora* qué hice?".

Nunca le pedí nada a Julio ni me acerqué a él en busca de consuelo. Es como si él hubiera tenido un campo de fuerza a su alrededor que me rechazaba. Era un tipo duro, tanto adentro como afuera de la casa —totalmente opuesto a mí. Sin embargo, con Celeste era el padre más bueno y cálido del mundo.

Me sentía como la oveja negra de la familia y, como respuesta, me descargaba con mi mamá. El hecho de limpiar mi cuarto se volvió mi manera de comunicar mi mensaje porque me dejaba retumbar y despotricar. Decía las cosas que dicen los chicos para herir y luego, como castigo, me daban más instrucciones, tareas y dedos en el pecho de Julio. Armé mi propio círculo vicioso adolescente.

Todo se detonó durante un encontronazo gritado donde su metida de dedo rebalsó el vaso. Respondí con un empujón. Él me empujó. Y todo se encendió en la sala de estar. Estalló casi una década de resentimiento y nos fuimos a los puños. Mamá pedía a gritos que paráramos, y se metió en el medio con una escoba para separarnos. Cuando se calmaron las aguas, ella dijo que no podía más con la tensión.

—Necesito que te vayas a casa de tu Nanny —dijo.

Me encantó estar de vuelta con Nanny y el tío Louie. Cuando llegué, Nanny supo al instante lo que necesitaba: una dosis de diversión.

—Ándale, Jim, nos vamos al centro de recreación —dijo.

Este centro de recreación en particular estaba pegado a un hogar de ancianos donde vivía mi abuelo. Estaba enfermo con polio, y había una reunión por uno de sus cumpleaños. Él y Nanny seguían en buenos términos a pesar de que él abandonó el matrimonio. Dios le enseño a ella todo sobre el perdón.

Creo que la razón principal de sus visitas era la oportunidad de bailar conmigo en estas pequeñas reuniones. Bailábamos salsa y el *jitterbug*. A ella le encantaba Ritchie Valens y una vez que empezaba su música, no había quien la parara. No muchos niños iban a bailar con su abuela porque no era cool, pero nunca se trataba de ser cool. Se trataba de estar feliz y pasar tiempo con Nanny —¡y ella me seguía todos los pasos! Eso es a lo que me refería cuando hablaba de la música hace un momento: puede darle vida a las personas. Le devolvió la juventud a Nanny.

Si alguna vez me desinflé por la situación doméstica con Julio, Nanny me llenó con nueva confianza y ánimo. Me permitía los sueños porque creía en ellos. Después de dos meses, volví a casa de Julio y a una sensación de paz inestable. Solo que esta vez, me vine con algo que Nanny insistió me quedara.

Era un regalo, me dijo.

Supe su importancia desde el momento en que me lo puso en las manos.

Y fue entonces que colgué su atrapasueños sobre mi cama "para que atrape a mis sueños antes de que me los aplasten".

—¡Nunca dejes de creer, Jim! —me dijo en mi último día, dándome un gran abrazo.

Eso es lo que tiene el sonido de la voz de alguien que cree en ti. Es como la música porque siempre esta garantizado que te hará sentir bien.

Si la vida en casa era como andar con pies de plomo, la vida escolar se volvió un campo de minas.

No hay nada más intimidante para un muchacho de catorce años el pensar, durante el camino a casa, que un solo grupo —el Z-Crew— está apuntando en mi contra. El abuso era garantizado todos los días, y sospechaba que un ataque total era inminente. Era cuestión de aprender a esquivarlo.

Pasaban tiempo en el perímetro de paredes y pasillos, y yo los pasaba caminando, con ojos en la nuca. Sabía que me tratarían de agarrar a solas.

Lo que empeoró la situación fue que mis habilidades de *b-boy* fueron notados por los deportistas de último año de la secundaria, y me habían empezado a poner bajo sus alas. Estos tipos —Kevin Brackens, Jack Phan y Pat Ahing— era el estilo de deportista que les encantaba la música.

Junto con mis amigos negros, armamos un grupo, y los almuerzos de baile se volvieron enfrentamientos entre nosotros y el Z-Crew.

Los aniquilamos cada vez, lo cual agravaba mi estatus de traidor. Estaba bailando con el enemigo, compitiendo en contra —y derrotando— de los míos. Una falta de respeto enorme, según ellos.

Uno de los pendejos más grandes era un tipo llamado Alex. Era alto, un tipo que se veía medio ganso con una nariz larga, y su secuaz era un tipo grandote llamado Hurley, quien era tan ancho como una autopista.

Estos dos idiotas se veían malos aunque bailaran como payasos, y era inevitable que en algún momento me lograrían alcanzar, y la mierda iba a estallar.

Nunca olvidaré cuando finalmente ocurrió. Estaba caminando a clase cuando Hurley se topó conmigo y me dio un empujón hacia Alex. Él intentó darme. Yo me agaché, y de repente una mini-multitud aceleró hacia mí, atropellándome en medio del tumulto. Ahí fue cuando escuché las voces de dos maestros gritando. El señor Dunaway, junto con el señor Morgan, nuevamente me habían salvado de una paliza.

Nanny me tranquilizó diciéndome que era todo por celos, pero no importaba. Lo que me importaba era responder al crecer con más fuerza. Iba a dejar que mis pies y mis pasos hablaran por sí solos. Y la dulce venganza se hallaba a tan sólo unos años.

Demos un salto adelante a los años de los Black Eyed Peas. Me habían pedido ser patrocinador de un equipo de fútbol americano llamado los Rosemead Rebels. Yo había pagado $5.000 para que ellos tuvieran nuevos uniformes y cascos y se vean increíbles. Hubo una ceremonia y una sesión de fotos, y me acerqué, presentado como "Taboo de los Black Eyed Peas".

¿Y quién es el entrenador de los Rosemead Rebels? Alex. Fue uno de esos momentos gratificantes que te regala la vida.

Todos me dieron la mano y agradecieron mi apoyo, incluyendo Alex.

No pude resistir el recordatorio de la niñez:

—Epa, ¿te acuerdas lo pendejo que fuiste conmigo en la escuela?

—¡Bueno, éramos niños! Me encanta tu música, mano.

—Está todo bien —le dije.

Pero en mi cabeza estaba pensando: *Claro, ¡arrodíllate, besa mis Converse y tócame los cojones!* Es que era una recompensa demasiado dulce para un capítulo de mi adolescencia, y un recordatorio de que la vida se trata del tiempo. El menospreciado siempre aguarda el momento oportuno. Lo que importa es la paciencia y la creencia en uno mismo. No bajas la cabeza con nadie. Y, para mí, el mejor lugar para poner esa creencia en acción era en el campo de una "batalla".

NIÑOS DEL *SOUL*

Imagina un círculo de personas parados en dos o tres filas, formando un estadio humano, como las muchedumbres en el patio escolar cuando unos tipos se están peleando. Imagínate esto, pero en vez de ver puños volando en el medio, hay grupos bailando, los gladiadores del hip-hop quitándose los guantes.

Ahora imagina ese círculo mutando a cinco otro círculos, todos bajo el mismo techo: un gimnasio escolar, un centro social, un club *underground*. La música esta a todo volumen, y estos círculos como focos saltando mientras un maestro de ceremonia improvisa en el centro, lanzando versos como le venían a la cabeza, rapeando en el micrófono que lleva contra su boca; y *b-boys* van llamando a sus contrincantes, con pasos cruzados, volteretas, giros, todo acompañado de un ritmo increíble.

Esto es lo que se llama en inglés "battling", luchando —rapero versus rapero, bailarín versus bailarín— y esta era la escena que más me importaba desde los catorce años.

Estos lugares se volvieron pozos que sin parar retumbaban música y baile, y su trance me resultaba irresistible. Fue la primera adicción de mi vida.

Aquí es donde te hacías un nombre, te ganabas tus galones y armabas tu reputación en la calle, con cada bailarín o rapero entrando al círculo para demostrar sus habilidades, dejándolo todo al juicio de la multitud. El que recibía más aplausos ganaba.

En esta pelea por el respeto y la supremacía, las luchas irrumpían durante la mayoría de las noches de la semana y el fin de semana en las costas este y oeste del país. En Los Ángeles, los grupos venían de todas partes de la ciudad: West Covina, South Central, Pasadena, Venice, Downtown, Glendale y Crenshaw.

Cada batalla nueva ponía a prueba mis habilidades, y las mejoraba con cada experiencia, bailando en sitios de Los Ángeles como el Armory, los templos masónico, Mission y hasta en Marylin's en Pasadena. Se corrió la voz en la escuela sobre las batallas en patios traseros de casas o batallas en estacionamientos o batallas en la sala de juegos de Tilt adentro del centro comercial de Montebello. Tal era la locura del momento.

Me mantenía informado e iba a donde sea, tomando el autobús o dependiendo de mi mamá cuando tenía tiempo para llevarme al otro lado de la ciudad. Si querías encontrarme fuera de la escuela entre los catorce y quince años, todo lo que tenías que hacer era encontrar la batalla más cercana. Un lugar habitual era el estacionamiento del In-N-Out Burger —en frente de Rosemead High—, pero yo buscaba llevarlo todo a otro nivel.

Ese siguiente nivel era un evento de un club de hip-hop/funk llamado Ballistyx para todas las edades, llevado a cabo en un local llamado Whisky A Go-Go en Sunset Boulevard, en frente del Viper Room. La primera vez que entré al sitio fue con Eclipse, ambos ansiosos y maravillados. Los archivos musicales me podrían haber pronosticado que solo cosas buenas ocurren en el Whisky: un local tan sumergido entre leyendas musicales que te podrías emborrachar con su historia. Fue un vehículo que ayudó a lanzar grandes carreras artísticas: Alice Cooper, los Doors, Frank Zappa's Mothers of Invention, Chicago, Motley Crüe. A través de las décadas, tendencias musicales se alinearon en la calle y pasaron por las misma puerta lateral por la que entramos nosotros, desde el rock al punk al heavy metal. Para nuestra época, habían quitado todos los taburetes y asientos de los "viejos tiempos" dejando una pista de baile abierta a la batalla.

Las batallas de Ballistyx se hacían los jueves a la noche entre las siete y las once, por cortesía de un actor que ahora era promotor de discotecas, David Faustino, mejor conocido como Bud Bundy de *Married With Children*.

Habían dos ventajas en este evento semanal: proporcionaban un local para aquellos muchachos que querían darse el gusto de bailar y nos dejaba quedarnos hasta tarde, más allá de las once. Todo este estadio intenso de hip-hop fue transformador a nivel personal, porque cuando estaba inmerso en esta energía, no me sentía tímido, inseguro ni intimidado. Era como si hubiera dejado esas capas en la puerta y los había cambiado por una capa de artista. Me convertía en otra persona: seguro, esperanzado, confiado en mis habilidades. Siempre había sido perezoso de niño, especialmente en la escuela o la casa. Pero cuando se trataba de bailar, es como si me hubieran puesto un cohete en el culo. Tenía la fuerza de voluntad para ser un artista. No tenía la fuerza de voluntad para mucho más.

Merodeaba al borde del círculo, esperando para comérmelo. Mi enfoque

estaba centrado. Me animaba como un boxeador en su rincón esperando a que suene la campana.

Me imaginaba a Nanny como entrenadora en mi cabeza "¡Bien, Jim!".

Luego me imaginaba a Bruce Lee, al estilo ninja antes comenzar un torneo de artes marciales.

Cuando entraba para responderle a mi rival, el ritmo instintivamente le decía a mi cuerpo qué hacer.

Gané a la primera y la ovación que recibí me hizo sentir como si hubiera hecho un jonrón para los Cardinals. Claro, también me derrotaron, pero eso solo me hacía esforzarme más la vez próxima.

Pronto estaba bajando a la mayoría de mis rivales, y eso me infló el pecho y me hizo sentir más seguro de mí mismo en la vida.

Una vez que probé mis habilidades a solas, me junté con Phoenix, Eclipse y Courtney y formamos un grupo de baile llamado Divine Tribal Brothers. Todavía tengo filmaciones de Phoenix y yo aniquilando una batalla en el gimnasio de la escuela en Baldwin Park; ahí estábamos dándolo todo con números loquísimos; dos muchachos flaquitos en *jeans* sueltos y camisetas enormes, y yo con mi gorra de pescador. Ahora de vez en cuando veo ese video y observo la determinación en nuestras caras. Esa filmación me sirve como recordatorio constante de cuán lejos he llegado.

Cinco de nosotros nos embalábamos en el Sentra blanco de mi mamá, con ella al volante, y nos íbamos a la próxima batalla. Ella volvía a buscarnos unas tres horas más tarde. No sé si entendía bien lo que pasaba allá adentro hasta que una vez, en Ballistyx, llegó temprano y empezó a charlar con el hombre de la puerta. Miró a la distancia, le dio un vistazo a la pista y vio un alboroto encapsulado por una pared de gente que rodeaba a algo o alguien. Nunca se dio cuenta que yo casi siempre estaba ahí, en el centro del alboroto, dando todo lo que tenía para ofrecer. Hoy en día te diría que nunca pensó que eso me llevaría a algo, pensaba que estaba perdiendo el tiempo. Mamá siempre estaba a la espera de que me consiguiera "un trabajo en serio".

Durante estos tiempos, recibí una llamada del amigo de Phoenix, John Trochez, quien me habló de este tipo joven, Polo Molinda, que representaba un rapero de Pasadena llamado Ron Johnson. Estaba haciendo pruebas de audición en busca de bailarines para uno de los espectáculos de Ron en Universal Studios, North Hollywood, y John le había hablado bien de nosotros.

Polo Molina es un buscavidas charlatán. Tenía más o menos nuestra edad, pero era claramente más un mánager con conexiones en creces. A parte de Ron Johnson, manejaba un solista llamado Little E, un rapero de doce años con un futuro brillante. Este niño también era su sobrino.

John Trochez organizó nuestra audición espontánea en su casa en el San

Gabriel Valley. Phoenix y yo entramos a la sala de estar pensando que este sería nuestra gran oportunidad. No puedo decir que una audición en la sala de estar de una persona, parados en pisos de madera, era mi idea de cómo sería mi gran momento, pero estábamos felices con la oportunidad.

Sonó el timbre y entró Polo, vestido informal con una camiseta roja, shorts beige, medias blancas, una gorra de béisbol verde y un par de Doc Martens. También tenía un ojo negro de la pelea de la noche anterior. Al verlo, todo parecía dar a entender que había que tomarlo en serio.

—Vamos, a ver que tienen para mostrarme —dijo y se sentó, brazos abiertos como una "T" apoyados en el respaldo del sofá.

Hicimos lo nuestro. Él nos observó atentamente.

Cuando paró la música, nos quedamos ahí parados, un poco incómodos con el silencio. Polo asintió con la cabeza, miró a John, y John levantó las cejas. Entonces Polo asintió nuevamente y estábamos adentro. Nuestras cabezas casi dan contra el techo de lo alto que saltamos.

Mientras Phoenix hablaba con John, Polo me llevó a un lado y, tan cool como un gato, me dijo:

—Ustedes dos tienen algo especial. Con eso, voy a hacer algo… —ahora quería saltar y atravesar el techo— …y lo que voy a hacer es que los voy a llevar a la fama —agregó.

Nunca lo olvidaré por esas palabras. Están grabadas en mi mente con tinta de tatuaje, fechadas como el momento en que alguien, que no fuera Nanny, *creyó* en mí. Había deseado escuchar ese reconocimiento independiente: "…tienes algo especial…".

Así fue que Polo nos reclutó para ser parte de los bailarines de Ron Johnson para el evento de Kiss FM auspiciado por DJ Hollywood Hamilton en el Universal Amphitheater. Cuando lo único que has conocido como escenario son las pistas de baile y los gimnasios escolares, ese anfiteatro famoso era un gran premio. Phoenix y yo dejamos las batallas de baile por un mes y ensayamos un número todos los días en la casa de Polo en Pasadena. Nos sabíamos los pasos tan bien que los podríamos haber bailado con los ojos cerrados.

Pero la vida nos brindó nuestra primera lección con el estilo de desilusión que te deja sintiendo como un pescado cortado en filetes. Ron Johnson estaba filmando una película de amor interracial llamada *Zebra Head* en Detroit y el tiempo de filmación se alargó más de lo esperado. Tuvo que cancelar su segmento en el espectáculo de Universal, y nuestra primera gran oportunidad cayó en el olvido.

Pero si Polo era bueno para una cosa, es para la motivación y el poder de mantener todo positivo.

—Habrán otras oportunidades, otras actuaciones —dijo.

■ ■ ■

La primera noción de pertenecer a un grupo musical —no solo un grupo de baile— me llegó después de una reunión con mi amigo latino David Lara, otra persona que también se sentía más en casa con sus hermanos negros que sus colegas mexicoamericanos. Este mano de Rosemead High terminaría siendo mi mejor amigo y aliado, y hemos sido hermanos desde entonces. Es como un hermano de otra mamá, no por sangre, pero nuestra alianza era, y sigue siendo, tan fuerte como cualquier hermandad que existiera.

Hoy en día, David es una sombra constante como mi mánager diario; uno de esas cajas de resonancia que te devolverán una opinión honesta, me guste o no. Él es mi verdadero compadre, e iría tan lejos como para decir que ha demostrado ser un guía y apoyo en mi vida tan importante como Nanny.

Fue idea de Karish que nos conociéramos porque ella lo conoció durante la clase de coro después de que llegó como el chico nuevo en décimo grado. Tenía dos años menos que yo, pero supe que era uno de nosotros en el momento que empezó a hablar con la jerga de chico negro. No era solo un forastero, era otro inadaptado de una comunidad mexicana.

Lo había encontrado sentado solo en la biblioteca, se veía incómodo con una gran chaqueta de Charles Barkley negra, así que me acerqué y me presenté. Hoy en día, David —o, como me gusta decirle, Deja— te dirá que yo era este tipo seguro que se acercó, todo cool, como si fuera el Príncipe de Persia o algo por el estilo.

—Oye, me dicen que arremetes con todo cantando —le dije a Deja, porque Karish ya me había contado que se cantaba la vida.

Deja tomó un sorbo de su bebida y asintió con la cabeza como alguien que no tiene nada que probar.

Me sentí como un idiota cuando escuché toda su historia: había llegado a Rosemead High después de transferirse de Hollywood High School of Performing Arts, donde también estudiaba la cantante Brandy. Esa escuela era de las grandes ligas, y casi todos sus estudiantes ya tenían agentes y mánagers, así que Deja obviamente era de los buenos.

Unas semanas más tarde, me confirmó su talento increíble en el concierto navideño que llevaba como tema musical Disney, cuando se paró a cantar un solo en "A Dream Is a Wish Your Heart Makes" de *La Cenicienta*.

Y lo a-ni-qui-ló.

Yo estaba como que "¡Ah! ¡Este hijo de puta sabe cantar!".

Una de las mejores voces que había escuchado. Si pudiera grabar un casete mixto del pasado y presente, juntaría a Deja y Fergie en una balada. A él se le ocurren unas melodías increíbles que me vuelan la cabeza.

Con Deja nos llevamos bien de entrada no solo porque podía cantar, sino porque sus experiencias como latino reflejaban las mías. De hecho, la razón por la cual se transfirió de Hollywood High fue porque lo intimidaban despiadadamente por "cantar como un tipo negro, pasar tiempo con chicos negros y caminar como si fuera el más cool" —palabras de su martirizador, no mías.

La debe de haber pasado como la mierda para irse de una escuela como esa. También explica porque, al conocernos, le decía a todo el mundo la mentira de que había llegado de Nueva York en vez de Alhambra, un distrito de Los Ángeles. Ya informado por sus experiencias en Hollywood High, pensó que la gente lo aceptaría a él y su jerga de hip-hop más fácilmente si decía que era de la costa este del país.

Deja era callado e inteligente. Era alguien que leía libros y podía hablar elocuentemente. Pero también era un compañero soñador, y muchas veces nos sentábamos a imaginar un futuro juntos, pensando en el día que lo lograríamos en la industria de la música.

—Algún día haremos una gira. Lo haremos —decía siempre.

Él cantaba. Yo rapeaba. Él escribía. Yo improvisaba. Y toda esa energía, alimentada por los otros muchachos en nuestro grupo, nos hizo creer a todos que *algo* era posible. No tienes que ver el horizonte para saber que existe. Solo necesitas seguir apuntando hacia él.

Pero creo que Deja no me agradecía cuando lo usaba de camarógrafo, filmando mis coreografías en el patio trasero. Como muchos cantantes, tenía poca paciencia por la técnica con la cual me obsesionaba.

—Mano, esto es aburrido… ¿por qué estamos haciendo esto? —decía, quejándose mientras mantenía la cámara estable.

—Me tiene que salir bien… sigue filmando —le respondía, entusiasmado.

Mi obsesión con la práctica interminable nunca flaqueó. Lo arrastraba afuera por dos horas seguidas, asegurándome que mantuviera la cámara estable para luego poder ver la filmación y analizar y perfeccionar cada paso.

Cuando Deja pensaba que habíamos terminado, se me ocurría otro paso. Su paciencia debió ser infinita al tener en cuenta lo que soportó de mí, porque lo escuchó todo:

Bueno, solo déjame perfeccionar el Atomic Drop.
O déjame hacer el Cabbage Patch una vez más.
O si pudiera hacer el Running Man… o el Roger Rabbit… o el Robo Cop.
¿Cómo lo puedo mejorar?
Ah, listo… ahora hagamos el House Dance.
Ahora déjame practicar mi Popping y Ticking…
Deja, ¿estás filmando todo esto?

Con Deja cantando y Eclipse rapeando un poco más, decidimos convertir nuestro grupo de baile en uno de rap. Y así fue que Divine Tribal Brothers se trans-

formó en United Soul Children, con Phoenix, Eclipse, Insane y yo como bailarines raperos, y Deja como cantante principal.

El hecho que Deja tuviera una licencia de conducir ayudaba ya que de vez en cuando su tío John le prestaba el Mitsubishi. Le subíamos el volumen a la radio del auto e improvisábamos hasta llegar a nuestro destino, un poco mareados por los cigarrillos Ganesh que fumábamos —unos pequeños cigarrillos delgados de hoja de tabaco que comprábamos en los mercados indios.

Cuando no teníamos más, fumábamos canela en rama.

Eclipse, alias Greg Pritchett, siempre estaba soñando con miles de ideas y conceptos para raps. La creatividad siempre fluía en su presencia. Era un tipo flaco, en forma, excéntrico, con una vos profunda y resonante y unas rastas bien cool. Ahora este tipo sí que podía bailar, y si soy honesto, me sentía más a gusto cuando bailaba a su lado durante una batalla. Él era un bailarín más del estilo robótico lo cual se equilibraba muy bien con mi estilo más suave e improvisado.

No me malinterpretes, Phoenix, alias Joey Jordan, también podía bailar, pero él tenía un cuerpo más alto y flaco, así que era todo brazos y piernas, dando codazos y emitiendo golpes con sus pies. Un flamenco bailador. En todo caso, debería haber sido un comediante porque tenía un surtido de chistes graciosos y una lengua aguda. Si lo enfrentabas, te hacía trizas.

Insane, alias Antwon Tanner, era un muchacho bonito de Chicago, y todos los estudiantes y maestros lo amaban. Era un rapero que no podía bailar ni que le pagaran, pero era más "Insane" (que en español significa demente) de nombre que de naturaleza. Era un tipo gracioso y también un gran letrista.

El primer rap que escribimos todos juntos se llamaba "When We Come" (Cuando venimos) con letras que jactaban que nuestra presencia en el escenario haría que todos los otros grupos se arrodillaran: *"When Insane comes, all the crews drop/When Eclipse comes, all the crews drop/When Taboo comes, all the crews drop/When Deja comes, all the crews drop..."*, que en español sería *"Cuando viene (Insane, Eclipse, Taboo, Deja), todos los grupos se arrodillan..."*.

Y luego venía mi primer verso que hacía desde 1991: *"Well it's Taboo, chilling with my crew/So make way, coz I am coming through/And what I come to do is rock a hype show/And when I grab the mic, the crowd yells 'Ho'/Mic check A, mic check B/Here comes The, capital T/Don't forget the O's coz everyone knows/Anything goes when it's straight from the soul".* En español sería algo como: *"Pues es Taboo, relajado con mi grupo/Así que hagan paso, por aquí vengo yo/Y lo que vengo a hacer es darles un show bomba/Y cuando agarro el micrófono, la gente grita 'Ho'/Chequeo de micrófono A, chequeo B/Aca viene la T mayúscula/Y no olviden las O porque todos saben/Todo vale cuando viene del alma."*

Nos inscribimos en el concurso anual de Rosemead High con esa canción, al igual que una versión rap de "Make it Funky" de James Brown, en la cual Deja se le ocurrió una melodía increíble. Le agregamos luces y una máquina de humo (aconsejados por Deja), y nuestra actuación de tres minutos acabó con todo.

Nos deberíamos haber ganado el primer lugar en el concurso, pero al final ganaron unas porristas de Mickey Mouse que bailaron una mierda inaceptable. Tuvimos que conformarnos con el tercer lugar, cada uno ganando $30. Si nos hubieran preguntado a cualquier de nosotros en ese momento, todos pensamos que esos $120 de premio era el comienzo de las grandes riquezas por venir.

Habíamos ido de bailar a batallar a actuar, y había una voluntad compartida que estaba decidida a lograrla. Cualquiera que fuera el significado de "lograrla". Pero probablemente esa es la razón por la cual Deja y yo hicimos un pacto: "Si uno la logra, volvemos a buscar al otro".

Me sorprende que no escribimos ese pacto sobre algún muro. Parecía que lo escribíamos todo sobre los muros de Rosemead y El Monte.

No solo pertenecíamos a un grupo de baile, éramos parte de un grupo marcador —otra debilidad de la subcultura de la juventud dentro de Los Ángeles.

"Tagging", lo cual quiere decir "marcar" en español, es el arte callejero de escribir sobre muros, y nosotros marcamos tanto como bailamos: sobre las paradas de autobús, los buzones, ventanas, cercas, paredes, columnas de concreto y puentes. Si era plano y estaba en blanco era considerado un lienzo digno de nuestro arte. Y lo llamábamos "arte" porque era "arte". El grafiti realmente era hermoso en mis ojos. Los policías lo definían como un crimen y vandalismo, pero intenta decirle eso a alguien como el artista callejero inglés Banksy. Su obra nació de un movimiento *underground* en Bristol, en el sudoeste de Inglaterra. Nuestra obra nació en un movimiento *underground* en Los Ángeles. Es arte porque es una colaboración espontánea de mentes artísticas y musicales.

Y, seamos honestos, no le ha hecho ningún daño a Banksy. En 2007, dos de sus obras de grafiti se vendieron en Sotheby's, la casa de subastas en Londrés, por $55.000 y $46.000.

¿Qué precio de "vandalismo"?

No lo estoy glorificando, pero tampoco estoy escribiendo una tesis sobre las diferencias entre qué se considera arte y qué es vandalismo. Esto es simplemente mi niñez, y lo puedes dividir en dos partes: tiempo en las batallas y practicando, y tiempo marcando paredes.

En mis ojos, el grafiti era uno de los cuatro elementos de la cultura del hip-hop: el grafiti, ser DJ, rapear y bailar *b-boy*. Y es por eso que lo adopté. No sé lo que lo motivó a Banksy, pero si sé que empezó como nosotros, en un grupo marcador —el DryBreadZ Crew (DBZ) de Bristol. El grupo al cual pertenecíamos nosotros era el Still Kicking Ass Crew (SKA) —y esas iniciales se veían en todas partes, con sus letras burbujeantes, hechas con spray de pintura Krylon, y detallado con marcadores.

Lo que tienes que comprender es que nuestras mentes no estaban puestas en el daño ni la destrucción, sino más bien en la creatividad y la presentación. No se trataba de desfigurar la propiedad privada. Se trataba de darle vida a un pedazo de ladrillo, concreto y vidrio sin alma.

Así es como se expresó una cultura joven entera cuando era yo niño. No era tan diferente a los hombres de las cavernas en la Edad de Piedra o las sublevaciones estudiantiles de los años sesenta y setenta. De la misma manera, la cultura del hip-hop le dio a su gente una voz en la calle, a través del portavoz que era el grafiti. Still Kicking Ass era un grupo masivo de marcadores con cientos de miembros, y cada uno adoptó un apodo callejero: Eclipse era "Ekces", Phoenix era "Dox" y yo era "Dalas".

¿Por qué Dalas? Porque me gustaba como se veía la palabra después de jugar un rato con sus letras. Al igual que con "Taboo", me gustó la primera letra alta y la que se alzaba en el medio. Eso era lo que me fascinaba de las palabras —cómo se veían las letras, como se conectaban.

Llevábamos encima una gama de herramientas artísticas. Marcadores permanentes Mean Streak, pintura de spray Krylon, escribas Diamond, marcadores Pilot, marcadores Magnum, marcadores de línea fina. En todos los colores del arco iris.

Siempre estaba manipulando y dándole nueva forma a una palabra; la vestía con símbolos, marcas extravagantes, rellenando los fondos y luego transformándolos en letras de imprenta, letras burbujas, letras 3-D. Me perdía en mi propia jungla de marcas, deshaciendo y reconstruyendo una palabra, luego cambiándole las letras, todo en nombre de la búsqueda de mi propio estilo, sello y originalidad con las letras más locas y espléndidas que pudiera imaginar.

Me obsesionaba con el detalle más pequeño —hasta me decía que la *suavidad* de una palabra importaba: la lisura que fluye entre letras cuando están unidas, con las letras siempre apenas inclinadas hacia la derecha. Si fluía, se sentía conectado. Si las letras estaban conectadas, la palabra se sentía bien. Una vez que te pica el insecto del grafiti, está en tu sangre cada vez que escribes.

Hasta hoy día, la influencia de marcar sigue conmigo. Puedo estar en un cuarto de hotel con los Peas y alguien levanta un menú o una guía telefónica y dice: "¡Tab! ¿Puedes dejar de marcar todo?". Porque ya había pasado por ahí, inconscientemente marcando el objeto con mi nombre, el nombre de mi esposa, el nombre del grupo. No importa lo que esté hablando por teléfono, lo estoy marcando en algún papel.

—Mano —dijo Deja un día el año pasado durante la gira de E.N.D.—, quiero ordenar comida del menú ¡y todo lo que puedo leer es TABOO escrito en miles de diferentes maneras!

Lo importante es que hoy en día ya le puse un freno a mi entusiasmo y mis marcas se limitan a menúes, guías telefónicas y libretas. No quiero que se preocupen los mánagers de hoteles y locales, ni los choferes o los pilotos. Hace varios años que guardé mis herramientas más serias.

Fue un roce con la ley lo que me hizo parar.

Como adolescente, me fui a marcar solo en Rosemead Boulevard, en el puente que cruzaba la autopista 10, que corría paralela a mi calle. Estaba marcando una lista entera —escribiendo el nombre de todos— sumergido en mi concentración, con un sudadera con capucha puesta, cuando de repente escuché las sirenas de policía sonar dos veces detrás de mí.

Me di vuelta a toda velocidad y vi las luces azules y rojas de una patrulla que se me acercaba. Tiré mi marcador, salté el puente hacia el terraplén de pasto y corrí a lo largo de la autopista, hasta llegar a casa jadeando como un perro sediento.

Le dije a mi mamá que unos tipos me empezaron a perseguir. Lo cual no era necesariamente una mentira.

Me pegué al resto del grupo después de eso, y fue cuando estábamos en el bus una tarde que conocimos a otro marcador, un muchacho latino llamado Mooky. Sería a través de Mooky que descubriríamos el pequeño mundo de batallas y marcas, y la fortuna de conocer a ciertas personas. Eso es lo que me gusta de la vida. Conoces un tipo al azar en un autobús y piensas "Es buena onda". Luego, más adelante, él resulta ser el tipo que hace la presentación crucial que cambiará tu vida.

Fue una noche en 1992 que un grupo de batalla llamado Tribal Nation me paró en seco con habilidades que me quitaron cada gota de autocomplacencia.

Había ido a Whisky con Eclipse, y siempre sabías si algo especial estaba ocurriendo dependiendo del tamaño del círculo de personas, y era claro que un tipo se estaba bailando todo.

Me acerqué y observé un tipo negro con apariencia excéntrica rapeando como un demente, una mano sobre el micrófono y la otra dando vuelta sus rastas. Tenía una intensidad brillante que lo hacía ver como si estuviera bajo un trance. La rapidez con la que rapeaba era algo que nunca había escuchado antes. Era increíble. Ningún otro rapero tenía ni una oportunidad en contra de este torbellino. Este muchacho fresco de dieciséis años era el dueño de la pista y tenía más energía que todo el local combinado. Era tan colorido como sus medias eran chillonas, y tan brillante como lo que había visto en las calles, videos o batallas.

Esa es mi primer recuerdo de la primera vez que vi a will.i.am —entonces conocido como WilloneX.

En otro rincón estaba la otra mitad de Tribal Nation: un filipino loco, con apariencia exótica, bailando mejor que todos los que había visto bailar en ese sitio; dando volteretas y bailando *breakdance* con un manojo de llaves tintineando de

la hebilla de su cinturón. Este chico bailaba como si tuviera voltios recorriendo su cuerpo; se volvió todo acrobático, dando volteretas precisas hacia atrás y vueltas de carnero. Podía dar vueltas en un arco desde las palmas de sus manos hasta el calcañar de sus pies, y viceversa. Había visto a gimnastas con menos agilidad.

Y ese es mi primer recuerdo de apl.de.ap.

Estos tipos se vestían bien: ambos tenían rastas enrolladas cerca del cuero cabelludo, y ambos se vestían con ropa *vintage* de segunda mano con chaquetas de los setentas, jerseys de cuello alto, pantalones de poliéster y botas locas de obreros. Si hubiera sabido lo que significaba tener las "cualidades de una estrella" en ese entonces, hubiera usado esa descripción para ambos.

Solo recuerdo observarlos y pensar: *Mierda, ¿quiénes son estos tipos?*

No hablamos en seguida. Eso vendría después. Simplemente aparecimos en el radar del uno y del otro, haciéndonos conocer. Tribal Nation y Divine Tribal Brothers —mantenido como elemento de batalla del grupo— observamos nuestros respectivos talentos a través de la pista, sin entablar comunicación. Era casi como una confrontación, como dos tribus de verdad observándose el uno al otro a través del llano.

Fue ahí que vi al tipo del autobús, Mooky —la tercera hebra de Tribal Nation. Él venía de San Gabriel Valley pero siempre viajaba para pasar tiempo con Will y Apl. Una semana más tarde, él fue quien sugirió que nos juntaramos todos. Mooky había sido el mejor amigo de Will desde que tenían ocho años, y creía que nos llevaríamos bien.

Will y Apl luego me dijeron que me habían descubierto "haciendo algo especial" en mi ropa de segunda mano y boina y pensaron: *¿Quién ese bailarín?*

—Da un poco de miedo al verlo… pero su forma de bailar es genial —dijo Apl.

Eso todavía me hace sonreír, porque dar un poco de miedo en parte era a propósito. Todo lo que importaba era hacerme notar.

De regreso en casa, mi mamá y Julio empezar a notar cuánto tiempo estaba invirtiendo en las batallas. Creo que cada vez se preocupaban más por mi futuro.

Sino, ¿por qué de repente empecé a escuchar ruidos como "¿Por qué no te buscas un trabajo de medio tiempo?" o "¡Un día te vas a tener que conseguir un trabajo de verdad!"? Pero eso era todo lo que era para mí —solo ruido.

A los dieciséis años, comencé a tomar clases de artes marciales con Deja. Básicamente, no las tomé para volverme un tipo bravucón, sino más bien porque quería incorporar los movimientos ninja en mis números de baile. Las artes marciales mejorarían mi equilibrio, agilidad y resistencia.

Por siempre inspirado por Bruce Lee, sabía la habilidad que quería aprender: Jeet Kune Do. Era oportuno que el padre de Insane, Jet Tanner, era instructor, así fue que este sensato veterano de la guerra de Vietnam se convirtió en el sensai mío y de Deja.

El garaje de Antwon se volvió nuestro campo de batalla de práctica y nuestro estudio de artes marciales. Mientras lidiábamos con lo básico del Jeet Kune Do, Antown practicaba basquetbol, probablemente porque ya sabía como su padre nos haría sangrar y sudar en el proceso. Nos hacía darle golpes a una tabla de madera una y otra vez a puño limpio.

—¡Más fuerte! ¡Golpéalo más fuerte! —gritaba.

Su intención, según él, era que nos salieran callos en nuestros nudillos, pero yo lo único que veía eran raspaduras y sangre. La gran recompensa era saber que Deja y yo fumaríamos porro al final del dolor.

El resultado, después de muchos de fines de semanas, fue que perfeccioné mi técnica de un sinnúmero de golpes, patadas y movimientos de bloqueo, que incorporé en mis pasos de baile, al estilo ninja.

Ahora digo, en agradecimiento, que todos los pasos que me ves hacer en el escenario con los Black Eyed Peas, y las técnicas de respiración necesarias para resistir una gira mundial, tomaron forma y están arraigados al garaje y patio trasero en San Bernardino con Jet Tanner.

Siempre supo lo que estaba haciendo.

Analizó minuciosamente cada paso, mostrándome como agregarlo a mis números de baile, etapa por etapa, movimiento por movimiento. Era como si fuera un coreógrafo demente trabajando con un concepto de ninja, y fueron las artes marciales lo que se volvió una parte esencial de mi estilo de baile. Eso, a su vez, inspiró el concepto de ninja en mi forma de vestir al batallar. Empecé a usar botas de ninja, pañuelos alrededor de la cabeza y guantes al estilo ninja.

Todas las piezas estaban en su lugar: las artes marciales, el *breakdance* y hip-hop todo en uno, formándome como un artista con mucho potencial.

En retrospectiva, ahora puedo enmarcar todas esas enseñanzas. En su momento, estaba simplemente haciendo todo lo que sentía me daría una ventaja. No es como si hubiera escrito una estrategia en un papel. Pero ahora hilo todos estos eventos e influencias y veo la razón mayor detrás de esta secuencia accidental: Niño latino se muda a una comunidad del hip-hop. La comunidad del hip-hop lo inspira a bailar. El baile lo inspira a batallar. Las batallas lo inspiran a ganar. Ganar lo inspira a aprender las artes marciales. Las artes marciales lo hacen mejor bailarín.

No es que las artes marciales me hiciera un luchador duro.

Después de un año de entrenamiento, Deja preguntó sobre nuestro progreso como luchadores.

—Y, Jet —dijo—, ¿somos decentes ahora? ¿Sabemos cómo defendernos?

Jet nos miró de arriba abajo y simplemente dijo:

—Sabes lo suficiente como para que te den una paliza.

Habíamos empezado a pasar más tiempo con Polo Molina, y él estaba feliz de que yo estuviera trabajando en mi oficio. Él era el tipo cool porque tenía auto: un Jeep, un Volvo y un Mustang. Cuando lo único que has visto es el camino de un autobús y el Sentra estropeado de Mamá, su colección representaba una flota impresionante de autos.

Me llevaba a mí y a Phoenix por diferentes locales para todas las edades para hacer batallas y, una noche, su artista y sobrino Little E asumió el reto. De camino, Polo había hablado del muchacho como un rapero del futuro. Así que entramos con la esperanza de que ocurrirían grandes cosas.

Y grandes cosas sucedieron… porque Little E se enfrentó cara a cara con William Adamas —WilloneX— en una batalla de rap.

La multitud enloqueció mientras Little E —este niño pequeño blanco— se subió primero. Era un enano con talento. Se la sirvió a Will.

Will se subió y, por un par de rondas, le dio la oportunidad al niño. Pero al final, Little E era solo un niño de doce años rapeando en un mundo de hombres, enfrentando al dragón. Pensamos que la gente se inclinaría hacia el niño, el menos esperado. Pero nadie en este local urbano le importaba un comino el niño blanco metiéndose con un peso mayor contra el campeón negro. Después de darle el gusto un rato, Will se puso las pilas y lo aniquiló.

Era como si Will pensara, *Si te armaste de valor para meterte en mi mundo, te trataré como un adulto*. Nada en el océano, nada con tiburones —y a Polo eso no le gustaba.

En cuanto Will terminó con su triunfo inevitable, Polo estaba gruñendo en su cara.

—Eh, ¡le estás faltando el respeto a mi sobrinito!

Esa noche aprendí como a Polo no le gustaba quedar en segundo lugar. La cosa se encendió un poco y Polo empujó a Will antes de que Mooky se metiera en el medio como pacifista. Estaba listo; lo aplastaron y se hicieron amigos.

Es todo un poco borroso ahora, pero alcanza con saber que Polo acordó esa noche en llevar a Will y Apl por la ciudad, al igual que a mí y Eclipse.

Polo era parte del grupo en aquellos tiempos, más un eje que otra cosa, porque Will ya tenía un mánager, Terry Heller. Terry era el hombre en ese momento, y también tenía un tío que era dueño de un sello discográfico llamado Ruthless Records. Sin embargo, Polo todavía era un tipo ambicioso que se la estaba jugando para largo. Tenía cuatro chicos talentosos bajo su ala administrativa, transportándonos a arenas de batallas. Cada semana, buscaba a sus chicos en Rosemead y luego buscaba a sus chicos nuevos en Los Feliz.

Will muchas veces manejaba porque Polo odiaba conducir, y ese vehículo se convirtió en una nave intensa de energía, yendo de aquí para allá por Hollywood buscando hacer un impacto en el mismo circuito. Esos viajes estaban repletos de música a todo volumen, ganseadas e improvisación; un circo ambulante improvisado.

En cuanto a la vida, las metas y la creatividad, todos estábamos en la misma sintonía, compartiendo el mismo sueño. Éramos avispados, hambrientos y pensábamos que nadie era mejor que nosotros.

Había otra cosa en común, una cosa clave: el deseo de mantener el hip-hop vivo y creciendo. Estábamos en una era de la costa oeste donde la escena del hip-hop estaba saturada por el rap de gángster, promocionando temas sobre las guerras en los guetos, la violencia de armas y las mujeres exclusivamente para el sexo. Si piensas en el rap de gángster, piensas en NWA —música que escuchaba y no tenía nada en contra suya.

Pero Will, Apl, Eclipse y yo habíamos sido expuestos a un hip-hop más *underground* que el comercial que escuchaba en su momento, así que no nos atraían letras sobre cuartos de crack y AK-47. A nosotros nos interesaba más promocionar el hip-hop que te hacía sentir bien y era un poco más progresivo. Queríamos hacer alarde de la esperanza, no la violencia.

Desde el día que nos conocimos, era obvio que nos unía el espíritu, nuestra intención y propósito. Simplemente no sabíamos que esta unión dentro de aquel auto sería el comienzo de una hermosa alianza. Fue ese año, 1992, cuando nuestro propósito compartido sembró su primera semilla de los Black Eyed Peas.

INADAPTADOS Y PERCANCES

La primera vez que pasé tiempo con Will, me lió un porro. No cualquier porro, sino probablemente el porro más experta y perfectamente liado que alguna vez había visto —y lió esa mierda tan rápido como rapeaba.

Habíamos estacionado el auto de Polo afuera del local en Hollywood, Graveyard Shift, al cual íbamos por otra ronda de batallas, y él estaba caminando y liando y yo estaba caminando y observando anonadado. No podía quitar mi vista de su artesanía precisa.

—¿Te lo vas a fumar? —le pregunté.

—No, yo no fumo... lo lié para ti —dijo.

Y con eso rompió el hielo y me dijo, sí, esta todo bien entre nosotros, que comience la amistad y alianza.

Me gustaba que fuera un perfeccionista, siempre con ropa impecable, enfocado en ser el número uno, devoto al detalle. Hasta sus porros liados eran controlados, aunque no fumara porro. Una vez tuvo una mala experiencia y nunca más lo toco. Mientras que yo solo había tenido buenas experiencias desde los dieciséis años, lo cual explica por qué estaba fumando tres a cuatro porros por fin de semana.

Unos porros durante el fin de semana no me harían daño, ¿no?

Fue mi padrastro Julio quien, como un viejo hippie, sin querer me abrió la curiosidad sobre las drogas. Descubrí su "secreto" bien guardado estando solo un día, mientras husmeaba por la casa.

Tenía una caja marrón de madera —parecida a una caja de cigarros con una tapa abisagrada— con la palabra BONK gravada en ella, que, hasta el día de hoy, todavía no sé qué quiere decir. Pero no me interesaba la envoltura, me interesaba en el contenido ilícito: marihuana. Previamente lo había visto escondiendo esta caja, metiéndola al fondo de la barra de madera en la sala de estar en la parte trasera de la casa.

Me dirigiría a un solo lugar la próxima vez que él y Mamá estuvieran fuera.

La primera vez que abrí esa tapa, nuevamente olí a Dog Town. No perdí tiempo en sumergirme dentro de esta experiencia virgen, tomando su gran pipa de madera y atascándola de porro. Lo único que recuerdo es risas. Veía la tele y me reía.

Luego me agarró el antojo de comer.

Y después quería probar más.

Uff, ¡cómo me gusta esta mierda! pensaba.

Cuanto más profundamente inhalaba y dejaba que el humo me llenara la boca, más colocado estaba. Y cuanto más colocado estaba, mejor me sentía. Era un humo garantizado de seguridad y relajamiento. Hasta me convencí que no podía relajarme o ser creativo sin porro. Esa fue mi asociación equivocada: porro igual creatividad.

Desde ese momento, siempre fumaba cuando estaba con mis amigos en el auto, en el garaje de Antwon o en la casa de Phoenix. Fue el comienzo de una gran amistad entre la marihuana y yo.

Esa noche en el Graveyard Shift, después de ganar nuestras batallas respectivas, escuché a Will hablar sobre el futuro —sobre su gran sueño y como quería hacer discos. Él estaba aquí, allá y en todas partes tratando de hacerlo realidad. WilloneX era una versión en miniatura del will.i.am que ves hoy en día.

Emanaba ese tipo de aura invencible que gritaba: "Voy a ser alguien". Hasta hoy en día —con todo lo que ha logrado y ganado— sigue siento el mismo tipo, todavía actuando como el hombre que no tiene nada. Era todo fuego y hambre, desde la forma de vestirse y cómo se enfocaba a la forma de hablar.

Desde niño, Will tenía la idea fija de hacer discos. Él dice que eso fue cuando *supo* que sería un rapero y productor; se quedaba en su cuarto grabando sobre casetes y haciendo sus propios demos. Cuando no estaba haciendo casetes, estaba practicando pasos de baile junto con su rap. A los nueve, estaba haciendo lo que hizo como Pea en la propaganda de Pepsi de 2009, rapeando sobre la canción "Forever Young" de Bob Dylan.

Al igual que yo, creció en las viviendas subvencionadas de East L.A. y su niñez era como un papel invertido al mío: el niño afroamericano en una comunidad mayormente latina, criado en las viviendas Estrada Court en el distrito de Boyle Heights.

Nació como William Adams y su mamá Debra lo crió a solas. Ella, como Nanny conmigo, lo animó a escapar de la uniformidad y volverse único. Will fue el niño que decidió aprender música a los catorce años —un comienzo tardío a los ojos de muchos. Se acercó a la música como si fuera un idioma nuevo. "Si te quieres mudar a Alemania, aprendes alemán. Si te quieres mover dentro de la música, aprendes música", dice Will.

Fue cuando todavía estaba en la secundaria que él y Mooky empezaron a andar con un rapero llamado Eazy-E, alias Eric Wright, y él, junto con el mánager de NWA Jerry Heller, establecieron el sello llamado Ruthless Records.

Eso le daba buena reputación en la calle a Will porque era un adolescente del grado once pasando tiempo con el artista del momento, algo parecido a que alguien en la escuela hoy en día estuviera pasando tiempo con Jay-Z. Con ganas de impresionar, Will se enfocó en ganar las batallas de rap en Ballistyx, actuando como WilloneX.

Su mamá se había asegurado de que fuera a una buena escuela en Pacific Palisades —haciendo viajes de una hora por día cruzando la ciudad— para mejorar su vida y futuro. De repente, el afroamericano en una comunidad latina se convirtió en el afroamericano en una escuela de blancos. Como yo, tuvo que aprender las reglas de juego y transformarse en un camaleón que vivía entre dos comunidades separadas.

Will es un cuentista natural, tan rápido, listo y animado con sus palabras conversando como cuando está rapeando. Es tímido —hasta cauteloso— cuando lo conoces por primera vez, pero también era obvio que estaba poseído por los espíritus de la ambición y el talento.

Su entusiasmo y carisma entran a un cuarto y recargan todo el lugar. El hombre es una pila Energizer andante y una verdadera inspiración. No solo para los Peas, pero para cualquiera que haya trabajado con él. En ese entonces y ahora.

Pregúntale a Bono. Pregúntale a Prince. Pregúntale a los Rolling Stones.

Como bien dijo el difunto Michael Jackson una vez al colaborar con Will: "Es maravilloso, innovador, positivo y contagioso".

Con eso basta.

Conoció a Allan Lindo, el muchacho que hoy día conocemos como apl. de.ap, durante la escuela de verano en John Marshall High en Los Feliz.

Apl nació en Sapang Bato, ciudad Angeles, en las Filipinas, hijo de una madre filipina. Su padre afroamericano abandonó la familia poco tiempo después

de su nacimiento, así que su mamá Cristina tuvo que criarlo a él y sus seis hermanos menores sola. Apl era maduro para sus años, ayudando cuando podía, trabajando en las granjas locales para traer algo de dinero suelto, cosechando maíz y
arroz. Pero su vida cambió gracias al Pearl Buck Foundation —cuando una de sus
propagandas fue emitida en la televisión americana.

Esta fundación se estableció para mejorar las vidas de los niños pobres,
y Apl aparecía en la propaganda que vio un empresario de California, Joe Ben
Hudgens. El señor Hudgens levantó el teléfono y, a través de un programa de
patrocinio de un dólar por día, adoptó a Apl y lo trajo a Los Ángeles para que comenzara una nueva vida. Al parecer hubo mucho papeleo durante los siguientes
tres años, pero al final Apl fue formalmente adoptado y se mudó a la costa oeste
a los catorce años.

Eso tiene que haber sido emocionalmente duro al dejar su casa y su
mamá, pero se convertiría en un hombre determinado a cumplir el sueño americano para poder, a su vez, ayudar a su familia económicamente.

Yo conocería a Joe Ben Hudgens como la figura paterna de Apl, y fue
él quien organizó que Will pusiera a su hijo adoptado bajo su ala porque daba la
casualidad que el tío de Will había sido un viejo compañero de cuarto del señor
Hudgens. Por lo tanto, invitaban a Apl a que pasara tiempo con Will y Mooky en
Estrada Court para ayudarlo con la transición a su vida americana. Desde entonces, han sido inseparables.

Apl es uno de esos seres poco comunes: el tipo más humilde, genuino y
fuerte que jamás hayas conocido. Que él haya llegado solo a Estados Unidos de
niño era una gran inspiración para mí como adolescente. Ahí estaba yo, el muchacho viviendo en casa cuyos horizontes no pasaban de East L.A. y Hollywood, y ahí
él, con la misma edad, lanzado a una tierra desconocida, separado de su familia y
cruzando océanos para empezar de nuevo. En vez de marchitarse, salió adelante
para aprovechar al máximo su nueva oportunidad en la vida, aprendiendo inglés
en el camino.

Y lo hizo con discapacidad visual. La primera vez que lo conocí, tenía lo
que parecía ser un tic nervioso. Sacudía la cabeza y pestañaba reiteradamente.
Resulta ser que sacudía la cabeza para enfocar la vista. Él ve contornos, pero no
detalles, más bien figuras que colores vivos, pero luego ves como baila, como
escribe y como piensa y te vuela la cabeza. Es como si hubiera refinado sus otros
sentidos para compensar por su mala vista. En cuanto a valor, independencia y
tenacidad, Apl es lo máximo.

Lo que aparecía en todas nuestras historias eran dos hilos en común:
cada uno venía de procedencias complicadas, y cada uno creció sin nuestros
verdaderos padres a nuestro lado. Estoy convencido que dentro de ese agujero
en nuestras vidas, encontramos la determinación de probarle a estos hombre

ausentes —y a nosotros mismos— que valíamos algo; que seríamos mejores hombres que ellos alguna vez pudieron ser; que queríamos hacer algo con nuestras vidas y no abandonar la escuela y conformarnos con eso. Dentro de ese propósito en común, cada uno encontró un amor en común por el baile, la música y la moda. En ese descubrimiento, supongo que sentíamos que nos debíamos algo. Como tres hilos diferentes, nos unimos para formar el mismo nudo.

Éramos todos inadaptados también: yo el latino adoptado en la comunidad del hip-hop, Will el tipo negro en su comunidad latina y Apl el filipino adoptado en una familia americana. Lo suficientemente diversos pero… iguales. Definitivamente hubo algo del destino que nos unió, aunque sea más claro verlo hoy que lo que nos era verlo entonces.

Por ser inadaptados, podíamos apreciar todo lo no hablado sobre quiénes éramos como personas. Con el tiempo, descubriríamos la verdadera magia detrás de esta alianza al darnos cuenta que algo "encajaba" al unirnos y fundir nuestras energías, talentos y creencias. Pero primero necesitaríamos luchar por separado un rato más y sufrir algunos golpes nuevos antes de transformarnos en uno.

Nanny siempre dijo que había un dios, y yo le confiaba cuando lo decía. Pero creo que *realmente* no lo creí hasta las tempranas horas del 14 de octubre de 1992.

Estaba en cama, profundamente dormido, inconsciente de que eran las seis de la mañana cuando la casa entera empezó a temblar, seguido en un instante por un ¡BUM! fuertísimo y enorme. Cuando vives en Los Ángeles, el primer pensamiento que se te cruza es *¡Terremoto!* Y, entre medio dormido y medio despierto, estaba convencido que el centro de la tierra acababa de estallar y había causado que todas las placas tectónicas se deslizaran.

Mientras escuchaba el alboroto en el resto de la casa —Celeste gritando y corriendo hacia Mamá, Julio pensando que estaban asaltando la casa— yo disparé hacia la ventana y vi lo que solo se puede describir como la primera escena de alguna película al estilo Armagedón.

Focos de llamas se habían encendido a través del camino. La mitad del muro de concreto que nos dividía de la autopista había sido totalmente destruida, y una casa al final de la calle había perdido una esquina de su techo. Dos autos estacionados estaban abollados y, sobre la autopista 10, todo el tráfico estaba detenido por los escombros desparramados por los carriles del este. Conductores y vecinos estaban corriendo por todas partes como si les hubieran cortado la cabeza, y las mujeres estaban gritando. Para sumarle a esta sensación surrealista, una niebla matinal comenzó a dispersarse a través de la escena, causando un efecto aun más espeluznante y dramático.

En cuestión de minutos, habían paramédicos, patrullas y bomberos por todas partes, iluminando la neblina con luces centelleantes rojas, blancas y azules.

Resulta que un avión privado se había caído del cielo y se había estrellado contra nuestra calle.

El Piper Cherokee de un solo motor había despegado del aeropuerto El Monte, a dos millas de distancia, pero debe de haber caído en seguida: le quitó el techo a una casa cercana, dio vueltas chocando dos autos estacionados y se estrelló contra el muro de la autopista. Las dos personas abordo, una pareja de Las Vegas, no tenían posibilidad alguna de salir vivos.

Todos los vecinos se abalanzaron hacia la calle, pero Mamá se aseguró que yo y Celeste nos quedáramos adentro. Solo nos dimos cuenta que era un accidente de avión cuando vimos las noticias, porque desde la ventana no se veían partes de avión entre los escombros. Todavía estaba bastante oscuro, y la mayoría del avión seguramente se desintegró con el impacto.

Recuerdo estar excitado por el hecho de que Rosemead —nuestra calle— era protagonista en la cobertura de las noticias. El incidente por un momento hizo que dejaran de lado la discusión la sobre elección presidencial y si el candidato democrático Bill Clinton había eludido su llamada como recluta a la guerra de Vietnam en 1969.

Todos decían que era un milagro que la casa sin techo haya quedado sin mucho daño estructural y que las personas adentro no estaban heridas. Pero entre todos los *¿y si hubiera...?* que le siguen a estas tragedias, lo único que podía pensar era en como mi familia se salvó de milagro mientras caía el avión del cielo, eligiendo dónde caer con la gracia de Dios. Imitando a Nanny, esa noche resé y le envié un gran gracias a Dios y a Nuestra Señora de Guadalupe.

También en los titulares de las noticias locales del día salía como en Oxnard la policía había detenido a nueve juveniles después de lo que los medios llamaron "una expedición de grafiti". ¡Algunos *¿y si hubiera...?* eran aun más aparentes para mí que Mamá ese día!

Hubo otro momento, al ras de algo terrible, cuando tuve buena razón para agradecerle a Dios nuevamente —el día que casi quemo nuestro garaje.

Había logrado conseguir unos petardos M-80, mini-explosivos cargados dentro de un tubo rojo de cartón con un vara fusible. Eran como palos de dinamita. No recuerdo cómo terminé con ellos y tampoco sabía que eran ilegales. Lo único que sabía era la instrucción en el tubo: "No Tener en Mano".

Mamá y Julio habían salido, así que cerré la puerta del garaje —para tener más privacidad y mejor acústica— y metí dos o tres dentro de un hueco en la pared del garaje que Julio nunca había arreglado. Cuando esa mierda explotó, y

con el eco de las paredes, sonaba como una balacera militar intensa. Fue impresionante, pero breve, y cuando el solo terminó, entré a la casa.

Entre las cosas que mi ignorancia no me permitía saber es que cuando estos M-80 explotan, y las chispas se acaban, dejan una pequeña llama encendida en el cabo. De alguna manera, algunas de estas chispas cayeron sobre unas sabanas viejas tiradas en el garaje. Apenas me di cuenta de mi gran cagada cuando volví con una gaseosa en mano y vi el humo del otro lado de la ventana del garaje. Corrí al frente y era mucho peor —no podía abrir el garaje porque las llamas habían llegado a la puerta metálica.

Donde estaba estacionado el Mercedes de Julio.

No hay mucho que pueda hacer un adolescente bajo esas circunstancias excepto entrar en pánico. Corrí hacia la calle gritando "¡FUEGO! ¡FUEGO!" para avisarle a los vecinos. Alguien llamó al 911 y los bomberos llegaron junto con la policía, y, por suerte, apagaron el fuego y lo limitaron al garaje.

Yo me quedé parado en el camino de entrada, mirando fijamente el Mercedes ahumado de Julio cuando el bombero o detective se me acercó, queriendo saber qué había pasado. Mentí como un adolescente estúpido que piensa que "No sé" es una defensa legítima. Pero es difícil mentir cuando el miedo te dilata las pupilas.

—Sabes que tienes que decir la verdad, hijo —dijo el jefe de bomberos—, porque ¿tú sabes lo que le pasa a los muchachos que prenden fuegos?

De repente, que me detuvieran por un grafiti no me parecía gran cosa cuando se compara con la posibilidad de un cargo incendiario.

Sabía que me habían agarrado, pero no podía dejar de mantener mi denegación.

Entonces, detrás de mí, escuché un gemido conocido:

—¡JAAAI-MEEE! ¿QUÉ HICISTE?

Mamá y Julio habían vuelto a casa, y mi madre intuyó la verdad. Creo que me delaté cuando rompí en llanto y corrí hacia sus brazos.

Ese momento representó el punto más bajo y el peor momento que alguna vez había vivido con mi mamá. Se negó a hablarme durante el mes entero en el cual estuve castigado. Lo que me salvó fue que todos aceptaron que fue un accidente, y no hubieron cargos. Lo otro que me salvó, como bien me recordaba mi mamá, era que la casa entera no se haya incendiado.

Ella a menudo me recordaba que la mitad del tiempo no me estaba ayudando. Lo cual era cierto. Pero después de sustos incluyendo un avión estrellándose y petardos condenados y roces con la ley, no me digas que no hay un Dios. Porque si lo hay —y Él me ha sacado de apuros más veces de las que puedo recordar.

. . .

Yo veo a la vida como un tablero de ajedrez. Dios nos mueve a todos a diferentes lugares, eventos y personas hasta que el destino nos da un "jaque mate". Hasta ese punto, habrán momentos en que simplemente vas a tener que confiar que las cosas van hacia la dirección correcta.

Hasta cuando todo parece una mierda totalmente estancada.

Es fácil decirlo en retrospectiva, lo sé. Pero es algo que ahora entiendo mientras trato de comprender, y encontrarle la razón, a todas las idas y venidas que conspiraron para crear la formación de los Black Eyed Peas. Algunas de las cadenas de eventos me involucraban, y otras no. Pero, al mirar hacia atrás y ver como queda el tablero, es difícil no ver algo predestinado de cada movida que se hizo.

La previsión no era tan fácil a finales de 1991 y principios de 1992. Yo, personalmente, creo que estaba manoteando diferentes vehículos con la esperanza de que alguno me llevaría hacia mi gran sueño.

Divine Tribal Brothers se había convertido en United Soul Children y luego nos encontramos con el Tribal Nation de Will y Apl. Con tanta buena onda entre ambas tribus, decidimos unirlas y formar un "súper grupo" llamado Grassroots, dándonos lugar a Eclipse, Will, Apl y a mí a duplicar nuestro impacto en las batallas.

Pero, bajo el paraguas de este súper grupo, mantuvimos nuestras unidades separadas como artistas ambiciosos. Will y Apl siguieron adelante con Tribal Nation, el cual renombraron Atban Klann (la primera palabra siendo siglas de "A Tribe Beyond A Nation"), junto con sus otros miembros, MC Mooky, DJ Motiv8 y el cantante Dante Santiago, quien también se las traía en la escena de Ballistyx. En un momento, este súper grupo contaba con quince personas, porque atraíamos a cada vez más personas con ideas afines y estilos creativos. Mientras tanto, no pasaba nada con United Soul Children. Fuera de los concursos escolares de talento, su propósito se sentía superfluo, así que Eclipse y yo decidimos separarnos del grupo y formar Rising Suns, dejando de lado a Deja, Phoenix y Antwon.

Era un poco arbitrario, pero no teníamos ganas de joder. Deja, en su momento, estaba pasando por una etapa rara donde parecía no tener energía para nada y Phoenix perdió el interés. Esto coincidió con su etapa media drogadicta, de la cual hablaré más adelante.

A Antwon lo que le interesaba era ser actor. Se enfocó en ese camino y, como terminaron las cosas, esa fue una buena elección porque al final se armó una carrera exitosa, consiguiendo papeles en varias películas y series de televisión. De lo más destacado son sus partes en *NYPD Blue, Boston Public, CSI,* pero su trayecto más largo fue como "Skills Taylor" en más de cien episodios de *One Tree Hill.*

La gran esperanza de lo que sería Rising Suns pronto se desfuminó. Es más, durante el tiempo disperso que pasamos en lo de la madre de Eclipse en El

Monte, solo compusimos dos canciones. No había ningún tipo de ímpetu, probablemente porque no teníamos un gran rapero. Yo no lo era, y Eclipse tampoco. Éramos dos bailarines jugando el juego de los grandes, y nos convertimos en uno de esos experimentos musicales atascados dentro de una larga fila de estrellas aspirantes que formaban un grupo o una banda porque en teoría sonaba bien.

Mientras tanto, Will y Apl estaban llegando más lejos.

Will aniquilaba a todos los que enfrentó como el campeón rapero de Hollywood. No perdió ni una batalla durante dieciocho meses, ganando por alrededor de setenta semanas consecutivas. Era intocable. Una noche en particular, había anquilado a un rapero de Chicago, Twista, y eso no era nada fácil ya que Twista una vez logro entrar en el *Libro Guiness de los récords mundiales* por el rap más rápido. Los grandes del hip-hop se quitaban el sombrero ante el muchacho de East L.A., y justo se dio de que Terry Heller de Ruthless Records estuviera en el local esa noche.

Cuando nos dimos cuenta, él y Apl nos anunciaron que Atban Klann consiguieron un contrato de grabación, firmados por Eazy-E, junto con otro grupo llamado Blood of Abraham. Dieciséis años, todavía en la secundaria y ya les habían dado un contrato para grabar su primer disco, llamado *Grassroots*. El mánager de Eazy-E, Jerry Heller, le había gustado lo que vio y los quería lanzar. Primero tendrían la oportunidad de figurar en el EP de Eazy-E llamado *5150: Home for tha Sick* en una canción titulada "Merry Muthafuckin' Xmas". Pero era la posibilidad de su propio disco que estaba allá arriba como el santo grial.

En cuanto al hip-hop, firmar a Atban Klann no podría haber sido más diferente para Eazy-E. El tema de sus letras eran el verdadero rap gángster: sexo, armas, drogas, policías. Will y Apl trataban más el amor universal y pacífico. ¿Será que Eazy-E reconoció el potencial comercial de la diversidad? En realidad no importaba.

Se sacaron la lotería, y lo único que quedaba era subir.

El último año en Rosemead High llegó con un pequeño milagro en mi familia porque empecé a sacarme A en las clases y mi calificación llegaba a 3,8, lo cual me llevaría a graduarme con honores, iluminando el camino hacia la universidad.

De repente, aquella palabra que los adultos y maestros dejaban suspendida en el aire se volvió una opción —las posibilidades eran visibles. Yo interpretaba "posibilidades" como algo que aumentaba mi chance de "lograrlo". Esa es probablemente la razón por la cual el niño dentro de mí decidió arremangarse y estudiar duro para conseguir notas buenas. Además, había una parte mía que le quería probar a mi mamá que no era un perdedor total. Sea cual fuere la razón, me fue increíble durante mi último año escolar.

Mientras mejoraba en la escuela, Phoenix perdió el control. Hizo de todo con sus experimentos con drogas, tomando sedantes, ácidos y hongos. Dejó de estudiar. Dejó de bailar. Era triste verlo convertirse en el amigo quemado a quien ya no quieres a tu alrededor. Nos impresionaba, y ya no era gracioso.

Las drogas nunca me llevarían por un mal camino de esa manera. Por lo menos eso es lo que me decía, porque no quería que nada ni nadie se pusiera en mi camino al progreso.

Debería haber recordado esa forma de pensar cuando Karish vino a mi casa una tarde mientras Mamá y Julio estaban en el trabajo. La naturaleza atormentada de nuestra relación adolescente significaba que a cada rato estábamos terminando y reconciliándonos y, en esa tarde en particular, nos estábamos reconciliando. Sobre la alfombra de la sala de estar.

En ese instante decidí tener relaciones sin protección.

Pronto aprendería que, a veces, son las decisiones más impulsivas las que terminan teniendo el impacto más duradero en nuestras vidas.

En el año nuevo de 1992, me dije que 1993 sería mi año. Inspirado por el viaje de Will y Apl, encontraría una manera para elevarme. Pero, ¿qué es lo que decía John Lennon?

"La vida es lo que te ocurre cuando estás ocupado haciendo otros planes".

Entra una llamada de Karish.

—Estoy embarazada —dice.

En nueve meses mi vida entera estaría dada vuelta.

El impacto fue un aterrizaje al mundo real como ningún otro, como si alguien hubiera tirado una gran pastilla de realidad dentro del cóctel en mi cabeza repleto de amor y deseo juvenil, y luego me haya lanzado a un mundo paralelo donde no estaba ni mentalmente listo ni emocionalmente equipado. Era un futuro padre de diecisiete años con la edad emocional de un niño de doce años.

Solo dos cosas quedaron claras de inmediato: la línea delgada azul de la prueba de embarazo y el hecho que ella iba a tener el bebé.

Esa línea azul era más cruda y brillante que cualquier otra cosa que hubiera visto, como un letrero de neón en Las Vegas que se iluminaba con las palabras: "SÍ, ¡APOSTASTE! ¡Y PERDISTE!".

—¡NO voy a abortar, Jaime! —dijo Karish.

—No quiero que lo hagas —le mentí—. Estamos juntos en esto.

Con pocas palabras y escasos pensamientos, así es como tomamos esa decisión. Sin pensar. En realidad discutimos los méritos de contarles a nuestros padres más de lo que discutimos la prudencia de convertirnos en padres tan jóvenes. Al final, decidimos no contarles a nuestros padres. Todavía no. Había

mucho más en qué pensar sin tener que encima lidiar con aquella tormenta de mierda.

Durante esos primeros días de su embarazo, mi mente iba y volvía de lo racional a lo irracional casi a diario.

Por un lado, me decía que aquí estaba la mujer con la que me iba a casar, y un bebé es lo que toda pareja casada tiene con el tiempo. Sellaría nuestras charlas sobre el "para siempre". Me dije que ser padre importaba; que esto era lo que hacían los adultos, y teníamos que ser responsables. Lo cual es raro cuando se junta con la irresponsabilidad de la situación.

Cuando me entraba el miedo —en general a la noche— mis pensamientos irracionales se me escapaban de las manos y provocaban todo tipo de resoluciones escapistas en mi cabeza:

En cualquier instante, me despertaré y nada de esto será real.

En cualquiera de estas mañanas, el atrapasueños atrapará esta pesadilla y la botará.

En cualquiera de estos días, Karish cambiará de opinión y se hará un aborto.

O abortará espontáneamente.

O se caerá.

Esa es la mierda que se le cruza por la mente a un muchacho cuando se encuentra atrapado en la telaraña de una niña embarazada. Pero, al pasar las semanas interminables, llegaba la comprensión creciente que era "hora de ser papá", estuviera listo o no. Llegó el momento de guardar los juguetes y levantar los cascos y las herramientas.

Me sentí acorralado por mi propia estupidez, pero sabía que necesitaba que se calmaran las aguas en mi propia cabeza antes de causar la tormenta nuclear en casa.

Tenía terror de contarle a Julio porque reafirmaría que, sí, era el desastre que él siempre pensó que era; un niño por tener a un niño, sin plata, sin trabajo, nada. Por eso Karish y yo concluimos que teníamos unos cuatro meses antes de que se le notara; cuatro meses para organizarnos; cuatro meses para plantarme en mis dos pies y demostrarle a todos que estaba preparado para el evento, y *sería* responsable.

Me quedaba despierto muchas noches tratando de descifrarlo todo. No era fácil con el diablito sobre mi hombro informándome que mi futuro ahora sí que había terminado. "Se acabaron los clubes y fiestas… se acabaron las batallas… se acabaron los buenos tiempos", me decía esta voz interna. Era difícil no pensar que si lo de la música no estaba tomando vuelo por ahí era obvio que la vida me estaba enviando un mensaje para que dejara eso de lado y me consiguiera un trabajo de verdad.

Y si la vida no me estaba enviando ese mensaje, Karish sí lo hacía:

—Ahora tienes que mantener a un bebé, y eso significa hacerte cargo.

—¿Qué quieres que haga, Karish? —le decía, inútilmente.

—Consigue un trabajo… alístate en el ejército… ¡pero haz algo que ayudará a mantener a tu familia!

Así fue que decidí seguir los pasos de mi tío Louie y alistarme en el ejército. Parecía lo más sensato porque la vida militar prometía un salario estable, seguro médico y una casa de familia en la base. De una pincelaba solucionaba todas las preguntas que me mantenían despierto por la noche.

Hasta tomé la medida drástica de cortar mi pelo largo y negro, pensando que verme "listo" era mejor que verme "con estilo"; pensando que ahora tenía que causar una buena impresión, en vez de una declaración. Cambié de dirección, saliendo por la puerta trasera del hip-hop y entrado por la puerta principal de la libertad. Iba a alistarme en las fuerzas aéreas de los Estados Unidos.

El examen escrito del procesamiento de la entrada militar se llevó a cabo en un puesto en Alhambra, a diez minutos de Rosemead. Atravesar esa puerta te debería hacer sentir fuerte, pero yo me sentía acorralado por las circunstancias. Mi corazón y alma se rindieron a la obligación.

Todo lo que tenía que ver con el ambiente militar avivaba mi mecha rebelde.

Leí el folleto "Preparando para el examen MEP" y me di cuenta que estaba quitándome la ropa de segunda mano para meterme en un chaleco de fuerzas. Hasta habían reglas de cómo sentarse para el examen. *"No se permiten pendientes. Ropa con palabras o dibujos no serán tolerados. Usar ropa prolija y moderada. Gorras y pañuelos en la cabeza no serán permitidos"*. También advertía que lo primero que hacían era revisar en busca de "sustancias ilegales", lo cual significaba un día entero sin porro.

Lo único que sonaba un poco roquero era la promesa de que cada puesto de procesamiento proporcionaba "atención profesional y personalizada". Miré el cubículo donde me sentaría para dar el examen —como uno de esos cubículos para dar el examen de conducir— y pensaba en reprobar el examen deliberadamente.

Ni sé por qué estoy aquí, me dije.

Ni siquiera quiero ser padre, y menos un soldado, agregué.

También fui honesto con el hombre recluta que me recibió ese día. Le dije que mi vida era la música, pero este camino era una necesidad. Le dije que la mayoría de los muchachos estaban cómodos con un trabajo regular, estable y seguro… pero yo no. Estaba incómodo porque este no era mi sueño y, para darle crédito al tipo, me escuchó y me comprendió. Me contó que muchos músicos se habían alistado en las fuerzas armadas.

—Mira a Elvis Presley —dijo—. ¡Él se convirtió en el rey del rock!

Fue un buen intento.

Me dio una pluma y papel y me llevó a mi asiento. Miré a las preguntas y me pregunté si alguien pudiera reprobar *hasta si lo hicieran a propósito*. Lo llevé a cabo, hice mi deber adulto y me fui, como alguien marcando su entrada y salida. Y así se sentiría cada día insulso, me dije.

Una vida ordenada, disciplinada y conformista se estiraba en frente mío como una pena de prisión.

En casa, le supliqué a Mamá diciéndole que no lo podía hacer. No podía dar ni un paso más dentro de un edificio militar. Mamá entendió.

La diferencia con el punto de vista de mi mamá es que ella todavía no sabía nuestro secreto. Dentro de los próximos días, me desplegó un montón de formularios para aplicar a universidades sobre la mesa, aceptando que la vida militar no era la respuesta pero recordándome que "Todavía puedes entrar en el mundo de la música, pero necesitas ir a la universidad primero".

Vi todo lo que hacía por mí, y sentí una culpabilidad enorme por el entusiasmo y la esperanza que todavía no se veían venir la realidad. De los formularios que recuerdo, ella ya se estaba imaginando mi vida académica en Loyola Marymount University, serca de Marina-del-Rey.

Mientras tanto, decidimos que debería ir al colegio para aprender otra destreza. Me agarré de esta idea para compensar por todo lo que ella todavía no sabía. Y así fue que me encontré ojeando un folleto del colegio para adultos Rosemead Adult School.

Revisé una lista interminable de carreras fastidiosas que me congelaban el alma, hasta que sentí un leve latido de entusiasmo: una carrera como paramédico. Eso sonaba como una opción potable, con un elemento de vivir al borde del peligro, y la paga era buena a $12 la hora.

Me anoté en un curso de seis semanas, dos horas todos los martes y jueves a la tarde. Me encontré estudiando mucho, sumergido en palabras y terminología médica, supuestamente aprendiendo sobre el ritmo cardiaco, la presión arterial y la anatomía. Digo "supuestamente" porque las palabras entraban por un oído y salían por otro. El entusiasmo inicial pronto se marchitó. No fue sino hasta que llegué a la tesis final es que se me renovó el interés, después de que pidieran que escriba un ensayo sobre todo lo que habíamos aprendido y volverlo una presentación oral. De repente había una oportunidad de pararme en frente de la clase de veinte paramédicos aspirantes *y actuar*.

El profesor dijo que buscaba originalidad, así que pensé en hacer algo espectacular, algo que nadie hubiera hecho antes.

Y ahí fue cuando me vino la idea: voy a presentar mi ensayo como un rap melódico de paramédico. Esto no solo cumplía con los requerimientos de "originalidad", sino que también le enseñaría a la clase mi talento. También había otro motivo detrás de mi locura, porque mi cerebro estaba entrenado para guardar palabras en rima y asociación, así que esta era la mejor manera de recordar toda esa terminología médica compleja. Para mí, era una idea ingeniosa.

Durante las siguientes dos semanas, cobré vida con la inspiración, creando versos en mi cuarto, tratando a este proyecto con una seria dedicación.

Era un concurso de talento escolar, era una batalla, era una oportunidad para brillar. Había encontrado una manera de incorporar mi pasión a lo insulso. Hasta me convencí de que sería el primer paramédico rapero de Los Ángeles y salvaría vidas con mis actuaciones dentro de la ambulancia.

Cuando llegó el gran día, me llevé mi reproductor y casete mixto a clase. Cerré las cortinas, bajé las luces y prendí una vela. Todos me miraban, pensando qué estaría por pasar, y el profesor —quien se tomaba su tarea con la seriedad de un sargento instructor— me observaba desconfiado.

Me había imaginado hasta el último detalle en mi cabeza para crear el mejor ambiente, hasta el detalle de encender un incienso antes de apretar "Play".

Aclaré mi garganta mientras un ritmo *underground* comenzó a sonar.

Y empecé a rapear:

> *"Tabique ventricular...*
> *Mi recto...*
> *Conectado a mi boca...*
> *Así que bésame el culo...*
> *Si no comprendes culo...*
> *Al próximo hombre así me paró...*
> *Y te digo lo que es ser un paramédico..."*

Ni siquiera había entrado en calor cuando paró lo música y las luces se prendieron. Solo había silencio. Nada de aplausos.

—¿Qué es ESTO? —preguntó el profesor indignado.

—Es un rap, y tiene todo sobre...

—Es una vergüenza a la profesión médica —dijo, interrumpiéndome.

—¡Pero es lo que soy! —me quejé.

—¡NO es lo que debería ser un paramédico!

Al final escribió "REPROBADO" a través de mi trabajo en letras rojas grandes.

Y así llegó ese final.

Apl no la estaba pasando mucho mejor.

Su padre adoptivo Joe Ben Hudgens se había empezado a preguntar por

las metas en la vida de su hijo. Apl pronto comprendería que "conseguir un trabajo de verdad" era parte de la ética laboral de Estados Unidos.

—Entonces, Allan —dijo el señor Hudgens con su voz seria y profunda—, ¿cuáles son tus planes?

—Quiero meterme en el mundo de la música.

—Bueno, Allan, ¡no creo que vaya a funcionar esto si decides dedicarte a la música!

Se dijo mucho más en esa charla, pero, en resumen, Apl —el Pea verdaderamente nómada— fue el primero en disparar hacia la independencia y mudarse de su casa a los dieciocho años. Encontró un apartamento de dos cuartos en Hollywood el cual compartía con Tommy. Mientras nuestra amistad se solidificaba, pasábamos tiempo en este sitio con luz tenue o en el estudio, hablando mierda. Apl siempre estaba relajado, pensando en voz alta, escribiendo una mierda bien creativa, y Will siempre estaba caminando arriba y abajo con sus pensamientos o corriendo de un lado a otro en su modo organizativo.

Yo observaba los eventos desde la periferia, fascinado por el proceso de ver a amigos pasar por el proceso creativo de Atban Klann. No sentía envidia. Sentía orgullo, y me contentaba con poder pasar tiempo en el mismo círculo. Me permitía disfrutar del viaje a través de ellos haciendo música. Algunas sesiones de grabación ocurrían en el loft del productor DJ Motiv8 en el centro de Los Ángeles. Era más un estudio casero que uno profesional: tenía su terminal de trabajo a un lado del cuarto y un micrófono colgado del techo dentro de un clóset que servía de cabina de grabación. Pero, para mí, era súper cool.

Un día, cometí el error de invitar a Karish a que viniera con nosotros. No sé que me hizo pensar que eso le ayudaría a entender cuando nunca antes había mostrado ni un ápice de interés por mi carrera musical, pero la esperanza es lo último que se pierde.

Ella no tenía ganas de estar ahí.

—Jaime, hay un bebé que necesita que lo cuiden, ¡y así no vas a mantener a tu familia! —dijo.

Se levantó y se fue del estudio, y yo la seguí desanimado.

Todos los de aquellos tiempos te dirán fielmente que estaba totalmente cegado y controlado por este amor. No tenía los cojones para ser el macho dominante, ni tenía la sabiduría para darme cuenta lo necesario que es tener una pareja de por vida que apoya tus sueños, especialmente en las malas cuando no parece pasar nada. Era demasiado joven para saber que alguien que *tolera* tu pasión —o, peor, la resiente— es alguien que no te acompañará a lo largo del camino. Los soñadores necesitan a alguien que, cuando se están quemando las papas y están al borde de darse por vencidos, está ahí para frenar su abatimiento y levantarles el ánimo. Como mi esposa Jaymie. Es la primera en darme una patada en el culo si estoy pasando por un momento autocompasivo; siempre está ahí para recordarme quién soy porque entiende el espíritu de un artista. Pero Karish nunca me entendió ni comprendió mi sueño.

Mamá seguía sin saber nada del embarazo. Yo volvía a casa y una y otra vez la encontraba en la mesa, rodeada por más formularios de aplicación a universidades. No tenía el corazón —ni el valor— de decirle que era mejor que se olvidara de eso. Simplemente me quedaba con ella y fingía estar interesado, de esa manera continuaba viviendo una mentira.

—¿SABES LO QUE TU HIJO LE HIZO A MI HIJA? —gritó la mamá de Karish en una conversación telefónica con mi mamá que ardía un día inolvidable en junio de 1993 —un mes antes de graduarnos de la secundaria, con cuatro meses de embarazo.

Así fue que Mamá se enteró que sería abuela.

No era necesario que dijera nada. La devastación se lo veías en su cara angustiada. Luego llegaron las lágrimas —los gemidos llenos de "¿Qué has hecho?" y "¿Por qué no me dijiste nada?"— y después vino la furia. Era como si hubiera encendido otro M-80 y hubiera quemado todo mi futuro.

Lloró y gritó por ese futuro durante días, y no me podía ver a la cara, y menos hablarme.

La única persona que me hablaba en casa era Julio, pero eso era solo para decir una cosa: "¡No te puedo creer, Jaime… ahora si que lo echaste a perder… ahora la cagaste en serio!". Me lo decía una y otra vez, repitiéndolo como un coro malo.

Está vez no podía negar lo que estaba diciendo. Podrías haberme escrito "PERDEDOR" en la frente y no me hubiera quejado demasiado.

Cuando nos agarramos de la mano durante nuestro camino en la graduación en frente de toda la escuela en Rosemead High un mes más tarde, le quitó el brillo al logro académico que me había asegurado. Nadie cree que ser padre a los dieciocho años es una movida astuta en cuanto a una carrera. Déjame decirte que ver a tu novia con una toga y birrete y la panza de embarazada mientras acepta sus honores es un momento aleccionador.

Los próximos meses pasaron volando, lanzándome hacia otra llamada telefónica de la mamá de Karish esta vez gritándome la noticia de que su hija había entrado en trabajo de parto. Horas más tarde, el 13 de octubre de 1993, nació mi hijo Josh en el Whittier Presbyterian Hospital. Mis amigos Deja, Antwon y Eclipse vinieron todos, dejando de lado los estudios para brindarme apoyo moral. La sala de espera del hospital parecía una escena de la película *Knocked Up*.

No recuerdo mucho de la llegada de Josh aparte de lo sangriento que fue. Tenía dieciocho años, y fue lo más traumático que había visto en mi vida. Me

hizo temblar las rodillas. Pero ser testigo de lo que ocurre después del parto me terminó por completo.

Vomité. Después me acerqué mareado.

Alguien —no me acuerdo quién— pensó que sería una buena idea dejarme sujetar a mi hijo por primera vez, así que acuné a Josh en mis brazos, mirándolo mientras dormía. Su inocencia se encontró cara a cara con mi ignorancia, y lo único que podía pensar era *¿Qué mierda voy a hacer?*

Como cualquier hijo, Josh es un regalo, y mi amor por él no tiene palabras. Pero en aquel momento, seguramente me veía como un venado encandilado porque me sentí tan inundado de emociones confusas. Estaba conciente que el bebé era mío, pero de alguna manera se sentía como si estuviera fingiendo.

Tenía miedo. Josh no era lo que me asustaba. Era la grandeza de lo que vendría ahora. Por suerte, no hay mucho tiempo para la reflexión al ser padre por primera vez.

Decidimos que Karish y Josh deberían mudarse con nosotros. Así que mi cuarto se transformó en un apartamento de un ambiente con un cuarto para el niño todo en uno. No nos alcanzaba para nuestro propio lugar, así que ahí estábamos Karish, Josh y yo compartiendo una cama de dos plazas en un cuarto mínimo.

Solo piensa la locura que era eso para Karish, mudándose de la casa donde vivía sola con su mamá a un lugar donde estábamos Mamá, Julio, Celeste, yo y nuestro bebé recién nacido. Nada pasaba por desapercibido. Era como si cada uno de nuestros movimientos estuviera vigilado, y Karish pronto acudía a mí con una mirada que decía, "¿Qué vas a hacer al respecto? ¿Vamos a vivir así el resto de nuestras vidas?".

Karish, a diario, me empujaba para que consiguiera un trabajo de verdad. Se volvió un eco colectivo en la casa.

No sería gran padre en esos primeros años. Estaba económicamente desnudo y emocionalmente inmaduro. Además, en cuanto a los deberes como padre, era bastante apático. No quería cambiar pañales. Me sentía raro sujetándolo.

Nunca olvidaré el día que estaba solo en casa con Josh, tratando de que se durmiera, pero no paraba de llorar. Lo mecía en mis brazos, imitando a mi mamá, pero seguía llorando cada vez más duro. No me di cuenta que se estaba volviendo loco porque yo me estaba volviendo loco y, antes de darme cuenta, estaba gimiendo con la cara roja. La perdí.

—¡PARA! ¡PARA! —grité.

Y él gritó más duro.

Lo tenía enfrente mío con los brazos extendidos. Creo que nunca me sentí tan impotente e incapaz. Yo mismo lloré como un bebé esa noche.

No era que yo fuera un mal padre, simplemente era un padre *joven* lo cual era totalmente fuera de mi alcance. Las habilidades de padre no llegan fácil cuando todavía eres un niño, y creo que, al decir la verdad, no me vinieron fácil durante toda esa década. Pero dentro del nuevo mundo en el que me encontraba, sabía una cosa: quería proporcionarle a Josh lo que mi padre nunca me pudo dar a mí.

LA TIERRA DE LA
FANTASÍA

—**B**ueno, Jaime —dijo Mamá—, vamos a conseguirte un trabajo.

Salí de la casa esa mañana sabiendo que tenía que hacer algo pues las cosas estaban muy mal. Karish, Josh y yo vivíamos con una dieta de mierda que consistía en pizza, galletas con chispas de chocolate y Sprite; comíamos sentados sobre la cama viendo una televisión de pantalla chica. Karish había insistido que fuéramos autosuficientes, aunque a veces dependía de las habilidades en la cocina y y el cuidado de Mamá.

No era el único fuera de su elemento.

Me encontré en la iglesia First AME en South Central L.A., donde había un evento de contratación para trabajo durante la temporada de verano en Disneyland en Anaheim. Mamá se había enterado de esta "oportunidad" en su trabajo dentro del L.A. Unified School District, y sospecho que sus "conexiones" significaban que no sería un viaje en vano. Hice la cola con todo tipo de muchachos en busca de un trabajo pago y, efectivamente, me entrevistaron, saqué un buen resultado y tenía que escoger entre tres posiciones: mantenimiento (limpiando basura, mesas, quitando chicle de los cubos de basura; bebidas (sirviendo bebidas en las cafeterías con una sonrisa eterna); y guardacoches (recibiendo y guiando a los millones). Cada trabajo pagaba $6,25 la hora y me pagarían cada dos semanas a través del Bank of Disney. Ya con Josh de ocho meses, estaba feliz de traer a casa cualquier plata que pudiera conseguir, hasta cuando Karish era la primera en recordarme que era un trabajo de temporada y no un verdadero trabajo.

Pero para mí, Disney era un comienzo, y decidí aceptar el trabajo de mantenimiento por una sola razón: me acercaba a las atracciones principales.

Tan insulso como sabía que sería —y con lo mucho que me costaría salir de la cama— sabía que al final de cada día había un desfile de Disney. Por lo menos eso era el brillo que le agregaba al sentido de obligación.

Ese verano de 1994, deje de lado mi ropa de segunda mano y me puse mi "disfraz" —un overol blanco al estilo conserje, con un botón circular que decía "JAIME" debajo de un logo con las orejas de Mickey Mouse.

La etiqueta de vestir era peor que la militar. Nada de pelo largo, perforaciones, tatuajes y nada de vello facial. No importaba que fuera un artista que quería dejar que colgaran sus bolas. Tenía que estar impecable a lo Disney.

Por una vez en mi vida, tuve que ser conformista.

Con lo espantoso que era el chaleco de fuerza, mi actitud era simple: si iba a trabajar en el lugar más feliz del mundo, lo iba aprovechar al máximo. Lograba pasar por el tedio de recoger basura y mantener las veredas limpias al enfocarme en el desfile de la noche, porque mis deberes requerían que caminara bajo la sombra de Cenicienta.

En mi mente, cuando empezaba la música, yo era parte del elenco; el conserje feliz haciendo el papel secundario para Mickey y Minnie Mouse.

Usaba un chaleco que se iluminaba y centelleaba como un árbol de Navidad, y caminaba detrás del carruaje del zapato de cristal de Cenicienta... limpiando la enorme y humeante mierda que los gigantes caballos Clydesdale dejaban por el camino en Main Street. Eso era parte de la descripción de mi trabajo: palear mierda verde plagada de heno olvidada en la estela de Cenicienta.

Caminando lento —y rezando que aquellos caballos no botaran demasiados pedazos de mierda— empujaba el cubo de basura color amarillo miel sobre ruedas, con una pala mediana enganchada a mi cintura y una pequeña escoba acostada sobre el manillar. Ahora, déjame decirte que esos caballos sí que podían cagar, y cuando estás paleando mierda con una gran sonrisa, es una actuación en sí: "¡Mírenme, niños! ¡Estoy recogiendo mierda y *me encanta!*".

Muchas veces, me olvidaba de la realidad y entraba a mi imaginación: pensando en cómo sería ser uno de esos personajes de Disney, causando un festín en uno de los carruajes e impresionando a las multitudes.

Cuando estas en la Tierra de la Fantasía, escápate a la tierra de la fantasía.

Algo bien hice porque pasé de trabajar dos días a la semana a trabajar cuatro y luego hasta me llamaban para trabajar los fines de semana.

Nanny estaba demasiado enferma para ser partícipe de mi contribución mínima a Walt Disney, pero un día nos reímos cuando me recordó, medio

bromeando, medio en serio, "Recuerda lo que dice Mickey, Jim: '¡Está permitido soñar!'. ¡Podrías estar en lugares mucho peores!".

Disney debería haber contratado a Nanny cuando era más joven. Ella le podría haber inspirado sueños a más niños que el propio Mickey Mouse.

Mientras el verano cayó bajo la sombra del otoño en 1994, conocí a un tipo llamado Mr. Shah —uno de los principales hombres afiliados con Apl y Will. Para ellos, él significaba lo mismo que Deja para mí: compañero de escuela y verdadero confidente. Mr. Shah era mejor compositor que cantante y él también había observado el ascenso de sus dos amigos con Atban Klann, y decidió que quería un trozo del pastel similar. Pero quería probar algo diferente. El representaba lo que se llamaba "la revolución" del *hip-hop hablado*.

A través de Estados Unidos, la poesía recitada acompañada por música estaba promocionada como el sector innovador del hip-hop comercial, y las batallas de micrófono abierto estallaron por todo el país. Básicamente, se bajaba el tempo así el énfasis se encontraba en las palabras, no el ritmo. A mi me parecía un poco cursi, pero Mr. Shah era como Will —cuando apoyaba algo con su energía, en general pasaba, siendo bueno o malo.

—Deberíamos bajar el tempo y recitar el hip-hop —dijo un día entre una lluvia de ideas.

—No —dije—, a mí no me cabe esa mierda de hacer poesía recitada.

Pero Eclipse vio una oportunidad.

—Anda, Tab, deberíamos probarlo. ¿Qué perdemos?

Así fue que Mr. Shah, Eclipse y yo formamos un grupo llamado Pablo, y esa decisión le consignó a la historia el experimento vacilante de Rising Suns.

Para ayudarnos, DJ Motiv8 dijo que produciría los temas en su estudio en el centro de la ciudad, y así, de la nada, cobramos velocidad. Eclipse y Mr. Shah estaban totalmente vigorizados, y yo les seguía la corriente.

Por primera vez había verdadero potencial en un grupo en el que formábamos parte, y el entusiasmo era contagioso, hasta cuando no veía la manera de incorporar el baile a este asunto. Hip-hop debería tratarse de armar un festín y volverse locos, mientras que este camino se sentía más prosaico. El concepto en sí parecía deslucido y no me entusiasmaba. Nada me resonaba, pero era típico de ese momento que yo no opinara y simplemente siguiera los pasos de los demás.

Cuando Will y Apl se fueron a grabar su disco en Paramount Studios con Ruthless Records, nosotros armamos lo nuestro en el estudio de DJ Motiv8 como Pablo, y comenzamos a crear música y letras. Era un trecho largo porque sin Deja significaba que teníamos que tomar el autobús de Rosemead al centro, y cuanto más ensayábamos menos plata tenía. Eso, a su vez, quería decir que habían días que no me alcanzaba para llegar —algo que probó ser costoso en cuanto a la preparación.

La formación de Pablo fue la primera prueba de fuego de mis habilidades profesionales; los primeros pasos del sueño a la realidad. Yo sentía esa presión. Teníamos tiempo asignado en el estudio, un productor con ganas y un propósito serio que desafiaba todas mis pretensiones. Era como si alguien hubiera tirado un esmoquin y corbata en un evento informal y todo se volvió estricto, formal y serio.

Y recitado.

En el fondo de mi mente, yo sabía que Will y Apl estaban adelantando con todo junto a Ruthless Records, entonces había una expectativa con Pablo de producir algo bueno. Las grandes esperanzas de Mr. Shah y DJ Motiv8 le daban aun otra vuelta de tuerca.

Si alguien con quien quería hablar durante ese momento era con Nanny, pero ella estaba aun más enferma, entrando y saliendo del hospital. Tenía diabetes y había sufrido un paro cardiaco, lo cual la había empeorado. Recuerdo cuando la trajeron a casa y la sentaron en la cama, se veía como una sombra de lo que era antes. Su bastón estaba apoyado contra la pared y su brío típico estaba agotado. Nadie había seguido mi desarrollo como ella, fijándose en mis habilidades mejoradas cada verano y Navidad.

—Estoy orgullosa de ti, Jim —me dijo—, siempre supe que lo podías hacer.

Si solo hubiera sabido lo incapaz que era en realidad.

Cuando llegó el día de mi primera sesión de grabación, supe enseguida que estaba fuera de mis posibilidades. Nunca había sido rapero, y no había recibido el entrenamiento necesario. El ambiente del estudio me resultaba ajeno, y todos se daban cuenta que estaba dando manotazos. Me habían tirado al océano sin saber nadar, pero no podía pedir ayuda porque eso hubiera significado admitir que había fallado.

En cambio, fingí que no estaba teniendo un buen día porque no quería dejar la fiesta. Cuanto más deshonesto era sobre mis talentos, más caras desilusionadas veía entre los muchachos (aunque Eclipse supiera mi debilidad).

La paciencia de DJ Motiv8 colgaba de un hilo:

—Tab, ¡ponte las pilas, hombre! ¡No lo estás haciendo bien y estás interrumpiendo la corriente!

Mierda, no sueno bien... no soy lo suficientemente bueno, pensé.

—Todo bien, amigo. La tengo —dije en voz alta.

Mi gran problema era que tenía vergüenza con el micrófono. Mucha vergüenza —y mi voz se escuchaba como si estuviera intimidada. Estábamos grabando dos temas —"Open Your Soul Like a Window" y "The Green Opium Den"— para un demo, pero cuando me tocaba decir un verso, era el único amateur en la sala. Odiaba ser el talón de Aquiles, pero honestamente sentía que si lo hacía suficientes veces lo lograría hacer bien. Sin embargo, DJ Motiv8 no tenía

tiempo para novatos. En su estudio esperaba profesionales que pudieran hacer un trabajo profesional.

Durante la segunda sesión y luego de cincuenta intentos fallidos, la perdió.

—Tab, si no pones la voz donde es, te tendrás que ir.

Eclipse y Mr. Shah me miraron como diciendo, "Vamos, ponte las pilas. Te dimos esta oportunidad y la estás echando a perder. ¡Anda!"

Probamos de nuevo. Comenzó la música. Hice un conteo en mi cabeza. Le di lo mejor de mí.

—No… *no*… ¡NO! —gritó DJ Motiv8—. ¡La estás cagando!

Estaba lejos de darle lo que quería. Cuando intenté de reforzarme, terminaba gritando. Cuando intentaba hacer lo que ellos querían, se me trababa la lengua y era un desastre. Era como si el muchacho tímido de la escuela hubiera vuelto para atormentarme. Fumé porro y ni eso funcionó. Y cuando el porro no lo logra, realmente estás jodido.

Supe que algo andaba mal cuando empecé a recibir menos llamadas del estudio para ir a trabajar. Luego, ocho semanas más tarde, sonó el teléfono en casa. Del otro lado estaban Eclipse y Mr. Shah, hablando directo del estudio.

—Que onda —dije—, ¿cuándo nos toca de nuevo?

Mr. Shah habló primero:

—Epa, Tab… hemos estado pensando. ¿Qué te parece si eres el hombre que le inyecta energía a la gente?

Lo dijo con un regocijo que sugería que yo debía estar feliz de ser el que abre la actuación para animar a la audiencia antes de la poesía recitada.

—No quiero ser el que le hace el precalentamiento a la gente. Quiero ser parte del grupo —dije, bruscamente. Mi corazón latía a toda velocidad como cuando sabes que algo malo está por pasar. Casi podía ver a Eclipse cerrando los ojos, deseando no estar ahí en ese instante.

—Entonces —dijo Mr. Shah—, sentimos que no la estás logrando en el estudio y la presión está que arde, Tab. Así que no nos queda otra más que seguir sin ti.

—¿Me estás echando del grupo?

—Perdón amigo… pero tenemos que seguir sin ti… discúlpame.

Estaba demasiado herido para emitir otra palabra. Por más que sabía que el hip-hop al estilo poema recitado no era lo mío y me había sido difícil desde el primer día, no hacía que esto fuera más fácil. Era como si todos estuvieran adelantando menos yo, y alguien a quien yo respetaba me estuviera diciendo: "No eres lo suficientemente bueno".

Siempre existe esa pregunta típica en la vida para saber cuántos años tenías cuando te rompieron el corazón por primera vez, y cómo se llamaba la muchacha. Mi respuesta es diecinueve, y el nombre de la muchacha era Pablo.

El experimento Pablo a la larga se estrelló, así que no hubiera pasado nada de todas maneras. Pero eso no cambia aquel momento devastador. Mr. Shah se quedó trabajando de fondo con Will, y Eclipse se metió en otro grupo llamado Dark Leaf. Y a mí, con mis diecinueve años, parecía que de una vez por todas iba a tener que dejar mis sueños de lado y archivarlos. Nada funcionaba. Pero mi consuelo era que todavía tenía a mi familia.

Es como siempre dijo Nanny, la familia es lo más importante en la vida. Lo demás se arreglara solo.

—No veo que vayas a cambiar —dijo Karish un día—. Esto no va para ninguna parte. Hasta aquí llegué.

Unas semanas después del comienzo de mi trabajo en Disney, ella se fue con Josh y volvió a la casa de su mamá. Todo se derrumbó.

Fue la primera vez que comprendí que podías sentir dolor sin que nadie te esté tocando físicamente.

En un corto período de tiempo, me botaron por no ser lo suficientemente bueno, y perdí a mi novia.

Intenté no pensar demasiado en eso, pero eso es difícil cuando no tienes otra cosa pasando, así que fumé un montón de porro, y muchas veces pasaba por el estudio central de DJ Motiv8 para estar un rato con Will y Apl mientras trabajaban en su disco. Parecía que era lo mejor que podía hacer.

Will sabía que mi vida no estaba muy bien. Un hombre ciego podría haber visto que estaba desanimado, y él y Apl se dieron cuenta que estaba pasando tiempo en el estudio para ocupar mi tiempo.

Durante un descanso, al atardecer, salí con Will al estacionamiento y nos apoyamos sobre la parte trasera de dos autos, hablando mierda. Uno de ellos era su primer auto: un Fiero amarillo de dos puestos. Él fue el primero de todos nosotros en comprarse un auto que, en nuestros ojos, era igual que te firmaran en un sello discográfico porque significaba libertad.

Will siempre fue como un viejo sabio. Era alguien a quien le había aprendido a tomar sus consejos, a nivel profesional, y eso sigue siendo el caso hasta el día de hoy. Le tengo muchísimo respeto a este hombre porque sé de donde vino y donde ha llevado a los Peas —a una estratosfera más allá de cualquier sueño que nos podríamos haber imaginado. Pero en esa tarde a finales de 1994 —un momento en que la idea de conquistar a Los Ángeles parecía tan posible como ir a la luna— su única misión estaba enfocada en levantarme los ánimos.

Yo no era alguien que le echara a perder los ánimos a los demás, pero había empezado a hablar, y la falta de confianza se me empezó a escapar por la experiencia con Pablo.

—No sé qué hacer, amigo —dije—. Estoy dolido porque no sé si soy suficientemente bueno para la música.

Cuando los ojos de Will se fijan en ti, te enganchan y enchufan en el gran William Adams sistema de creencia en uno mismo; el que dice que puedes ser quien quieras y lo que quieras.

—Tab —dijo—, ¿sabes lo que tú tienes que los otros no tienen?

Me dejo pensando por unos segundos. Luego continúo:

—Tienes personalidad, amigo… y presencia. Eso no se compra, mano. Todo lo que tienes que hacer es dejarlo salir y dejarlo brillar.

Hubo mucho más bla-bla-bla y hazlo-hazlo-hazlo, y nos quedamos ahí hablando sobre los méritos de ser un "hombre de espectáculos" y un "artista", y me hizo ver que la presencia y la personalidad podía entusiasmar a una multitud. No el hip-hop de poesía recitada.

—No sirvo para rapear, Will, ese es mi problema —dije.

—No se trata de ser el mejor letrista o rapero; se trata de tu *actuación* —dijo—. Nunca dejes que nadie te diga que no puedes hacer algo o no sirves para eso.

Él estaba más encendido que yo, pero ese era Will —un hombre con empatía y compasión que quiere algo para *ti* tanto como lo quiere para él mismo.

Dejó de hablar y sacó un lápiz de su bolsillo.

Este palo de plomo, dijo, me ayudaría a convertirme en mejor rapero.

Lo puso horizontalmente en su boca, entre los dientes y detrás de su lengua. Y comenzó a rodar su lengua en contra del lápiz, creando un sonido que era un híbrido entre un cortacésped y una ametralladora.

Paró, se sacó el lápiz de la boca y dijo:

—Y eso es lo que necesitas hacer, todos los días.

En aquel entonces, el rap era increíblemente rápido con palabras y frases que se unían en un trecho largo de rap, así que todo tenía que ver con aflojar la lengua y la boca. La onda era la rapidez, al igual que artistas como Fu-Schnickens y Poor Righteous Teachers.

Parecía una cosa de locos hacer eso, pero escuché y obedecí, y el régimen del lápiz en la boca se volvió una disciplina diaria, aplicada con la misma atención que necesité para dominar el arte del baile.

Durante días y semanas —cada mañana antes de comenzar el día y cada noche antes de cepillarme los dientes— me paraba en frente del espejo del baño con este lápiz bajo mi lengua y sonaba como un muchacho imitando el sonido de ametralladoras.

Miraba mi reflejo y pensaba, *¿Por qué estoy haciendo esto? ¿Qué bien me está haciendo?* Pero seguí adelante, repitiendo una frase una y otra vez: "Pensando en las cosas… cuando estaba llegando". Así, con práctica y rapidez, la entrega se aceleraba al punto que lo gritaba en una oración unida: "Pensandoen-laslascosascuandoestaballegando". Probó ser la diferencia vocal entre disparar balas solitarias y hacer estallar una pila de munición a través del revólver.

Y mierda si funcionaba esta técnica.

"Pensandoenlascosascuandoestaballegando" se convirtió en mis propios pensamientos y rimas, y pronto estaba parado frente al espejo, improvisando en mi propio micrófono abierto. Deje de escribir versos y rimas y empecé a decirlas usando lo primero que se me venía a la mente.

Con esa pequeña herramienta para entrenar y una inyección gigante de creencia en mí, Will reconstruyó mis esperanzas y borró mis ineptitudes autoperci-bidas. Había entrenado a mi mente, además de aflojar mi lengua, y había quitado quirúrgicamente la duda no-soy-lo-suficientemente-bueno que me había lisiado después de Pablo.

A principios de 1995, Atban Klann dio un paso atrás cuando detuvieron a Mooky por un incidente de acometimiento agresivo. No sé en qué se metió, pero era algo turbio y doméstico, y el resultado fue que lo mandaron a la cárcel por seis semanas.

Lo sentía mucho por Mook porque era un buen tipo y un hermano latino, pero en este tiempo andaba por mal camino, y vale decir que su novia Jessie tenía mucho que ver con su capricho. No solo era una mala influencia, traía problemas. Todos nos preguntamos cómo le afectaría la cárcel a Mook y, cuando salió a las seis semanas, encontramos nuestra respuesta. Era un hombre cambiado.

Will y Apl le tenían poca paciencia a Jessie, y solo había pasado un poco de tiempo cuando ella comenzó una riña con algunos de nuestros amigos DJ. Todo se volvió un pedo encendido y Mook empezó a defender a su chica, lo cual no cayó nada bien. Entonces, en la cima de la pelea, renunció.

No supimos nada de él durante los siguientes catorce meses. Él, como Phoenix, había tomado su decisión y se había retirado, y su ida dejo un hueco dentro de Atban Klann, y quizás eso fue un mal augurio.

El disco *Grass Roots* lo habían archivado y estaba acumulando polvo desde 1993. Todo había estado listo para distribuirlo a través de Relativity Records, pero nunca ocurrió. Sea cual fuere la razón, Eazy-E eligió usar el espacio comercial de Atban Klann para sacar al mercado un disco de otro grupo llamado *Bone Thugs-N-Harmony*. No sé la política ni las razones, pero se que Will y Apl estaban encabronados. Aunque no todo estaba perdido ya que las canciones to-davía tenían vida, aunque el disco en sí haya muerto.

Cuando el invierno se convirtió en primavera en 1995, Will estaba en la luna porque Eazy-E lo había llamado diciéndole que MTV mostró entusiasmo por la canción "Puddles of H2O" y la querían sacar al aire. Esto parecía que sería su

momento para abrirse paso en la escena, lanzándolos a través de Estados Unidos. Te podrás imaginar lo excitados que estaban Will y Apl después de trabajar en esto durante tres años.

Entonces, una semana más tarde, Eazy-E fue ingresado al hospital por una posible neumonía. Cuando los médicos le hicieron los análisis, descubrieron que tenía SIDA. Dentro de otros diez días, el 26 de marzo, había muerto, a los treinta y un años, falleciendo en el Cedars-Sinai Medical Center. La rapidez con la que murió asombró a todo el mundo.

Con esa tragedia, la oportunidad de MTV se difuminó. Y sin Eazy-E, Atban Klann no iría a ninguna parte. En solo una semana, Will y Apl pasaron de ser héroes potenciales a un grupo sin disco, sin sello y sin Mooky. De repente, tenían que empezar desde cero otra vez.

Después de todo el sudor, gran esfuerzo y tiempo que se había dedicado a esta creación, eso fue un golpe duro para los dos, pero Will no es el tipo de persona que se quedara lamentando lo sucedido. Quería recuperarse y mantener el ímpetu, y le dijo a Apl que era hora de comenzar algo nuevo.

Unos días más tarde, sonó el teléfono en casa. Era Will invitándome al centro comercial.

Pasamos un rato juntos y ahí me dijo: él y Apl estaban actuando bajo un nombre nuevo: los Black Eyed Peas. Ese había sido el nombre original de la compañía de producción de Will y DJ Motiv8, así que Atblan Klann quedó afuera y Black Eyed Peas entró en su lugar.

Todos preguntan cómo llegaron a ese nombre. Como bien dicen, habían estado pensando en todo tipo de nombres al azar que incluían colores —como Blue Unit y Turquoise Vines. Mientras seguían explorando posibilidades, la inspiración los llevó a "Black Eyed Peas", una subespecie del frijol caupí, que es popular en el sur de Estados Unidos y las Antillas. El nombre del frijol, *black eyed peas,* proviene de su apariencia blanca con un punto negro en el medio, y por mucho tiempo ha sido considerado en el sur como *soul food* o "comida para el alma". Es algo que se da en el Año Nuevo: cómelo en enero de un nuevo año y te traerá prosperidad. Así que tiene sentido que un grupo que quiere hacer dinero y música para el alma se llame los Black Eyed Peas.

Entonces, me contó Will que tenía su primera actuación concretada en el Glam Slam, un club de Hollywood del cual el dueño era Prince, quien, en 1988, sacó un simple del mismo nombre. Al parecer, unos días previos, Will y Apl habían estado hablando de la posibilidad de incluirme en la banda.

—Entonces, ¿quieres actuar con nosotros? —es la manera en que Will me extendió la invitación.

Como bien digo, la vida es un tablero de ajedrez y alguien siempre está moviendo las piezas y quitando algunas del juego. La pena de prisión de un hombre y la muerte de otro había cambiado el tablero entero, y cambiaría la trayectoria de mi vida.

No lo dudé ni un segundo cuando Will me invitó abordo. Dondequiera que iba él, yo quería estar en el mismo frente.

—Sí, cuenten conmigo; ¡hagámoslo! —le dije.

PIZZA Y PEPSI

En cuestión de unos días, me encontraba parado en un pasillo trasero, oscuro, contando los minutos para el debut de los Black Eyed Peas sobre un escenario cubierto con una neblina de humo de porro dentro del Glam Slam de Prince. El hecho de que pudiera respirar un aroma tan dulce y actuar en el territorio del artista que siempre se encontraba en mis casetes mixtos era un plus.

Éramos uno de los pocos grupos que actuaban como parte de la muestra de Ruthless Records. Will y Apl habían mantenido su relación con el sello a pesar de que no eran parte de la compañía, y estas muestras —eventos regulares en la escena musical— nos permitían desarrollar nuestro nombre. Llegamos, vestidos y listos, en el auto nuevo de Will —un VW Golf rojo— y ensayamos en el camino al local. No recuerdo las canciones porque no las mantuvimos, pero recuerdo la ilusión de pararnos en frente de una multitud de 150 personas.

No tenía miedo. Will simplemente me dijo "haz lo tuyo" y yo lo enfrenté como una batalla. Para él y Apl, no era más que otra actuación bajo un nombre diferente, porque durante su tiempo con Ruthless ellos habían actuado en clubes, así que era cuestión de mantener el ímpetu y yo adaptarme a ellos como parte de la transición de Atban Klann a Black Eyed Peas.

Por dentro, sabía que representaba un salto enorme hacia delante para mí, y no había lugar para cagarla esta vuelta. Estoy seguro que la actuación en el Glam Slam era para probar como cuajábamos como trío porque, por más que éramos amigos, nunca habíamos actuado juntos. En muchos sentidos, esa noche era sobre la reinvención total.

En el momento que entré en ese territorio de Prince, estaba listo para las grandes ligas. La actitud de Will y Apl era tan relajada que me hacía sentir que no tenía que no había nada que demostrar.

Ahora, quedaba claro que la "paciencia" no era la primera palabra que se venía a la mente al ver al público: un grupo de personas que parecían delincuentes y matones con permanentes húmedas, gorras de los Raiders y caras inexpresivas. Era más el público del rap gángster, mientras que nosotros éramos más lírico-milagro-alardosos, rapeando sobre las habilidades y el positivismo.

Piensa en cuál fue la primera impresión de la gente: dos tipos negros con rastas largas y gruesas a lo Bob Marley, usando ropa al estilo beatniks y vintage de viejo, acompañados por un latino teatral que causaba algo de miedo vestido al estilo ninja.

No había ninguno de los elementos básicos de los raperos: nada de Tommy Hilfiger, Versace ni FUBU. Will siempre decía que la ropa que usas no te hace hip-hop. Ese sería una declaración que al final metería en nuestro primer disco, *Behind the Front*, enfatizando el mensaje en la canción "Fallin' Up" (Cayendo hacia arriba): *"I see you try to diss our function by stating we can't rap/Is it because we don't wear Tommy Hilfiger and baseball caps…"* —y en español sería: *"Veo como le faltas el respeto a nuestra función al plantear que no podemos rapear/¿Será porque no usamos Tommy Hilfiger ni gorras de béisbol…".*

Queríamos deshacernos de los estereotipos —el baile, los límites y los clichés. Nos decíamos que estábamos trayendo la actitud de James Brown al hip-hop —cantando, bailando y haciéndolo todo.

Lo nuestro era bailar y movimientos fluidos en un momento en que el hip-hop estaba repleto de tipos haciéndose los duros mientras agarraban a los micrófonos y sus entrepiernas, saltando, más no bailando. Era como si la gente tuviera miedo de bailar, pero a nosotros nos gustaba la energía de alto octanaje y las fiestas, e incorporábamos desde *b-boying* a *free-styling* y, viniendo de mí, pasos inspirados por el kung fu. "Es hora de abandonar el ego hip-hop y seguir adelante con el soul", dijo Will.

Al montarnos al escenario en Glam Slam, las caras de los gángsters todas decían la misma cosa: "¿Quiénes son estos cabrones?".

Los retos siempre nos inyectaban fuerza.

Dependíamos de un casete DAT para nuestros ritmos mientras Will y Apl rimaban las letras y yo los seguía, improvisando al fondo. Los entornos de clubes como Glam Slam siempre eran asuntos íntimos y súper cargados. Podía pasar cualquier cosa, como bien lo probó esa primera actuación.

En el momento que Will comenzó a rapear, alguien lanzó un cubo de hielo y le dio directo en el ojo. Podías ver las sonrisitas en las caras del público, pero eso no lo frenó a Will. Lo vigorizó y siguió adelante, improvisando con su enojo sobre ese mismo asunto: *"Yo, fuck this shit...this MC just got hit...in the eye... but y'all can't stop my shine..."* —lo cual en español decía: *"Epa, a la mierda con esto... este rapero lo acaban de golpear... en el ojo... pero ustedes no pueden parar mi brillo..."*.

O algo por el estilo.

Cualquiera que haya visto la gira E.N.D. del año pasado fueron testigos de Will siendo igual de espontáneo cuando improvisó utilizando los pings del público a través del Messenger de BlackBerry; en medio segundo volviéndolos un rap. Eso es lo que viene haciendo desde el primer día —se podía adaptar a cualquier situación. Si se cortaban las luces, rapeaba sobre eso. Si se armaba una riña en el público, hacía una canción sobre eso. Si se apagaba el micrófono, improvisábamos con el baile. Si nos caíamos, nos burlábamos del momento. Lo que nos tocara enfrentar, lo tomábamos con calma.

En Glam Slam, Will se debe de haber agarrado el ojo durante la mitad de la actuación, pero el público nos aclamó al vernos improvisar. Dimos vuelta al público. Hombres parados con el ritmo de estatuas enojadas de repente estaban moviendo las cabezas y aplaudiéndonos. Era como si nos hubiéramos metido en la jaula de los leones lleno de matones y los hubiéramos amansado solo con nuestra actuación, y esa mierda era fortalecedora.

Me sentía como un muro de energía esa noche, parado al lado de Will y Apl.

Así es —esto es familia, pensé.

No eran las pretensiones inmaduras de United Soul Children ni la moda pasajera de Rising Suns. Tampoco era la situación incómoda de Pablo. No me estaban obligando a ir por un camino que no quería tomar, como en las fuerzas aereas o en Rosemead Adult College. Todo lo que conocíamos como amigos estaba amarrado dentro de una unidad hermética donde de inmediato hubo química. Todo cuajaba, sin esfuerzo, y yo supe que nuestro viaje había comenzado.

Si me preguntas a mí, 1995 fue el año que representó lo que vendría. Microsoft lanzó Windows 95, se anunció el formato en DVD y fundaron eBay. A nivel musical, el público en general estaba aceptando éxitos como "You Are Not Alone" de Michael Jackson, "Hand In My Pocket" de Alanis Morissette y "Wonderwall" de Oasis. Y Sade lanzó la canción llamaba "The Sweetest Taboo".

Cuando nos juntamos los tres Peas, en seguida teníamos en vista el premio principal: imaginar que llevábamos al hip-hop a otro nivel y girando por el mundo. Nuestros sueños individuales se ampliaban como uno, y juntos nos imaginábamos nuestro futuro. Manejamos por todas partes con el VW Golf de Will, hacia un club o un ensayo, y nos imaginábamos que un día ese auto sería un autobús de gira.

"¿Te imaginas hacer una gira por Estados Unidos?", decíamos.

"Olvídate de esto, ¿te imaginas una gira por Europa?".

"Olvídate de eso, ¿te imaginas un gira por el mundo?".

Siempre teníamos en mente el mundo, no solo Estados Unidos. Y así nos lo imaginábamos. Si hay verdad en que el universo escucha y luego manifiesta lo que uno imagina, debe de haberse conectado a nuestra lluvia de ideas dentro del auto de Will.

Nuestra dirección musical se formó con un montón de influencias: desde A Tribe Called Quest a De La Soul, de bossa nova a calipso, de Barry White a Stevie Wonder. Lo metimos todo dentro de la misma mezcladora y surgió nuestro propio sonido: una base de hip-hop envuelta con música latina, jazz y soul. No queríamos ser otro trío de hip-hop. Queríamos variarlo y mantenerlo fresco, con un resultado innovador y progresivo.

También sabíamos que queríamos incluir una banda de cuatro músicos, porque música en vivo era igual de importante que la rima. "Mierda, si nos vamos a alejar del DAT, ¡agreguémosle letras a esta perra también!" dijo Will.

Estábamos de acuerdo con lo que buscábamos: queríamos ser un grupo hip-hop en vivo, no solo un grupo de rap. Queríamos dedicarnos a las actuaciones y los efectos visuales —crear música que te hace sentir bien, y una banda era un ingrediente esencial para cumplir esa meta. Sin una banda hubiéramos sido un auto sin ruedas.

Will —siempre el empresario y embajador del grupo— fue y armó una banda: Terry Graves en la batería, Mike Fratantuno en el bajo y Carlos Galvan en los teclados. Muchos guitarristas pasarían por la banda, pero el primero fue un tipo llamado JC.

La filosofía de Will era clara desde un principio: al introducir el elemento de una banda en vivo, estaríamos un paso adelante de lo que hacía o pensaba la mayoría de la industria.

Los críticos luego nos compararon con los Roots y Arrested Development, pero como bien dijo un reseñador, los Peas "siempre tienen una disposición más soleada". Eso es porque nuestras letras se enfocaban en lo positivo. Nuestro mensaje no solo trataba de un vago sentimiento de paz y amor. Teníamos un tema en el que creíamos: una nación, una raza llamada humanidad y una diversidad conocida como unión. Nosotros no nos interesaba el gran pleito entre el hip-hop de la costa este y oeste que ocurría en aquel momento.

Llámanos hip-hop. O hip-pop.

Con tal de que estuviéramos dando nuestro todo.

Ensayamos con la banda tres veces al mes, experimentando con canciones y armando el repertorio, intercalándolo con pequeñas improvisaciones bien cool. En general practicábamos en el garaje doble del nuevo lugar de Apl en Pasadena. Antes de mudarse ahí, iba de un sitio a otro. Debe de haber vivido en seis lugares diferentes en tre 1993 y 1996.

Apl y yo usábamos solo una grabadora para hacer nuestras canciones ensoñadas. "Mascullados" improvisados que se volvían letras y luego canciones que se volvían casetes con títulos de canciones garabateadas en pluma.

No había nada intenso sobre nuestra forma de ensayar. Lo único que recuerdo es mucha diversión, risas y marihuana. Al principio para la banda debe de haber sido difícil cuajar con nosotros porque veníamos de ser un trío con una historia que nos unía tanto profesional como personalmente. Pero esa es la realidad de las colaboraciones —juntas lo que tienes y esperas que haya sinergía. Los dos pilares principales de la banda eran el baterista Terry —un tipo negro, mitad americano, mitad japonés con un manto enorme de pelo rizado— y el bajista Mike —un tipo blanco de seis pies de altura, súper fresco de Milwaukee que usaba anteojos.

Terry trabajaba como representante del sello Virgin, pero no llegaba muy alto dentro de la cadena de mando, así que no podía hacer mucho por nosotros como banda, a nivel conexiones, pero le trajo un sentido de organización al grupo, siempre al tanto de las horas de ensayo y buscando el repertorio. Tenía unos ojos saltones enormes, como un sapo, que siempre te decían cuando estaba concentrado en algo, y era un tipo súper bueno y capaz.

Mike de Milwaukee no se veía nada como el típico músico cool, por lo menos no sentimos eso al verlo por primera vez, pero cuando tocaba el bajo, nos mataba. Era como un estilo de Jim Carrey, alocado y salvaje, siempre bromeando y haciendo caras o movimientos cómicas, y era el contrapeso perfecto para la onda más seria de Terry.

A pesar de otras idas y venidas dentro de la banda, estos dos estarían con nosotros hasta el año 2000, contribuyendo su fuerte ética laboral y su propia marca musical. Ninguno de nosotros éramos los artistas superapasionados determinados a hacer música que *importaba de verdad*. Más bien íbamos con la corriente y lo que queríamos es armar una fiesta. En este tiempo, de los tres, Will y Apl eran los más enfocados, y yo era el tipo fumado que cumplía. Sin embargo, podía ensayar dentro de las nubes de porro y hacer un buen trabajo.

Luego de algunos ensayos en el garaje de Apl, conseguimos nuestra primera actuación como banda en un evento al aire libre en el Peace & Justice

Center de Los Ángeles, un lugar conocido por celebrar grupos prometedores de la ciudad.

Pero ni bien empezamos a tocar nos dimos cuenta que lo que había sonado bien dentro del garaje no se traducía en el escenario. Era desprolijo y deshilvanado, y todos lo sabían. Éramos como amateurs en el programa "Showtime at the Apollo".

Lo primero que decidimos fue deshacernos del guitarrista JC. Había traído a una tipa, diciendo que era buen cantante, así que la probamos en una canción y fue horrible. El hecho de que la hubiéramos dejado subir al escenario indicaba lo deshilvanados que estábamos.

Había que afinar muchas cosas, y teníamos que trabajar en nuestra interacción sobre el escenario, y ponernos de acuerdo en cuanto a quién hablaría primero, ya que nuestro entusiasmo de novatos nos llevó a momentos donde hablamos todos a la vez, y era un desastre.

Sin embargo, era la primera vez que actuábamos con nuestra banda en vivo. Sabíamos que nos gustaba como sonaba y que queríamos mantener ese formato, pero la práctica lleva a la perfección.

También queríamos lograr ser los primeros en hacer cosas nunca antes hechas, a lo Michael Jackson.

Ese hombre fue un pionero: el *primer* tipo que tuvo un video en MTV que impactó a la cultura pop; el *primer* tipo que asombró con su baile; el *primero* en unir su música con marcas comerciales; el *primero* en llevar las herramientas de producción de cine al video y contar una historia, como lo hizo con "Thriller".

Como Prince, su música siempre encontró un lugar en mis casetes mixtos y —de hip-hop a pop— hay innumerables artistas que hoy en día son producto de Michael Jackson en cuanto al nivel que estableció con sus logros, lo que vendió y el tamaño del monstruo de espectáculo que creó. En cuanto a romper el molde y mantenerse un paso delante a nivel musical, él fue una inspiración única. Como él, nosotros como grupo queríamos que nuestra música fuera multicultural y reflejara nuestras propias experiencias de vida: Will como el tipo negro aceptado en la comunidad latina; yo como el mexicano aceptado en la comunidad negra; Apl como el filipino adoptado por Estados Unidos. Cruzando fronteras. Construyendo puentes. Encontrando la aceptación entre otras razas. De eso se trataban los Black Eyed Peas, como bien reflejábamos en la letra de una de nuestras primeras canciones "Joints & Jams":

"We're about mass appeal, no segregation/Got black to Asian and Caucasian…" —y en español sería: *"Nos interesa el atractivo masivo, no la segregación/ Tenemos negro, asiático y caucásico…"*.

El concepto se formó alrededor de un tema atrayendo a un pueblo.

Como dijo uno de los primeros críticos de nuestra música: "No le pedía a nadie que eligiera entre clases, razas o identidades nacionales, simplemente aceptaba el concepto del 'y/o', alentando actitudes flexibles entre toda la gente".

Creo que ni Will lo podría haber dicho mejor.

Esos primeros dos años pasé por una larga curva de aprendizaje.

No había empezado a rapear hasta 1993, mientras que Will y Apl habían rapeado juntos desde 1989, y Will había sido rapero desde 1984. Ellos eran los expertos, y yo todavía estaba aprendiendo a gatear, en un momento donde estábamos creando canciones para el demo.

Yo todavía estaba buscando mi voz y aprendiendo de dos amigos que eran hábiles arquitectos —y compañeros— cuando se tratada de estructurar la canción, el formato y el ritmo. Will y Apl por momentos parecía que se podían leer las mentes, y yo estaba buscando mi lugar en esa sinergía creativa. Ellos habían escrito juntos desde los catorce años. Yo estaba con muchas ganas de formar parte de ese proceso.

La primera regla, en cuanto a Will, era "Escribe desde tu experiencia personal".

La segunda regla era "La rima viene primero, luego le siguen las palabras".

Yo lo absorbía todo desde las orillas mientras Will creaba un ritmo basado en una inspiración remota de su mente. Luego tocaba el ritmo para encontrar el tempo dentro de ese ritmo y luego sacar las letras. Pasábamos horas improvisando hasta que llegábamos a algo especial, tirando ideas, creando la melodía y cadencia justas. Para mí, era una clase magistral bajo la tutela letrista y musical de Will. Una y otra vez, me enseñó como podíamos crear algo de la nada; como un ritmo se convertía en un masculo que se convertía en palabras que se convertían en letras que se convertían en una canción.

Apl y yo anotaríamos pensamientos sobre papel, sobres o detrás de recibos, pero Will nunca necesitaba escribir nada. Siempre lo tenía en su cabeza, y esta transferencia inconsciente de pensamientos, letras e ideas simplemente salía de él como si nada.

La pluma es demasiada lenta para capturar sus pensamientos.

Yo solo había jugado con la poesía y alguna que otra letra de niño, tratando de ahondar en mis pensamientos sobre las lunas y los horizontes y los soles que no salían. Caí en una trampa común dentro de la escena *underground* donde estaba repleto de artistas tratando de entrar en un sinfín de detalles e ir demasiado profundo, usando palabras que ni conocían pero que sonaban cool, rimando palabras grandiosas como "¡OSMÓSIS! ¡CROMOSOMAS! ¡PROTONES! ¡ELECTRONES QUE ENCIENDEN LAS NEURONAS!" y todas esas pendejadas y palabrerío con la esperanza de sonar profundos o listos. Había un pensamiento entre muchos en el hip-hop: cuanto más complicado, mejor sonaba, aunque no *significara* nada.

La filosofía de Will estaba ligada a la simplicidad —quita todas las palabras difíciles y trabaja con la experiencia personal para crear mensajes simples y pegadizos. Construir a partir de *temas* que incluyan el estilo, las habilidades, los buenos tiempos y el alarde.

Decir lo que queremos decir.

La motivación no siempre era fácil, especialmente cuando estás actuando en frente de públicos tan chicos como de cincuenta personas. Una vez, en un local llamado Florentine Gardens en Hollywood, solo se vendieron veinticinco entradas. Pero nada superó a un evento de Black Expo en el Convention Center de Los Ángeles.

Sabíamos que sería una exposición grande, y que tendríamos un escenario gigante con el que trabajar. Pero fue una de esas veces donde la grandes expectativas no coincidieron con la realidad.

El montaje era como un festival de música para empresarios con diferentes escenarios, stands y eventos todo bajo un mismo techo. La exposición en sí estaba repleta, pero el interés por nuestro escenario estaba vacío. Salimos para encontrarnos con todo el mundo paseando a lo lejos y alrededor de siete rezagados en nuestro público: tres guardias de seguridad y dos madres con hijos. Parecíamos perdidos en el escenario inmenso, y el "público" parecía perdido en el vacío desinteresado que los rodeaba.

Will, Apl y yo nos miramos y pensamos: *¡Mierda, esto da vergüenza!* Pero nos convencimos que dentro de ese manojo de personas existía la posibilidad del boca en boca.

Nos subimos al escenario y pusimos todo lo que teníamos en la actuación, ignorando las caras aburridas y perplejas de los niños. De eso se trataba en ese entonces: parir actuaciones para maximizar todas las oportunidades, grandes y pequeñas.

Esos primeros meses eran todos al azar porque unas semanas más tarde actuamos en un bar llamado St. George's en Venice Beach. No quedaba muy lejos de la playa y era un sitio que normalmente atraía a eventos de poesía recitada o actuaciones en vivo de cantautoras. Pero esta noche nos contrataron a través de uno de los contactos de Will.

Era uno de esos locales pequeños e íntimos, pero lo bueno era que el público era mayormente mujeres, y la actriz y modelo Gabrielle Union —que en ese entonces conocíamos como la muchacha de veintitrés años llamada Nikki— trajo

un contingente entero de mujeres que esa noche se convirtieron en "Pea-bodies" (cuerpos de Pea).

Éramos un grupo de hip-hop *underground* de Los Ángeles tocando en un sitio bohemio y surfista de Venice Beach y conquistamos al público femenino, seducidas por la banda en vivo y el baile improvisado en vivo. Como nos dijo una mujer esa noche: "¡Ustedes están emanando un sex-appeal hip-hop!".

En ese lugar y momento es donde decimos que los Black Eyed peas atrajeron sus primeras fanáticas. Y, como saben muchos hombres, una vez que tienes el voto femenino, lo único que te queda es subir.

En esos meses embrionarios, teníamos que estar agradecidos por toda oportunidad y, a veces, ese agradecimiento tenía que extenderse a aceptar un "pago" de acto de presencia que no llegaba a ser más que comida y bebida. Todavía bromeamos porque literalmente hicimos actuaciones a cambio de pizza y Pepsi.

Cuando estás comenzando y la gente no sabe —ni les importa— quien mierda eres, está en tus manos demostrarles lo que vales, no está en ellos pagarte.

Yon Styles, un afroamericano de la ciudad de Nueva York, era nuestro mánager en ese tiempo. Su compañía se llamaba Black Coffee Management, y su equipo consistía en Eddie Bowles y otro tipo llamado Johnny Johnson, que era un genio de la economía.

Will conoció a Yon afuera de un local llamado Roxbury luego de ganarle una batalla a uno de sus raperos. Cuando Will le dijo que estaba armando a los Black Eyed Peas, Yon en seguida ofreció sus servicios como mánager, y así sellaron el trato. Él tenía entusiasmo y creía en nosotros al 100 por ciento, pero siempre sería el estilo de mánager que nos daría un empujón hacia delante en vez de un mánager que nos llevaría a una órbita ensoñada.

Después de cada actuación, Yon y Polo Molina —quien era nuestro promotor no oficial de ese entonces— trabajaban con el público para averiguar si les interesaba vernos de nuevo. Los años 1995 y principios de 1996 se enfocaron en atraer el apoyo de la base de Los Ángeles. Nuestro mantra era: "Pizza y Pepsi esta vuelta, pero para la próxima quizás $250/$500".

Si podíamos demostrarle a un local que teníamos una fanaticada con demanda —y una lista de correos potente— podríamos empezar a cobrar en la puerta, y eso es lo que finalmente ocurrió. Todo giraba alrededor de las listas de correos, las llamadas telefónicas y pegar volantes.

Como novatos, veíamos el tamaño de la montaña en frente nuestro y solo pensábamos en la vista desde la cima y no la lucha que sería subirla. En el camino, nos comunicábamos como amigos previo y al finalizar cada actuación, siempre recordándonos que no deberíamos tomar la vida demasiado en serio. Esa es una cosa que puedo decir sobre la vida con los Black Eyed Peas: nuestra amistad siempre ha sido un constante, mucho más grande que cualquier cosa que podríamos lugar en el escenario.

Creíamos el uno en el otro. Nos incitábamos a seguir adelante. Y yo encontré inspiración en los dos hermanos que subían la montaña conmigo.

BIENVENIDAS Y DESPEDIDAS

No manejo muy bien las despedidas.

Como la vez que mi medio hermano Eddie desapareció en el atardecer. O cuando Mamá de repente se fue con una maleta a México. O cuando me dejó Karish. Toda despedida que había vivido fue apurada y, como resultado, me dejaba por el suelo.

El problema con la despedida de Nanny en 1996 era que yo sabía que venía. Me pude preparar con tiempo para la única cosa que todos dicen que uno nunca está preparado para enfrentar: la muerte. Era como ver acercarse un choque enorme y saber que no había nada que podía hacer para quitarme del paso. Solo tocaba quedarme ahí y resolver como salir de eso.

Ella tenía setenta y cuatro años. La diabetes ya le había debilitado el sistema. Cuando sufrió aun otro ataque al corazón, tuvieron que hospitalizarla, y permaneció allí, inmóvil y prácticamente sin habla.

Yo la visité regularmente durante las siguientes dos semanas, pero era difícil ver a esta mujer, que una vez fue tan vibrante, ahora reducida a una hoja frágil con una piel que se asemejaba a una prenda de ropa demasiada grande. En un par de ocasiones, me tuve que ir porque no soportaba verla así de cambiada. Recuerdo suplicar —no rezar— por su vida: "No dejes que parta todavía... no dejes que parta todavía".

Yo no estaba ni cerca de realizar los sueños que deseaba que ella presencie. Fue por ella —y solo ella— que, en primer lugar, los estaba persiguiendo. Pero Mamá y Julio me habían avisado: era solo cuestión de tiempo que se muriera. Recuerdo el pánico que sentí mientras el conteo final comenzó en mi cabeza. Pensé en todas las veces que me animó a escapar mi realidad infeliz y apoyarme en mi imaginación. Quería sentarme otra vez en esa camioneta Chevy en su patio trasero, con Lady entre nosotros, y conducir y conducir y conducir... acumulando un millón de millas entre Nanny y la muerte.

Cuando llegó el momento inevitable, tomé el autobús para juntarme con la familia en White Memorial Hospital, en las calles entre la autopista 5 y la 101, no muy lejos de El Mercado.

A su lado, me sentaron en una silla que era tan baja que me hacía alzar la vista para verla. Estaba tan fuera de sí que le tuve que decir quién era. "Es Jim, Nanny". La tomé de la mano y le hablé. No respondía mucho, pero yo me dije que me podía escuchar y seguí adelante hablándole de todos nuestros momentos compartidos y cuán importante era ella para mí dentro de estas memorias que habitan el comienzo de este libro.

Yacía ahí aparentemente inánime, con su pelo blanco ralo y una intravenosa en su brazo. El único sonido que salía de su boca era una respiración áspera que, cuando trataba de expresar algo, se escuchaba como un gemido.

Me acerqué a su oreja y le susurré:

—Quiero bailar contigo otra vez, Nanny.

Respiró con un gemido.

Ese sonido me mataba porque era su espíritu tratando de levantarse, pero su cuerpo le fallaba. Esta mujer que, con su energía vibrante, no la paraba nadie, finalmente tuvo que darse por vencida.

Nos hemos debido quedar con Nanny, como una familia, por más de dos horas ese día, y todavía estaba aguantando para cuando me fui. Le dije que la vería mañana, pero yo sabía que me estaba despidiendo. También sabía que no podía soportar estar para cuando respirara su último aliento. Le puse la mano a su lado y le besé la frente.

Me di vuelta y salí de ahí lo más rápido que pude.

Nanny murió al día siguiente mientras yo estaba en la calle tratando de mantenerme ocupado haciendo diligencias.

Cuando llegué a casa, encontré a mi mamá sentada, llorando. "Se fue, Jaime... se fue", es lo único que repetía.

En los días que siguieron, nada tenía mucho sentido, como si la gravedad en sí fuera más fuerte y todo mi mundo había implosionado. Continuar adelante sin Nanny parecía imposible.

Pero de repente algo me salvó. Digo "algo" pero sé exactamente lo que

fue: el Dios y la fe que me regaló Nanny, junto con su gran espíritu en el cielo que ahora me estaba cuidando desde arriba.

Desde ese día, supe —más que nada— que siempre me está vigilando durante cada situación y cada decisión que he tomado, buena o mala, sabia o tonta. Siempre he visto su fuego y espíritu como el ángel que me ayuda a cruzar todo lo que me toca enfrentar.

La memoria de su funeral en East L.A. es una imagen borrosa.

Recuerdo haber ido al servicio en la capilla y ver su ataúd abierto sobre una base con dos velas grandes encendidas a sus lados. Un órgano emitía lúgubre música fúnebre. Yo leí un poema. No lo escogí ni recuerdo cuál era. Lo que importaba era lo que dije de corazón cuando me tocó acercarme al ataúd. Esas palabras las recuerdo vívidamente.

Las susurré como si fueran uno de nuestros secretos compartidos.

Puse mis manos sobre las de ella, que estaban sobre su pecho cruzadas, me incliné hacia ella y le dije:

—No puedo creer que me dejaste, Nanny. Tuvimos tantos buenos momentos. He perdido una parte mía ahora que no estás. Llévatela contigo y, con tu espíritu y tu orientación, me convertiré en alguien en esta vida. No te decepcionaré.

Después de eso, lo que queda del día es un montaje nebuloso.

Recuerdo un detalle terrible: cuando bajaron su ataúd de roble a la sepultura.

Recuerdo un detalle oscuro: que tenía mi pelo en una cola de caballo.

Recuerdo que Mamá casi no podía levantar su cabeza, y el tío Louie miraba hacia la nada.

Y recuerdo la música.

En honor a tanto la tradición mexicana como los días de Nanny en El Mercado, tres mariachis se pararon detrás de los dolientes, en un rincón al fondo, cerca de un árbol. Mientras el ataúd tocaba la tierra en el fondo de la tumba, ellos empezaron a tocar.

En cuanto a despedidas, supongo que era lo adecuado.

Al poco tiempo me mudé con Apl. Nos habíamos hecho mejores amigos e íbamos para todas partes juntos, así que tenía sentido mudarme de casa de mi mamá a lo de Apl. Llegó la hora de afirmar mi propia libertad y ser un hombre independiente.

Siempre hubo una sinergía fácil entre Apl y yo. Operamos dentro de la misma frecuencia. De cualquier manera, la vida en casa se había vuelto constreñida y estaba cansado de sentirme menospreciado por la energía negativa de Julio.

—No son músicos… lo único que hacen es sentarse con los brazos cruzados y fumar porro —dijo él, y esa fue el último empujoncito que necesitaba para encontrar mi propia casa.

Julio es la razón por la cual uso la frase "Aquellos que abandonan sus sueños desalentarán los sueños de los demás", porque él también había sido parte de una banda una vez, cuando era más joven. Era una banda mexicana, y él tocaba la percusión, pero sus grandes planes nunca se dieron. Eso probablemente explica por qué insistía tanto en que no había un futuro en la música. Quizás era su forma de autoprotegerse.

Yo simplemente seguía escuchándola a Nanny.

Apl y yo no ganábamos mucho, así que no nos alcanzaba para un palacio, pero él había mencionado un apartamento de un ambiente en una cuadra de pequeños apartamentos llamada Edgemont Manor en Hollywood. Era una unidad en la esquina del segundo piso y salía $600 al mes —$300 cada uno. Eso era caro para nosotros, pero era lo más barato que pudimos encontrar, y calculamos que si vivíamos con lo básico, podríamos llegar con lo justo sin tener que alegar pobreza.

El día que fuimos a ver el lugar, no sabía en lo que me había metido.

Caminando hacia su fachada pintada de blanco, lo primero que me impactó fue el grafiti en los muros de afuera. Grafiti malo, no como el arte SKA.

Subimos las escaleras y nos abrimos paso de puntillas alrededor de un par de adictos al crack y botellas de alcohol vacías. Una vez dentro del apartamento mugriento y desamoblado sin vista, descubrimos cuán delgadas eran las paredes cuando escuchamos a una pareja debajo nuestro peleándose furiosamente. A poca distancia, otro tipo tenía su música heavy metal puesta a todo volumen.

—Perfecto, lo tomamos —dijo Apl.

Supuse que él probablemente había vivido en lugares peores.

Una vez que nos mudamos y dejamos el desorden afuera al cerrar nuestra puerta, no nos importaba demasiado porque, como bien nos decíamos, éramos hermanos viviendo el sueño en Hollywood, fumando todo el porro que quisiéramos, haciendo lo nuestro y escribiendo canciones. El campamento de base para nuestra aventura musical.

Nos arreglamos para sobrevivir.

No nos alcanzaba para camas de verdad, así que tiramos dos colchones viejos al piso, usamos la pared como cabecera y sábanas como cubrecamas. Tampoco nos alcanzaba para sillas, así que los colchones servían también como sofá donde nos sentábamos a pensar en raps y letras. Había una cocina pequeña con un refrigerador y una estufa. Apl era el chef y yo su asistente. Sobrevivimos con una dieta de porro, arroz, frijoles y carne.

El problema principal de ese lugar es que teníamos cucarachas como compañeras de cuarto. Muchas veces abríamos el refrigerador y docenas de

cucarachas salían disparadas, y por eso no nos entusiasmaba la idea de guardar comida fresca en ese lugar. También es la razón por la cual llamamos al complejo el "Motel de las Cucarachas". Era una forma desesperante de vida, pero no nos quedaba otra, y lo mismo se puede decir para justificar un nuevo hábito que desarrollamos: robar.

Lo que debes comprender antes de entrar en detalle es no robamos para tener cosas, sino para comer y sobrevivir.

Para el año 1996, ya nos habían empezado a pagar por espectáculo, pero solo entre $500 y $800 por actuación, y eso se tenía que dividir entre la administración, la banda y nosotros tres. Cuando estás pagando un alquiler de $300 al mes, más las cuentas, ese ingreso no llegaba muy lejos. Cuando comenzó la nueva temporada en Disney, ganaba el salario mínimo, pero igual dependía bastante de la ayuda de Mamá y Julio.

Entonces, cuando llegó la hora de conseguir comida, a grandes males, grandes remedios. Había un mercadito a la vuelta de la esquina y concebimos un plan en donde entrábamos con un dólar, agarrábamos una gaseosa de dos litros que costaba noventa y nueve centavos y la llevábamos al mostrador. Así "encubríamos" el arroz y la carne que nos habíamos metido en los pantalones. Yo me encargaba de la carne y Apl del arroz.

Carne, arroz y gaseosa era mejor que pizza y Pepsi.

En el mostrador, pagábamos con nuestras sonrisas inocentes y nos íbamos con comida y bebida que nos duraría unos días. Nos volvimos expertos en la ejecución semanal de esta tarea. Esto no nos enorgullecía necesariamente, pero si significaba que evitaríamos el hambre, podíamos vivir con esa culpa.

El problema con una artimaña como esa es que una vez que te vuelves experto, se instala la complacencia, y si hay una garantía en esta vida, es esto: no importe en qué andes, ni si crees que te estás saliendo con las tuyas, ni cuáles son tus vicios, la vida, a la larga, nunca jamás te deja salir impune.

Entre escribir, ensayar y tocar, Will hizo conexiones por todo Hollywood, yendo a citas en busca no solo de un sello discográfico, sino uno que nos "comprendería" y compartiría nuestra visión. Como el capitán de nuestro barco, siempre estaba concretando citas y, cuando estábamos juntos, armaba estrategias sobre cosas que deberíamos hacer o probar.

Un día, estábamos discutiendo formas de mejorar el espectáculo, y él sentía que nos faltaba un elemento crucial. Estábamos contentos con nuestra actuación, segmentos de baile y la banda en vivo, entonces ¿qué más necesitábamos? Y fue ahí cuando anunció la próxima dimensión de nuestro sonido: una cantante.

Entra en escena Kim Hill, una cantante de música soul.

Ella había estado en una muestra de BMI donde actuamos en 1995 cuando la presentaron a Will. Al mismo tiempo, empezó a salir con nuestro má-nager Eddie y también conocía a nuestro mánager Yon, así que prácticamente era parte de la familia.

La primera vez que vi cantar a Kim sola fue en Mogul, un local en Ho-llywood, y me causó buena impresión. Estaba sentada sobre un taburete, con su pelo largo, negro y rizado, tocando su guitarra y cantando soul de verdad. Su voz no era increíble, pero tenía un sonido lleno de soul tanto afilado como etéreo. Único.

Kim era una afroamericana que vivía en Los Ángeles desde 1993, ha-biéndose mudado de Philadelphia donde había estudiado el violín y el piano. Tenía alrededor de diez años más que nosotros, así que era como una hermana mayor. Se refería a nosotros como sus "shnoo-nahs". No tengo idea que significaba este apodo aparentemente cariñoso, pero decía cosas como "Hola mi shnoo-hah lindo, ¿cómo andas?".

O a mí me decía: "¡Tab! Mi shnoo-nahcito…".

Siempre la recuerdo por eso, al igual que por su tez ridículamente suave, ojos penetrantes y una colección interminable de zapatos. ¡Esa chava amaba a sus zapatos, tenía un registro fresco y estilo!

Comprendí la lógica de Will al incluirla en nuestro grupo porque De La Soul, A Tribe Called Quest y los Fugees todos habían incluído cantantes femeni-nas; algo para atraer a las mujeres que creaban las tendencias. Kim no era Lauryn Hill, pero era la mejor alternativa y le trajo una nueva textura a nuestra música. Previo a su presencia, nosotros éramos los gritones: "¡GRITA ESO, AH! ¡GRITA ESO, AH!".

Con Kim abordo, podíamos contrapuntear nuestra dureza en el rap con su suavidad. Es lo mismo hoy en día con Fergie. Ahí esta lo lindo de cómo siempre hemos escrito. En un instante escuchas el ¡daba-daba-daba-daba-daba-daba-DAH! y luego sigue Kim —u hoy en día Fergie— con una melodía o balada acari-ciadora. Esa era la gran mezcla que buscábamos al principio, mientras seguíamos experimentando.

Kim nunca llegó a ser un miembro total de los Peas, aunque ha habido mucha cobertura en el pasado diciendo que ella era el cuarto miembro. Es más preciso decir que ella *figuraba* con nosotros, porque todavía era una cantautora y seguía tocando sola. También fue una de las primeras artistas femeninas que Will firmó para su incipiente compañía discográfica, I Am Music. El compromiso era simple: ella nos ayudaba y, a cambio, Will la ayudaba a ella. No estaba en todas nuestras actuaciones, pero la consideramos parte de la familia de 1996 a 2000.

Nos cabía a todos naturalmente porque estábamos todos en la misma, mandando demos por toda la ciudad. Habíamos sido prolífico para componer material. Escribimos e improvisamos casi todos los días, y se nos ocurrieron al-

rededor de cincuenta canciones, o partes de temas, dentro de nuestros primeros dieciocho meses.

Si hay una observación que todos hicimos sobre Kim era que ella podía hablar... y hablar. Durante actuaciones, había una parte en donde cantaba y luego tenía que decir algunas palabras. Al igual que con Fergie en los conciertos de hoy en día, los intervalos de Kim interactuando con el público tenían como intención ser *breves.*

Intervalos cortos, afilados y rápidos.

Lo que pasaba con Kim —y nos burlábamos de ella por esto— es que le gustaba pasar algo de tiempo "comunicándose" con el público, y sus charlas repentinas muchas veces se transformaban en monólogos demasiado largos, como una de esas conversaciones sin importancia y fútiles entre amigos.

"Saben", comenzaba, "hoy no ha sido un buen día y déjenme decirles por qué...".

O "Alguna vez sientes que...".

Y de ahí en más nunca sabías por cuánto tiempo estaría hablando. Esperando detrás del escenario, estaríamos inquietos pensando "¡Canta de una vez!" Siempre le lanzábamos indirectas después como: "Kim, eh, mira... ¿vas a hablar así de largo en nuestra próxima actuación?".

"Bueno, ya sabes," respondía ella, "necesito compartir un momento con el público".

Nosotros los "shnoo-nahs" no le dimos mucha importancia porque cuando cantaba —sobre el escenario o en el estudio— siempre la ponía donde era, y pensamos que al final se cansaría de esos momentos de "compartir con el público".

Como rapero era mi hora para liquidar a los fantasmas y hacer un buen trabajo en el estudio.

Pasamos de la grabadora y el garaje de Apl al estudio de nuestro amigo Ben Mor para empezar a grabar algunas canciones. A esta altura, estábamos trabajando en dos a tres canciones por semana. Ben, quien a la larga dirigiría nuestro himno de 2009 "I Gotta Feeling", vivía en el valle cerca de Tarzana, y su "estudio" era básicamente un cuarto repleto de equipos profesionales, pero funcionaba para los demos que queríamos usar para vender la banda.

Fuera de mi trabajo en Disney, trabajábamos en su estudio durante las tardes y después, a la noche, Apl y yo nos volvíamos al Motel de las Cucarachas. El apartamento se volvió un lugar donde simplemente apoyábamos nuestras cabezas.

Al entrar al estudio de Ben, mis inseguridades volvieron con un flashback mental: *Esto está fuera de mi alcance... Dudo de lo que pueda entregar... ¿seré lo suficientemente bueno?* Pero la diferencia en esta vuelta era que Ben, Will y Apl me guiaron y no me cargaron con su impaciencia. La experiencia entera fue la diferencia entre amansar un caballo con cuidado y azotarlo hasta sacarle la mierda, y eso me permitió salir de mi cabeza y entregarme al momento.

No recuerdo la canción que estaba grabando —otra que no llegó al disco— pero recuerdo rapear mi verso y dejarme educar por los maestros que me rodeaban.

—Tab, ¿por qué no lo pruebas así... —sugirió Apl.

Luego Will:

—Simplemente hazlo como siempre lo haces.

Apl es un letrista increíble y Will conoce las fórmulas para las canciones. Con esas fuerzas estabilizantes, no me podía ir mal. Así que me mentalicé y lo probé de otra manera.

Entré con: "Demostremos la verdadera coordinación...".

—Espera, Tab... baja el ritmo, muuuchoooo más lento —dijo Will.

Lo probé otra vez. Totalmente desafinado.

—No, no... lo hiciste bien la primera vez... simplemente hazlo más lento. Bueno. *Respira. Canta.*

"Demo-stremos... la verdadera co-ordinación/La manera que improvisamos... te da una sensación eterna...".

—¡Buenísimo, Tab! ¡Ahora con más ENERGÍA!

Lo logré, di en el clavo.

—Bueno, ¡para! —dijo Will, tirando las riendas—. Ahora hagamos la segunda mitad del verso...

Así fue como aprendí, analizando cada verso, pedazo por pedazo, en vez de tener que lograrlo todo en dos o tres tomas. Fue aceptado que tenía que gatear antes de poder caminar, y caminar antes de poder correr. El resultado final fue que me acerqué a cada grabación con una confianza renovada, en vez de temor.

Las primeras canciones en las que grabé la voz fueron para "Change It Up", "Wise It Up", y luego "ID4"; tres canciones que no llegaron más lejos que en los demos, pero, para mí, esas tres canciones representaban un hito en mi viaje con los Black Eyed Peas.

Una vez que empecé a volar, no había nada que me parara. También escribí mi primera canción llamada "Same Old Thing". Era un solo sobre no conformarse con lo mismo de siempre en la vida, y fue la primera vez que escribí un gancho por mi cuenta. Lo escribí yo, lo produjo Will y, aunque no ocurrió nada con esa canción, me reaseguró al saber ahora que el día que nos toque entrar a un estudio real a grabar, yo estaba listo para las ligas grandes.

Pronto aprendimos que la contaminación que flota sobre Los Ángeles estaba causada por los gases de la cantidad de mierda que se habla en Hollywood.

Conseguir presentaciones no era un problema y nuestro listado de co-

rreos estaba creciendo, pero nosotros queríamos grabar discos y hacer giras. Sin embargo, todo camino que exploramos se topó con un obstáculo producto de la falta de interés, una falta de visión o una falta de imaginación por parte de los sellos discográficos.

Su falta de confianza provenía de que éramos *underground* y "diferentes" de la típica brigada de hip-hop duro. Como inadaptados, estábamos en busca de un ejecutivo valiente con un par de cojones para invertir en una visión musical del futuro, pero todo lo que conocimos fueron ovejas de la industria.

Reunión tras reunión, no pasaba nada, y pronto los anuncios entusiastas de Will diciendo "¡Tenemos una reunión!" pronto se disiparon a "Qué importan las reuniones".

Hollywood me era ajeno. Solo porque había nacido en el cercano East L.A. y había crecido en Rosemead no me preparaba mejor para la fábrica de sueños de Hollywood. Pero no tomó mucho tiempo comprender que Hollywood es un lugar paralizado en la tierra de nadie entre alguien que diga que "sí" y alguien que diga que "no" a los grandes sueños que vienes cultivando. Los representantes discográficos aceptaban reuniones para vernos y cubrir sus espaldas dentro de sus propias estrategias para construir sus imperios, pero pocos estaban dispuestos a arriesgarse. Ciertamente, ese era el caso en la edad pre-digital cuando la venta de CDs todavía importaba.

Inicialmente, Will había recorrido la ciudad con nuestros demos de "To the Beat Y'all" y "That's Right", dos canciones alardosas que nosotros sentíamos representaban nuestro sonido. Pero quizás no tenían el potencial para cruzar al lado comercial. Aprendimos eso cuando Will volvió de otra reunión con un sello donde el ejecutivo lo rechazó con la crítica: "Buenos músicos, pero no es tangible".

Will puso su mejor cara diplomática, asintió con la cabeza y le dio la mano —y luego volvio a casa para ver que mierda quería decir "tangible":

tangible: adj. que se puede percibir de manera precisa

Así que nos quedamos pensando "Mierda, no lo entienden; bueno, entonces hagamos que nuestra música sea *tangible*". Dedujimos que el tipo del sello no estaba diciendo que lo nuestro no servía, simplemente se sentía indiferente en cuanto a la selección de canciones para el demo.

¿Si nuestra música iba a ser "tangible" entonces de qué se trataba?

Tiene que ser de la costa este, oeste y del extranjero, y tiene que gustar en Londres, dijo Will, antes de entrar al baño. Entonces nuestro amigo Poli Pol tocó un ritmo alocado.

Segundos más tarde, resonando del baño escuchamos a Will gritar: "¡Ese es el tema! ¡Está genial, esa es la canción! ¡Sube esa mierda!".

Sellamos la letra de la simplicidad de esa espontaneidad: *"That's the joint, that's the jam/Turn that shit up, play it again/We're going worldwide across the nation... we're on some northbound shit, some southbound shit, some East Coast, West Coast, London shit..."* —que en español sería: *"Ese es el tema, esa es la canción/Sube esa mierda, tócala de nuevo/Nos vamos por el mundo entero, a través de la nación... estamos en una mierda hacia el norte, hacia el sur, en la costa este, en la costa oeste, en Londrés..."*.

Y así fue como nació "Joints & Jams", y se transformaría en nuestro primer gran sencillo.

Innumerables canciones de los Black Eyed Peas dependieron de momentos de inspiración en vez de estar sudando sangre durante horas para crear la letra perfecta. El proceso de escribir es orgánico y se alimenta y rebota entre cada miembro del grupo. Una vez que nos conectamos a un pensamiento en común, terminamos una canción en una hora.

En todo caso, pensamos que "Joints & Jams" era más "tangible".

Pero, nuevamente, cuando Will lo llevó al sello y paseó por la ciudad mostrándolo, a nadie le terminaba de convencer. Yo creo que nadie nos comprendía y no sabían como usarnos en el mercado.

Casi se podía escuchar a la industriar pensar en voz alta: *"Dicen que son hip-hop, pero uno es filipino y otro es latino. Y el latino se ve asiático. ¿Eh?"*.

A nivel económico, no teníamos tiempo para esperar a que les cayera la ficha. Estábamos en camino a la bancarrota, ganando suficiente dinero para pagar el alquiler y sobrevivir al límite. Sabíamos que teníamos *algo* pero lograr que ocurra algo con eso no estaba... ocurriendo.

Ese fue el momento que dimos vuelta a nuestra estrategia y decidimos seguir adelante sin el apoyo de la industria, y quitar nuestro plato para limosnas de las manos de los sellos.

A la mierda con los demos, dijimos, nosotros nos volveremos los amos de nuestro propio destino. Haremos nuestro propio disco y llevaremos la música a los fanáticos. Si creamos el murmullo y armamos el ímpetu, los sellos discográficos vendrían a tocar a *nuestra* puerta.

La estrategia no era complicada: ir a las universidades y enfocarnos en los estudiantes porque un día esos estudiantes serían pasantes y las posibilidades, en Hollywood, llevaban a que algunos terminarían siendo pasantes y representantes en un sello discográfico. Si atacábamos la raíz en vez de la copa del árbol, escalaríamos y creceríamos con nuestro público esencial. Fue una estrategia deliberada de boca en boca en los días previos a las campañas virales y Facebook o Twitter.

Viajamos por el sur de California tocando en universidades como Cal State Long Beach, Cal State Northridge, Loyola Marymount University y muchas

más. Era una gira interminable de universidad a universidad, con actuaciones en las tardes o temprano en las noches.

A la par de esas presentaciones, también mantuvimos la escena *underground* con actuaciones regulares en Dragonfly, Whisky, Mogul, Florentine Gardens, el Key Club, el Viper Room y Club Fais Do-Do —un local *underground* una vez frecuentado por personajes como Sam Cooke, Billy Preston y John Coltrane. Era un local que estaba sincronizado con nuestros pensamientos con su público de razas mixtas y sus actuaciones diversas. Por eso se volvió uno de los locales en donde *siempre* actuábamos. Nuestra agenda era implacable, pero así tenía que ser porque no podíamos darnos el lujo de parar, y de tanto en tanto entraba entre $250 a $500.

Entramos en los lugares más locos. Dada la banda de cuatro músicos, pocos locales de hip-hop nos podían acomodar, así que tocamos en locales de rock y blues, lo cual nos hizo más visible de lo que hubiera ocurrido de la otra manera.

Inspirados por la cantidad de actuaciones, empezamos a trabajar sin parar, escribiendo, ensayando, actuando y promocionando. Diseñamos nuestros propios volantes con la ayuda de la creatividad de nuestro amigo Paul Chan. Supongo que él fue el primero en convertirnos en una marca —ideando el primer logo de los Peas que decía "BEP" como etiqueta con una fuente de línea fina. Recuerdo muchas noches, yendo a algún local indeseable de Los Ángeles, con los bolsillos llenos de volantes tamaño postal y salir del sitio temprano para aprovechar al público femenino y promocionar lo nuestro mientras se iban. El volante, en ese entonces, era el principio básico de la autopromoción, pero Will, Apl, Paul y yo habíamos sido astutos con el asunto porque ningún local apreciaba que promocionaras otros eventos en el umbral de su puerta. Pero éramos un grupo determinado en nuestras rondas promocionales de las dos de la mañana.

Nos promocionamos como locos, todas las semanas. Nos metíamos todos en la camioneta Chevy negra de Paul y salíamos a promover nuestros circuitos. El problema era que solo había lugar para tres adelante, así que a veces me tocaba acostarme sobre el metal frío de la parte trasera de la camioneta, con la cabeza abajo y fuera de vista porque llevar a pasajeros en la parte trasera era ilegal. Por mucho tiempo, lo único que vi en el viaje de San Gabriel Valley a Hollywood era el cielo estrellado de la noche.

Salimos ganando con nuestro empujón promocional porque nuestro público creció. Para el otoño de 1996, un público de 50 personas había crecido a 350 y 500. El mar de cabezas moviéndose al ritmo en frente nuestro se hizo más ancho y largo, y algo nos dijo que estábamos en buen camino. Eso nos dio suficiente fe para seguir adelante mientras los teléfonos permanecían en silencio.

Una cara entre ese público creciente era nuestro viejo amigo de Atban

Klann, Mooky. Decidí invitarlo a una actuación una noche y vino, y lo bueno de Mook era que no tenía resentimiento ni celos. Se nos acercó a los tres al terminar y nos dijo cuán "impresionantes" éramos. Yo lo admiré por eso porque no debe de haber sido fácil para él verme a mí allá arriba actuando al lado de Will y Apl. Se había ido por un camino raro por un tiempo, pero ahora volvió a ser parte de la familia, ofreciendo apoyo total. Fue genial volver a verlo y nuevamente darle la bienvenida a la manada.

Mickey Mouse y yo no estábamos destinados a tener una relación duradera.

Trabajando turnos de día, actuando a la noche y yendo a fiestas hasta la madrugada era un estilo de vida imposible de sostener, así que algo tenía que ceder, y estaba claro que sería Disney. Lo cuento como si hubiera sido una decisión que tuve que considerar, cuando en realidad me despidieron. Pero igual me gusta pensar que fue toda idea mía.

Me quedé dormido una mañana y llegué tan tarde que me gané una represión y una advertencia verbal. Si pasaba de nuevo, "No pierdas el tiempo viniendo hasta aquí", me dijo el supervisor complaciente de Mickey Mouse.

Y, efectivamente, pronto llegó otra mañana en que no tenía ganas de levantarme de la cama para palear mierda de caballo. Me quedé en la cama quince minutos más para considerar mis opciones.

Durante la noche, empecé a escuchar comentarios del público: "Mano, me encanta tu música". Durante el día, empecé a cansarme de recibir órdenes como "Levanta ese chicle" o "Palea esa mierda". Con eso en mente, tomé la decisión ejecutiva de dar una vuelta y seguir durmiendo.

Eso significó tener que buscar otro trabajo, pero uno que fuera menos exigente con mi tiempo. Me apoyé en las conexiones de mi mamá en el LAUSD (el distrito escolar de Los Ángeles) y terminé trabajando en cocinas escolares como servidor a la hora del almuerzo, ganando más o menos el mismo salario en menos horas y con menos humillación.

Pasé de poner mierda de caballo en cubos color miel a poner cartones de leche, pudín y rosquillas tamaño almuerzo en las bandejas de niños hambrientos en tres escuelas diferentes: Griffith Elementary, Wilson Elementary y Fairfax High. Era otro trabajo insulso, pero, nuevamente, el pensar en actuar me ayudaba a seguir adelante.

Empecé a usar pañuelos alrededor de mi cabeza. Me negaba a usar una de esas redecillas para el pelo, así que improvisé con un estilo que respetaba las reglas y, a su vez, respetaba la moda. Usaba todo tipo de colores —verde, negro, marrón, rojo, naranja y beige— y los niños de las escuelas me apodaron "Rambo".

Eso fue cuando decidí incorporar ese estilo en nuestras actuaciones, y así el pañuelo en la cabeza se volvió mi marca personal. Una chaqueta de se-

gunda mano y un pañuelo en la cabeza con estampa militar es todo lo que el público me vio usar entre 1996 y 2000. Y los zapatos y medias siempre tenían que hacer juego con el pañuelo. Seguía igual de cool de pies a cabeza.

Una noche en el apartamento, Apl estaba cocinando nuestra cena clásica de carne y arroz cuando decidió que necesitaba un poco de salsa de soja. Así que yo volví a la escena de nuestros crímenes del mercadito de la esquina de Hollywood Boulevard y Edgemont.

Con la indiferencia que perfeccioné con la práctica, metí una botella de salsa de soja en mis pantalones, agarré una gaseosa de noventa y nueve centavos y me acerqué al mostrador con mi billete de un dólar. Fue al estar parado ahí, segundo en fila, que cometí el pecado capital de engreimiento... y me volví glotón.

De reojo vi un Kit Kat en una base de pequeñas cajas de golosinas y, mientras el dueño armenio atendía al tipo delante de mí, mi mano avanzó subrepticiamente, tomó un chocolate y lo metió en mi bolsillo.

Le pase la botella al hombre y le di el billete de un dólar.

—¿Y vas a pagar por el Kit Kat?

—¿Qué Kit Kat?

—Te vi, hombre. Vi como te robaste el Kit Kat. ¡Está en tu bolsillo! —dijo.

Nunca fui bueno para esconder la culpa, así que confesé y el tipo estaba enojado, lo cual es comprensible, especialmente cuando se enteró que el billete de un dólar era lo único que tenía de dinero.

—Vienes todos los días a este lugar ¡y me FALTAS EL RESPETO de esa manera! —gritó.

Para hacerla corta, me amenazó con llamar a la policía, pero le supliqué que no lo hiciera, convenciéndolo que no tenía más dinero porque lo había dejado en casa. Demandó que le diera el número telefónico de Apl y lo llamó gritando:

—SI NO VIENES YA MISMO Y ME PAGAS, TU AMIGO SE VA A LA CÁRCEL!

Apl se imaginó de qué se trataba, llegó y me sacó de apuros con una multa de $20 que le había demandado el hombre como compensación.

De camino a casa, él quería saber qué salió mal de la maniobra.

—Me robé un Kit Kat.

—¡Puta! —dijo—. ¿Tuve que pagar veinte dólares por un Kit Kat de mierda?

A esta altura, me gustaría decir que aprendimos de nuestros errores. Pero eso sería una mentira. Dos semanas más tarde necesitábamos una bombilla nueva para no quedarnos sentados en la oscuridad, y Apl ofreció ir al supermercado Ralph's que quedaba cerca.

Un lugar nuevo le traería menos sospecha, pensó.

Entró como perro por su casa, encontró la bombilla de 75 vatios, se la metió en los pantalones y, mientras se encaminaba hacia la puerta, un guardia de seguridad lo paró. Una llamada a la policía parecía inevitable. Pero, por suerte, fue bendecido por otro gerente indulgente quien encontró una manera más inteligente para darle una lección. Sacó una cámara y le dijo a Apl que se apoyara contra la pared teniendo la bombilla sobre su cabeza, y le tomó una foto. El tipo agregó la foto a una maqueta y la colgó como cartel donde el titular decía: *"HURTAR UNA TIENDA: No es una idea brillante"*.

Después de ese episodio, nunca más robamos en nuestras vidas. Calculamos que una vez que te agarraron con las manos en la masa dos veces separadas, ya sabes que es hora de parar antes de que las multas de $20 y los carteles de se busca se transformaran en una llamada a la policía.

Creo que en ese momento supimos que estábamos viviendo una vida afortunada.

FIRMAR EL CONTRATO

En la segunda mitad de 1996 y la primera parte de 1997, unos humores oscuros empezaron a tocar a mi puerta, lo que probablemente era una reacción retrasada a muchas cosas: la muerte de Nanny, la frustración de no firmar contrato con nadie y mi culpa en cuanto a Josh —una culpa que se aferró en los ecos de mi propia infancia sin padre.

Era un momento en mi vida en que yo parecía ir de prisa hacia algún lugar, pero sentía que estaba corriendo en el mismo sitio, yendo a ninguna parte. Dentro de ese vacío, era un padre de nombre pero no de acción, repitiendo la historia que yo no quería repetir.

Josh parecía pasar más tiempo con mi mamá y la tía Gladys de Karish que con cualquiera. Yo estaba súper ocupado con las actuaciones los viernes por la noche y los fines de semana, y Rosemead parecía estar años luz de Hollywood. Estas eran las excusas endebles que enmascaraban mi renuncia a las responsabilidades como padre, y eso era algo que cada vez me carcomería más.

Encima de todo eso, estaba durmiendo en un apartamento infestado de cucarachas sobre un colchón mugriento con una carrera que no terminaba de arrancar. Por mucho que sintiéramos que estábamos adquiriendo momentum, el éxito verdadero todavía parecía estar muy lejos. Me gustaría decir que mi confianza nunca flaqueó, pero la verdad es que me encontré evaluando la diferencia entre un sueño y un delirio.

Esta es la historia de fondo para explicar como mantenía la depresión a raya: al probar ácido y hongos mágicos. Típico mío, le entré con todo a la experimentación —prueba de mi incapacidad de hacer cualquier cosa con moderación.

En retrospectiva, este "ascenso" en mi consumición de drogas —desde porro a alucinógenos— era un umbral que no debería haber cruzado. A lo largo, abrió la puerta hacia una curiosidad más amplia, pero la depresión y el aburrimiento son los peores habilitadores. La parte lógica de mi cerebro se olvidó, convenientemente, del espiral cuesta abajo reciente de Phoenix, que había prometido nunca seguir. Mis sentidos imprudentes simplemente siguieron adelante.

Una noche, Apl y yo agarramos nuestra bolsa de un octavo de hongos, nos relajamos y nos comimos las tapas, luego esperamos para que el viaje nos transportara a quién diablos sabe donde. Al principio, el viaje estuvo divertido, como una experiencia extracorpórea; un estado de sueños lúcidos donde todo parecía abstracto pero divinamente vivo. El tiempo —y el paréntesis entre el sueño y lograrla en la industria de la música— no existía.

Pero luego descubrimos lo negativo: los viajes malos y los humores aun más oscuros que le siguen. Los objetos se transformaban en otros objetos, los adornos inanimados y los utensilios cobraban vida, y una experiencia extracorpórea se convirtió en una cagada donde perdimos la cabeza.

Había pegado fotos de Josh en la pared en frente del colchón donde dormía, y nunca olvidaré el momento en que estaba parado, mirando fijamente su cara —como lo hacía a menudo— y de repente empezó a llorar, boquiabierto, ojos suplicando.

—¡Ayúdame, Papá! ¡Ayúdame! —su mano extendiéndose hacia mí.

Yo estaba parado, arraigado al piso, gimiendo y llorando, gritándole que no me había olvidado, que no lo había abandonado. Todo ese episodio me persiguió por días, y hubieras pensado que eso sería lo que necesitaba para alejarme de esa cosa alocada.

Sin embargo, también experimenté con ácido, y está vuelta me junté con Mooky y su novia del momento. Nos habíamos ido hacia el oeste, a la playa de Santa Monica, y pensamos que sería divertido ver la puesta de sol después de meternos un ácido, pero este atardecer no fue nada agradable. Mooky y Jessie se empezaron a volver locos, diciendo que me estaba convirtiendo en un esqueleto delante de sus ojos. Después, me encontré envuelto en un camino de luces (creo que el muelle de Santa Monica cobró vida) donde no podía ver tierra firme debajo de mis pies. Me desplomé en la arena para sentir la tierra en cuatro patas, pero la arena empezó a caer como si estuviera cediendo bajo mi peso. Y entonces los tres empezamos a perder el control.

Para empeorar las cosas, pensamos que habíamos perdido las llaves del auto dentro de esa arena que caía, entonces empezamos a cavar febrilmente arrodillados, como tres perros de un dibujo animado en busca de un hueso enterrado.

Para todos los demás en la playa, seguramente nos veíamos como tres alocados vagos de la playa recién salidos del asilo.

La última gota llegó en el apartamento cuando Apl empezó a cocinar arroz después de meterse más hongos. Estábamos parados al lado de la estufa, tratando de rapear mientras el revolvía. De repente, el arroz se convirtió en mil gusanos, mutando y retorciéndose al salir de la olla.

"¡Mierda! ¡MIERDA!" gritamos. Nos alejamos y no nos atrevimos a acercarnos a la olla por una hora, y no comimos esa noche. En cambio, intentamos calmarnos con una sesión de improvisación, pero no podíamos hilar ni una oración o letra coherente, como raperos amateurs, de nuevo —y eso nos chingó muchísimo.

—¿Qué nos pasó? —preguntó Apl—. ¿Qué pasa si esta mierda nos chinga de por vida y nunca más podemos escribir?

No importa cuán irracional era la forma de pensar, escuchar a Apl decir eso en voz alta sirvió como llamada de atención.

—¡Vamos a parar de hacer esta mierda ahora mismo! —dije.

Botamos el resto de los hongos en la basura de afuera.

Nuestro tiempo en el Motel de las Cucarachas fue un viaje en sí, y, en el camino, aprendimos dos lecciones que nos dieron que pensar: siempre paga por artículos en el mostrador sin importar cuán desesperado puedas estar, y nunca pongas en riesgo tu creatividad por un viaje alucinógeno.

Era porro y solo porro de ahora en adelante.

Me hice esa promesa.

Solo que no escuché como se reían de mí mis demonios.

Tengo un recuerdo perdurable de Will, como productor, sentando en una silla frente a su batería eléctrica con su colección de colaboradores, poniendo sonidos bajo su microscopio, manipulando fragmentos de música de viejas canciones o diseccionando ritmos que creó él; tomando una red de hilos invisibles y tejiéndolos hasta hacer una obra maestra rítmica a la cual luego agregaba letra.

A esta altura, Will era un músico por sus propios méritos, no solo un rapero. Desde 1995, había estudiado piano en Santa Monica para aprender más sobre la música. Quería más que la comprensión básica que adquirió de adolescente —analizando la estructura de una canción y sus elementos y acordes y notas. Esa era la magnitud de la dedicación obsesiva que traía a la mesa.

A principios de 1997, estábamos haciendo canciones para un disco que no tenía nombre ni distribuidor. Era un disco que serviría como demo, que llevaba consigo mucha esperanza. Queríamos crear un paquete autosuficiente con un aire profesional para entregarlo a un sello y decir "Aquí tienen, esto es lo que somos, esta es nuestra visión y aquí está nuestro disco".

Al crear y grabar nuestra música, usamos fragmentos de canciones con instrumentación en vivo. Cada fragmento que la gente escucha alguna vez fue tocada en vivo, así que nosotros queríamos recrear ese contenido crudo e incorporarlo a nuestras canciones; fragmentos mínimos tejidos con instrumentación en vivo.

Usar fragmentos —la acción de tomar una parte de una canción vieja, manipularla y reutilizarla— era un método establecido en la música desde los años sesenta, pero no se difundió hasta principios de los ochenta, gracias al hip-hop, cuando los productores incorporaban fragmentos durante los cortes en las canciones. Este método, en otras palabras, significaba que la música sería el fondo identificable, pero encimada con letras diferentes.

El primer fragmento popular fue utilizado en "Rapper's Delight" de Sugar Hill Gang, un simple de 1979 donde tomaron el fragmento de "Good Times" de Chic, pero en vez de usar el fragmento como corte en la canción, usaron su propia banda en vivo para hacer una copia instrumental y rapear sobre ella. Y así es como lo hicimos nosotros, de esa manera la onda general no era de un fragmento sino de música en vivo.

Hay una gran diferencia entre utilizar un fragmento de una canción y hacer una versión. Aficionados de la música ya sabrán que algunos de los artistas más utilizados en fragmentos son leyendas como James Brown, Quincy Jones y Michael Jackson. Los ritmos y cortes de sus éxitos brindan fondos para cientos de canciones dentro de las canciones de hip-hop utilizando fragmentos de jazz o de rock.

La mayoría de los grupos hip-hop a mediados de los noventa usaban muchos fragmentos —utilizando un fragmento a través de toda una canción y rapeando por encima por tres o cuatro minutos. Para algunos, eso no se diferenciaba mucho de hacer hip-hop en un karaoke.

Will lo reestructuró, apoyándose en su entrenamiento musical para darles a los fragmentos un giro especial. Él quería usar una porción breve justo antes de que entre nuestro ritmo y coro; llevándose una hebra del ADN de una canción e hilándola en la nuestra para crear un nuevo monstruo. No estaba reinventando la rueda, pero sí le estaba brindando a los Peas su propio filo musical.

Para "Joints & Jam", tomamos un pedazo de "Grease" de Frankie Valli, interpolando la melodía e interpretándola a nuestra manera para que la letra

"Grease is the word, is the word that you heard//It's got groove, it's got meaning…" (que en español sería: "Grease es la palabra, la palabra que escuchaste/Tiene ritmo, tiene sentido…") se vuelva *"Jam is the jam, is the jam that you heard//It's got groove, it's got meaning…"* (que en español sería "Tema es el tema, es el tema que escuchaste/Tiene ritmo, tiene sentido…").

Si escuchas esa canción hoy día con la cantante detrás de los versos de los Peas, y todavía suena bien. Eso es lo que hicimos —creando varias canciones con nuestra propia firma.

Nos mudamos del estudio en el cuarto de Ben Mor a uno estudio profesional en Loyola Marymount University (LMU, por sus siglas en inglés) entre Marina del Rey e Inglewood, a una cuadra del aerpuerto LAX. Una noche, después de tocar una súper actuación para un montón de estudiantes, nos topamos con el profesor Brian Lapin y el estudiante de ingeniería Dave Haines. Brian era tecladista y, dado que Carlos Galvan nos había dejado, nuestro encuentro casual fue fortuito porque nos ayudó a cubrir la vacante. Dave —quien hoy día sigue siendo nuestro gran ingeniero de sonido— nos arregló para que grabáramos en el estudio de LMU. Por primera vez teníamos acceso a un estudio de verdad. Recuerdo entrar y ver los equipos y la cabina de voz y pensar que se veía como en las películas.

Durante los siguientes dos meses, grabamos canciones con nuestra banda en vivo y Kim Hill.

Desafortunadamente, no hay ninguna historia salvaje para reportar sobre estar en el campus de una universidad porque siempre estábamos allí en la tarde/noche. Siempre llegábamos al anochecer, y terminábamos pasada la medianoche.

Lo bueno es que ya no trabajaba sirviendo almuerzos escolares. Había renunciado cuando decidimos grabar el disco, porque estábamos haciendo tantas actuaciones que nos empezaron a contratar para tocar tanto a la tarde como a la noche. Al final, este salario terminaba siendo el mismo que hubiera ganado en las cocinas.

En el estudio, debimos grabarle las voces a alrededor de veinte canciones y, además de "Joints & Jams", es la historia detrás de "Fallin' Up" la que más resuena en mi mente. Esta canción la escribió Apl en la parte trasera de un autobús mientras viajábamos de Hollywood a la calle 3 de East L.A. Estábamos sentados en el asiento trasero de uno de esos autobuses naranja y blancos yendo a encontrarnos con un tipo llamado Rayo que nos vendía porro, cuando de repente se inspiró Apl.

"We be fallin' up… we be fallin' up", murmullaba (que en español sería "Estamos cayendo hacia arriba… estamos cayendo hacia arriba"), mientras miraba por la ventana, un hombre con una misión.

"Sí, eso es, Ap, estamos cayendo hacia arriba", le dije.

Durante este momento, había una mierda andando entre la costa este y oeste dentro del hip-hop, y nosotros queríamos convertirnos en unos pioneros modernos del género, llevándolo hacia otra dirección. Fue esa semilla de idea que se transformó en la improvisación espontánea de Apl.

"We be fallin' up, never fallin' down... keep it on a higher level, elevated ground", rapeaba Apl, que en español sería: "Estamos cayendo hacia arriba, nunca hacia abajo... mantenlo en un nivel alto, piso elevado".

—¡Mierda! ¡Eso es! —le dije, y de repente nos encendimos.

Apl seguía improvisando y seguía saliendo...

"Whether in your area, city or town, Black Eyed Peas are known for getting down...", rapeaba, que en español sería "Sea en tu zona, cuidad o pueblo, Black Eyed Peas se los conoce por bailar y pasarla bien".

Para cuando llegamos a la parada de la casa de Ray, estábamos encendidos con la inspiración y ya no necesitábamos porro (¡pero compramos una bolsita para consumir luego!).

Le llevamos la letra y el concepto a Will en el estudio, y él estaba como que "Mano, esta mierda está bien buena... ¡tenemos que grabarla!". Encontró un CD viejo del artista brasilero Jorge Ben —un hombre renombrado por engendrar el pop brasilero de percusión con su banda Trio Mocotó— y nosotros simplemente escuchamos mientras el se pusó a trabajar con su producción mágica.

—¡Esa línea, esa misma! —dijo Will—. Vamos a tomar esa línea de guitarra y rehacerla —dijo, y combinó bossa nova con rap, y así nació "Fallin' Up".

Cuando no estábamos trabajando, no nos separábamos —pasábamos tiempo juntos como amigos, jugando golfito, bolos o pool. Seguíamos igual de unidos abajo como arriba del escenario.

También seguimos actuando y, en un espectáculo en Florentine Gardens, Deja vio a Fat Lip del grupo hip-hop Pharcyde, que estaban encendidos en ese momento con dos discos exitosos. Su presencia en una de nuestras actuaciones era como un respaldo en sí mismo, y, por primera vez, nos brindó una verdadera esperanza de que estábamos logrando contribuir lo nuestro y algo grande estaba por ocurrir.

Poco tiempo después, nos llegó la noticia de que DJ Mormile, el sobrino de Jimmy Iovine, cofundador y director ejecutivo de Interscope Records, le había dado a su tío nuestra demo, justificando nuestra estrategia de enfocarnos en el público universitario.

Sabíamos que Jimmy era de las grandes ligas porque previamente había producido discos de U2, Stevie Nicks, Simple Minds, Dire Straits y Patti Smith, antes de lanzar Interscope en 1990. Otra cosa importante era que al sello le gustaba el hip-hop y la música urbana. Interscope firmó y lanzó a Tupac Shakur,

Snoop Dogg y Dr. Dre. Al investigar un poquito más de su historia, me entusiasmé aun más porque descubrí que el primer lanzamiento del sello en 1991 fue un rapero latino llamado Gerardo, quién logro estar entre las cinco mejores canciones del momento con su éxito "Rico Suave". (Resulta que al final Gerardo terminaría trabajando en Interscope como un ejecutivo, y se dice que él fue el hombre que trajo a Enrique Iglesias al sello en 1999.)

A su vez, habíamos estado haciendo las rondas publicitarias al máximo, yendo a radios locales y medios televisivos, figurando en algunas publicaciones *under.* Muy de a poco, el efecto de la publicidad se estaba transformando en un murmullo audible que nos estaba haciendo notar.

Eso fue cuando nos llegó la noticia de que Black Coffee Management, en respuesta al interés que se estaba creando, organizó una muestra para los Peas en el local Dragonfly en Santa Monica Boulevard. La movida nocturna estaba nuevamente de moda en Los Ángeles, y este local se había vuelto una atracción para los ejecutivos de sellos discográficos para descubrir grupos prometedores. Había más tinta de contratos derramada por sus pisos que cerveza, así que esta actuación era nuestro momento "llegó la hora". Yo olía a la oportunidad más fuertemente que el porro en el Motel de las Cucarachas.

Todo lo que habíamos trabajado desde niños —pero especialmente durante los últimos veinticuatro meses— dependería de una sola noche, un set, tocando para caras anónimas de los sellos discográficos que sabíamos estarían allí: Interscope, Warner Bros. y Sony 550. Este único evento de 1997 era el resultado de nuestra estrategia; los sellos estaban acercándose a nosotros, en vez de nosotros a ellos, después de armar nuestro público ladrillo por ladrillo.

Sabíamos que nos lo merecíamos —y por eso ni siquiera pensamos en el fracaso.

Era el momento para ser Supermán y volar esa noche del viernes. El lugar estaba repleto con alrededor de 500 personas.

Me puse un conjunto original para convocar a mi espíritu guerrero, y no me había sentido tan animado en mucho tiempo. Cada uno de nosotros estaba sintonizado esa noche, y yo sabía que estábamos listos. No había ni un ápice de falta de confianza entre nosotros. Cuando sentíamos ese filo, prosperábamos, y esa noche estaba cargada de expectativa. Registré la intensidad en los ojos de Will y vi la energía rebosante de Apl. Los tres éramos generadores zumbando detrás del escenario, esperando liberar lo que hasta en aquel momento ya llamábamos "la experiencia Black Eyed Peas".

Nos lanzamos al escenario y nos ganamos a todos con "Joints & Jam", "Fallin' Up" y —para el crescendo— "Head Bobs", nuestra canción más conocida del momento. Era el tema roquero que tocábamos para cerrar la noche, y siempre nos garantizaba encender el local que fuera. Era una canción para perder la cabeza, creciendo y creciendo hacia un coro que te hacía mover la cabeza para luego bajar y ponerse bien suave; lleno de guitarras angustiantes, batería y luego alma; contenía toda la dinámica necesaria para conducir una actuación salvaje.

Cuando comenzó "Head Bobs", me lancé al público, como lo hacía en general; y me sostenían y pasaban por entre el mar de manos, navegando por la multitud. Ser orquestador dentro de esa energía me llenaba de fuerzas; lanzándome al público, saltando, bailando a lo pogo. O, como mejor explica la letra de uno de los raps que escribí para "¿Qué Dices?": *"My job is to mainly hypnotize/I'm a take over their thoughts and maneuver through their eyes/Visually on stage, the Peas we multiply/We equal the sum of only one tribe..."*, que en español sería: *"Mi trabajo principal es hipnotizar/Voy a apoderarme de sus pensamientos y maniobrar a través de sus ojos/Visualmente en el escenario, los Peas nos multiplicamos/ Somos la suma de una sola tribu..."*.

Estrujado al frente de una multitud tumultuosa, estaba encendido; haciendo que la gente mueva las cabezas y canten el coro a toda voz.

"¡PUEDES MOVER LA CABEZA ASÍ —AH!".

Dejando que la canción se arme y suba...

"¡CUANDO LANZAMOS BOMBAS ASÍ —AH!".

Yo saltaba por todas partes, con la mano izquierda en el micrófono y la derecha en el aire.

Actuación tras actuación, veía al público como una piscina en la cual quería saltar y chapotear hasta que todos estuvieran chapoteando conmigo. Si veía a algún tipo parado y de brazos cruzados, un poco reacio a bailar, yo lo perseguiría, haciéndolo que saltara, en busca de elevar la energía. Entre Will y Apl haciendo lo suyo en el escenario y yo con el micrófono entre la multitud, siempre se sentía que todo el local estaba enchufado al mismo voltaje que nos conectaba como grupo.

Hubo algo de esa muestra en Dragonfly que hizo que todo se sintiera aun más demente que antes. Al final de la actuación, cuando vimos a todas las manos en el aire aplaudiendo y todas las caras sudadas y radiantes dentro de un público multirracial, sabíamos que lo habíamos hecho bien. Sentíamos lo que Yon Styles ya estaba esperando para decirnos esa misma noche: que el lunes a la mañana habría una serie de reuniones con cada sello. Los tres estaban interesados en hablar con nosotros.

La siguiente semana se sintió como una fiesta de encuentros rápidos, al estilo de la industria musical.

Viajamos entre las oficinas de Interscope, Sony 550 y Warner Bros. en Los Ángeles como parte de la guerra de ofertas. Me sentía como un pasajero en

un paseo sobre una alfombra mágica, cortejeado por sellos que hacían grandes propuestas y prometían mucho dinero. Aquí nos apoyamos en la dirección sabia de negocios de Will. Lo que más valoraba era la oportunidad *justa*, no *cualquier* oportunidad.

Todos habíamos acordado una cosa: después de tener la paciencia para esperar esta oportunidad, no íbamos a perder la cabeza solo porque habíamos sido invitados a estos imperios de la música.

Nos metimos todos en el VW Gold de Will —Apl, nuestro mánager Yon Styles y yo— y nos vestimos para dar una buena impresión. Nos presentamos como un paquete en cuanto a nuestra imagen y música. Listos con nuestro CD con canciones como demo —incluyendo "Joints & Jam", "Fallin' Up" y "Head Bobs"— nos armamos de valor y pusimos cara de póker.

A través de todas las reuniones yo adopté el personaje de hombre de pocas palabras. No era una estrategia, simplemente había fumado un montón de porro esa mañana. No podía decir una mierda porque mi lengua estaba dormida. La gente en las reuniones seguramente pensaron que era un tipo relajado, que no se inmutaba por lo atractivo del mundo del espectáculo, pero la imagen siempre ha sido engañosa en Hollywood.

Mi consumo de porro ahora era tan habitual y necesario como comer. El porro era una parte mía tal como mi sangre y músculo. De la misma manera que algunas personas no pueden comenzar su día sin café, yo no lo podía comenzar sin porro. Y, como alguien pegado a su BlackBerry o iPhone hoy en día, siempre lo tenía que tener en mi bolsillo, encima mío.

Lo que necesitas comprender es que, a estas alturas, no lo estaba haciendo para relajarme, calmar mis nervios o cualquier otra mierda que justificara por qué fumaba. Lo hacía porque había llegado al punto en que, al despertar, lo primero que *necesitaba* era una pitada.

La primera reunión fue en Warner Bros. y el tipo de ahí estaba lleno de promesas, al parecer hablando de algún guión de la industria contándonos como "los pondremos en todos los programas de entrevistas, los inflaremos y los haremos enormes". Nosotros asentíamos con la cabeza, serios, pero cada uno estaba pensando, *No, este tipo no nos entiende.*

Luego fuimos a Sony 550, en ese entonces una parte de Epic Records, cuyos artistas más notables del momento parecían ser Celine Dion y Des-ree. Además, era imposible cruzar sus puertas sin pensar "Michael Jackson".

La reunión la llevó a cabo una mujer llamada Polly Anthony, cuya historia trataba de nuestro estilo de perseverancia. Esta era una mujer que había comenzado como secretaria antes de subir hacia la cima del montón, así que la respetábamos inmensamente a ella y todo lo que nos dijera. Nunca olvidaré cuando dijo: "Y los pondremos en Oprah…".

De repente nuestras máscaras estoicas y profesionales se derrumbaron y pensamos: *¡OPRAH! ¡A la mierda!* Éramos todos fanáticos de Oprah, y era difícil disimular ese entusiasmo.

Polly era una mujer muy inteligente, que hacía todos los ruidos necesarios y decía todo lo justo, y nos ofreció dinero importante dentro de un paquete que nos hizo pensar, hasta el momento en que nos dirigimos a nuestra siguiente reunión en Interscope para conocer a Jimmy Iovine.

Llegamos a un edificio gigante en Santa Monica y lo primero que noté al bajar del ascensor fue la pared llena de fotos enmarcadas, placas y discos conmemorativos en honor a un rango de artistas: No Doubt, Dr. Dre, Marilyn Manson, Limp Bizkit y Nine Inch Nails, para mencionar unos pocos.

Sabíamos por adelantado que Jimmy era el tipo de fabricante de discos que siempre estaba buscando "algo original, algo diferente y algo con espíritu", como él mismo había dicho.

Actuamos de la misma manera que en las reuniones pasadas, y mostramos nuestro demo con "Joints & Jam" y "Fallin' Up" seguido por un videocasete algo granuloso de un videoclip que habíamos hecho para "Head Bobs".

Jimmy no hablaba mierda, y cuando dijo que le "¡encantaba!" le creímos. Después le dio en el clavo con un discurso admirable que no podré hacer al pie de la letra, pero mi memoria lo recuerda como algo así:

"Claro, les puedo dar toda la plata que quieran porque la plata no es un problema, pero no quiero aventarles dinero con la esperanza de algo se les pegue. Quiero crear un movimiento para ustedes, y crear algo superior a lo que se han imaginado jamás. Quiero trabajar con y para ustedes, y transformarlos en un grupo monstruoso con todo el apoyo que les podamos ofrecer. No importa cuántos discos vendan, nosotros los ayudaremos a crecer porque yo creo en ustedes".

Si hubiera estado sentado a la mesa de negociaciones solo, le hubiera estado comiendo hasta las manos, pero eso para Will no era suficiente.

Él permaneció impasible. Jimmy esperó.

Will, girándose hacia Yon y luego hacia nosotros, esperó con esa mirada indiferente, y todos hicimos como que si lo estuviéramos considerando.

Durante ese punto muerto, miré el amoblado fino, los premios musicales y las placas de platino. Vi una foto enmarcada de Jimmy junto a John Lennon, y luego otra con Stevie Nicks. Después me imaginé otra foto de él junto a los Black Eyed Peas.

Algún día.

Jimmy empezó a alternar posiciones en su gran silla de cuero. Se inclinó hacia delante y empezó a revolver el azúcar en su taza de té.

—*¿Qué* es lo que necesitan para firmar el contrato? —preguntó, casi exasperado.

—¿Y qué hay en cuanto el apoyo a las giras? —disparó Will—. Las giras son muy importantes para nosotros.

Eso es lo único que habíamos visualizado: salir de gira. Miramos a Jimmy quien, distraído por la negociación, seguía agregándole más azúcar al té y revolviéndolo.

—¡MIRA! Me pusieron nervioso y ahora mi taza está que se desborda! —dijo—. Bueno… bueno, también les agrego apoyo para giras.

Eso fue lo que cerró el trato, y nos dimos la mano.

El adelanto acordado era de alrededor de $500.000, lo cual tenía que cubrir la comisión administrativa, pagos a la banda, giras y otros gastos, dejándonos a cada uno con alrededor de $75.000.

Armé una excusa para ir al baño. Una vez que pateé todas las puertas de los cubículos abiertas para asegurarme que estaba solo, abrí mi celular y llamé a mi mamá. Conté cada tono mientras sonaba el teléfono. Estaba al lado de los lavamanos, mirándome en el espejo, pensando *"Este es… este es el gran momento!"*.

Levantó el teléfono.

—¡Mamá! ¡Nos acaban de dar un contrato discográfico! —le dije, en uno de esos susurros gritados.

—¿Qué?

Lo dije de nuevo, por el bien de ambos.

—¡Acabamos de conseguir un contrato discográfico con Interscope!

—¡Felicitaciones, Jaime! —dijo, sin entender muy bien de qué se trataba la noticia, pero sabiendo lo suficiente como para premiar mi entusiasmo con un "felicitaciones" vacilante. Aunque su comprensión era difusa sobre lo que significaba un "contrato discográfico" en términos reales, yo quería que ella fuera la primera persona a quien se lo contaba —por todos los sacrificios que ella había hecho; por toda la mierda que causé; por todas las dudas que alguna vez tuvo.

Volví al cuarto y Jimmy nos regaló un montón de CDs que su sello acababa de lanzar. Esa noche, después de que los tres nos recordamos que debíamos mantener los pies sobre la tierra y tranquilizarnos, Aply y yo llevamos nuestros CDs a una tienda llamada Penny Lane, que intercambiaba CDs por dinero. Aunque nos habíamos asegurado $500.000 en papel, igual seguíamos sin un centavo y necesitábamos dinero para comer. Esa noche, usamos la plata de los CDs para comprarnos una cena completa: pollo, arroz y vegetales —y una onza de porro.

Esperábamos que tal banquete fuera una señal de lo que estaba por venir.

• • •

Una semana más tarde, firmamos el contrato y llegó el cheque.

Estábamos todos juntos dentro en el apartamento de Yon Style cuando leímos las palabras en el cheque: *"A pagar a Black Eyed Peas Music —$500.000"*.

Debimos haber mirado a ese cheque como mil veces, solo para creer que era verdad. Era más dinero de lo que podía absorber nuestros cerebros.

Tuvimos que esperar para nuestros cheques individuales, así que pedí que le hicieran fotocopia al cheque del grupo. Quería llevarle algo *tangible* para que mi mamá me creyera.

Ese cheque en mi mano era como los frijoles que sostuvo Jack en la palma de su mano en el cuento de hadas *Juan y sus frijoles mágicos*; una semilla que produciría un tallo tan grande como el de un árbol que crecería y llegaría a un castillo mágico.

Llevé esos "frijoles" a casa para mostrarle a mi mamá y la encontré de pie en la cocina.

No dije nada, y simplemente puse la copia del cheque en sus manos y la dejé leerlo.

Me miró, boquiabierta.

En su cara había un placer que se lo había hecho sentir yo con lo que había logrado. Mientras gritó y chilló, yo finalmente me transformé en alguien y había logrado algo —y fue algo que rompió el molde. Nadie de las familias Gomez ni Sifuentes habían logrado algo semejante a esto.

Hasta Julio lo tuvo que reconocer. Me dio la mano y me felicitó, hombre a hombre.

Al fin, respeto.

También me había apuntando un tanto —mi dulce venganza. La prueba de que la música podía ser "un trabajo de verdad". La prueba de que había estado haciendo algo más que simplemente quedarme sentado fumando porro. La prueba de que las creencias de Nanny en mí estuvieron bien invertidas.

Como resultado, ese momento no solo representó un cambio en mi fortuna, sino también marcó un comienzo nuevo en mi relación con Julio y, por lo tanto, con mi mamá. Paramos la rivalidad y las relaciones mejoraron a pasos agigantados. Ese cheque me permitió respaldar lo que venía diciendo con dinero, y finalmente me dieron un chance.

No me malinterpreten, no estaba dando nada por sentado ya que sabía que esto solo era el comienzo de mi sueño. Los $75.000 era más plata que alguna vez había conocido, pero no me estaba encaminando hacia cosas extravagantes —nada de mansiones ni autos ostentosos.

Ese no era mi estilo.

Lo que valía más, para mí, que todos los ceros en mi cheque individual

era la satisfacción de cumplir mi gran sueño en los ojos de Nanny, en su memoria. Ahora, el resto de la familia también podía respetar esos sueños.

Todos reímos y celebramos esa noche. Luego le conté a mi mamá exactamente lo que iba a comprar con mi parte del dinero, porque solo había una cosa en el mundo que importaba.

EXPOSICIÓN

Me costó alrededor de $25.000 asegurarme la custodia de Josh.

Sé que la gente dice que tener dinero no te garantiza la felicidad, pero de seguro puede frenar a la *in*felicidad, y por eso mi primer trozo de dinero lo dediqué a rectificar una situación infeliz.

En el momento que Interscope mejoró mi vida —el mismo momento que sentí ese cheque en mi mano—, quise mejorar la vida de mi hijo también, y después de que se apaciguó todo el entusiasmo, lo primero que hice fue levantar el teléfono y llamar a un abogado.

Esto no fue una decisión precipitada ni impulsiva. Lo venía pensando hacía mucho; el contrato discográfico simplemente me permitió acelerar lo que, para mí, siempre había sido un resultado inevitable. Ayudó que Karish estuviera de acuerdo en que Josh estaría mejor en nuestra casa. Sus visitas de fin de semana con su abuela eran sus momentos más felices, así que volverlo un arreglo permanente le traería estabilidad. Siempre tuve en mente el futuro que estaba construyendo con los Peas, y Josh —ahora con cuatro años— siempre estuvo incluido en esa visión.

No es que me creía el mejor padre del año por esto, porque eso era lejos de la realidad, y hasta cuando nos volvimos a unir, no sería ningún tipo de ejemplo para él. Si soy honesto, no puedo decir que me sentía como su papá, sino más bien como su hermano de veintidós años. El dinero no me hizo crecer emocionalmente de la noche a la mañana. Simplemente permitió que una decisión fuera posible.

Esa decisión —en cuanto a mudar a mi hijo a un ambiente más saludable— fue la más sabia, más allá de mis capacidades y limitaciones como un padre. Nunca se trató de lo que yo podía ofrecer como padre. Tenía más que ver con que regrese a un mejor *hogar* donde había amor y apoyo constante; el mismo hogar donde comenzó su vida.

En realidad, no pensé más allá de ese punto.

Por eso esa primera decisión concuerda con la segunda: mudarme del Motel de Cucarachas a casa de mi mamá. No fue una movida muy roquera —ni tampoco lo fue el nuevo Honda Civic verde que me compré— porque mudarme devuelta a casa significaba que me tocaría dormir en el sofá marrón en la sala de estar. Mi viejo cuarto se transformó en el cuarto de Josh, y mi mamá dormía con él porque ella y Julio eran una de esas parejas que, por la razón que sea, dormían en cuartos separados.

En retrospectiva, suena loco, pero el lanzamiento inminente de los Peas me llevaría lejos de casa y me daría un horario irregular, así que de igual manera no estaría mucho tiempo en casa, y me parecía un desperdicio de dinero alquilar un apartamento en el cual no viviría. Mamá no me cobraba alquiler por el sofá y eso me permitió ahorrar.

Traté a mi pedazo del adelanto como un tesoro que no quería tocar. Cuando nunca has tenido dinero, y una buena suma de repente cae en tu cuenta bancaria, lo atesoras y guardas como una ardilla guarda sus nueces, especialmente si ya has gastado los primeros $25.000. No sabía cuánto me duraría los $50.000 restantes.

Así que ahí estaba, nuevo artista de Interscope durmiendo en el sofá como un vagabundo, y ese sería el arreglo por los siguientes tres años. Pero esa situación imperfecta sería tolerable por lo importante que era tener una unidad familiar alrededor de Josh. Tener a mi mamá como la abuela siempre presente, llena de adoración, era una bendición del cielo para un padre soltero a quien el trabajo lo llevaba a estar mucho fuera de casa.

En cuanto a Karish, creo que habla por sí mismo el hecho que me permitió la custodia.

Creo que el alma de su madre lo quería pelear, pero, en ese momento de su vida, no tenía nada con que pelear, así que si hizo a un lado y puso los intereses de Josh primero.

Aceptó que yo tuviera custodia de Josh, y ella permaneció con el derecho de visitas durante los fines de semana. Recibí una carta de la oficina del fiscal del distrito Gil Garcetti inicialmente en contra de mi aplicación a menos que devolviera el subsidio que Karish había cobrado desde nuestra separación. Tuve que pagarle esa deuda a la ciudad de Los Ángeles, sin embargo yo estaba preparado para pagar lo que fuera necesario para recuperar a Josh.

Nunca comprendí la jerga legal que siguió, y nunca tuve que ir a la corte. Simplemente atendí las llamadas y firmé los documentos que me pidieron que firmara. Una vez que le había reembolsado a la ciudad y pagado los honorarios legales, el costo final fue de $25.000.

Al hacer eso, las objeciones del fiscal del distrito desaparecieron y lo que quedó fue una formalidad. El proceso completo duró alrededor de diez días y, a los tres semanas de cobrar el adelanto del contrato discográfico, Josh estaba nuevamente bajo nuestro techo en Rosemead.

El resto del adelanto lo deposité en una cuenta de ahorros.

Todavía no podía creer la vuelta que dio nuestra fortuna. Por primera vez tenía dinero en el banco y un carro nuevo en la entrada de casa y todo parecía tan increíble como ganarse la lotería. Pero eso era lo que pasaba con la buena fortuna a tan grande escala —*era* increíble, a un nivel que mi cerebro no podía procesar.

Todos te dicen cómo perseguir el sueño, hay que ser positivo, hay que seguir creyendo y nunca darse por vencido, porque todos se pueden relacionar con la lucha o la persecución o la esperanza. Pero pocos saben cómo manejar al genio cuando sale de la lámpara. No hay guías ni manuales ni notas de preparación. Ni siquiera de la industria que te ha aceptado en su imperio mágico. Simplemente es algo que debes vivir. Pero *nadie* te advierte que la parte más difícil puede ocurrir cuando se cumple tu sueño. En especial si, como yo, inconscientemente no estás preparado mental ni emocionalmente para lo que tanto deseaste.

Por afuera, nada cambió después de firmar con Interscope.

Claro, no se necesitaba desarrollarnos como artistas porque ya teníamos nuestro estilo, la moda, la visión y el plan. En los ojos del sello y grupo, el gran barco ya estaba construido y solo necesitaba que lo metieran en el agua.

Jimmy Iovine y el representante llamado Scott Igoe dejaron los detalles visuales en nuestras manos, y nuestra vida nueva se transformó en una utopía de los Peas: grabando en el estudio durante el día y actuando en Los Ángeles a la noche, planeando giras de verano por todo Estados Unidos para el año siguiente.

Queríamos llevar nuestra música de gira. Las ciudades de Estados Unidos eran como las universidades de Los Ángeles —lugares sin explotar con fans en potencia. Pero primero teníamos que seguir desarrollando el ímpetu en casa.

Recuerdo una noche en particular en Florentine Gardens sobre Hollywood Boulevard —un sitio reconocido como el club nocturno preferido de Humphrey Bogart, Audrey Hepburn y Marilyn Monroe.

Llegamos temprano para saborear algunas de los grupos teloneros. Era un evento que había organizado nuestro amigo Polo Molina a finales de 1997.

En cuanto entramos escuchamos abucheos y acosos verbales. Miré

hacia el escenario y el telonero estaba recién comenzando —un muchacho gordito y blanco estaba intentando ser el próximo Vanilla Ice frente a un público *underground* furioso.

Me sentí mal por este tipo, enfrentándose al muro que dice "¿Quién mierda es este?".

Luego alguien gritó:

—¿Quién es el rapero blanco?

El muchacho sobre el escenario era de Detroit y yo sentía pena por él porque parecía estar ahogándose. Una cosa era ser un rapero latino, pero otra cosa *totalmente diferente* era ser un rapero blanco en la escena *underground* de Los Ángeles. Los puertorriqueños habían estado hace rato en la vanguardia del hip-hop, ¿pero un niño blanco de Detroit? Podías sentir como todo el local se erizaba cuando subió todo fanfarrón al escenario, pero le doy crédito por una cosa: no tenía miedo.

Mientras comenzaba su canción, me preocupé por él. Había algo en su voz y letra que era crispante, y un enganche que parecía comenzar con un chillido.

"HI!…my name is/HI!…my name is…", que en español sería *"¡HOLA!… mi nombre es/ ¡HOLA!… mi nombre es…"*.

Pero eso era solo la mitad de su problema. Nadie sabía su nombre. Tenía puesto un impermeable con gafas sobre la cabeza, y no se veía nada como una estrella de hip-hop. Parecía demasiado armado. Entonces, cuando mi reacción estaba llegando al límite del "¿Qué mierda está haciendo?", empezó a improvisar.

Y dejó al local sin aliento. Como rapero era increíble.

Fue una transformación sobre el escenario y me regañé por dejarme llevar por mi primera impresión. Después, tuve que buscar a este muchacho y felicitarlo.

—¡Epa, fuiste increíble allá afuera, hijo! —dije.

—Gracias mano —dijo, cabizbajo, todo tímido y modesto.

—¿Cómo te llamas? —le pregunté.

—Eminem —me respondió.

—Un placer, Eminem, y felicitaciones, hermano… eso estuvo refrescante.

Un año más tarde, Dr. Dre firmó a Eminem después de que ganó segundo lugar en un concurso de rap, y su primer lanzamiento comercial fue la canción que hizo aquella noche en Florentine Gardens, "My Name Is".

El resto, como bien dicen, es historia.

"Fallin' Up" se lanzó como nuestro primer sencillo en 1997 con "¿Qué Dices?" en el lado B; era un anticipo al disco que saldría al año siguiente, y la filmación del videoclip nos abrió aun más el camino porque nos llevo fuera de Los Ángeles por primera vez como grupo —a Telluride, Colorado.

No fue memorable solo por el lugar sensacional —con las montañas de

San Juan como escenario— sino porque la filmación marcaba la maduración de una canción escrita en la parte trasera de un autobús, llevándonos de un viaje insulso en East L.A. a la realidad de una filmación de video.

Previamente habíamos filmado un video inédito por nuestra cuenta, para "Head Bobs", con un director joven llamado Brian Beletic —quien habíamos conocido en LMU— usando una cámara de 8 milímetros para su proyecto escolar, por lugares de Los Ángeles como Melrose y La Brea. Por eso volvimos a contratar a Brian para filmar "Fallin' Up" —y esta vez le pudimos pagar. Todavía usaba una cámara vieja granulosa, y la sensación del video era medio guerrillero. Al final, el video —filmado en las montañas para representar el "terreno elevado" al que deseábamos llevar al hip-hop— salió al aire en el programa Rap City de BET, y yo estaba solo en casa viéndolo por la televisión, sentado frente al mismo aparato en el cual había visto Boogaloo Shrimp, Michael Jackson y Bruce Lee. Y ahí estaba, mirándome, sin compartir el momento con nadie. Casi se sentía como otro de esos sueños que guardaba solo para mí.

Ese video fue la primera vez que verdaderamente estuvimos expuestos a un público totalmente americano. También representaba el comienzo de nuestro ascenso fuera de la escena *underground* hacia el público general —como ninjas levantando tapas de desagües y saliendo al gran y amplio mundo.

Will nos llevó a una actuación en Luna Park, cerca de Santa Monica y Robertson, porque decía que había una cantante que *teníamos* que ver. Will siempre le gustaba encontrar artistas femeninas *antes* de que se volvieran conocidas. Por siempre el productor a al espera.

Fui y me paré en la parte trasera del local mientras una mujer afroamericana con onda, originalmente de Ohio pero viviendo en Los Ángeles, se subió con tranquilidad al escenario. Era una belleza amazónica con un gran peinado afro.

Y entonces empezó a cantar. Tenía un sonido único —algo rasposo y áspero, casi como un graznido y, sin embargo, lograba sonar suave; una mezcla entre Eartha Kitt y Minnie Ripperton.

—¿Quién es esta mujer, Will? —le pregunté.

Se notaba que las trescientas personas se estaban preguntando lo mismo mientras ella se adueñaba del escenario.

—Macy Gray. ¡Buenísma, ¿no?! —dijo—. Deberíamos trabajar con ella.

Esa noche, Will consiguió su número y la invitó a nuestras sesiones de grabación. El sonido inconfundible de Macy Gray, una compañera soñadora que se transformaría en nuestra hermana, figuraría en *Behind the Front*. No teníamos idea lo que pensaba Kim Hill al respecto. Solo sabíamos que la voz de esta mujer era especial y la queríamos usar.

• • •

Prácticamente vivimos en el estudio porque —como sigue siendo el caso hoy en día— ese era el lugar donde más nos gustaba pasar el tiempo. Si alguna vez necesito enchufarme a la vida o si estoy pasando por un día de mierda, simplemente tírame dentro de un estudio. En ese entonces, como ahora, nos encerrábamos dentro de esas paredes insonorizadas desde la cinco de la tarde hasta las tres de la mañana. Somos aves nocturnas. Producimos nuestro mejor material a la noche. Llegamos con alrededor de treinta canciones y luego seguimos escribiendo y grabando hasta llegar a una colección de cincuenta.

El estudio es también nuestra fábrica demasiada productiva de escribir canciones, pariendo material hasta terminar agotados creativamente. Hay un verdadero espíritu colaborativo con el que nos comunicamos. Pasamos horas escribiendo, bromeando y pensando en ideas mientras Will se sienta y lo hila todo. Y el sonido que siempre sale del estudio es la risa. Alguien siempre está contando algún chiste o actuando como payaso, y en general es Will haciendo gansadas, siendo descabellado, diciendo alguna ridiculez, poniendo caras chistosas o haciendo un baile gracioso.

La razón principal por la cual los Peas han logrado seguir juntos durante tanto tiempo es por las risas constantes que compartimos. Nos resulta imposible tomarnos demasiado en serio. El espíritu —en el estudio, en el autobús de gira, sobre el escenario— es generalmente animado y vivaz, y esa energía positiva combinada —desde el grupo hasta la banda y los productores— es el ingrediente principal de nuestra longevidad.

He aprendido a confiar en que el estudio es el único lugar en el mundo donde, entre hermanos —y una hermana— me siento abierto y lo suficientemente seguro para expresarme. El estudio ha sido un hogar, un lugar de entrenamiento y un refugio durante dieciséis años junto a los Peas, y nunca me he cansado de su magia.

Para finales de 1997, habíamos movido nuestras sesiones de grabación a Paramount Studios, donde Will y Apl habían grabado su disco inédito *Grass Roots*. Al final, un manojo de esas canciones fueron reencarnadas para adquirir nuevas vidas con los Peas en nuestro primer disco *Behind the Front*.

Elegimos ese título por la apariencia (o el *front*) que fingen tener muchos de la escena del hip-hop —las posturas, el miedo a bailar, el agarrarse la entrepierna. Entonces nosotros decimos "Si ustedes quieren aparentar, nosotros nos quedamos detrás de la apariencia".

Una de mis canciones preferidas era "¿Qué Dices?", porque es el tema donde por primera vez figuro en el pre-enganche —la confirmación de que mi bautismo de fuego como rapero se había cumplido. El momento fue aun más dulce porque pude utilizar mi lengua materna, el español —la primera vez que podía darme el gusto de satisfacer mi pasión y festejar a mi gente.

Luego grabamos "Love Won't Wait" con Macy Gray, su primera canción en el disco. Ver a Macy trabajar en el estudio era como ver a un alma gemela: estaba hambrienta por trabajar, era intensa, dedicada y apasionada. Y su voz era contagiosa.

—Mace, ¡que voz que tienes, eh! —dije.

Se rió, como si le diera vergüenza aceptarlo —y hubo un tiempo en que eso era cierto, ya que de niña aquella voz la había hecho sentir terriblemente acomplejada. Tanto así que puso todos sus esfuerzos en la palabra escrita, estudiando escritura de guiones en la escuela de cine del University of Southern California. Pero continuó escribiendo canciones para amigos músicos hasta que llegó su gran oportunidad cuando una banda de jazz la alentó para que se largara sola.

Otro rasgo notable de Macy eran sus pies grandes. Siempre me fijaba en los pies de las personas, y los de Macy era más grandes que los míos tamaño nueve. Obviamente no le mencioné esto porque me hubiera hecho mierda. ¡Era un mujer bien fuerte! Pero esos pies siempre tenían puesto unos zapatos súper cool, con algún estampado o de cuero, o una zapatilla colorida. Desde su voz hasta sus pies, ¡Macy era única de pies a cabeza!

Siempre nos divertíamos con Macy por su risa contagiosa. Era cool estar alrededor de su energía tan especial, y resulta que ambos éramos padres solteros persiguiendo nuestros sueños. Ella tiene tres hijos pequeños de un matrimonio previo, pero en ese momento ellos vivían con su mamá en su ciudad natal, Canton, Ohio. Era una situación que prácticamente reflejaba la mía: un artista apoyándose en su mamá mientras construía su futuro a largo plazo. Escuchar la dedicación y propósito de Macy me hizo sentir mejor por mis propios sacrificios. Escuchar su voz en el disco hizo que me diera cuenta de la contribución potente que había hecho. *Behind the Front* fue nuestro debut de setenta y tres minutos, y sería uno de cinco discos grabados en un estudio a lo largo de los doce años siguientes.

Era prácticamente el mismo disco que le habíamos presentado a Jimmy antes de firmar con él, con la excepción de un par de temas de relleno como "Say Goodbye" y "Positivity".

No decimos que hicimos esa música entre 1996 y 1998. Decimos que esa música provino del momento en que empezamos a soñar y trabajar de muchachos porque era una colección de inspiraciones e influencias de nuestra niñez y adolescencia. Música que decía efectivamente: "Esta es nuestra vida… esta es nuestra inspiración… este es nuestro primer disco que lo refleja todo".

Dicen que todos deben atesorar las "primicias" en lo que hagamos o atestigüemos porque la misma naturaleza de una "primicia" significa que no volverá a ocurrir: la sensación de la primera actuación; el primer contrato discográfico; la primera vez que tu hijo habla y dice "Papi" o camina.

Las primicias son fugaces y necesitan ser captadas.

Como un Pea, muchas primicias llegaron cada dos por tres durante los siguientes años, sin embargo, para mí, de a poco perderían su valor debido a mi dependencia a las drogas que plantó su semilla alrededor de este tiempo. Durante la próxima década —entre 1998 y 2007— cada vez me perdería más entre el alcohol y las drogas que siguió escalando año tras año. Les explico eso ahora para que puedan imaginarse lo que sigue y comprendan por qué algunas memorias son algo borrosas. Primicias que deberían ser recuerdos coloridos y vívidos terminaron siendo como bosquejos en lápiz dentro de mi mente, y es solo con el pasar del tiempo, y con la excavación que lleva escribir un libro, que he podido rellenar los vacíos y darle algo de estructura a las muchas imágenes dispersas. Me ha permitido comprender mejor lo que ahora comienza a desenmarañarse, poco a poco.

Es difícil definir cómo se llega a la "aclamación de los críticos", pero *Behind the Front* hizo que los críticos se sentaran derecho y nos pusieran atención. No nos habremos disparado para arriba en la lista de éxitos, pero nos ganamos un reconocimiento a todo nivel. Mi álbum de recortes captó todo lo que mi memoria olvidó, recordándome algunas de esas primeras reseñas:

La revista *Elexir*: *"Como primer disco, este está increíble. Nadie ha lanzado bombas como estas desde el nacimiento de los Roots..."*.

El número universitario de la revista *Request*: *"Los Peas entregan el debut más agradable y duradero hasta ahora... un humor cautivador, comentarios sociales mordaces y ritmos de hip-hop relajados..."*.

El bimensual de Philadelphia *Audiogliphix*: *"Finalmente, un grupo de rap de un sello importante que rompe la barrera de inteligencia. BEP es para hip-hop lo que War fue para el nexo de rock/latino/R&B de los setentas..."*.

Y la revista de espectáculos de Hollywood, *Interview*, nos regaló la sonrisa más grande cuando dijeron: *"Lo único de segunda mano de los Black Eyed Peas es su ropa de segunda mano..."*.

Al principio el entusiasmo era mayormente en publicaciones *underground* o en revistas universitarias, pero cuanto más tiempo pasaba, más recibíamos menciones dentro de publicaciones más comerciales, desde *Arena* ("se ve fenomenal, suena fenomenal") a *New Nation* ("un debut rítmico increíblemente fino") a *Music Week* ("un fondo de jazz con una composición llena de ritmo") a *Melody Maker* ("un disco que trasciende todos los géneros pero no traiciona a ninguno").

No puedo decir que lo que dijeran o no los críticos me hiciera perder el sueño, pero la realidad comercial era que buenas reseñas significaba que nuestra música se estaba haciendo notar y eso mantenía feliz al sello.

Nunca quisimos ser artistas que eran dignos y profundos. Éramos fiesteros. Nunca hicimos música para recibir el visto bueno. Si nos gusta, sabemos que a millones de otras personas también les gustará. Eso no es arrogancia, es creer en nuestro trabajo.

A nivel personal, con una mala reseña —y hemos tenido unas cuantas a través de los años— me resuenan ecos familiares: "No eres lo suficientemente bueno... No puedes hacer esto... Eres un fracaso". Y eso solo hace que me pare con la frente más alta y diga "A la mierda con ustedes... ¡solo observen como le damos otro giro a esto!".

Así he sido desde la secundaria —realmente nunca le presté atención a lo que dijeran los demás—, por lo tanto el crítico es igual de fortalecedor que cualquiera que alguna vez no haya creído en mí.

Interscope nos dieron una fiesta para el lanzamiento del disco en el teatro Art Deco El Rey en Los Ángeles. Fue un evento íntimo para alrededor de quinientas personas con una lista de invitados que se leía como el Quién-es-quién de la industria musical, con figuras importantes, de quienes no recuerdo nombres.

Esa noche nos proporcionaron mucho estilo, con camarines que parecían sacados de un hotel de lujo, con amueblado lujoso y catering de primera clase. Los días de pizza y Pepsi quedaron en el pasado, junto con camarines improvisados hechos con cortinas sobre ruedas. Sentíamos como si hubiéramos ganado un concurso para ser VIP por el día y algún patrocinador nos estaba dando lo mejor de lo mejor.

Nuestro minibar estaba repleto de alcohol gratis —todo lo que quisiéramos, todo lo que pudiéramos beber. Había alcohol gratis en el local (como lo había en todo club nocturno al que íbamos como artistas firmados) y los talones de los boletos de bebida se volvieron nuestra moneda. Desde este día en adelante, el alcohol gratis se convirtió en parte de la cláusula para cada actuación o evento. Y siempre había alguien que tuviera porro detrás del escenario.

Previamente, solo había sido dueño de diez dólares y un sueño, pero ahora me encontraba congraciado con un mundo de decadencia repentina y complacencias ilimitadas. Era Charlie corriendo libremente alrededor de la fábrica de chocolates.

Cada tentación en mí no podía dejar de notar que, en la industria musical, el trabajo duro estaba atado a ir de fiestas.

Esa noche actuamos un set fenomenal y yo estrené exitosamente mi estilo teatral y personal de aquellos días: uno de esos sombreros chinos anchos de bamboo, una máscara Kabuki y un paraguas de artes marciales para agregar a mi vestuario de artes marciales. Esa era mi declaración al estilo guerrero que se quedó conmigo durante los primeros dos años, antes de ser reemplazado por mis pañuelos alrededor de la cabeza y mis sombreros vintage.

Después del set, me quité el disfraz y me solté el pelo, dándole a la botella y celebrando con estilo. Recuerdo un tipo de Interscope que me dio la mano y me dijo que lo disfrutara porque el trabajo duro estaba a la vuelta de la esquina. No tenía idea de qué estaba hablando. Estaba demasiado ocupado divirtiéndome.

Me emborraché, como un adolescente que acaba de descubrir el alcohol.

Me bajé vaso tras vaso de un trago llamado "Adiós Motherfucker" —esa mezcla de vodka, ron, gin, Blue Curaçao y licor de naranja que entumece la cabeza. No recuerdo mucho más que eso. Sé que me sentía eufórico. Sé que estaba tropezando y chocando cinco con la gente. Sé que terminé la noche en mi propia cama en Rosemead. Para una fiesta de lanzamiento de disco, sé que me porté vergonzosamente bien.

Esa es la parte que me gusta recordar: el ser un borracho feliz.

Al parecer, también estaba súper sociable, dando las vueltas y mezclandome con todos y cualquiera, que, en ese entonces, no era nada típico mío. Pero el trago me hacía salirme de mi caparazón y sentirme como el hombre del momento junto a mis dos hermanos. Will dio un discurso profundo que no recuerdo. Él era la voz del trío —elocuente, conocedor de la música e inteligente. Siempre sería el embajador de los Black Eyed Peas.

Mientras hablaba y todos lo aplaudían, hubo una cara anónima dentro del gentío que decidió no acercarse a decir hola. Era una muchacha de California invitada por el sello, y luego aprenderíamos que había quedado impresionada con lo que observó, se había querido presentar, pero el momento oportuno no se había presentado.

Pero no fue una oportunidad perdida. Dos años más tarde, el destino se aseguraría que nuestros caminos se cruzaran nuevamente con Stacy Ferguson, una cantante/artista, también conocida como Fergie.

EL CAMINO LARGO

Había firmado un contrato para un aprendizaje sin saber bien de qué se trataba. Vi un contrato para tres discos y el dinero, pero no había pensado bien en las obligaciones y exigencias que le seguirían.

Mi idea aniñada del guión de la industria era algo así: encontrar sello discográfico, firmar contrato, lanzar discos, volverse enorme. En mi mente, había una expectativa tan grande como la valla sobre Sunset Strip.

Había creído que cuando un disco salía a la venta a nivel nacional, la máquina del sello discográfico automáticamente se ponía a trabajar. Me había informado mal con historias de éxito de la noche a la mañana; el niño que todavía creía en el cuento de hadas donde el mendigo se hace millonario. Tales pensamientos siempre iban a llevar a un despertar duro.

En efecto, alguien de Interscope mencionó giras publicitarias y yo dije:

—¿Cómo, qué dices?

No sabía qué significaba esto hasta que explicaron que pasaríamos nuestro primer año golpeando el tambor y ayudando a que nuestra música llegara a las masas. Pronto descubriría que no solo entramos en el mundo del espectáculo sino también en el del comercio. Éramos una marca de la misma manera que éramos artistas.

No me había dado cuenta que el primer año como artistas firmados sería con un ingreso básico y ganando muy poco dinero extra, aparte de los $75.000 de adelanto, que ya había depositado, excepto los $25.000 gastados en la custodia de Josh. De vez en cuando vimos filtrarse algunos fondos, pero nada grande. Esencialmente, el adelanto también estaba asignado para incorporar gastos generales más gastos de las giras. Eso me hizo sentir prudente y me enseñó como estirar $50.000 a través de un período de doce a dieciocho meses.

Pronto había aprendido a aceptar que los Black Eyed Peas tendríamos que extraer, labrar y tallar nuestra presencia en la industria dando la cara antes de comenzar a ganar dinero en serio. Hicimos que los sellos discográficos vinieran hacia nosotros. Ahora teníamos que hacer lo mismo con los fans. Es como si hubiéramos trepado y conquistado el sueño, nos paramos en la cima y luego vimos que a nuestra izquierda todavía quedaba otra montaña por escalar. Everest.

Hay dos pruebas que desafían la pasión del artista. La primera es cuán desesperadamente deseas el sueño. La segunda es cuán listo estás para trabajar duro cuando el sueño se presenta.

También comprendo otra cosa: siempre había eludido una verdadera ética de trabajo porque era el holgazán que se arrastraba por Disney y las cocinas escolares bajo la obligación de conseguir un "trabajo de verdad". Pero ahora me estaban pidiendo que trabajara duro para lograr lo que me apasiona y no veía la hora de levantarme de la cama en la mañana.

Pude actuar. Pude grabar. Pude viajar.

Pude fumar más porro de lo que esperaba.

Era, me dije, el mejor trabajo del mundo —y era hora de ponerse serio y arremangarse las mangas.

La gira publicitaria comenzó casi al ras del lanzamiento de *Behind the Front*, y tuvimos suerte de que nos invitaran a la gira Smokin' Grooves, una experiencia hip-hop que comenzó en 1996. Era como Coachella o Glastonbury, pero sobre ruedas. Los novatos prometedores tenían que estar en el circuito de festivales, y esto nos llevó fuera de Los Ángeles, a una plataforma más visible a través del país. Smokin' Grooves era uno de los repartos más deseados, así que tenía mucha importancia que esta gira sea la primera. Sentí que nuestro prestigio había aumentado casi de la noche a la mañana. Cuando has pasado tanto tiempo golpeando a la puerta, se siente bien que finalmente te inviten a pasar y disfrutar de la fiesta. Me imagino que es como ser un candidato presidencial desconocido: sales a la calle en busca de apoyo, para subir tu perfil y esperas que caerle bien a la gente.

Recuerdo que Mamá preguntó cuánto duraría esta primera gira.

—Ocho semanas —dije.

Cuando la actuación más grande que has hecho solo te tomó unas horas y te llevó tan lejos como Hollywood, toma un tiempo acostumbrarse a esta cantidad de tiempo lejos de casa, pero tenía suerte de contar con el apoyo de mi mamá.

—Josh y yo estaremos bien —me aseguró.

No habré sido el padre que meció la cuna, pero sabía que esta misión —si era exitosa— le daría a Josh una mejor vida. Solo tenía que pensar en el cubo con mierda de caballo para saber que estaba haciendo lo correcto para él.

Cypress Hill participaron en el reparto de Smokin' Hills en 1998 junto con Wyclef Jean, Busta Rhymes, Gang Star y la actuación principal, Public Enemy. Los Black Eyed Peas estaban considerados los "novatos" y, como diría un reseñador, "los raperos bohemios". Nos gustaba ser los desconocidos, los de abajo. Hay probabilidades que desafiar y gente para sorprender.

Todos en la gira tenían una energía salvaje, todos eran unos personajes y todos, menos nosotros, tenían éxitos, pero nadie podía ofrecer un grupo en vivo y secciones de coreografías como nosotros. Supimos desde el comienzo que nuestro atractivo estaba en que no éramos un grupo típico de hip-hop.

De eso se trataba la gira patrocinada por el House of Blues: celebrar la diversidad con los géneros, así que era una plataforma ideal para que todos saboreen por primera vez la experiencia Peas, desde Milwaukee a Minneapolis, desde Chula Vista, California, a Camden, New Jersey. Siempre tocábamos en anfiteatros o en arenas al aire libre, y viajamos al norte, sur, este y oeste, y hasta pasamos por Canadá de camino.

Lo primero que capturó nuestros ojos vírgenes fue el autobús para la gira, envuelto con la tapa de nuestro disco —las palabras gigantes *Behind the Front* y *Black Eyed Peas* estampadas a los costados, atrás y sobre el techo. Nos volvimos loco al ver ese autobús acercarse. Imagina la sensación de ver tu cara con seis pies de altura en el costado de un autobús Eagle; una valla ambulante. Lo máximo de publicidad que habíamos visto previamente fue una propaganda en *L.A. Weekly* o un volante pegado a un tablón de anuncios fuera de un club nocturno o en el poste de un semáforo.

Estoy bastante seguro que la gente que pasamos en las calles tenían la misma mirada confusa que las personas que llegaban de primero a los locales. Como la primera actuación del reparto, los campos de pasto y las lomas quemadas por el sol siempre estaban mitad llenas al comenzar nuestro set. El desafío era transformar el "¿Quién mierda son estos tipos?" en "¡Ah, estos tipos son algo distinto!". De la misma manera que lo hicimos en Glam Slam.

Lo que nos animó aun más fue el amor que recibimos de los otros grupos en Smokin' Grooves. Era surrealista estar en el mismo reparto que algunas de las grandes ligas del hip-hop, y aun más surrealista escuchar a Wyclef Jean decirnos "¡Ustedes tienen algo, amigos!".

Wyclef era americano-hatiano y le gustaba nuestra multietnicidad.

—¡Black Eyed Peas! —anunció con su acento sureño—. Tienen algo diferente. Tienen latino, filipino, afroamericano. Eso me gusta… ¡sí, eso me gusta!

Como los novatos, ese tipo de amor era como un pinchazo al brazo que nos mantenía en las nubes por días. Es la primera vez que comprendí lo que significaba sentirse "felizmente adormecido" sin porro.

Yo era un muchacho soltero de veintiún años con la oportunidad desbocarme, animar escenarios, adormecerme y pasar tiempo con algunos de los nombres más reconocidos del hip-hop. No me podía quejar.

Nos acostumbramos a la gira sin ningún problema, sin que nos molestara la viajadera constante ni el alojamiento de proximidad cercana. Establecimos "reglas de gira" y era suficientemente simples: nada de estar apesta-culos en el autobús; nada de masturbación permitido, no importa cuán solos nos sintamos; y *definitivamente* nada de cagar en el autobús. Deja toda esa mierda para las paradas de hotel.

Creo que las reglas eran para respetar a Kim Hill, porque le tocaba sobrevivir en un autobús repleto de testosterona con once tipos. También vale decir que ella era muy demandante y necesitaba mucha atención, que probablemente estaba en su derecho como la única mujer abordo. No digo que era una diva porque no habían malascrianzas, pataletas ni nada por el estilo, pero creo que se creía la abeja reina del panal… y su perro Chompa era el condenado rey.

Era uno de esos perros Tibetan Lhasa Apso peinados impecablemente, con orejas cortadas y una trompa fea. Lo que hay que comprender sobre estos perros es que se criaron para proteger monasterios budistas, no autobuses de gira de los Black Eyed Peas.

Nosotros los hombres nos subíamos al autobús, listos para otro viaje cruzando fronteras de estados, para encontrar a esta cosita peluda acostado en el sofá delantero.

—Epa, ¿alguna posibilidad de que nos podamos sentar? —decía siempre alguno de nosotros, hablándole al perro como si fuera humano mientras le hacíamos llegar el mensaje a Kim.

—¿No pueden sentarse en la parte de atrás? —contestaba—. Mi pequeño shnoo-nah está durmiendo.

Lo llamaba su "pequeño shnoo-nah". Nosotros lo llamábamos una molestia de mierda. Su perro estaba durmiendo, pero nosotros éramos los que estábamos viajando por todo Estados Unidos, necesitando descanso y diversión. Sin embargo, siempre había una reafirmación de parte de Kim que once hombres no deseaban enfrentar. Tenía tanta seguridad que no le daba miedo declarar sus preferencias, por lo tanto, cuando el perro maldito quería estirarse, Will, Apl y yo nos íbamos a la sala trasera para evitar un drama.

Lo que nunca le dijimos a Kim era que Will no le tenía paciencia a su compañero constante y probablemente tuvo suerte que no desapareció en alguna parte entre Los Ángeles y Kansas.

Cuando ella no estaba, Will lo empujaba del sofá con su pie y aterrorizaba a la pobre mierdita con un gruñido amenazador propio. Para cuando llegamos al final de la gira, el perro se volvió sorprendentemente obediente —despertándose y bajándose del sofá cada vez que aparecía Will.

Luego de esa experiencia, agregamos otra regla de autobús: no se permiten perros.

Nuestro apodo en Smokin' Grooves era "Los Buen Samaritanos" porque éramos los muchachos nuevo y buenos; los novatos que se portaban bien en la escuela del hip-hop. Como novatos, éramos algo tímidos al principio, y pronto comprendimos nuestro lugar en la jerarquía —en especial cuando se trataba de mujeres.

Los festivales musicales ambulantes siempre atraen a grupis a quienes no hay nada que les guste más que estar relacionados con los artistas. En general son aficionados a cualquier tipo de música que se encuentra pasando por un soñoliento rincón de Estados Unidos. La misión colectiva del grupi en general es la de conseguir acceso detrás del escenario y pasar un rato con las actuaciones principales, y a cambio en general terminan en la fiesta… y la fiesta después de la fiesta… ¡y luego la fiesta después de la fiesta después de la fiesta!

En efecto, después del espectáculo, recibimos nuestra buena cantidad de atención femenina y, como perros desesperados por regodearse las bolas, invitamos a nuestras "fans" preferidas detrás del escenario, pensando que era pan comido.

Sin embargo, una vez que las muchachas lograron obtener sus pulseras de acceso total, tenía ideas más ambiciosas. Cuando habían estrellas como Busta Rhymes, Flavor Flav y Cypress Hill olfateando alrededor, no había forma en que nosotros mantuviéramos ni siquiera un culito sexy entre nuestros brazos. Pueblo tras pueblo, descendían sobre nosotros, los tres "Samaritanos", los buitres en busca de carne. Así que perdimos muchachas desde un principio para ganarnos nuestros galones. Simplemente les seguíamos la corriente y decíamos "Bueno, no importa… es tu barrio".

Todos los grupos y bandas interactuaban y hacían conexiones, pero Apl y yo muchas veces preferíamos nuestro propio espacio, cerrábamos las cortinas del autobús y nos fumábamos unos porros. Teníamos que agradecer a Flavor Flav de Public Enemy por mantener el hábito al cual nos habíamos acostumbrado.

Era un tipo extravagante y loco que era un verdadero palo de pogo lleno de energía, siempre queriendo sentirse vivo en cuanto amaneciera. Nunca nos dejaba dormir hasta tarde, y se volvió nuestro despertador —típico del mano que siempre usa es reloj gigante alrededor del cuello sobre el escenario.

Siempre subía a nuestro autobús y gritaba "¡ANDALE, Black Eyed Peas! ¡Es hora de que levanten esos culos y fumen un poco de POOORROOOO!".

Pasaba siempre cuando nuestros autobuses habían estacionado al lado del próximo hotel en el próximo pueblo nuevo, habiendo viajado toda la noche, y él estaba saltando como un tipo que acaba de bajarse del escenario; súper ruidoso y muchas veces sin camisa. Siempre con esa sonrisa enorme y dientuda en su cara.

Yo no era una persona mañanera.

—¡Mira, Flav, danos otros quince minutos!

—¡No, TAB-OOOO, levanta ese culo de la cama perezoso hijo de puta!

Aplaudiría las manos, haría ritmos y nos sacudía de la cama.

Lo odiaba durante unos cinco minutos, pero siempre terminaba riendo porque aquí tenía a uno de los hombres más icónicos y conocidos del hip-hop, arrastrándome de la litera de arriba para compartir un porro como desayuno. Era casi un ritual mañanero.

Una vez, Will —probablemente el de espíritu más profundo de los Peas— intentó conversar con él sobre algo místico sobre los signos astrológicos. Will siempre ha tenido esa intensidad, abierto a lo alternativo y profundo. Hablaba de todo, desde lo cybernético a la astrología, y siempre le ha interesado aprender cualquier cosa sobre el crecimiento individual, la conciencia en sí mismo y la perspectiva más amplia.

Mientras que Flav nunca me pareció el tipo de persona que le gustaba esa mierda.

Pero eso no hacía que Will no investigara cuán profundas eran sus aguas. Sentado en frente de él en el autobús una mañana, un Will serio de repente preguntó:

—¿Cuál es tu signo, Flav?

—¿Qué? —dijo Flav, sentado entre una nube densa de humo de porro que acababa de exhalar en círculos de su boca.

—¿Cuál es tu signo astrológico?

Flav ni se inmutó y sus ojos se abrieron.

—Soy… ¡una TARANTULA!

Will no sabía como responder:

—Ah… bueno… yo soy Piscis.

—¡Mano, qué putas! ¡No sé una mierda sobre la astrología! —gritó Flav.

Apl y yo estábamos destornillándonos de la risa en el sofá porque nos sentíamos igual de desdeñosos. Una vez, Will me dijo que yo era un Cáncer y me explicó lo que eso decía de mí —coraza dura, blando por dentro, con un lado vulnerable, o algo así— y yo pensé, *puro cuento*.

Soy más la persona que quiere sentirlo, no pensarlo; zambullirme en la vida y no pasar mucho tiempo tratando de comprender mierda. Las pruebas y tribulaciones de la vida me formaron, no el las características moldeadas de un cangrejo simbólico. Todo bien. Está cool. Es todo paz y amor. Pero no es para mí.

Yo encontré mi lugar espiritual a través del porro, y habían cantidades copiosas de porro en esa gira, pero eso era todo lo que era —porro. No había nada de la mierda con la que había luchado Flav en los años previos —nada que yo haya visto— y nada del desenfreno roquero.

Por lo menos, aun no.

Probablemente fumaba como nueve porros al día. Esa gira era una gran neblina rodando por Estados Unidos, dejándome en un estado perpetuo de calma en cámara lenta hasta la hora del espectáculo. Mi ropa no olía a colonia y mi pelo no olía a shampoo. Yo era el equivalente en cuanto al porro al amigo de Charlie Brown, Pig Pen.

Después de nuestro set de veinte minutos, no había nada que nos gustara más a Apl y a mí que pasar un rato después de la actuación con el resto del público. Siendo de Los Ángeles, constantemente nos intrigaba la onda de cada ciudad, cómo se vestía la gente y qué decía la gente de nuestra música. Conocíamos cómo era la costa oeste, pero queríamos conocer mejor el resto de Estados Unidos.

Mientras tanto, Will hacía conexiones, coleccionando números para una misión explorativa que ya estaba germinando en su mente: el disco número dos. El exploraba el talento, y nosotros explorábamos la gente. Sentarnos en los campos con las masas era informativo. Lo llamábamos "investigación" —usando nuestro anonimato para escuchar lo que decía el público. Lo bueno de pasar tiempo entre el gentío es que raramente nos reconocían y podíamos sentarnos tranquilos y disfrutar de las actuaciones principales.

A nivel personal, nadie me produjo mayor impacto que el abstracto, frenético, "poderoso infame" Busta Rhymes. Este tipo me había fascinado desde que salió por primera vez con un grupo hip-hop de Long Island llamado Leaders of the New School en 1989, cuando él tenía dieciséis años, y me hizo amar L.O.N.S. con canciones como "Case of the P.T.A.", "Sobb Story" y "International Zone Coaster". Pero su ascenso comenzó en serio cuando figuró en el himno de A Tribe Called Quest en 1992 titulado "Scenario". Hasta hoy en día, toca esa canción en *cualquier* lugar y todavía coloca a la gente. Para 1996, Busta había comenzado su carrera solista y se había hecho famoso en ambas costas del Atlántico con dos discos monstruosamente exitosos, *The Coming* y luego *E.L.E. (Extinction Level Event): The Final World Front.* Así que era un honor estar en el mismo reparto que él.

Como artista en vivo, estaba ahí solo. Siempre fue increíble verlo. Su presencia feroz e intensidad sobre el escenario captaba al público, el sol y el cielo en la palma de su mano, imponiendo atención.

Cuando subía al escenario, yo entraba en trance. Observándolo. Es-

tudiándolo. Me echaba en el pasto y aprendía: cómo se movía, cómo llevaba a sus fans, cómo lo mantenía estimulante a nivel visual, lo colorido que se vestía y cómo su personalidad expresiva y sus gestos faciales contaban una historia. Era un artista completo, una explosión de energía, a la altura de su sello "Demonio de Tasmania en ácido".

Me gusta pensar que observar a Busta me hizo un mejor artista. Él me enseñó, a modo de ejemplo, como adoptar un personaje, prenderlo y dejarlo andando. Su resistencia, sus esquemas de rima y su energía eran increíbles.

Un par de veces lo oí bajar del escenario y decir, "Hijo, estaba sufriendo allá afuera". Pero ni te dabas cuenta. Cuando me sentía enfermo, cansado, perezoso, el ejemplo de Busta me hacía atravesar esa barrera, sacar fuerzas, dar un 1.000 por ciento y explotar. Él me enseñó a llevar el show de bueno a fenomenal.

Detrás del escenario, cuando Busta se quitaba la máscara y se transformaba en Trevor Smith —su nombre real— era un tipo humilde y con gran corazón que relajaba su cuerpo musculoso en el sofá, todo tranquilo y casi apagado, como si el mismo arte de su actuación le hubiera chupado toda la vida y energía de su cuerpo.

Deja al público queriendo más. Termina agotado.

En esos días, siempre me preguntaba qué pensaba Busta de los Peas, y tomaría otros doce años enterarme. Compartimos la alfombra roja de los BET Awards de 2010. Will tomó el micrófono de parte de Access Hollywood para una entrevista y Busta admitió:

—Hubo una época en la que no entendí (a los Peas) en seguida —y luego agregó—: Pero ustedes animaban el escenario mientras llegaba la gente y establecieron el ambiente desde el comienzo de la gira, desde la primera fecha hasta la última, desde la primera actuación hasta la última, ¡y ese paso nos hizo salir allá afuera y tener un ataque cardíaco!

Para cuando Smokin' Grooves llegó a la costa oeste, me gustaría creer que los Peas se habían influenciado positivamente por la experiencia y los artistas que nos rodeaban. Habíamos estado en el mismo campo que los campeones del juego y parte de un equipo de estrellas, y todo ese viaje nos volvió más hambrientos. Nos hizo querer trabajar más duro para llegar a donde estaban Wyclef, Cypress Hill, Public Enemy, Gang Starr y Busta Rhymes. Algo inspirador se nos pegó de estar a esa proximidad de ejemplos vivientes quienes se volvieron hermanos durante dos meses.

"Llegaremos ahí. Tenemos el enfoque y la dedicación", nos decíamos el uno al otro.

Cuando finalmente llegó la gira a Los Ángeles, estábamos listos para nuestras casas.

Para mí, la actuación en Los Ángeles fue la más dulce de las veinte fechas, y no solo porque representaba una bienvenida a casa, pero porque el sitio era el Universal Amphitheater, donde Phoenix y yo una vez nos habían contratado para el espectáculo de Ron Johnson que no terminó sucediendo. Yo lo veía como que este regreso era mi graduación del soñador al hacedor; el círculo de la vida. Mamá, Julio, Celeste y Josh estaban detrás del escenario, y fue su primer vistazo a mi nuevo mundo. No podía dejar de recordar lo emocionada que estaba mi mamá.

Nunca olvidaré cuando les mostré todo detrás del escenario y todos, desde seguridad a catering a los ingenieros de sonido a otros artistas, les decían "Hola", y, para mí, era la sensación que asumo tienen los estudiantes brillantes cuando les muestran la universidad a sus padres en el día de su graduación y todos los maestros y profesores los reconocen.

Reconocimiento. Sí, de eso se trataba.

También quería compartir esta primera línea de meta con Josh.

Todas nuestras familias y amigos estaban allí, así que para la última canción, lo subí al escenario en frente de una arena repleta. Lo llevé de la mano y de repente se largó a bailar. La gente, Busta y Wyclef empezaron a alentarlo y aplaudir. *¿Dónde diablos aprendió a moverse así?* pensé.

Mamá me contó que mientras estaba de gira, Josh había estado paralizado frente a la televisión, viendo el video de Michael Jackson, titulado *Moonwalker,* día tras día. Luego, se levantaba e imitaba los pasos y el *moonwalk*... y esos fueron los pasos que bailó en el escenario del anfiteatro.

Si alguna vez me pegó la realidad de ser padre, fue en ese momento. Este muchacho observó y aprendió de la misma manera en que yo observé y aprendí de alguien como Busta. Michael Jackson para Josh era como mi Boogaloo Shrimp. Mi mamá era su Nanny. Y yo era el padre que nunca tuve en mi vida.

Miré a mi mamá al terminar la actuación y noté su orgullo. También vi como sonreía Julio, y pensé en lo mucho que había tomado ganarme ese momento. Porque, al fin y al cabo, eso es todo lo que buscamos, ¿no? El orgullo de nuestros padres. No importa cuál se la edad en la que lo alcancemos.

En casa, pasaron los años de tensión y un respeto recién ganado tomó su lugar. Julio empezó a confiar en mí, hombre a hombre, y felizmente ayudó con consejos sobre planes futuros. Era como si hubiera llenado los zapatos que siempre me tuvieron ahí esperando.

La actitud de Josh también mejoró. Se abrió más, era un muchacho más feliz y dejó de ser agresivo. Me di cuenta que dentro de todos estos cambios que se habían dado, Josh ahora me admiraba, buscaba *mi* amor, buscaba *mi* visto bueno. Y al principio, me cagué en los pantalones.

El niño dentro de mí que apenas había madurado comenzó a preocuparse si alguna vez podría dar la talla. Nunca jamás quería quedarme corto o ser una desilusión en los ojos de mi hijo. No sabía lo que era un padre, entonces

¿cómo podría convertirme en uno? No tenía ningún ejemplo de padre del cual agarrarme, solo mi mamá y Nanny. Y, seamos sinceros, había sido una sombra de padre hasta este entonces.

—¿Qué quieres ser cuando seas grande? —le preguntó mi mamá a Josh un día.

—Quiero ser como Papi —respondió, sin pensarlo dos veces.

Este muchacho con quien había compartido tiempo —jugando a la lucha, viendo "Blues Clues", yendo a Disneyland y Legoland— me tenía en el pedestal de padre en un momento en que ni yo sabía bien quién era y no apreciaba lo que era ser padre. Sin embargo, su futuro y sus sueños dependían de mi ejemplo.

Como bien dijo Macy Gray sobre como aprendió a lidiar con la maternidad: "Al tener hijos, y tener que hacer plata, y entrar en todos los detalles de una vida real, o maduras y te vuelves seguro… o te tiras por un barranco."

No sentí, de inmediato, ese peso extra de responsabilidad.

No sentí, al instante, un pedazo desconocido dentro de mí que quería salir corriendo y esconderse.

Lo único que sentí, mientras bailaba sobre el escenario e imitaba mis poses de artes marciales, era orgullo.

—¡Ese es mi hijo! —grité en el micrófono.

En un momento durante Smokin'Grooves, fuimos al cine a ver como sonábamos en la pantalla grande. Warren Beatty había aprobado "Joints & Jams" para la banda sonora de una película que él coprodujo y dirigió, *Bulworth* —la primera vez que saboreaba la industria del cine.

La película era sobre un senador demócrata llamado Bulworth que le daba un mensaje a la gente de California al transformarse en un político rapero, y luego se enamoraba de una mujer negra (Halle Berry) quien vivía en South Central L.A. Probablemente fue la película más cursi que habíamos visto, pero Interscope recopiló la banda sonora y decidió utilizar una de nuestras canciones. Cuando eres joven y recién empezando en la industria, no importa cuán mala sea la película. Escuchar "Joints & Jam" de esa manera —y saber que la estaban pasando en Regal Cinemas por todo Estados Unidos— era increíble. Quería arrojar las palomitas de maíz, prender la luces, darme vuelta y decirle al resto del público, "¡Esa es mi canción!". Pero los tres —Will, Apl y yo— nos quedámos sentados, sonriendo silenciosamente de oreja a oreja.

Creo que la película no llegó a recuperar su presupuesto de $30 millones en la taquilla, pero la banda sonora era cool y llegó a platino, vendiendo un millón de ejemplares y trayéndonos un poquito de dinero para gastos personales.

Sé que definitivamente nos prendió una lamparita interna, y nos hizo pensar en más maneras de licenciar nuestras canciones a películas, propagandas televisivas y jingles radiales. Le podríamos haber enseñado par de cosas a

Warren Beatty sobre rapear, pero él nos enseño algo valioso del mundo comercial.

¿Y mi línea preferida de toda la película? Cuando Mimi (actuada por Laurie Metcalf) vio como la perdía Bulworth por la televisión y dijo, "¿Reuniremos los requisitos para un Emmy o un Peabody?". Me gusta pensar que el buen augurio fue una de esas frases de doble sentido.

Solo se necesita una elección aparentemente pequeña para cambiar la trayectoria del resto de tu vida. Como la elección que hice en mi primera fiesta rave a finales de 1998.

La fiesta rave fue, irónicamente, en Glam Slam donde comenzó nuestro viaje hacía tres años. Antes nunca me había interesado este mundo, pero, en parte por aburrimiento y en otra por intriga, decidí ir con Apl y unos amigos por lo increíble que decían que era.

Las fiestas rave eran la nueva escena *under*. Los Ángeles estaba zumbando con los cuentos de sitios secretos en el desierto o en algún depósito en el centro de la ciudad, y lo que se decía en la calle había cambiado de "¿Fuiste a ese club anoche?" a "Mierda mano, ¿fuiste a esa fiesta rave anoche?". El murmullo sobre las diferentes fiestas rave parecía propagarse de boca en boca, y todo sonaba un poco inaccesible e ilícito —lo cual significaba que me había llamado la atención.

En Glam Slam, entré a esa oscuridad nebulosa familiar y me sentí como un humano que había aterrizado en Marte. El local estaba pulsando BUM-BUM-BUM a una música dura de trance-tecno. Creo que no había ni una persona que *no* estuviera bailando —era una locura. No me di cuenta que estaba presenciando la siguiente generación de música hirviendo debajo de la superficie. Al igual que el hip-hop, que estuvo limitado a las calles y los clubes, así era con la escena rave. Sus sonidos hipnóticos ni siquiera se escuchaban en la radio, pero era una extensión natural de todo lo que había sucedido en el pasado.

Si el hip-hop era la versión más rápida del disco —rapeando sobre ritmos de disco— entonces la música house era el hermano más rápido del hip-hop, y luego el house de Chicago se convirtió en el tecno de Detroit que se convirtió en el trance universal. Era toda música para bailar con diferentes nombres, pero nunca había visto a personas dadas vueltas a esta escala frenética, y especialmente sin un cantante-artista como punto central. No había un escenario. Ninguna actuación. Solo un DJ y el público enloquecido.

Una tribu.

El mundo estaba entrando en la era de DJs como artistas; hacia los brazos y mentes de personas como Moby quien vendería 2,7 millones de ejemplares de su disco *Play* en 1999 con el estilo de música que hizo delirar a todos los que estaban en Glam Slam.

Personas con caras radiantes bailaron en una oscuridad perforada por fugaces luces láser de color verde y azul, y todo lo que podías ver, contra estas pulsaciones de luz rápida, era un horizonte alocado de siluetas de manos. La gente estaba tocando silbatos, agitando varitas luminosas, y tenían colores disparatados en el pelo y maquillaje de payaso. En la pista, otros se retorcían y se acariciaban a sí mismos, y otros retozaban con los parlantes o al borde del escenario. Y el lugar entero estaba tan caliente como un sauna.

Ahí fue cuando noté que todos se bajaban botellas de agua, no alcohol. No podía conectar ambas acciones: el enloquecimiento desinhibido con el hecho que todos estaban tomando H2O.

Escuché y absorbí el ambiente. "Launch" de DJ Jean estaba sonando, un tema del rave icónico que resumía aquel ritmo tecno duro; música en anfetaminas —más profunda, más rápida, monótona y más dramática, con un sinnúmero de crescendos. Me quedé a las afueras de la pista, cerca de una butaca con vista a la orgía de trance y pensé que era como un Woodstock de nuestros tiempos.

—¡UY, MANO! —gritó un tipo parado a mi izquierda—. ¡ESTOY VO-LANDO!

—¿QUÉ MIERDA QUIERE DECIR ESO? —le grité devuelta.

—¡ESTOY EN... EX!

—¿QUÉ ES EX?

—LO TIENES QUE PROBAR, MANO —ESPERA... —y desapareció.

Unos minutos más tarde, el tipo volvió con una píldora. El porro me debe de haber mantenido dentro de un conocimiento resguardado porque no tenía idea que la mitad de Los Ángeles estaba de fiesta con esta droga. No había manera en que dijera que no. Así fue que tomé y tragué mi primera píldora de Ecstasy.

La bajé con agua.

—QUINCE MINUTOS... ¡YA VERÁS! —gritó este discotequero al azar.

Pero no había una jala instantánea.

Esto es una mierda, pensé.

Me retire hacia una butaca de cuero en un rincón oscuro y sentí nada más que una sensación anticlimática. Observé la escena que me rodeaba con indiferencia.

De repente, tres chicas se sentaron a mi lado y estaban encima mío, como putas de Dracula.

—Epa, mano, es todo amuurrrr —dijo una.

—Eres heermoooouuusoooo —dijo otra, acariciando mil pelo y las manos.

—¡Mira tu PELO! ¡Aaaaahhhh! —dijo la tercera.

Y en ese instante, cuando el comportamiento de todos me estaba empezando a incomodar, una ola intensa de alegría me invadió; una sensación que corrió por cada vena, célula y fibra.

—¡A la mieeerrdaaa, sí, SOY hermoso… mira que hermosas son mis manos! —dije.

De la nada, me puse a bailar como un loco, perdido en un estado transcendental como todos los demás, volando por arriba de la conciencia. No me podía quitar la sonrisa de la cara. Me sentía en la cima del mundo. Nunca antes había sentido la excitación de una actuación, sin actuar.

Lo quería sentir de nuevo —y esa fue la pequeña elección que hice. Empecé a tomar Ex. Estaba demasiado absorto en la sensación que me daba para escuchar el tambor de la pesadilla lejana que había puesto en movimiento.

Polo Molina siempre había sido parte de la familia, y todavía lo considero como el tipo que me dio la primera oportunidad con la audición de Ron Johnson. Así que cuando se nos acercó con una oportunidad, nos llamó la atención. Previamente había trabajado como mesero en Red Lobster antes de aceptar el trabajo de repartidor para las papitas Frito-Lay, sin embargo, como nosotros, su visión y ambición se enfocaban en sueños más grandes.

—He estado pensando —dijo un día—. Me deberían llevar de gira con ustedes.

—¡Pero no puedes! ¿Y tu trabajo? —le respondimos.

—Renunciaré y haré dinero; y, a su vez, les haré dinero a ustedes —dijo, con una confianza de buscavidas. Si bien Will siempre fue nuestro visionario de la música, entonces Polo siempre ha sido nuestro mago empresarial. Y en ese entonces, Polo había encontrado su nueva empresa: ser el tipo que maneja la mercancía de los Black Eyed Peas.

Y de pronto, habló con uno de sus contactos y apareció con una caja de cinco mil camisetas blancas y sudaderas negras estampadas con el logo BEP y patrocinado por DaDa Footwear. Fue nuestra primera línea de mercancías creada bajo la compañía que estableció simultáneamente: Grassroots Productions.

—¿Qué harás con todo eso? —preguntó Will, asombrado por el tamaño del primer pedido.

—Armaré un stand de mercancías y lo venderé en la gira —dijo.

Yo no estaba tan seguro como Polo. ¿Por qué gastarían plata comprando mercancía de un grupo que ni siquiera tenía un sencillo exitoso? Pensé que deberíamos preocuparnos más por hacer un disco exitoso que vender productos, pero lo admiré por llevarlo a cabo ya que nadie —ni Black Coffee Management— se le había ocurrido una iniciativa con visión al futuro como esta. No solo eso, sino que Polo absorbió todo el riesgo, invirtió su propio dinero, y dijo que pagaría su propio tiquete en la gira. Lo único que teníamos que hacer es brindarle la plataforma. Así que acordamos que debería renunciar a Frito-Lay y unirse a los Black Eyed Peas en algunas de las paradas de la gira por Europa.

—Créeme —dijo Polo—, no estoy equivocado; la gente va a comprar esta mierda.

Nos enamoramos de Londres en el momento que las ruedas del avión aterrizaron en Heathrow Airport. Siempre había sido nuestra misión ir al exterior, y cada uno de nosotros había soñado con algún día tocar en la capital de Inglaterra. Solo tienes que fijarte en "Joints & Jam" para comprender nuestro plan a largo plazo desde un principio: "...*we want some north-bound shit, some south-bound shit, overseas, out of town, London shit...*", que en español sería "*...queremos una mierda hacia el norte, una mierda hacia el sur, al exterior, fuera de la ciudad, una mierda en Londres...*".

Volamos en clase turista, pero se sentía como business, porque era nuestro primer vuelto transatlántico y no sabíamos la diferencia. Ese asiento turista en British Airways era el sumo del lujo, para mí.

Pasamos las once horas de vuelo pensando en las posibilidades interminables ahora que habíamos cruzado la frontera americana. En el cielo sobre el Atlántico, lo planeamos todo: Apl es de Filipinas, así que podemos tocar allí. Si vamos con esa idea, entonces también podíamos ir a México. Y si podemos hacer Europa, podemos hacer África.

Siempre fuimos como los que quieren correr antes de aprender a caminar.

Pero, de entrada, también fue la razón por la cual queríamos que Interscope nos apoyara con el respaldo para las giras porque, en nuestras mentes, siempre fuimos un grupo internacional, no solo americano.

Estábamos emocionados con Londres porque sentíamos que Europa "entendía" nuestra música, aun más que la gente en casa. Era un lugar más avanzado en cuanto a la música y la moda. Londres establecía tendencias. Estados Unidos se unía y los seguía. Esa no es mi opinión. Viene de la boca de la historia.

La historia es lo que nos mantuvo en un constante estado de asombro en Londres. Pasamos dos días solo diciendo "¡Ah!" mientras veíamos al Big Ben, las Casas del Parlamento, el Palacio Buckingham y el Natural History Museum. Vimos nuestra primera cabina telefónica roja, nuestro primer policía a pie, nuestro primer taxi negro y nuestro primer autobús de Londres. Casi ni vimos nuestro hotel en Kensington porque pasamos todo nuestro tiempo recorriendo la ciudad.

Era raro, como americano, llegar a Inglaterra por primera vez porque solo lo había visto por televisión, y todos los que había visto eran lord ingleses, de la familia real o increíblemente ricos. Asociaba al acento inglés con la riqueza. Entonces, cuando la joven recepcionista del hotel nos dio la bienvenida y nos deseó "una estadía agradable y memorable", quedé boquiabierto ante cada palabra que salía de su hermosa boca.

Miré a esta mujer bien vestida y pensé, *¡Ah, debe ser rica!*

El clima era frío, húmedo y sombrío, y el cielo parecía suspendido más cerca que el de California, pero nos encantó porque se sentían las estaciones. Caminamos por Regent's Park, donde las hojas doradas y marrones de los árboles ya estaban cayendo. Si hay algo constantemente ligado al mundo del espectáculo en Los Ángeles, hay algo de ensueño al estar en Londres, en especial para un californiano del sur.

También estábamos emocionados con nuestro recibimiento porque habíamos llegado justo mientras estaba sonando nuestra música en la radio, y no solo en las estaciones de hip-hop. Eso es lo inteligente de la radio del Reino Unido. No compartimentan su música con estaciones de solo pop, solo heavy metal, solo country, solo hip-hop. Tiene Radio 1, la estación de música más grande, no comercial y dominante de la zona. Lo que ponen al aire es un río diverso de música que refleja los gustos de la ciudad y su patrimonio musical.

En 1998, tocaba Nelly o Black Eyed Peas mezclado con Gwen Stefani, Celine Dion, Kylie Minogue o Deacon Blue.

Como resultado, nuestra música alcanzó a un público mucho más grande y variado que lo que había alcanzado a través de los mercados especializados de Estados Unidos. Quizás eso explica el recibimiento increíble que nos dieron durante dos noches frías de septiembre en uno de los mejores locales de Londres, el Jazz Cafe en Camden Town, un vecindario vibrante al norte de Regent's Park.

Todos los caminos llevaban a Camden Town si eras una banda nueva en Europa y, previo a la apertura de Jazz Cafe en 1990, los pubs rudimentarios ayudaron a lanzar a bandas como los Who, los Kinks y los Rolling Stones. También nos alegraba saber que De La Soul —con el acompañamiento de un piano— nos había preparado el escenario de hip-hop el año anterior. Pero sabíamos que Londres nunca había visto nada como nosotros —esta fusión demente de hip-hop y jazz acompañado por una banda en vivo, ropa que no era hip-hop, nada de la vieja guardia, con tres raperos que podían comerse la pista de baile con sus paso.

Estábamos en el reparto como parte de la agenda que apuntaba a los MOBO Awards (música de origen negra, por sus siglas en inglés) en el Royal Albert Hall en octubre, y el Cafe servía para mostrar ciertos artistas. Lo bueno del Jazz Cafe como local es que le iba bien tanto a nuestras melodías estilo lounge y nuestra energía rebosante. Puede ser íntimo. Puede ser intenso.

La taquilla para ambas noches se había vendido toda. Llenamos la pista principal y el balcón del primer piso llegando a la capacidad máxima de cuatrocientas personas. Se había hablado en las columnas pop de los diarios sobre *"los Black Eyed Peas haciendo su debut en el Reino Unido"*, y se sentía como que el primer foco real y la sensación de ímpetu nos habían encontrado en Londres —a cinco mil millas de casa, donde pasamos años tratando de hacernos un nombre.

Se sentía como reconocimiento instantáneo comparado con el trabajo arduo de Los Ángeles. Creo que tenía mucho que ver que Europa no era tan cauteloso ni tan mañoso. En ese entonces, los clubes de Hollywood estaban repletos de personas esforzándose demás para ser cool y aferrándose a lo comprobado y conocido. Los clubes europeos estaban llenos de personas que no les importaba un pepino lo que pensaba la gente y se dejaban ir, con gustos musicales menos rígidos.

Mientras entregamos todo en nuestra actuación, y el Jazz Cafe respondió con la misma energía, creo que nunca la había pasado tan bien en un escenario. El escenario mínimo era un problema porque era el más pequeño en que alguna vez habíamos tocado y tuvimos que apretujarnos con la banda. Por momentos era cómico porque era como si estuviéramos usando cuerdas de saltar. Nunca sabré cómo hicimos para no enredarnos y caernos de cara. Pero el ambiente y nuestro recibimiento fueron increíbles.

Estábamos tan cerca del público que podíamos extender los brazos y tocar los hombros de los tipos saltando en primera fila. Estábamos transpirados pero era fenomenal, y le dimos vida al lugar.

—¡Aquí es donde debemos estar! —dijimos al bajarnos del escenario.

Apl, cuyos ojos incrédulos lo decían todo, dijo:

—¿Vieron cómo nos recibieron? ¡Me sentí como un puto Beatle allá afuera!

Afuera en el lobby, fuimos en busca de Polo para ver como le estaba yendo con la mercancía. Había puesto una mesa dentro de una tienda blanca al estilo mercado de agricultores en el lobby, y estaba usando un megáfono, de la misma manera que lo haría en otros locales y festivales musicales donde tocaríamos durante el siguiente año.

Parecía un vendedor de diarios que se veían antes fuera de las estaciones de metro en Londres, gritando los titulares. En el piso tenía un reproductor tocando nuestra música.

Polo es un promotor natural, y era efectivo con la mercancía porque encontraba maneras originales de crear un espectáculo que atraía a los clientes. En eventos futuros, empezó a organizar concursos, como unos de camisetas mojadas, o juegos como "¿Quién puede traer el mejor porro a la tienda de los Black Eyed Peas?" —¡con Apl y yo como jueces! O concursos de "¿Quién puede bailar mejor que un Pea?". O nos llevaba allá afuera para sacarnos fotos con los fans y firmar camisetas.

Con el pasar de las semanas, terminamos nuestras fechas a través de Europa —incluyendo París y Amsterdam —y Polo le dio a Will $55.000 en efectivo.

—¿Qué? —dijo Will—. ¡Hiciste más dinero que nosotros!

Como marca, ya estábamos andando, al igual que Polo. Usamos el efectivo para pagar e reinvertir en nueva mercancía, solo que más grande y mejor:

gorras, sudaderas con capucha, carteles y más camisetas. No que Polo estuviera contento con solo ser nuestro mánager de mercancías.

Cuanto más tiempo pasaba con nosotros, más veía y más aprendía, podías casi oir su mente funcionando.

—Saben qué —dijo—. Yo podría manejar todo esto… yo podría ser el mánager de la gira y hacerlos crecer a lo grande.

Cuando Polo decía algo así, sabías que pasaría.

Era el tipo de torbellino siempre pensante que necesitábamos a la larga. El veía el panorama más amplio para la marca de la misma manera que nosotros lo veíamos para la música. Y, para ser honesto, el organizador natural que tenía adentro de igual manera ya estaba actuando como nuestro mánager día a día.

Europa fue un gran éxito, y nos sentimos increíblemente conectados con su gente. Nos sentimos como en casa. "Tenemos que volver y grabar un disco. La cosa está en Londres!", dijimos.

Después de cada actuación en la capital de Inglaterra, íbamos de VIP a un club nocturno llamado Chinawhite y nos emborrachamos ambas noches. Cuando la fiesta terminó en el club a las tres de la mañana, nos fuimos a otro llamado Paparazzi, que seguía de fiesta hasta las seis de la mañana. Nunca habíamos experimentado una vida nocturna tan interminable porque la mayoría de los lugares cerraban a las dos de la mañana en Los Ángeles, y había algo especial en caminar por las calles comiendo kebab a esas horas. No recuerdo mucho de aquellas dos noches más que la presencia de, al parecer, varios artistas conocidos ingleses en las salas VIP. Recuerdo haber conocido una banda de muchachos bonitos llamada Blue, pero eso es todo.

Will y Apl siempre iban con todo cuando de fiesta, pero ellos, al diferencia de mí, sabían cuando parar. Yo simplemente me bajaba Adios Motherfuckers, Long Islands y shots de kamikase hasta desplomarme. Estar en Londres también me daba la sensación de que estaba de vacaciones, así que me dejé ir más de lo normal.

Me eché en un rincón una de esas dos noches y me presenté a una cantautora australiana Natalie Imbruglia, quien también era la estrella de una telenovela en su país llamado *Neighbors.* Yo estaba echo trizas, pero no lo suficiente para no darme cuenta lo hermosa que era.

—Hola, soy Taboo de los Black Eyed Peas —le dije, arrastrando las palabras.

Ella me dijo que sabía. Supo que habíamos tocado en Jazz Cafe y, de manera muy cortés, me felicitó.

Me recosté sobre el brazo del sofá.

—¿Sabes lo hermosa que eres…? ¡Mira tus ojos! —le dije, otra vez arrastrando mis palabras.

Me dio esa mirada sorprendida que la mayoría de las muchachas sofisticadas le dan a un idiota borracho, pero muy educadamente me agradeció. Estaba actuando como uno de esos viejos rompebolas y debe de haber pensado que era un tarado. No sorprende que hasta ahí llegó nuestra conversación, así que después de un silencio incómodo, me levanté, le dije adiós y me tropecé con el brazo del sofá.

En esos días, las primeras impresiones en los clubes no eran mi fuerte.

Por otro lado, la buena noticia era que en Londres dejamos nuestra primera huella en las listas de éxitos, llegando a los primeros setenta y cinco por primera vez con "Joints & Jams" en el número 53. No era mucho, pero representaba progreso. Tristemente, no se podía decir lo mismo con nuestro camino en Estados Unidos.

Una reseña de las actuaciones en el Jazz Café se publicó en una revista cultural inglesa y resumió nuestro reto. No guardé el nombre de la publicación, pero pegué las palabras en mi álbum de recortes: *"Este grupo de California crea un ejercicio en espectáculo que compite con el Royal Variety Performance... fascinando a los espectadores con sus números de baile tamaño arena. Los Black Eyed Peas se destacan en su arte. Lo que queda por verse ahora es si el sello discográfico puede traducir tal talento a verdaderas ventas".*

Era lo último que necesitaba leer Will en ese momento ya que las cosas no se veían muy bien.

Behind the Front estaba abajo en las listas de *Billboard 200* en Estados Unidos, alcanzando su nivel más alto como número 129 y vendiendo 300.000 copias. Era un comienzo regular, pero nosotros no aceptábamos "regular", y definitivamente no alcanzó las expectativas. Cuando un sello discográfico te da un adelanto de $500.000, mejor que vendas 500.000 ejemplares.

Para principios de 1999, habíamos lanzado tres sencillos —"Joints & Jam", "Fallin' Up" y "Karma"— y ni uno había hecho un verdadero impacto. Ni siquiera nos habían hecho notar con una marca mínima en el radar de Estados Unidos.

—Ni siquiera hemos llegado a oro. ¡Esto no se ve bien! —dijo Will, y seguía rascándose la cabeza, tratando de comprender las ventas bajas del disco. Es un hombre que le gusta sentir que está en control y, con esas ventas, el vehículo se estaba desviando del camino. Mientras reexaminaba nuestra estrategia y dirección, el diario intelectual *Independent* de Londres pensó que tenía la respuesta:

"Los Black Eyed Peas, basados en Los Ángeles, evitan el alarde de pistolero y fanfarrón como sus colegas gángster, optando por un estilo de rap más consciente a nivel social y político. Probablemente esta actitud relajada es lo que los ha impedido llegar al público general...".

También decía que yo era "la respuesta del hip-hop a Bez de Happy Monday" y bromeó con mi "pañuelo en la cabeza al estilo Lawrence de Arabia y gafas encima". Yo leí eso y pensé, *¿Y qué saben estos pendejos?*

Jimmy Iovine nos seguía recordando que necesitábamos tener paciencia.

—Yo creo en ustedes y esto es muy temprano, así que sigan haciendo lo suyo y saquen otro disco —dijo.

Pero Will estaba estresado.

Siempre ha cargado con mucha de la dirección y responsabilidad creativa. Lo frustraba que teníamos un disco alabado por los críticos, sin embargo, solo había vendido 300.000 ejemplares.

Jimmy podría haber gravado su fe en su propio brazo y sangrado e igual no hubiera sido suficiente para Will. Caminó de un lado para otro. Pensó. Se preocupó. Armó estrategias. Habló con Black Coffee. Habló un sin fin de veces con Interscope. Creo que tenía un teléfono al estilo Batman o algo con Jimmy, y estaba constantemente al tanto de todo hasta cuando estábamos de gira. Fue duro para nosotros porque nunca quisimos que nuestra música se midiera con las ventas, pero la realidad comercial era mordaz.

Para comprender la frustración de Will, primero necesitabas comprender algo que ha sido parte de él desde que comenzó el sueño: nunca caminó por el campo de juego para ser uno más, caminó con el deseo de ser el mejor. Número uno. Inigualable. Esa es la presión que se ponía a sí mismo. Siempre.

Yo no veía la necesidad de entrar en pánico, pero yo nunca quise ser el Muhammad Ali del hip-hop. Yo deseaba el sueño que estaba viviendo y estaba hambriento por obtener éxito, y, en mi mente, teníamos un contrato de tres discos así que la única respuesta era volver al estudio y producir otro disco.

La dura realidad es que a mí tampoco me importaba tanto como a él. En su momento, para mí se trataba de pasarla bien y saber que tenía la casa de mi mamá a la cual retirarme. En retrospectiva, no tenía idea de las presiones comerciales con las que cargaba Will. Yo dependía de él para que llevara la carga y preocupación sobre la vida real de la misma manera en que dependía de mi mamá.

Yo era el niño que constantemente quería andar en la montaña rusa y dejar la realidad de la vida para que lo maneje otro. Así de atrofiado estaba a nivel emocional.

Supongo que no quería que se acabara la fiesta.

Es asombroso cómo me acostumbré al extremo ímpetu y caos de las giras, tan así que cuando la cinta de andar paraba temporalmente y nos dejaba en Los Ángeles, estaba un poco perdido y aburrido.

Pasaba tiempo dedicado a Josh y Mamá y continuaba nuestro homenaje a Disneylandia, pero estaba inquieto, y el problema con la inquietud es que em-

pieza a buscar nuevas formas de satisfacción para llenar el vacío. Lo cual puede explicar por qué este período representa el comienzo de la búsqueda de placer lascivo: drogas, alcohol y mujeres.

Semana tras semana.

Tenía un montón de mujeres en marcación rápida aunque solo estaba saliendo con una en particular —cuyo nombre no es pertinente— por bastante tiempo. Nos habíamos conocido en 1998, pero actué como un loquito —el tipo en una relación actuando como soltero, viviendo una vida doble, engañándola con esta, aquella y otra. La importancia de esa relación se refleja en mis acciones. Basta con decir eso. Lo que importaba era la persecución y conquista que mi ego inflado no podía resistir.

No había tomado mucho tiempo para que aquel ego se diera cuenta que ser un artista firmado atraía atención que nunca había experimentado antes. El muchacho tímido de Rosemead ahora tenía para elegir. Se me volvió un concursito para ver cuántas chicas podía obtener en una semana, a pesar de la "relación" que mantenía con mentiras y engaños.

Cuando amigos no creían que estuviera con tantas, yo era el tipo que miraba la agenda en el celular y llamaba a diferentes chicas y las ponía en el altavoz para probar mi punto.

Era como decirle al mundo "¡Ven! Ven quién soy ahora!".

Las muchachas eran perras —y, sí, así las veía. Eran juguetes que me saciaban la necesidad de sentirme bien conmigo mismo.

Yo, como tu, estoy horrorizado al leer esto ahora, pero ese era yo en aquel entonces. Esa era la persona que era: imitando lo que percibía era la vida cool de roquero.

Es irónico cuando lo piensas. Como grupo, hacíamos todo para distanciarnos del estereotipo del hip-hop. Como persona, lo único que pensaba era en vivir el estereotipo del roquero descontrolado. Era un esclavo patético a una notoriedad falsa de Hollywood.

Traté de comprender el por qué mucho antes de escribir este libro —con un terapeuta durante nuestras sesiones— y la explicación más cercana a la cual llegué fue que, de alguna manera, el abuso de drogas llenaba el vacío que permanecía una vez que la sensación de logro había sido satisfecha. También me han sugerido que algo en mí no se sentía digno de ser un artista firmado. No sé si eso es verdad. A veces la realidad está tan enroscada que creo que no hay mucha verdad para comprender. Lo que está hecho mierda está hecho mierda. Fin de la historia.

Lo único que sé es que ese elemento adictivo de mi personalidad estaba persiguiendo una nueva obsesión, y cuando más me daba el gusto, más quería.

Cuanto más quería, más lo necesitaba.

Estaba fumando porro a diario y tomando píldoras de Ecstasy cada dos noches. Pasé de fumar un octavo a un cuarto de libra de porro, y luego de un cuarto a media libra, y así sucesivamente. Las píldoras de Ecstasy también se volvieron fácil de conseguir. Había conocido un tipo llamado Bubba en un local de Los Ángeles y le había pedido algunas píldoras después de mi experiencia en Glam Slam.

—Tengo todo lo que quieras llevar —me dijo sonriendo.

—¿En serio?

—En serio, ¿si tienes lana?

—Tengo lana —le dije, interpretando su pregunta como duda.

Compré veinte en el acto.

Me había encontrado un proveedor al azar. De repente, había terreno abierto y acceso fácil para satisfacer una picazón ilícita que pronto se convertiría en habitual y excesiva. No me importaba lo que pensara la gente. Solo me importaba llevar la vida al extremo; la emoción de encontrar el borde y tambalear sobre él.

Si estábamos de gira, me llevaba mis vicios al autobús.

Si estábamos en Los Ángeles, quería salir casi todas las noches.

Los lunes iba a Joseph's; los miércoles iba a Las Palmas; jueves en Latin Lounge y sábado en AD. Tomaba Adiós Motherfuckers como alguien que acababa de escuchar que el estado de California estaba por anunciar la ley seca al día siguiente, y luego pasé a champán y Chambord, Long Island Iced Teas y, cuando comía en restaurantes japoneses, me bajaba sake tras sake.

Entretiempo, tomaba y fumaba con Deja en su casa, o manejábamos por las autopistas de Los Ángeles, borrachos, fumando porro y rapeando con los ritmos que salían de la radio. No recuerdo todas las veces que manejamos con la cabeza volada. Nunca paramos a pensar en las consecuencias porque dentro de todas esa hiperactividad, la estaba pasando "bien" y era el Sr. Popular, y Deja estaba agarrado del mismo viaje en la alfombra mágica.

No me di cuenta que me estaba perdiendo en el proceso. Estaba más interesado en celebrar este personaje falso llamado Taboo de los Black Eyed Peas que honrar a Jaime Luis Gómez.

Fuera del estudio y del escenario, este era el período de más diversión que había pasado, y estaba sordo a los ecos de la temprana vida de mi papá —los genes de un alcohólico ahora empapando los míos; ese cáliz invisible, inconsciente y envenenado siendo lo único que me había dado en la vida.

Quizás fue por eso que mi mamá notó la pendiente resbaladiza antes que nadie —porque ya lo había vivido.

Una noche, mientras dormía en su cama, escuchó que tambaleaba por la casa, entonces se levantó.

Nuevamente me había atiborrado de alcohol y drogas y me había levantado al alba para ir a mear. Estaba parado ahí, con los ojos cerrados, toda-

vía oscilando, liberando un gran arco de pis cuando se prendió la luz y Mamá gritó.

Resulta que estaba meando en el armario de la cocina donde se guardaba el cubo de basura.

Al día siguiente no recordaba nada, pero si recuerdo la reacción de mi mamá esa mañana. Entré a tomar desayuno como si nada.

—¡Buenos días, Mamá!

Me ignoró y se fue del cuarto.

Fue Celeste la que me tuvo que recordar lo que había pasado esa madrugada.

—Esta preocupada por ti, Jaime —dijo.

Me sentía tan avergonzado, y me disculpé, pero no lo veía como gran cosa. Lo justifiqué como uno de esos accidentes sonámbulos que le ocurren a un sinnúmero de personas. Eso es lo que pasa cuando no quieres aceptar el problema. Ignoras los incidentes pequeños y embarazosos sin darte cuenta que solo se están acumulando para transformarse en un gran evento destructivo.

Para mediados de 1999 estaba ignorando todos los pequeños incidentes. No veía el mal en tomar un trago más o tomar más químicos ilegales. El sueño que perseguí toda mi vida se había vuelto casi secundario a las experiencias retorcidas de estar hecho mierda. Me había subido al tren descontrolado lleno de mujeres, drogas y tragos, y esos trenes te transportan tan rápido a través del Rubicón y hacia el túnel más largo que, sin que te des cuenta, ya no hay vuelta atrás. Solo está garantizado el descarrilamiento en algún punto desconocido del tiempo.

Para mí, ese punto estaba a unos nueve años de aquel camino y, así, año tras año, mi consumo de Dios sabe qué seguiría incrementándose. Mi propio masoquismo hacía conmigo lo que quería.

Luego, la vida decidió jugarme una mano sucia. Me presentaría al amor de mi vida en un momento en que no estaba listo para recibirla. Pero eso es lo que hace la vida —te desafía en tu momento más débil. En el cruce donde decides ir a la derecha o izquierda. Era como si Dios y Nanny estuvieran observando mi comportamiento desde allá arriba y preguntando, "¿En serio, Jimmy? ¿En *serio* quieres vivir así?".

TRASTOCADO

Es justo decir que las cosas profundas y significativas de la vida todavía no me habían cruzado la mente. Así que no le di mucha importancia a la sincronización de la vida cuando Jaymie Dizon, una joven estudiante de moda, salió de Dublin's, un local cerca de Sunset Boulevard, y nuestros caminos se cruzaron en la vereda. Nos miramos fijamente, y, para mí, ella era otra posibilidad; otra amante para esconderle a la novia "seria" a quien le seguía dando esperanzas. No estaba lo suficientemente consciente para verla como un ángel disfrazado.

Los Peas habían tocado en el local esa noche antes de que llegara el gentío de la trasnoche, y justo me estaba yendo al mismo tiempo que Jaymie decidió irse a su casa. Yo tenía veinticuatro años y ella veinte.

Era una filipina hermosa con pelo rojizo, y cuando sonrió, vi que tenía frenos en los dientes. Cuando una muchacha logra verse sexy con frenos, es algo especial.

Me acerqué a ella como cazador con alguna frase tonta a lo Joey de *Friends*:

—Eh, ¿qué onda?

No tenía mucho más para decir porque estábamos afuera, así que no habían pasos de baile por hacer ni tragos por comprar, y, de por sí, no tenía muchas frases para tirarle. Los Black Eyed Peas todavía no habían despegado y yo seguía siendo un tipo durmiendo en el sofá de la casa de su mamá. Pero comenzamos a hablar y me gustó lo que vi.

Jaymie es de las Filipinas y había vivido en Eagle Rock por un tiempo antes de mudarse a San Diego con su mamá. Sus padres querían asegurarse que recibiera una educación sólida y no querían que creciera en una zona peligrosa.

Cuando nos conocimos, se acababa de mudar a Riverside y estaba pasando de ser una estudiante de enfermería a una de moda en FIDM (el Fashion Institute of Design & Merchandising), donde estaba por comenzar un carrera en marketing de mercancía.

No sé que bla-bla-bla le dije, pero, si le preguntas a Jaymie hoy en día, dirá que su primera impresión fue que era demasiado agresivo. Eso probablemente era porque esperaba que esa charla espontánea nos llevara directo a la cama. Así me manejaba normalmente en esos tiempos: estaba ebrio, la tipa estaba ebria, así que vayámonos juntos para hacer lo que hacen los adultos.

Había un club de striptease llamado Strip Vale al lado de Dublin's, y nos sentamos en la vereda de cemento justo afuera con arbustos a nuestras espaldas y el letrero de neón rosa y azul arriba. Era un trasfondo apropiado para la vida que llevaba.

Hablamos de cosas sin mucha importancia y ella hasta dijo que había escuchado de los Black Eyed Peas, así que pensé que esta conquista en particular estaba en mi bolsillo.

—Bien, entonces —dijo mientras se paraba—, nos deberíamos ir yendo.

Yo estaba convencido que nos íbamos juntos para su casa.

—Aquí tienes mi teléfono… llámame la semana que viene —dijo, y se fue con una amiga.

Se hizo rogar, y me gustó el reto. Alargaba la persecución.

Jaymie vivía en Riverside y yo en Rosemead, así que esa "larga distancia" me facilitaba mi necesidad extraña de mantener a mi novia y una o dos más en mis brazos. Tenía opciones en una ciudad donde la gente —profesional y personalmente— le gusta mantener sus opciones abiertas. Supongo que ese fue el momento en que la vida me dio para elegir: despabílate o sigue haciéndote el tonto.

Decidí hacerme al tonto.

Decidí que quería quedarme con el pan y con la torta.

De niño, la memoria perdurable de Josh de yo como padre es difícil de escuchar. Esto es lo que dice: "Lo único que recuerdo es que te ibas. Con un bolso negro hecho y saliendo por la puerta. Siempre te arrodillabas en frente mío antes de partir y me decías: 'Papá se va a ir por un tiempo, pero recuerda que todo esto lo hago por ti'. Lo único que quería hacer era ver televisión. Pero cuando me dabas la espalda, te veía salir".

Creo que lo que *no* comunicamos de niños es lo que necesitan saber los padres. Las cosas que no le decía a mi mamá. Las cosas que Josh nunca me dijo. Las cosas que no sabemos cuando más importa. En aquel entonces, era facil dejar la realidad detrás de la puerta cerrada de casa y seguir adelante en la burbuja ambulante de las giras.

Entre 1998 y 1999, Los Ángeles era mi parada intermitente porque la fuerza de la gira nos mantenía enfocados en la interminable promoción, andábamos siempre sonando nuestras trompetas en una nueva ciudad o estado. Vivía de ese bolso que Josh siempre veía en mi mano. A pesar de que sentía mucha de culpa, las giras me sacaban de la caja de Rosemead y me abrían los ojos.

A esta altura, habíamos estado de gira con Smokin' Grooves, la gira SnoCore de rock, ciertas fechas en el Lyricist Lounge, y un tiempo abriéndole a Outkast. Luego, a finales del verano de 1999, nos volvimos a subir al autobús de gira para unirnos al movimiento punk.

Más o menos.

Nos contrataron para otro festival ambulante a través de Estados Unidos: el Vans Warped Tour —la Gira Trastocada de Vans, un festival de punk heavy en su cuarto año. En 1999 había decidido diversificarse al incorporar otros géneros, y así fue que nos invitaron a nosotros, Ice-T y Eminem a traer hip-hop al reparto en una yuxtaposición extraña junto con otras bandas como Suicidal Tendencies, Agnostic Front, Sevendust, Pennywise y Blink-182.

Recuerdo a esta gira al aire libre como la primera vez que conseguimos patrocinadores.

SilverTab —parte de Levi's— al parecer le gustaba nuestra postura no violenta que no causaba controversias ni disturbios. Lo cual era raro cuando nos juntaban con un grupo diverso de personajes que hacían música punk-rock que era desenfrenada y que tenían seguidores que parecían determinados a destruir todo lo que veían.

Pasada la hora de nuestra primera fecha, nos dimos cuenta que era un planeta extraterrestre, lejos de cualquier cosa que hayamos visto en el hip-hop. Todos estaban haciendo pogo, chocando entre sí en un pozo mosh, lanzándose al público; caras salvajes contorsionadas y gritando con verdadero abandono punk a guitarras pesadas y baterías rápidas. Desde detrás del escenario, todo lo que veía era una masa palpitante de pelos con los colores del arco iris, cabezas rapadas y tatuajes con perforaciones en las narices, orejas y labios brillando al sol, cuerpos empapados en sudor.

Todos los artistas habían sido preparados para misiles que podían ser lanzados en un segundo, sean un proyectil de flema o una botella medio llena de cerveza. En Denver, el cantante de Vandals, Dave Quackenbush, estaba a mitad de su set cuando un idiota le lanzó una botella. Voló. Él la atrapó. Luego dijo, "Una botella gratis, ¡gracias niños! Al final no son un manojo de estúpidos".

El lugar enloqueció.

Y me encantó.

La energía combustible de esa gira era impresionante. En la cima del verano, el clima estaba agobiante, y las multitudes jadeantes muchas veces recibían agua a través de mangueras al estilo cañón.

Dentro de ese caos, me preguntaba como nos recibirían y, al principio, nos dieron esas miradas que dicen, "No pertenecen aquí". Nadie sabía que hacer con mi onda enmascarada de artes marciales y la onda vieja vintage de la ropa de Will y Apl. Una reseña en el *Orlando Sentinel* lo resumió al observar *"los Black Eyed Peas recibieron más bocas abiertas que bailadores en masa"*. Pero nosotros nos lo tomábamos como otra oportunidad para ganarnos a la gente.

Sin embargo, no nos alentaba la experiencia de Ice-T. Había subido antes de Pennywise y el público pensó que era una mierda. "¡EL RAP ES UNA MIERDA! EL RAP ES UNA MIERDA!" cantaban. "¡PENNYWISE! ¡PENNYWISE! ¡PENNYWISE!" demandaban.

La unión entre el hip-hop y el punk no parecía tener "para siempre" escrito en su destino.

Era difícil no sentir un poco de aprensión al llevar el hip-hop progresivo de los Peas a la sala de Sid Vicious para la fecha inicial en San Antonio, Texas.

Antes de subir al escenario, los tres hicimos un círculo con la banda y nos animamos. "¡Vamos a darles todo a estos hijo de putas!" gritamos. "¡Mostrémosle lo que podemos hacer!"

Les soltamos todo lo que teníamos.

Aunque nuestras letras no eran antagonistas ni maldecíamos a la sociedad, éramos exhibicionistas del hip-hop. En realidad yo prefería la energía de Warped porque contenía la onda "váyanse a la mierda, no me importa". Nada de pautas. Nada de reglas. Todo vale.

Parecía adecuado que cuando los autobuses de Warped llegaron a Florida en la ciudad de Pompano Beach, la policía dictó un edicto para la prohibición de irreverencias sobre el escenario. Te imaginaras como fue tomado eso, y no fue respetado. Ciertamente no se aplicaba en Salt Lake City, donde tuvimos que lidiar con una mierda racial bien seria.

Seis cabeza rapadas tatuados y gruñendo nos recibieron al llegar al escenario con la intolerancia que medio esperábamos: "¡Váyanse a la mierda negros! ¡Vuelvan a África!".

Un californiano, un filipino y un latino tocaron a través del abuso. Actuamos aun más duro y rápido mientras que el gentío que llenaba ambos flancos se quedaban parados, desafiantes, con ambas manos en el aire, dándonos el dedo. Enfrentamos a miles de dedos en el aire mucho antes de ver velas o encendedores en el aire. al principio, enfrentamos públicos difíciles, pero pronto, más y más seguidores de Warped se engancharon con nuestro sonido y los intolerantes fueron silenciados.

El *Boston Herald* dijo que "no eran una guarnición y punk había encontrado su onda". Lo que siempre cerraba el trato era "Head Bobs". Era el himno para saltar que los roqueros punk amaban, y yo la perdía, saltando sobre los parlantes, corriendo de un lado a otro del escenario, lanzándome al público.

Apl se subía a los amplificadores apilados y recibía el aplauso más grande al pararse como King Kong encima la pila, y luego saltaba al mar de brazos extendidos. Cuatro minutos alocados de "Head Bobs" nos permitían dar todo y tocar como estrellas punk frenéticos, y dejar el escenario con rugidos sonando en nuestros oídos.

Para nosotros, eso era una gran vuelta a nuestro favor.

Si había una calidad especial de Warped, era el compañerismo detrás del escenario. Cualquiera podía tocar en el escenario de apertura o el principal, dependiendo del orden de actuaciones de cada día. La banda principal, Blink-182, no le importaba. La actitud era así de relajada.

Tampoco éramos más los "Buenos Samaritanos". Con más tipos blancos en esta gira, las cosas pasaron más allá del porro. Probé cocaína por primera vez. Era difícil decir que no cuando la gente se subía a los autobuses de otros y empezaban a cortar líneas en las mesadas de las cocinas.

Es mierda tenía un gusto raro, y me hacía mover la mandíbula y rechinar los dientes, pero había encontrado otra droga a la cual hacerle reverencia, y le había tomado el gusto. No me importaba que le estaba metiendo a mi cuerpo. Yo era el muchacho que de igual manera hubiera metido los dedos en un enchufe para ver cómo se sentía.

Ya no perdíamos a las muchachas a otro grupo. Estaban más contentas con pasar tiempo con los Peas en esta gira, y siempre habían mujeres al azar para ir de fiesta —más puntos en mi lista de conquistas.

El pasatiempo más grande era el basquetbol. Zebrahead, Blink-182 y Sevendust eran nuestros rivales principales en nuestra cancha de básquet que la banda había decidido sería una buena manera de matar tiempo. Así que nos instalábamos en los estacionamientos de cada ciudad, y los Peas teníamos un equipo bastante bueno gracias a los campaneros de la banda: Terry Graves, Mike Fratantuno y los nuevos de la banda —teclista Printz Board y guitarrista George Pajon.

Printz era, probablemente, el más competitivo y, durante un juego en Boise, Idaho, se aseguró de que Zebrahead recordara que estaba ahí. El cantante, Ali Tabatabaee, se acercó para hacer una bandeja y Printz, un tipo grandote con rastas, vino de abajo y le quitó la tirada de manera dura. Ali perdió el equilibrio, se resbaló en la grava suelta y cayó al suelo. Nos dimos cuenta por cómo cayó que fue serio. Mientras permaneció tirado, gritando, nadie lo quería tocar hasta que no llegaran los paramédicos.

Printz estaba disgustado cuando vió como subían a Ali a una ambulan-

cia. Se sintió aun peor cuando nos contaron que se había fracturado la pelvis, obligando a que Zebrahead abandonara la gira a solo dos semanas de comenzar. No le dejamos olvidar a Printz que había hecho polvo a un artista y compañero de la gira. ¡Un comportamiento muy roquero punk! Por suerte, ese fue el único momento desastroso que recuerde de todas las giras a través de Estados Unidos.

Blink-182 se volvieron nuestros compadres, amigos californianos de San Diego. Travis Barker, Tom DeLonge y Mark Hoppus siempre pasaban tiempo en nuestro autobús, haciéndonos reír con su humor sarcástico.

Llevaban ese humor hasta en el escenario. Una vez, cuando se encontraron con una reacción apagada de un público detestable, terminaron su segmento con las palabras "¡GRACIAS! Gracias por no aplaudir —lo apreciamos un montón!".

Esos tipos eran muy divertidos, y Travis Barker era súper cool y un baterista increíble. Recuerdo la primera vez que se quitó la camisa y vi su torso completamente cubierto de un tapiz de tatuajes. Aunque no eran tatuajes de gángster, no había visto arte como ese desde mi niñez en Dog Town.

Travis era un fan del hip-hop, y probablemente sea la razón por la cual nos llevamos bien, porque él también quería explorar otros géneros de música fuera de la caja de pop punk. Hasta confesó escuchar más hip-hop que su propia música, lo cual me hizo reír. Después de terminar la gira, me invitó a su casa cuando los filmaron para *MTV Cribs* y yo era uno de sus amigos que figuraron en el programa. "¡Este es mi mano Taboo de los Black Eyed Peas!" dijo, presentándome en cámara.

Fue una manera extraña de aparecer por primera vez en MTV.

Esa gira probablemente fue una de las que menos ego hubo. Pero entrada unas fechas en la gira, se notó que un artista se destacaba por su ausencia.

—¿Por qué Eminem no pasa tiempo con nosotros? —alguien preguntó.

Algunos habían observado agudamente que solo salía de su autobús para su actuación y luego se bajaba del escenario y volvía de una a su bus, cabizbaja, cubierto por una toalla blanca.

—¿Tal vez cree que es demasiado cool para nosotros? —dijo otra persona. En definitiva, se estaba creando algo de rencor.

Para ese entonces, el muchacho blanco y gordito de Detroit que había sido telonero en Florentine Gardens era una superestrella delgada que había explotado de la noche a la mañana. Su primer disco, *The Slim Shady LP*, llegó a número dos en la lista de *Billboard 200* y vendió casi dos millones de copias, incluyendo 283.000 en la semana de lanzamiento. Su éxito sería tan enorme que Interscope, en 1999, le daría su propio sello, Shady Records, y su primer contrato fue para su propio grupo de raperos D12.

La otra mitad de D12 era un rapero talentoso llamado Proof —el amigo y animador de Eminem, un tipo bien cool con quien se podía conversar fácilmente.

Fue su cara sonriente la que me dio la bienvenida cuando toqué a la puerta del autobús de Eminem para charlar, ya que siendo como soy, no quería que hubiera mala onda.

—¿Quién es, Doody? —escuché a Eminem preguntarle a Proof.

—Es Taboo.

—Adelante, hermano —dijo Proof, uno de los pocos que podían estar cerca de Eminem.

Proof no podría haber sido más amigable, pero daba la impresión que jugaba el papel de guardián. Recordé como Flavor Flav entraba a nuestro bus sin ni siquiera llamar a la puerta, y como todos en Warped habían tratado al grupo de autobuses como una gran casa abierta.

Eminem estaba sentado en el sofá con una camiseta blanca y shorts Jordan, y los pies levantados. Estaba escribiendo en un papel.

Era la primera vez que nos veíamos desde Florentine Gardens, y lo felicité por su éxito. Él fue humilde y claramente no quería hacer gran alarde de la situación.

—¿Y, qué onda, Tab? —preguntó.

—Bueno, ya sabes, has estado un poco aislado, y algunos de la gira están comenzando a pensar que eres antisocial —dije.

Dejó de escribir, recostó la pluma y de inmediato se puso incómodo.

—Es difícil, mano —dijo—. Todos quieren algo de mí en este momento y no sé... —miró a Proof en busca de apoyo, se encogió de hombros y continuó—: Simplemente quiero mi privacidad, ya sabes.

—Solo me parece que no está bueno que te aísles así. Tienes que pasar más tiempo con nosotros —le dije.

Cambió de posición, incómodo, hablando de la "necesidad" de seguridad y la "vergüenza" que le causaba como se veía eso.

—No quiero que todos crear que me las estoy tirando de grande —dijo.

Este no era un tipo tan arrogante que estaba sobre su propia verga. Se había apartado porque así era más fácil lidiar con el confinamiento de su fama instantánea —un equipo de seguridad que hacía que una persona naturalmente tímida se destacara como algo especial. Sería un exhibicionista en el escenario, pero no era así en privado.

—Amigo, aquí todos somos artistas —le dije—. Todos comprenden; nadie te va a perseguir y pedirte fotos. Solo dale un chance, ¿sí?

Admiro a Eminem por su siguiente acción: salió de su cueva para disculparse con los demás miembros de la gira, y en la próxima ciudad, comenzó a compartir más tiempo y a jugar básquet. Nunca iba a transformarse en un gran extrovertido, porque ese no era su estilo, pero hizo un esfuerzo y, después de sus actuaciones, se quedaba para ver tocar a los demás.

Me daba pena porque era claro que su fama y éxito repentinos habían

sido casi alienantes. Además, estaba bajo una presión enorme por producir un segundo disco multiplatino para seguir al primero. Tenía mucha presión. Vi como la fama lo aisló y lo volvió demasiado cauteloso.

Si de eso se trata la fama, no quiero ser famoso, pensé.

Hasta hoy en día, mi misión no es perseguir la fama y volverme el Black Eyed Pea más conocido, porque esa no era mi vocación. Lo único que quise siempre es ser exitoso —el más exitoso en lo que hago— actuar.

Hoy en día lo entiendo mejor a la olla de presión de Eminem. Cuando un disco te despega a otra órbita, el miedo al fracaso es el peor acosador. Ya no se trata de cumplir con tus propias expectativas sino las expectativas de los *demás*: los fans, el sello, la administración, los medios.

En aquel entonces, nosotros estábamos enfrentándonos a la presión del otro lado del espectro, y cuando medías las ventas de Eminem de su primera semana con 283.000 discos vendidos con nuestras ventas totales de 300.000 para *Behind the Front,* la presión era obvia. Nuestro segundo disco, *Bridging the Gap,* tenía que cumplir con su nombre (Cerrar las distancias).

Cuando volvimos a Los Ángeles, *necesitaba* irme de fiesta.

Me encantaba la sensación de estar eternamente colocado de gira —tanto por drogas como por las actuaciones— y quería recrear esa sensación al volver a mi vida común y corriente de Rosemead. Me resultaba difícil volver a los días insulsos que terminaban durmiendo en el sofá de mi mamá.

Me sentía como el niño volviendo a casa de una aventura.

El dinero que había ahorrado de gira —los $2.000 a $5.000 por gira— era mi dinero para ir de fiesta y conseguir ese estado.

Todavía no estaba pagando alquiler ni cuentas en casa de mi mamá, así que estaba cómodo porque guardaba el dinero como lo hacen las ardillas con sus nueces. Ahorraba por el miedo a perderlo todo. Con cero experiencia prudente, no sabía cuánto tiempo me duraría, así que si *podía* buscármelas lo *hacía,* parecía más fácil conseguir mierda gratis de esa manera que sacar de mis ahorros.

Las marcas y compañías te mandan mierda gratis a cada rato si eres un artista firmado, y ese beneficio empezó a ocurrir en 1999. Me dieron caja tras cada de equipos de snowboarding gratis de marcas como Foursquare y Circa —tablas de snowboard, gorras, gafas de esquí, chaquetas entalladas, zapatos. Como un californiano que nunca iba a las montañas, no me servía de nada, pero el buscavidas en mí sabía que tenía un valor alto de cambio.

Llamé a mi proveedor de Ecstasy, Bubba.

Luego llamé a Deja, pidiéndole que me hiciera un favor, sin decirle lo que estaba pasando.

No quería que mi mejor amigo pensara que era un desalmado. Lo cual era. Pero era un experto en esconderle la verdad a mis más allegados. Como bien dice Deja hoy en día, "Todos sabían que te estabas volviendo loco, pero no sabían *cuán loco*".

Dejé las cajas de snowboard en la casa de su abuela en Alhambra, porque se estaba quedando ahí para cuidarla después de su reciente enfermedad.

No podía creer la mercancía que estaba por entregar.

—¿Para qué es? —me preguntó.

—Solo tienes que llevar esto y recoger una mierda para mí —le dije.

Estaba usando a mi mejor amigo como un conducto involuntario para mi empeño sucio, y ni siquiera me remordía la conciencia. Deja llamó a Bubba y se vio con él en alguna gasolinera lejana en San Dimas, cerca de la autopista 210.

Como explica Deja hoy en día: "Le di a este tipo las cajas y él me dio uno de esos tarros amarillos de Perspex de medicina recetada. Ahí fue que me di cuenta que habían alrededor de sesenta píldoras azules de Ecstasy y me empecé a asustar porque todavía me quedaba una hora de manejo y si me paraba un policía por cualquier cosa, es un cargo clásico de posesión con la intención de distribuir, aunque mi intención no era distribuir ni mierda. Era el mensajero con la pistola en la mano. No pude creer que me pusiste en esa posición. Así que cuando llegué a Rosemead, me agarré cinco píldoras para mí y pensé, *A la mierda contigo*".

Deja me dijo más o menos lo mismo al llegar.

—Mano, nunca más me pidas que haga una mierda así.

Le pedí disculpas, pero no me importaba mucho porque ya tenía lo que importaba: las píldoras para irme de fiesta. Las recogí de la casa de la abuela de Deja y me fui directo al Flamingo Inn Motel en Rosemead para pedir un cuarto y comenzar la fiesta.

Desde afuera se veía como uno de esos moteles donde se quedaban Thelma y Louise: tenía puertas rosadas para combinar con el motivo flamenco y estaba sobre Garvey Avenue.

Este era mi "motel de fiestas", donde llevaba a muchachas y drogas y pasé unos momentos alocados. Ahora me resulta perverso que no le contribuía en nada a mi mamá para el alquiler o las cuentas, pero felizmente gastaba dinero en habitaciones de mala muerte en un motel para asegurarme un rato divertido.

Dentro de mi reconstrucción de la experiencia en el autobús de gira, me iba de fiesta el fin de semana entero.

Me registraba el viernes por la tarde, tomaba un Ex, subía la música y seguía la fiesta el resto de la noche. Hacía esto casi todos los fines de semana. Llevaba a la "novia" Llevaba amigos. La compañía no importaba —solo quería enloquecerme.

Nos dábamos con todo, siempre llevando la fiesta hasta las nueve de la mañana y luego pasando todo el sábado en la cama, bajando de la nota, sintiéndonos pésimo y recuperándonos. Entonces, el sábado por la noche, tomaba más píldoras y seguía el mismo circuito.

Empecé a ir a fiestas rave con Mooky, y nos poníamos esas gafas chifladas y luces en los dedos. Nos ganamos el apodo "las cumbres gemelas", porque llegábamos a la cumbre de la jala, la perdíamos y bailábamos hasta el amanecer. Quería estar siempre en esa neblina púrpura de la cual cantaba Jimi Hendrix. Él la encontró con el LSD. Yo la encontré con el Ex.

Esto era lo que se sentía estar en la cima del mundo.

Me hacía feliz.

Me dije que me hacía feliz.

Y cuando mis sentidos se volvieron inmunes a un solo Ex, me tomaba otro.

Cuando dos ya no me hacían nada, me tomaba tres; siempre en busca de llegar más y más alto.

La mañana siguiente siempre era fea, así que la única manera de quitar esa sensación era redescubrir el "ah" de la noche anterior. Era como si hubiera extraviado una pieza valiosa —un reloj, una joya, un celular— y entraba en pánico por la pérdida, desesperado por volver a encontrarla. Luego la encontraba y nuevamente me sentía como un rey.

Bienvenidos al círculo vicioso.

Esto era la adicción —desconocida, sin nombre, no reconocida— comenzando su invasión.

Un ejército de demonios en marcha, invisibles.

Entramos al estudio en septiembre a grabar *Bridging the Gap,* y eso nos mantuvo ocupados durante cuatro meses, aunque no dejamos de saltar por todo Estados Unidos porque grabamos un montón de colaboraciones con otros artistas en estudios en Los Ángeles, Nueva York y Detroit. En el último trabajamos con el difunto gran productor del hip-hop J Dilla, cuya leyenda sigue viva en los discos de A Tribe Called Quest, De La Soul, Busta Rhymes y Janet Jackson. Fue un honor trabajar con él, aunque ese tema no llegó al disco.

Desde un comienzo sentimos que este segundo disco estaba bendecido por la calidad de estrellas que acordaron figurar y por la manera fluida en que la inspiración y la música se juntaron. Si *Behind the Front* había establecido la plataforma, entonces *Bridging the Gap* demostraría una musicalidad que cruzaba fronteras —salvando las distancias entre bossa nova y música latina, rock y hip-hop, soul y calipso, jazz y pop.

Queríamos entregar un sabor internacional y llevar a este disco a un mundo más amplio, más allá de Estados Unidos, más allá de Europa. Este disco estaba diseñado a ser el puente que nos conectaba con todos los continentes, y, por primera vez, teníamos la vista puesta en Australia y Nueva Zelandia.

Las amistades de Will y su incesante red de conexiones de Smokin' Grooves atrajeron una colaboración que hicieron que no viera la hora de comenzar cada día: Wyclef Jean (tocó guitarra y produjo "Rap Song"); DJ Premier (produjo "BEP Empire"); De La Soul (figuró en "Cali to New York"); Les Nubians y Mos Def (figuraron en "On My Own"); Esthero (figuró en "Weekends"); y la inconfundible Macy Gray (figuró en "Request Line").

Algunas personas hablaron mierda sobre el proyecto diciendo que estábamos tratando de aprovechar a los artistas establecidos en las listas de éxito, pero ese era un golpe bajo en un año en que De La Soul había colaborado con Chaka Khan, Common con MC Lyte y Mos Def conspiró con Busta Rhymes. Cuando llegaba la oportunidad de trabajar con artistas de tal calibre, era una locura decir que no. Para eso nos metimos en esto —para trabajar con algunos de los mejores de la industria. El hecho de que se nos hayan presentado estas oportunidades para nuestro segundo disco era uno de esos extras inesperados.

Llegamos a Paramount Studios con nuestra colección normal de cincuenta temas compuestos mientras estábamos de gira, y luego redujimos el número a los mejores quince. El resultado final era un disco más limpio, todavía hip-hop pero menos *underground*, y también más alegre y enérgico para reflejar nuestro tiempo de gira.

Nos reunimos con nuestra hermana Macy Gray, y cruzó aquellas puertas de el estudio C como una mujer transformada. Había estallado como un meteoro con su canción "I Try", que había vendido millones en camino a convertirse en uno de los éxitos más grandes de 1999 en Europa, luego subiría en las listas americanas y le ganaría un Grammy por Mejor Interpretación Pop Femenina. Algunos críticos sugirieron que éramos oportunistas con la intención de sacarle provecho al éxito de Macy, pero se olvidaron, o no sabían, que había sido nuestra hermana cuando era desconocida.

Lo mejor de Macy era que volvió al mismo estudio como la misma persona, con sus grandes pies arraigados al piso. Ni ella podía creer su éxito en el año que pasó de la colaboración previa.

—¡Mi vida ha sido como DISNEYLAND! —gritaba y luego se reía socarronamente.

Para el disco, queríamos hacer una segunda colaboración que le rindiera homenaje a los Beatles al usar un fragmento de "Baby You're a Rich Man", con la línea: *"How does it feel to be one of the beautiful people/Now that you know who you are…"*, que en español sería: *"Cómo se siente ser una de las personas hermosas/Ahora que sabes quién eres…"*. Pero sea cual fuere la razón, Paul McCartney no lo aprobó. Por eso al final usamos "Request Line" —una oda a llamar a una estación de radio y pedir una canción de un DJ residente.

Macy era parte de la familia aunque era claro que era más cercana a Will, y claramente quería pasar más tiempo con nosotros porque un día llegó al estudio súper excitada y nos gritó:

—¡Epa, Black Eyed Peas! ¿Quieren irse de gira conmigo?

Esa era su manera de pagarnos por la plataforma que le ofrecimos al principio con *Behind the Front*. Nos contrataron como su grupo telonero en noviembre de 2000.

Pero primero teníamos que terminar el disco que saldríamos a promocionar en esa gira, con la esperanza de que *Bridging the Gap* estallará de igual manera que el disco *Oh How Life Is* de Macy, que vendió dos millones de ejemplares.

Las dos colaboraciones que más disfrute del segundo disco fueron con mis dos inspiraciones más grandes —De La Soul y el verdadero ícono del hip-hop DJ Premier. Estos fueron dos momentos pellízcame-que-estoy-soñando, y siguen siendo momentos culminantes en mi carrera.

Era algo increíble cantar en un tema con los mismos tipos que habían decorado la pared de mi cuarto en forma de afiches, y parecía adecuado hacer la canción que hicimos con De La Soul llamada "Cali to New York", porque fue una colaboración a larga distancia.

Ellos grabaron las voces en Nueva York, mandaron los archivos, y nosotros los mezclamos juntos desde nuestro estudio en Paramount en Hollywood. Así se hacen el 90 por ciento de las colaboraciones hoy en día, creando la impresión mágica que artistas comparten el estudio. Cuando escuché sus voces en nuestro tema, me tomó un tiempo absorberlo. Y no puedo mentir: pensé en el momento con Mr. Shah cuando me botaron de Pablo. Si le hubieras dicho a esa versión derrotada de mi ser que estaría en un estudio grabando mis versos en una colaboración con De La Soul, te hubiera mandado al loquero.

Y Mr. Shah hubiera hecho lo mismo.

Pero cuando una mierda así a la vuelta completa y vuelve con tal recompensa, esos son los momentos en que le agradeces a Dios que no le hiciste caso a los demás y seguiste tu voz interna.

Luego hay otros momentos en donde te preguntas como hiciste para ganarte el derecho de ciertas oportunidades: como la vez que entré a un cuarto sagrado cerca de la calle 37 en Nueva York —D & D Studios— a trabajar con un productor, DJ Premier, quien, a mi parecer, es el Quincy Jones de hip-hop. Y para esta colaboración, nuestras agendas mutuas nos permitieron juntarnos en el mismo estudio, y fue una experiencia inolvidable. D & D era el máximo estudio de hip-hop, el equivalente general de Abbey Road Studios en Londres o Sun Studio en Memphis. Ahí se hicieron algunos de los grandes discos del hip-hop, con gente como Notorious B.I.G. y Jay-Z, y DJ Premier como el alquimista residente.

Al entrar a ese lugar, instintivamente queríamos subir la apuesta. Era como entrar en un videoclip temperamental —repleto de mugre clandestina, grafiti por las paredes y tipos improvisando en el rincón. Durante los próximos dos días, este lugar se volvió nuestro cielo envuelto en humo de porro.

DJ Premier era una figura corpulenta que trabajaba con la gorra dada vuelta en su cabeza, y nosotros estábamos boquiabiertos mientras mezclaba y arreglaba "BEP Empire", tomando partes de "Joints & Jam" y transformándolo todo en una canción. Sus manos se movían como relámpagos y sus instintos iban y venían a toda velocidad por ese equipo mientras tomaba los ingredientes de un ritmo, cortaba pedazos de otro y los mezclaba todos juntos. Pararme a su lado, interactuar con él, mientras entretejía nuestra música de esa manera, me dio piel de gallina.

Cuando terminamos y nos volvimos a Los Ángeles, todos pensamos que habíamos armado un disco muy especial. Lo escuchamos en Paramount Studios —los diferentes nombres, los elementos musicales dispares, el hip-hop, el hip-pop— y no podríamos haber estado más emocionados.

Jimmy Iovine siempre dijo que, al no ser el grupo clásico de hip-hop, nuestras canciones tenían que ser aun más fuertes, y nosotros sentimos que habíamos logrado algo aventurado e innovador. Estábamos convencidos que habíamos hecho un disco que sobrepasaba nuestras expectativas para su lanzamiento en febrero de 2000. Cuando volvimos a ver la luz del día después de cuatro meses en el túnel de grabación, sentimos que todo estaba perfecto.

En cuanto a las relaciones, no se si creo en el cliché romántico que dice, "Cuando conoces a La Persona, lo sabes". Eso suena muy Hollywood para mí. Si hay una conexión, una relación se debe construir como cualquier imperio —de a poco, con dificultad y cariño. Nadie pasa de conocerse a la etapa de "Ay, aquí está tu imperio".

Debemos poner los cimientos, construirlo, trabajar duro y madurar.

Por lo menos eso es lo que siempre decía Nanny.

Lo que *no* decía era poner los cimientos, construir… y luego demolerlo todo.

Esa sería mi interpretación trastocada, y una que viviría con Jaymie.

De hecho, se volvería un tema recurrente en mi década de los veinte.

Acércate y te empujaré.

Muéstrame bondad y, en cambio, elegiré veneno.

Había disfrutado de varias salidas con Jaymie, y ella estaba lista para honrar una relación comprometida. El problema es que yo no. Aunque le dijera lo contrario. Seguía en mi viaje estúpido pensando que lo que no sabía no le haría daño, así que seguí con mi otra novia y tenía dos muchachas a la vez. Estaba engañando a dos, tres, cuatro, e igual podía dormir tranquilo a la noche. Pensé que estaba siendo el mujeriego clásico cuando, en realidad, era el idiota clásico jugando con los corazones de otros y confundiendo mentes.

Jaymie era tan buena conmigo que la daba por hecho. La señal más reveladora de aquel desbalance se dio en diciembre de 1999, cuando me preguntó que quería para Navidad.

Yo tenía metidas entre ceja y ceja a unas zapatillas Air Jordan que acababan de salir en azul y negro.

—Pero no te preocupes —le dije—. Son demasiadas caras. Regálame lo que creas que me gustará.

Cuando llegué a su casa en Navidad, sacó no una sino dos pares de Jordans, en ambos colores. Había estado haciendo trabajo freelance como publicista además de sus estudios y se había roto el culo trabajando para darme esta sorpresa.

¿Sabes lo que le compré yo? Unos palillos chinos en una caja.

El agradecimiento falso que me dio escondió su desilusión en la cara, y yo me sentí horrible porque eso le decía todo lo que yo no me animaba a decirle por falta de cojones.

Inevitablemente, se empezaron a caer las ruedas de mi gran plan porque cuánto más te acercas a alguien, más piden de tu tiempo, y se hace más difícil llevar una vida doble. Al final, se cansó de mis pendejadas y siguió de largo. Siguió con su vida, pasando de ser un pasante a tener una posición en una compañía llamada Michael Stars antes de trabajar en relaciones públicas dentro de la moda.

Quebró toda comunicación.

Si hablas con Jaymie hoy en día, te dirá que siempre vio mi lado bueno.

—Siempre supe de lo que eras capaz —dice ahora—. Pero creo que tú no lo sabías.

Al final de 1999, celebré el cambio de siglo colocándome con Ecstasy y emborrachándome con Adiós Motherfuckers. Razón por la cual todavía no recuerdo dónde estaba ni con quién celebré la llegada del nuevo milenio.

Solo sabía que el año 2000 representaba nuestra gran oportunidad con el segundo disco, y todos nos enfocamos en eso.

HORA DE CAMBIAR

—¡**S**e filtraron nuestras canciones!

Por un milisegundo, la verdad era difícil de absorber mientras nuestro amigo Dante Santiago estaba del otro lado del teléfono como si lo hubieran dado un puñetazo sin aviso.

—¡Tab, el puto disco entero esta por todo el Internet! —dijo, haciéndolo llegar a casa.

Así fue que descubrí que la tecnología se había asomado de repente y nos había robado a plena luz del día. Will, y otros, se enteraron alrededor del mismo momento, en una fiesta universitaria cuando el DJ comenzó a tocar nuestras canciones —tres meses antes del lanzamiento oficial en septiembre de *Bridging the Gap*. Pero para mí, fue Dante el que me dio la mala noticia, después de que salió de compras por el centro de Los Ángeles y escuchó "Weekends" tocando como fondo en una tienda de zapatos.

—Al principio no entendía qué estaba pasando —me explicó—, así que me acerqué al vendedor y le pregunté de donde había sacado la música, y el tipo me dice, 'En Internet, de Napster'. Todas nuestras canciones están en ese sitio.

Todavía era una época en que la gente compraba ese concepto viejo llamado CD. La idea de comprar música en otro lugar que no fuera Tower Records, Sam Goody, el Warehouse o Virgin era ajeno porque bajarse música del Internet estaba en una etapa embrionaria e ilegal. Pero el experimento Napster de Sean Parker estaba más avanzado que la época.

Igual no lo terminaba de comprender.

¿Escuchar música en línea? ¿Cómo era eso?

Me parecía loquísimo que nuestro disco resguardado ahora estaba en un número incalculable de computadoras domésticas.

Napster.com era un servicio para compartir archivos que pronto se volvió una inmundicia entre artistas, y nadie lo dijo mejor que el baterista de Metallica, Lars Ulrich, cuando dijo, "Compartir es una palabra tan cálida, cariñosa y amigable, pero esto no es compartir —esto es duplicar".

Metallica y Dr. Dre estaban en el mismo barco, así como Madonna con la canción titular de su nuevo disco *Music*. Sin embargo, saber que no estábamos solos en la lista de víctimas no hacía que el crimen fuera más fácil de procesar. En especial cuando nos dimos cuentos que nos quedamos impotentes en el instante que nuestras canciones estuvieron disponibles para que las masas bajaran nuestro disco gratis. Nuestras canciones eran "noticias viejas" antes de ni siquiera nacer, y Napster nos había robado el momento tanto como nuestra música.

Habíamos estado emocionados con las posibilidades de *Bridging the Gap*. Y entonces un estudiante experto en tecnología se sienta en alguna parte en su cuarto, y crea un concepto para compartir archivos, y nos matan.

Aparte de el retorcijón en el estómago de ser engañado, la emoción principal era la confusión. Nos sentimos violados ya que nuestra única pieza de arte —que tomó meses hacer— fue robada y ahora estaba colgada en la galería de otro antes de que ni siquiera tuviéramos la posibilidad de exponerla, mostrarla, y venderla. Y ahí estábamos nosotros, parados en la vereda con las narices contra el vidrio de la galería, pensando, "¿Cómo llegamos aquí?"

La siguiente investigación inevitable llegó, y nos encontramos todos en la nueva oficinal central de los Black Eyed Peas que Will había alquilado y transformado de una vieja oficina de dentista a un estudio de grabación con una oficina. Esta central, entre Glendale y Los Feliz, la llamamos "Stewchia" (un juego de palabras con "studio") y hoy día son las oficinas centrales tanto de Grassroots como de Dipdive, demostrando la visión de Will de que esto se convertiría en un imperio musical.

Aunque la palabra "imperio" no estaba en boca de nadie ese verano de 2000.

Will, Apl, Dante y yo nos juntamos con Yon Styles y Eddie Bowles en la oficina, con el sello por teléfono en el altavoz en medio de la mesa. Will estaba desarmado porque no estábamos en control de nuestra propia música, y él, más que nadie, odiaba no tener el control.

Creo que nunca había visto un humor tan sombrío entre nosotros. Pero, como grupo, siempre hemos estado de acuerdo que sea cual fuere el obstáculo que nos toque enfrentar, ponemos nuestra mejor cara y encontramos la manera de cruzarlo, por abajo, por arriba o atravesándolo —y este era el obstáculo más grande desde que firmamos el contrato.

La primera prioridad era construir una presencia en línea para seguir en el juego. No sabíamos nada sobre la tecnología —ni siquiera teníamos un sitio web. Y fue así que nació www.blackeyedpeas.com.

Will se volvió un cerebrito tecnológico de la noche a la mañana. Al igual que en los días que quería dominar la música, ahora quería convertirse en el Stephen Hawking del Internet, jurando que si nuestra música la iban a bajar de ahí, entonces *nosotros* seríamos lo que encontraríamos la manera de monetizar esta mierda.

Nos habían dando una lección que nos ayudó para darnos cuenta cuán rápido podía dispersarse la música y, como dijo Will, le haríamos caso a la lección, nos ajustaríamos al futuro y le daríamos vuelta en nuestro beneficio. Si bajar música del Internet era la nueva dirección del mundo, teníamos que transformar estos sitios en nuestros amigos, no enemigos.

La Recording Industry Association of America (RIAA, asociación de la industria de grabación en Estados Unidos, por sus siglas en inglés) hizo lo que pudo para reestablecer el control después de que se había disparado el caballo, haciéndole juicio a Napster en defensa de los artistas a través del país. Un juez federal en San Francisco vio nuestro punto de vista en julio de 2000 cuando dictaminó que Napster había "creado un monstruo", que era responsable por un sinnúmero de violaciones a los derechos de autor y que debían cerrarlo de inmediato (luego reencarnaría bajo el mismo nombre, pero esta vez como un servicio en línea legítimo). Lo que nos dejó perplejos fueron los números que salieron de ese juicio. En su cima, Napster tuvo alrededor de cincuenta millones de usuarios y un estimado de 14.000 canciones habían sido bajadas por minuto. Luego nos enteraríamos que *Bridging the Gap* fue bajado alrededor de cuatro millones de veces, gratis, en comparación a los 250.000 discos vendidos en las tiendas. Esa fue la extensión de nuestro robo.

Realmente necesitamos despertarnos y ponernos al día con esta mierda, pensamos todos.

Metallica and Dr. Dre le hicieron juicio a Napster por violación a los derechos de autor, pero todo se sentía un poco inútil porque ninguna cantidad de juicios frenarían la llegada del futuro.

Lo que no podíamos saber en ese entonces es que un sistema llamado SoundJam MP ya había sido desarrollado y este tocador de MP3 de Mac —creado por dos ingenieros de informática— fue comprado por Apple. Para 2001, Apple lo usó como base para lanzar iTunes. Para 2003, se abrió la tienda de iTunes. Para 2009, seis mil millones de canciones habían sido bajadas. Para 2010, los Black Eyed Peas estaban rompiendo récords por el número más alto de canciones bajadas.

La dulce justicia.

Sin embargo, desde esa infracción de Napster, Will nunca más dejó que algo saliera del estudio, y siempre se llevaba la copia maestra a su casa. Es una táctica que sigue en pie hasta el día de hoy.

El lanzamiento de septiembre siguió adelante con el anticlimax anticipado. Con solo 250.000 ejemplares vendidos, las ventas se registraron como más bajas de *Behind the Front*, y aunque avanzamos en las listas al entrar en la *Billboard* Hot 100 como número 67, no era lo suficientemente bueno. En pocas palabras: no habíamos llegado al disco de oro por segunda vez, y las excusas no importaban. Si hay una dura verdad en la industria de la música es que las posiciones en las listas nunca mienten, y los artistas no tienen la oportunidad de argumentar con circunstancias atenuantes cuando se trata de renovar el contrato.

No ayudaba que la radio de Estados Unidos todavía parecía ser indiferente a nuestra música. Al contrario que la BBC Radio 1, los productores de radio de nuestro país pensaban que no "encajábamos" en ningún lado. La radio urbana no pensaba que éramos urbanos, la pop no apreciaba nuestro hip-hop, y la de hip-hop pensaba que no éramos lo suficientemente fieles al estilo. Éramos "eclécticos", decían todos, y parecía ser que Estados Unidos no tenía idea de dónde poner lo "ecléctico". Nuestros simples "BEP Empire" y "Weekends" se convirtieron en éxitos en los clubes nocturnos, lo cual estaba bien, pero eso solo servía para reforzar nuestro estatus *underground*. No hacía nada por nuestra llamada más amplio hacia las masas.

Lo que empeoraba las cosas era que Interscope estaba enredado en, y distraído por, conversaciones sobre la unión con Polydor Records y Seagrams. Como resultado, el empuje publicitario para el disco era tan fuerte como podía serlo.

Mientras Interscope —que ya había comprado a los sellos Geffen y A & M— seguía incorporando más operaciones americanas para volverse aun más grande, nosotros, claramente, no estábamos en la lista de prioridades de los ejecutivos. Una realidad de la vida: cuando es el dólar corporativo versus el dólar creativo, el corporativo siempre gana. Si eres uno de los hombres con dinero, ¿cuál será tu preocupación más grande? ¿Una unión corporativa que garantiza traer millones y millones de dólares, o los Black Eyed Peas de bajo rendimiento que pueden o no producir $500.000?

Dicho eso, esperábamos recibir más ruido.

Will lo resumió mejor en algunos artículos de revistas donde decía: "Todo lo que necesita este disco es la atención que se merecer de una compañía discográfica. Desde un punto de vista musical, este proyecto logra todo lo que quisimos hacer. Le pusimos mucho trabajo y ahora lo único que necesita es algo de apoyo".

Era molesto porque un gran disco había disparado por Napster y se había hundido en la unión corporativa.

Mientras tanto, veíamos como dos artistas se lanzaban a la fama después de compartir con nosotros los mismos comienzos: Eminem y Macy Gray. A pesar de nuestros argumentos sobre como nuestra música y estilo no se podían comparar, era difícil no sentir que nos estaban ganando la carrera por una cabeza.

No comprendíamos cuál era la fórmula para llegar a ese nivel de éxito, y comenzamos a hacernos preguntas dentro del grupo. ¿Qué más debíamos hacer? ¿Qué nos faltaba? ¿Qué están haciendo ellos que nosotros no?

Pusimos toda nuestra mierda bajo un microscopio, pero con todas las preguntas que hicimos, no encontrábamos las respuestas.

A la larga, decidimos que no podíamos hacer más que mantenernos en el mismo camino, haciendo las cosas que veníamos haciendo. Creer en lo que haces importa más cuando las cosas no van como se planearon.

Interscope aceptó que en parte fue su culpa que al disco le fue regular, y la fe que nos tenía Jimmy Iovine era inquebrantable. Nos dijo que nos concentráramos en la música, no en los tiempos desafortunados, y en el futuro no el pasado.

—Ahora salgan, hagan lo mismo y produzcan otro magnífico disco —dijo.

Si fueras un equipo de básquetbol perdiendo por quince puntos entrado al último cuarto de hora, desearías un entrenador como Jimmy.

Pero todos sabíamos que el Disco Tres era nuestra última obligación por contrato. Jimmy nos podía ofrecer todo el apoyo que quisiera, pero la realidad era que el tema álgido no se hablaba, pero se escuchaba el tictac del reloj. Sabíamos que esta podría ser, posiblemente, nuestra última oportunidad. Era hora de parar de pensarlo y unir nuestras cabezas, agarrarnos los cojones y volver a empezar.

Mamá había invitado a mi papá a la fiesta de lanzamiento de *Bridging the Gap* en el Grand Avenue Club en el centro de Los Ángeles. Creo que pensó que sería una buena idea ofrecerme la oportunidad de reconstruir lazos, ahora que era un artista establecido.

Supongo que me daba curiosidad ver al tipo que básicamente me había abandonado, y conocerlo de nuevo como adultos.

Mamá nos presentó nuevamente como si nunca nos hubiéramos conocido.

—Jaime, este es tu padre, Jimmy.

Al principio se veía un poco incómodo.

—Hola mijo… ¿cómo estás, mijo? —dijo.

Lo raro es que no sentí ningún tipo de tristeza por el tiempo que habíamos perdido. En todo caso, lo vi como si fuera un espejo y me estaba tratando de

encontrar en su imagen. Estaba ahí parado pensando *Mierda, eres medio feo. ¿Yo me veo así?*

Ahí estaba, esperando que cruzara la puerta un especie de príncipe azul y lo que recibí fue Tattoo de *Fantasy Island*.

Mientras estoy analizando todo esto, Will se acerca.

—Mierda, ¡tienen la misma nariz!

Así que eso lo confirmó: tenía la gran nariz ancha de los Gómez.

Ahora pienso en esa escena y veo su superficialidad. Dentro del vacío entre padre e hijo, pasé esos primeros minutos tratando de rellenar el agujero definiendo nuestras similitudes. Con la ausencia de cualquier sustancia y significado para nuestra "relación", solo me quedaba juzgar las apariencias. Y hasta con eso, pasé esos instantes en busca de algo para renegar la herencia de su ADN.

Sabía todo sobre su personalidad, pensé, enmarcado por la opinión de mi mamá. Así que cuanta más distancia podía poner entre nuestro parecido físico, mejores posibilidades de volver a empezar. Como principio, sonaba bien: dos hombres conociéndose por primera vez, borrón y cuenta nueva.

Solo podía pasar treinta minutos con él previo a la fiesta de lanzamiento, así que se quedó con mi mamá, disfrutando de mi nueva vida. Después de esa noche, nos mantuvimos en contacto, y lo empecé a ver cada dos fines de semanas en su casa de dos habitaciones en East L.A., cuando me lo permitían los horarios. Conocí a su nueva esposa Terry. Me aceptó y parecía emocionada de conocerme.

La única persona que no estaba era Eddie —mi medio hermano, perdido hace mucho tiempo. Pero mi mamá ya me había advertido sobre la "tensión" con ese tema, así que la pregunta para saber dónde estaba fue evitada de manera incómoda. Primero quería conocer a Papá y luego elegiría el momento para preguntar.

Polo, el "hermano" que me vigilaba desde los costados, vio esta unión creciente con preocupación. Él lo observaba así: "Empezaron a salir a cenar y a espectáculos juntos, y siempre yendo a su casa, pero este era un tipo que casi ni conocías".

Era como todo en mi vida, me lanzaba en la etapa hasta devorar toda la experiencia. Lo primero que noté fue que Papá no era nada como el hombre que había escuchado descrito de niño. Ya no bebía. Era un ciudadano de clase media, recto, de voz suave, ganando un salario, trabajando en un hospital; una personalidad reformada, y un ejemplo de cómo todos podemos cambiar por el bien.

Pero claro, la intención de hacer un borrón y cuenta nueva es casi imposible porque con relaciones renovadas, las preguntas emocionales siempre surgen. En tan sólo unas semanas, pasé de observaciones superficiales a preguntas más profundas e introspectivas; el tipo de pregunta que un niño hace silenciosamente y por dentro sobre un padre ausente: *¿Alguna vez pensaste en mí? ¿Alguna vez saliste en serio a buscarme?¿No extrañabas a tu hijo?*

Nunca las hice en voz alta, probablemente porque me daba miedo la respuesta, y también porque no quería manchar el reencuentro. No quería vivir en el pasado ni guardar rencor, pero era como decía Polo: "Había una razón por la cual tu mamá te alejó de este hombre. Recuerda eso mientras se vuelve tu nuevo mejor amigo". En efecto, con el tiempo, aparecieron las grietas y se revolvieron mis resentimientos.

En una actuación, Papá empezó a decir cómo él había estado ahí para mí de niño, como si se estuviera llevando el crédito o algo. Luego, comenzó a hablar con Will, utilizando a la carta en común de East L.A. para tratarlo como hermano. Escuché cómo la gente se reía con él, y todas las risas me parecían falsas. Es como que entró por la puerta, sin entender todo lo que habíamos luchado por llegar a este punto, y quería que lo acepten antes de que él me aceptara a mí como hijo.

Su verdadera hilacha se empezó a asomar una noche que fui a cenar a su casa con Josh, y decidí que ya no podía evitar más la pregunta sobre Eddie. Sentí que ya se había roto suficiente hielo como para hacer una pregunta razonable.

—¿Y por dónde anda Eddie? —pregunté, eligiendo mi momento a mitad de la cena.

Todo lo que se había sentido falso y forzado de nuestras conversaciones sin importancia fue perforada con este momento de la verdad. Papá golpeó su puño contra la mesa, creando silencio en el cuarto.

—¡A mí NO me hables de él! ¡Ese hombre está muerto para mí!

—Pero, ¿por qué? Es mi hermano. ¿Qué pasó? ¿Dónde está?

—¡NO ME HABLES DE ÉL! —gritó. La perdió totalmente.

A su vez, algo en mi se rasgó. No podía soportar que negara a Eddie. La última vez que lo vi se estaba yendo con este hombre, y yo tenía derecho a saber. Me volví loco y me quebré.

—¿QUÉ? ¡No me hables así! ¡Y no le faltes el respeto a Eddie de esa manera! —le grité.

Los dos estábamos parados, frente a frente en cuestión de segundos. Toda la onda asustó a Josh, y parecía que ya no había más que decir.

Me pareció que Papá había abandonado a Eddie de la misma manera en que lo había hecho conmigo.

—Él todavía es tu hijo, ¡aunque yo no lo sea! —fue mi último golpe del día, mientras cerraba la puerta de un portazo al salir.

Después de eso, no tomaría mucho tiempo romper nuestro frágil equilibrio, y una noche los Peas teníamos una actuación en Temple Bar en Los Ángeles. Mi papá no podía ir —nunca me vio actuar de verdad— pero su esposa Terry apareció junto con dos primos que no veía hace años.

El problema es que aparecieron sin identificación, entonces los porteros les negaron la entrada. Y fue en ese momento que Terry empezó un alboroto, diciendo que era la mamá de Taboo y exigía ver al mánager.

Yo me enteré cuando uno de los porteros se asomó a mi camarín y me dijo:

—Tab, podemos hablar contigo un minuto; llegó tu mamá y se está volviendo loca.

—¿Mi mamá? Mi mamá no está aquí —les dije.

Caminé hacia fuera y vi a Terry.

—Hola, mijo —comenzó a decir—. Estaba…

Su atrevimiento de reclamarme como hijo fue demasiado y me abrió una válvula o algo.

—No me llames 'mijo' —le grité—, y no digas que eres mi mamá porque no lo eres, de la misma manera en que Jimmy no es mi papá. Le faltaste el respeto a mi lugar de trabajo y me faltaste el respeto a mí… ¡ahora vete!

Llamé a Papá y le dije de todo, mucho de lo cual fue muy hiriente, pero no lo recuerdo ahora. Lo que sí sé es que nunca más me llamó y yo tampoco.

Por más frío que suene, me resultó fácil alejarme, ya satisfecha mi curiosidad. En total, estuvo de vuelta en mi vida por un período de cuatro meses que fue tan desperdiciado e insignificante como el resto de su papel en mi vida. No me sentí ni más rico ni más pobre dada la experiencia, y puede ser que solo haya explorado ese camino por una razón: ¿porque Papá era la forma de llegar a Eddie?

Nunca supe más sobre el destino de Eddie: dónde estaba y qué había hecho. Fue un secreto que nadie compartió conmigo. Tendría que esperar un poco más antes de que la vida me revelara lo que todos los demás escondían.

En las semanas previas al filtro de Napster, fuimos a un "consejo", y discutimos sobre el camino por delante, reexaminando nuestra organización y preguntándonos si Black Coffee Management era capaz llevarnos al próximo nivel. Yon era el hombre principal que nos había traído hasta este nivel de tener un contrato firmado e hizo que el sueño se hiciera realidad, pero sentimos que habíamos llegado al techo de esa alianza. Habíamos alcanzado una etapa natural de "alejamiento".

Nuestro mano Polo Molina estaba asumiendo responsabilidades de mánager día a día, y estaba haciendo un buen trabajo. Cuanto más proactivo se volvía Polo, menos razón teníamos para mantener a Black Coffee. Con más giras en el horizonte para subir nuestro perfil en 2000, sabíamos que teníamos que dar un paso adelante y hacer algunos cambios de personal.

Ya habíamos empezado a buscar, y el tipo que nos impresionó en serio era David Sonenberg de DAS Communications. Previamente había manejado a

Meat Loaf, Wyclef Jean, Lauryn Hill y los Fugees, y era una trayectoria difícil de ignorar. En pocas palabras: él probó estar entre las grandes ligas, Black Coffee no.

De inmediato sentimos una sinergía entre DAS Communications como la compañía estratega general y Polo Molina como el jefe del piso en el día a día.

Pero, dentro de todo esto, queríamos respetar a Yon porque había estado con nosotros desde el comienzo, y sentimos que necesitaba algún tipo de inclusión; encontrarle un papel de alguna manera. Siempre iba a ser una conversación difícil por la amistad existente, pero no podíamos permitir que los vínculos se trasformaran en nuestras esposas emocionales.

Nos encontramos adentro de Studio C en Paramount, donde habíamos producido *Bridging the Gap,* y hubo unas conversaciones sin importancia algo incómodas antes de llegar al grano.

—Yon, hay algo que no está funcionando y hemos tenido que reevaluar dónde estamos... —comencé.

Cuando alguien se eriza a mitad de una oración, sabes que la charla que te habías imaginado no se iba a dar como lo habías pensado.

—...hemos vivido muchas cosas juntos y hemos llegado a un buen lugar, pero realmente necesitamos estallar al siguiente nivel y... —continué.

La cara de Yon estaba helada.

Will contribuyó:

—Mira, todavía te queremos incluir, pero queremos traer a alguien más abordo... alguien con experiencia que ha manejado bandas grandes... ¿y nos preguntamos si estarías dispuesto a compartir algunas responsabilidades?

En realidad era una idea estúpida, pero estábamos tratando de ser justos y encontrarle un papel por la lealtad que le teníamos. No fue sorprendente que no lo viera de la misma manera. Negó con la cabeza y se levantó.

—No, si no puedo hacer esto por mi cuenta, ¡me voy!

Y eso es lo que hizo esa tarde.

Esa probablemente fue una de las decisiones más difíciles que tuvo que hacer Will. Él y Yon habían sido buenos amigos desde el día que se conocieron, y habían hablado a diario. Yon soñaba con Will. Pero, como le dije a Will:

—Si es un veradero amigo, verá el panorama más grande y un día comprenderá.

Fue un dia triste, pero la emoción que sentimos al conectarnos con DAS Communications nos decía que habíamos tomado una decisión inteligente. Jimmy Iovine también apoyó nuestra decisión porque él una vez fue manejado por David Sonenberg en sus días como productor de música. Así que también hubo algo de suerte con el resultado.

David, quien había establecido su negocio en 1976, nos puso en las manos de su colega Seth Friedman, un tipo astuto con rastas inesperadas y súper largas. Seth tenía a cargo orquestar nuestro "gran descubrimiento". Una de las

muchas cosas que me gustaban de Seth es que se veía y actuaba nada como un mánager típico. Y siempre usaba unos Jordans buenísimo. Era joven, ambicioso y emanaba inteligencia y capacidad.

Cuando se fue Yon, lo siguió Eddie Bowles, entonces Polo Molina ascendió de mánager de mercancías a mánager de las giras, al igual que nuestro mánager oficial del día a día. Era perfecto para los Peas porque ya le confiábamos la vida a este tipo.

Otro elemento clave dentro de la máquina era nuestro mánager comercial Sean Larkin. Él había estado desde el principio, y el chiste al principio es que siempre nos llamaba porque le daba algo que hacer. Tipos como Polo y Sean creyeron en nuestro futuro mucho antes de que nadie vea los frutos del éxito, y todo equipo necesita gente como ellos abordo desde el comienzo.

Luego hubo una partida notable —Kim Hill se fue.

Sabíamos que nuestro tiempo juntos estaba llegando a su final tanto antes como durante *Bridging the Gap*. En giras, nada había cambiado en cuanto a sus monólogos verbosos. Cuando estábamos haciendo sets de treinta minutos que dependían de animar la energía del público, no teníamos tiempo para los cuentos de Kim de dos a tres minutos de de largo. No ayudó que en Denver, durante la gira Warped, cuando las chicas roqueras punk se quitaban las camisas ella les suplicaba que se taparan.

"Vamos, muchachas, no se falten el respeto de esa manera... ¡vuélvanse a poner las camisas!" les decía, lo cual era lo último que alguien quería escuchar en Warped. Era el estilo de lugar donde todos escupen al aire y vuelven a tomar su escupitajo con sus bocas, y hacen todo lo que sus padres les dijeron que no hicieran. Lo último que necesitábamos era que Kim les bajara la nota. Tanto arriba como abajo del escenario, su dinámica no cuajaba con la nuestra. El resultado final fue que Kim nos dejó para hacer su propia carrera.

Su partida no dejó un gran agujero que no se podía reemplazar. Pensamos que podríamos llamar a Macy o Esthero si necesitábamos voces femeninas. Acordamos que el plan era mantener a los Peas como un trío. Solo nosotros tres, como siempre.

Irónicamente, lo que vino de la partida de Kim fue el surgimiento de la voz de Will. Con las fechas de giras contratadas, alguien tenía que asumir las partes de Kim, entonces anunció Will: "Yo puedo cantar las partes. Yo asumo el deber" —y el tipo encontró su voz. Will no es un cantante del coro de la iglesia, pero su estilo melódico áspero y cool, para nuestra sorpresa, no era ni desafinado ni desentonado. Nunca había creído que podía cantar, así que cuando lo logró nosotros le dijimos: "Mierda, ¿quién necesita una cantante?".

El mundo de Hollywood siempre ha sido un paraíso para los gorrones famosos, ofreciendo extras que vienen con el trabajo. Si eres "alguien", tienes un pase para acceder a todas las zonas del los clubes y un cupón para beber todo lo que quieres.

Sigo siendo un "nadie" en el ranking de la fama, pero como artista firmado con Interscope y un Black Eyed Pea en Los Ángeles, recibí mucho amor. Me acostumbré a llegar a la puerta principal, saludar a los promotores, y las filas de personas se deben de haber preguntado quién era este tipo raro con pelo amerindio.

Pero los guardias de las sogas aterciopeladas sí sabían.

—¡Taboo! —decía Sarah, u otra promotora preferida llamada Jen—. ¡Bienvenido de nuevo!

Las puertas se abrían, los promotores me reconocían, los guardaespaldas me daban la mano como amigos antes de llevarme a la zona VIP. Era el tipo de pendejadas de Hollywood que le importaban a almas frágiles como la mía.

No estaría vendiendo discos, pero me "reconocían" y eso significaba que no tenía que meter la mano en mi bolsillo. Cuando eso ocurre en Hollywood, se vuelve la misma historia, porque una vez que te aceptan en la sala VIP, un ímpetu extraño empieza a crecer.

Cuanto más te ven afuera haciendo lo tuyo, más te reconocen los promotores de los clubes. Cuanto más te reconocen, más se te acercan las sanguijuelas sociales para verse contigo. Cuanto más grande es la multitud de sanguijuelas sociales, más popular *pareces* ser. Cuanto más popular pareces dentro de esta realidad vacua, más te crees la creación de tu propia leyenda, sin darte cuenta lo frágil que es.

Durante este tiempo, Apl había empezado a retirarse de la esfera social. Era el comienzo de su deterioro personal que involucraba su propio período sombrío y de fiestas, pero esa es su historia para contar, no la mía.

Nos dejó a Will y a mí, junto con Dante Santiago y otro "hermano" J.J. Anderson, yendo a los clubes repletos de jefes de la industria.

Yo era siempre el primero en llegar al club y el último en partir, tambaleando hacia fuera. Mis amigos eran observadores silencioso de mi comportamiento díscolo, y levemente divertidos con mis borracheras, y siempre me estaban jodiendo.

Mientras oscilaba y arrastraba las palabras, un Will borroso inventaba una versión del simple de 1985 "Party All the Time" de Eddie Murphy, y cantaria *"Tabooooo... likes to party all the time, party all the time... Taboooooo, likes to party all the time, party all the time..."*, que básicamente quería decir que me gustaba ir de fiestas.

Se volvió el himno en chiste entre los Peas y amigos cada vez que me emborrachaba. Yo levantaba las manos en el aire como si fuera la última canción de un concierto, pensando que el himno era un halago cuando en realidad me estaba señalando un problema. Cuando no comprendí la indirecta, él me habló

más claramente: "Tienes que bajar el ritmo, hermano… te ves un poco descuidado tambaleándote sobre las mesas… no es cool".

Will intentaba ser el hermano mayor y más sabio sin decirme como vivir mi vida, pero yo lo saqué del paso. "¡Anda, Will! Yo sé como cuidarme. Lo tengo bajo control", le dije.

Pero no era verdad, como pronto lo demostraría.

Una noche estaba en lo de Joseph's antes de que llegara Will, en mi mundo cuando un tipo blanco nervioso y pelado llamado Chris se me presentó.

—Epa, Taboo, ¿te gusta ir de fiestas? —me preguntó. Mientras decía esto, hizo un gesto deliberado de refregarse la punta de la nariz y rozarse las narinas.

—Sí, me gusta ir de fiesta —le dije, aceptando el reto.

En los cubículos del baño, cortamos dos líneas de cocaína sobre un espejo portátil que había sacado de un bolsillo de su chaqueta. Luego fuimos al apartamento de Chris en un complejo cerrado cerca de Sunset y Doheny. Entré tambaleando con este extraño a un cuarto lleno de extraños murmurándoles a muchachas hermosas.

—¡Hola, chicas, este es mi amigo Taboo de los Black Eyed Peas! —anunció al cuarto. Para él, prestigio por asociación. Para mí, reconocimiento y respeto.

Era un apartamento fiestero: solo un sofá, unas sillas de cuero bien padres, una televisión prendida en el canal de deportes y ceniceros desbordado de colillas de cigarrillos. Y gente tendida por todas partes, entrelazadas dentro de los vínculos falsos que son las "amistades" de Hollywood.

Nos metimos más coca y tomé tanto que ni recuerdo dónde terminé. Solo recuerdo oler una línea y decir:

—Mano, esta mierda es buena. ¿Dónde la puedo conseguir?

—Yo la vendo —me respondió.

Y así fue como conocí a mi proveedor de cocaína.

Chris era un cáncer social con tentáculos que envolvían a los débiles. Me quería volver mierda, al igual que él. Obviamente necesitaba a otro que se sintiera solo y fingiera ser popular, y yo llené los requisitos. Hay parásitos como él dando vueltas en todos los clubes de Los Ángeles, y yo caí en sus manos, porque sea en Hollywood o en su apartamento, siempre había un trago, drogas y muchachas —y esa era exactamente la vida que pensé que deseaba.

Si los dioses de la música nos bendijeron con algo, fueron dos cosas: una pasión interminable por encerrarnos en el estudio, y las ganas de salir de gira. Tanto el estudio como el autobús de gira nos proporcionaban una existencia anormal lejos del día a día de la vida; dos cápsulas raras y encantadoras, artificiales, creativas y —para mí— de una realidad realzada por las drogas. Yo prosperaba en ese ambiente.

Siempre le preguntábamos al sello cuándo y adónde sería nuestra próxima gira. Will los molestaba constantemente por teléfono preguntando, "¿Qué hacemos este verano?" o "Son las vacaciones de primavera, ¿hacia dónde vamos?" o "Los muchachos están volviendo a las universidades, ¡giremos por las universidades otra vez!".

Había algo libre, relajado y espontáneo de nuestras giras y fechas aisladas en aquel momento. Simplemente llegábamos, hacíamos nuestra mierda, desenchufábamos, seguíamos de largo y continuábamos construyendo. La actuación en vivo era probablemente el 75 por ciento de quienes éramos mientras luchamos por ser reconocidos.

Sin toda la presión del disco, nuestra única misión era tocar de tal manera que nadie se pudiera ir quejándose ni sintiendo que no valió la pena. Las giras también eran nuestro sustento, y las actuaciones que teníamos planeadas —abrirles a Macy Gray, No Doubt y Wyclef Jean en la gira MTV College Campus Invasion— nos pagaba a cada uno alrededor de $40,000. No era un salario increíble, pero nos alcanzaba para sobrevivir.

Una de las mejores experiencias de gira en aquel tiempo fue cuando le abrimos nuestros compañeros en Interscope, Gwen Stefani y No Doubt durante ese verano, previo al lanzamiento oficial de *Bridging the Gap,* mientras ellos promocionaban su disco *Return of Saturn.*

Después del episodio con Napster nos había reventado la burbuja de marketing, nos dedicamos de lleno a esta gira, con aun más ferocidad porque era nuestro megáfono, nuestro tambor y nuestra radio a través de Estados Unidos.

No Doubt habían entrado a la lista de éxitos el año que nos formamos como grupo, con su disco *Tragic Kingdom,* pero se lanzaron a la fama con la balada exitosa "Don't Speak" en 1997.

Gwen era una tipa retozona con chispa, ojos invitadores, sonriente, músculos delicadamente tonificados y un pelo de un matiz rosado. Desde el momento que entramos al camarín, nos abrazó, chocando cinco por doquier. No creo que hayan muchos artistas con los pies sobre la tierra como ella, y era divertido pasar tiempo con ella. Esa mujer tiene un alma preciosa.

Le abrimos a los teloneros, un grupo alocado de roqueros punk llamado Lit que siempre apostaban y jugaban fútbol americano. Con todas nuestras energías combinadas en esa gira —la locura de Lit, la onda fiestera de No Doubt y el funk de los Peas— fue divertidísima.

Siempre armábamos un "cuarto de improvisación" donde estuviéramos, y Gwen le encantaba por la energía que creábamos. Nos parábamos en un círculo y cada persona tenía su turno para rapear un verso mientras Apl tocaba una base rítmica en su batería electrónica. Estas sesiones crecieron y crecieron hasta que una vez le tocaba al bajista de No Doubt, Tony Kanal —cuya relación con Gwen inspiró "Don't Speak".

—No, no, no —dijo, alejándose, no queriendo participar en su turno—, ¡Yo no rapeo!

Pero después de ser acosado por Gwen, se metió al medio y comenzó, titubeante.

—Bueno… chequéenlo! ¡Chequéenlo…

El cuarto comenzó a reírse mientras él se tropezaba y buscaba cualquier cosa que rimara.

—…aprecio a todos los amigos que me rodean… eh… blanco, negro, marrón, un océano…

Todos estallaron en risa y Tony, que no podía rapear ni que dependiera de eso su vida, murió parado. Después de eso, cada vez que lo veíamos detrás del escenario, le decíamos "Epa, Tony! Aprecio a todos los amigos que me rodean… blanco, negro, marrón, un océano!".

Pero aquí esta la clave. Repetimos ese chiste tanto que nos terminó gustando por su simplicidad y, a través de la repetición, lo adoptamos como nuestro himno previo al concierto. Hasta el día de hoy, en honor a Tony Kanal y nuestra mentalidad de tribu unida, nos arrimamos en las alas detrás del escenario —el grupo, la banda, los bailarines, la administración— y ligamos hombros. Will comienza diciendo: "Bueno, estamos en (algún local) hoy y es el cumpleaños de (quien sea) y la fiesta es en (algún club). ¡Bueno! ¿Estamos LISTOS? Vamos a darles todo lo que tenemos. Uno, dos, tres…".

Y luego de ese conteo, decimos en unísono: "Aprecio a todos los amigos que me rodean… blanco, negro, marrón, un océano" —y chocamos cinco entre nosotros al estilo Gwen Stefani. No sé si Tony sabe el legado que nos dejó, pero fue así de memorable aquella gira.

Sobre el escenario, Gwen era una bola de fuego, saltando frenéticamente, haciendo flexiones al ritmo de "I'm Just a Girl". Todavía la puedo ver saliendo de su camarín, radiante, corriendo en el mismo lugar, en espera. Esa muchacha era como una boxeadora, emocionadísima.

Su energía era contagiosa, y yo no veía la hora se subirme al escenario porque sus fans se conocían por lo mucho que les gustaba que se les lanzaran del escenario, así que yo estaba en mi salsa.

Cuando llegábamos al momento "Head Bobs", yo le decía al público que alzaran las manos y me dejaran volar. Tomaba impulso corriendo, saltaba… y volaba. Una masa de manos me pasaban de un lado a otro como un humano inflable, y nunca dejé de disfrutar de la locura.

En una actuación, la energía era tan alocada que los Peas se volvieron lemmings saltadores y me siguieron. Apl se lanzó del escenario. Luego Will. Y lo siguió la banda. Printz dejó los teclados y se lanzó. Terry Graves apoyó sus palos y se lanzó. Había llegado la hora de poner los instrumentos de lado y lanzarse.

George, nuestro guitarrista, estaba con ganas de hacer lo mismo. El único problema era que él era un poco más pesado que todos nosotros y podías ver las caras del público transformarse de una emoción mareada a una expresión de "oh-oh" mientras él dejaba su guitarra de lado. George seguramente necesitaba un pista más larga para lanzarse y la luchó, pero se lanzó, y la genté lo atrapó... y luego se les doblaron las rodillas. Lo más gracioso fue ver un sumidero humano abrirse entre la masa de cuerpos, pero hay que darles crédito porque lo lograron sostener y mandarlo de nuevo al frente. Como era de esperarse, esa fue la primera y última vez que George se lanzó al público.

Al final de cada concierto, todos los grupos volvían al escenario para el bis explosivo de Gwen, "Spiderwebs", y hacíamos pogo y saltábamos por todas partes como si estuviéramos otra vez en Warped. La primera vez que sucedió esto, yo salté al nivel donde estaba Steve, el trompetista, y corrí hacia Tony Kanal para animarlo mientras tocaba el bajo antes de saltar al lado del baterista sin camisa quien —con la cara manchada de lápiz labial y un tinte en el pelo de estampado de leopardo— revoleaba la cabeza imitando a Animal de *The Muppet Show*.

Ahí fue cuando miré hacia abajo y quedé en shock al ver que estaba totalmente desnudo. Había subido al escenario en pijamas y terminó desnudo.

Era uno de esos tipos exhibicionistas pero divertidos. Siempre hacía alguna locura como aparecer a una fiesta con una tanga puesta o entrar a lo grande, haciendo mucho ruido, quitarse la ropa y declarar: "¡OK! ¡Comencemos esta fiesta!".

Las fiestas después del concierto de No Doubt eran legendarias para un manojo de hombres solteros. Siempre habían cuartos con temas magníficos, y les pedíamos a George y a Printz que salieran al público y buscaran a las muchachas que estaban más buenas, cada uno armado con veinticinco invitaciones a la fiesta. El resultado era la visión de un ejército de cincuenta glamorosas "opciones" avanzando hacia nosotros con George y Prinz radiantes y a la vanguardia.

Siempre hacían un buen trabajo, hasta que una vez Tony Kanal protestó y gritó:

—Epa, ¿quién trajo a todas estas muchachas detrás del escenario?

George, pensando que le iban a agradecer, levantó la mano.

—¡Mano! —gritó Tony—. La próxima vez que lo hagas, ¿te puedes asegurar que las muchachas no sean menores de edad?

Después de ese detalle técnico, George se iba de caza, pero con más cuidado: les pedía identificación a cada muchacha joven que invitaba detrás del escenario.

La pasamos tan bien que no estaba listo para que terminara la gira, pero al volver a Los Ángeles, nos llegó el rumor de que *Bridging the Gap* estaba sonando en Australia, donde había llegado al número 37 de las listas de éxitos, y luego en Nueva Zelandia donde llegó a 18. No fue una noticia increíble.

Era progreso.

Pasos pequeños. Pero progreso.

Nos habíamos reunido con Macy, aceptando su oferta para abrirle en su gira por Estados Unidos y Europa. Estábamos actuando en Chicago cuando, en el medio de nuestro set, la banda se empezó a emocionar —había algo en la gesticulación de uno al otro y las miradas fijas a un lugar específico del público.

Fue durante una pausa entre canciones que George Pajon me explicó que lo habían visto a Prince en el público.

Al parecer, Prince había venido a ver cantar a Macy, pero lo único que me importaba era que en alguna parte de aquella oscuridad estaba el hombre que figuró de manera prominente en mis casetes mixtos de niño, y era responsable de mi primera compra de un disco. Pasé lo que quedaba de la actuación pensando en la posibilidad de conocerlo detrás del escenario.

Pero en algún momento después del concierto pensé que no pasaría, entonces me fui a un club con Will y Apl y me emborraché. Otra noche vino y se fue y quedo en el olvido ebrio, y no pensé mucho en las llamadas perdidas en mi celular hasta que vi a George en el lobby a la mañana siguiente.

—¿Dónde estabas? —me preguntó—. ¡Te llamé y te llamé pero no me contestaste!

George, con la preocupación de un amigo que sabía que estaría desilusionado, me había llamado para decirme que Prince finalmente apareció e invitó a la banda a su hotel para una sesión improvisada.

—Hubo un momento que contestaste, Tab —me recordó—. Y dijiste, "A la mierda con eso", y creo que no me creías. Pero mano, tendrías que haber estado ahí…

Dentro de mi sopor etílico, me había perdido una reunión ensoñada con nuestra banda tocando con Prince. Tardé lo que quedaba de la gira de Macy Gray para olvidarme de esa.

Cuando llegamos a Londres con Macy, subimos al escenario de la arena vacía del Wembley Arena —el local cubierto más grande de la ciudad— y era enorme. No podía creer el tamaño en comparación al escenario mínimo del Jazz Cafe donde habíamos tocado en nuestra última visita a la capital inglesa. Este era un escenario de verdad en una arena con capacidad para 12.000 personas.

Estar dentro del Wembley Arena nos dio un gustito de la acción con la que soñábamos, pero nosotros soñábamos con cosas aun más grandes que arenas y anfiteatros. Nosotros queríamos el santo grial de las giras: una gira por estadios deportivos.

Como artista, ese nivel de gira requiere ventas y una base de fans que pueden garantizar estadios agotados de 50.000 personas en ciudad tras ciudad.

Una ve más, nuestras imaginaciones estaban corriendo antes de poder caminar, pero mientras dimos nuestro espectáculo en Wembley, en mi mente, yo hacía como si estuviéramos en lo del vecino de al lado: Wembley Stadium.

Cualquier estadio.

Después de ese concierto, George nos contó cómo él también entró a la arena con Seth Friedman mientras se llenaban los asientos. George también estaba asombrado con el lugar, y miró a Seth y le dijo:

—¡Mira este lugar! ¿Crees que alguna vez podamos tocar en lugares como este?

—Nunca va a pasar —le dijo Seth.

Para darle crédito a Seth, él todavía no nos comprendía del todo, y él no había estado inmerso en el estudio con Will y la banda, donde la onda colectiva era que estábamos haciendo música y éramos parte de algo que deseábamos que le llegara al resto del mundo. Lo que sentíamos cada vez que hacíamos música, y en especial sobre ese escenario en Wembley, era una llamada, no solo una esperanza melancólica.

Entonces, cuando escuché la duda de Seth, me dije lo que siempre me decía internamente cuando escuchaba que alguien decía que algo no pasaría nunca. *"Ah, ¿no crees que pase? ¡Pues, mírame! ¡Míranos!"*.

La gira MTV College Campus Invasion fue un momento oportuno para una experiencia más reducida antes de que se me suba todo a la cabeza, regresándonos a los escenarios con bandas de estudiantes y públicos universitarios alocados —nuestro público central. También me unió, en persona, a De La Soul, quienes, como nosotros, le abrían a Wyclef Jean.

Habiendo colaborado a larga distancia, ahora tenía la oportunidad de sentarme al lado de mis ídolos y conocerlos como personas. Posdnuos, también conocido como Plug One o su verdadero nombre Kelvin, era uno de mis favoritos, un tipo bien cool que le encantaban sus zapatos. Todo lo que se ponía en los pies era original, y fue a él quien le expresé otro de mis sueños lejanos y le dije, "Un día, quisiera tener mi propia zapatilla".

Había mirado los pies y zapatos de las personas toda mi vida. Una niña de la escuela Janson Elementary puede tomarse ese crédito porque un día se me acercó, apuntó a mis zapatos y dijo "¡Jimmy Gomez! ¡Ay, mira tus zapatos!". Luego vio, horrorizada, mis uñas.

"¡Ay, tus uñas también están sucias!", y se fue de prisa, riéndose, para contarles a todos los demás.

Después de eso, limpié mis zapatos —y uñas— más que mi tio Louie, viviendo y muriendo por el lema de que puedes saber mucho sobre una persona al mirarle los zapatos. Hasta hoy en día, hay tres reglas de amor propio a las cuales me atengo: huele bien, sabe bien y vete bien.

Y si usas zapatos originales como los de Posdnuos, será lo primero que notaré. (Ahora recordando las conversaciones que tuvimos sobre zapatillas y marcas, no fue sorprendente que en 2006 De La colaborara con Nike para crear Nike Dunk.)

En esta gira, me di cuenta que nosotros —el grupo luchando por el reconocimiento— estábamos como iguales en el reparto junto a De La Soul, el grupo que, en mis ojos, era legendario. Habían comenzado en 1987, sin embargo, seguían siendo teloneros en una gira universitaria. Me parecía extraño cuando lo comparaba al pedestal que ocuparon en mi vida. Hubo un momento raro después de una actuación en donde Maseo, otro del trío, me dijo: "Ustedes son la nueva generación... los prometedores. Nosotros seguimos tratando de abrir el camino y hacer lo nuestro y...".

Me perdí lo que me dijo después porque lo único que seguía escuchando una y otra vez era mi héroe diciendo, "Seguimos tratando de abrir camino y hacer lo nuestro...".

¿Cómo puede ser? Ustedes son increíbles y deberían ser la actuación principal de su propia gira, pensé.

Pronto le siguió otro pensamiento: *Mierda, no podemos seguir aquí en doce años "haciendo lo nuestro".*

Si la historia de ellos me enseño algo después de todas nuestras teorías sobre la fórmula del éxito, es que teníamos que seguir evolucionando, sin importar lo que pase. Nuestros dos disco habían sido un guiso de diferentes inspiraciones y elementos musicales y, si pretendíamos conquistar el mundo, teníamos que seguir mezclando ingredientes.

De La Soul, la inspiración, de repente era una lección saludable.

Creo que la segunda de 2000 demostró cómo nos habíamos salido de la zona cómoda del hip-hop, habiendo compartido los ritmos del hip-hop en las universidades, o el ska-pop de Gwen, o el R&B/soul de Macy. En realidad nos sentíamos más cómodos con los públicos que eran diversos étnica y culturalmente.

La historia de De La se debe de haber quedado sonando en mi mente porque en mi álbum de recortes de aquella gira hay una reseña que claramente tiene un significado. Una publicación universitaria dijo: *"Mientras muchos estudiantes conocen a De La Soul y Wyclef, quizás no conocen a los Black Eyed Peas... todavía no tendrán ese nivel de éxito, pero pueden estar salvando las distancias al estrellato y están preparados para estallar".*

Otra reseña de un estudiante en Berkeley, California, dijo que estábamos *"creando un nuevo subgénero dentro del hip-hop... donde el aspecto vocal de las canciones tiene un rol disminuido y el ritmo y la música de fondo quedan como papel secundario".*

Eran un indicio de las reseñas que recibiría el disco, y una señal de que nuestro público —al contrario que nuestros críticos de la industria— nos entendían. Habrán sido solo pronósticos de estudiantes, pero basé mi optimismo en ellos.

Al llegar la Navidad de 2000, recibimos una oferta de la nada. El fabricante de la gaseosa Dr Pepper nos pidió que le hiciéramos la música para su campaña publicitaria televisiva "Do What You Wanna Do", con una recompensa de $100.000 cada uno.

La unión con DAS Communications no tomó mucho en dar frutos.

El dinero era una bendición. Me permitió darle a Josh una Navidad especial, y me compré un auto nuevo —un Honda SUV— y hasta ahí llegaron mis sabias inversiones. La verdad es que un monto grande de lo que quedaba lo boté en tragos y drogas, porque ahora tenía dinero en serio para despilfarrar en Hollywood. Era un salario prescindible y lo gasté en placeres inconfesables.

Cuando salió la noticia sobre nuestra colaboración con Dr Pepper, algunos puristas de la comunidad de hip-hop nos acusó de vendidos, y sabíamos que habrían acusaciones de "codicia" porque ya lo habíamos discutido entre nosotros cuando pensamos lo que significaría acostarse con el mundo corporativo. Sin embargo, después de pensarlo bien, acordamos una cosa: la *industria* musical se basaba en la visibilidad y llevar nuestra música a cuantos oídos sean posibles —y los cien mil palos ayudaron en un momento en que necesitábamos dinero. No tenía sentido decirles que no.

Como bien nos señaló Will, ¿piensas que Run-D.M.C. no estaba "vendiendo" Adidas cuando eso es todo lo que usaban en sus videos, o que otros grupos no estaban "vendiendo" Tommy Hilfiger al enorgullecerse y alardear sobre la marca? La diferencia e que no les estaban pagando porque nadie se había avivado a la sabiduría de utilizar el mundo corporativo a favor de los artistas. En líneas generales, la industria todavía estaba echada en sus hamacas, pensando que todo tenía que ver con las ventas de CDs y la posición en las listas de éxitos. Pero nuestras heridas de Napster nos advirtieron que teníamos que aprender otras maneras de hacer funcionar la música a nuestro favor y encontrar nuevas avenidas de ingresos.

En todo caso, el mensaje de Dr Pepper: "Be You... Do What You Wanna Do" (que en español sería, "Se tú... haz lo que quieres hacer") cuajaba perfectamente con nuestra forma de ver la vida, así que no era como si estuviéramos dejando de lado nuestros principios y ligando nuestro nombre a cualquier producto.

De igual manera, no me importaba lo que pensaban los demás. ¿Por qué lo haría? Yo era el niño que fue acusado por los latinos por ser un vendido al pasar tiempo con un grupo hip-hop negro y "vistiendo como un negro". Ser acusado por ser un vendido a nivel profesional era solo otro ejemplo de los enemigos anclados en el pasado con una mentalidad caducada.

Hoy, en 2011, cuando el patrocinio de una marca y las uniones corpora-

tivas son comunes, los argumentos que escuchamos en aquel entonces parecen tan anticuados como el mismo CD.

Nadie pensó en mirar hacia el futuro cuando actuamos en un concierto radial de varios artistas, el Jingle Ball, en Minnesota la semana antes de Navidad, y nos encontramos en el mismo reparto con tres tipas del grupo Wild Orchid.

No pensamos ni dos veces en ellas hasta que una de ellas, Stacy Ferguson, paró a Will para una charla. Habíamos estado caminando por un pasillo con Nicole Scherzinger —un miembro de Eden's Crush quien también había tocado— cuando Stacy, caminando sola, nos paró. Era una mujer hermosa y atractiva que brillaba con un pelo medio rubio, y no perdió tiempo en decirle a Will que desde hacía mucho que quería trabajar con él y que hacía casi una década que venía pensando en abrirse del grupo y continuar como solista. Era muy Fergie: corajuda, halagadora, encantadora y directa —y fue ahí que supimos que ella había estado entre la gente en El Rey Theater durante el lanzamiento de nuestro primer disco.

—Creo que esta cuestión con Wild Orchid no me está funcionando, y necesito un productor —dijo con seguridad.

—Muy bien —dijo Will—. Dame una llamada y haremos algunos temas para ti.

Queríamos seguir acrecentando nuestra posición en Australia, así que aceptamos participar del festival de música Big Day Out (BDO) en enero de 2001 que iba a Sydney, Perth, Adelaide, Melbourne y el Gold Coast, antes de seguir a Nueva Zelandia. Si Europa se sintió como la conquista de una nueva frontera, entonces Australia fue como aterrizar en la luna.

Nunca me había sentido tan lejos de casa.

No nos dimos cuenta cuán importante era el festival hasta que llegamos, y si me fui con un eco en mi cabeza, no era la música sino el canto regular de las multitudes. "¡AUSSIE, AUSSIE, AUSSIE…OY, OY, OY! ¡AUSSIE, AUSSIE, AUSSIE…OY, OY, OY!" cantaban 65.000 personas.

Éramos parte de un reparto diverso de cuarenta y pico de artistas incluyendo Happy Mondays, Limp Bizkit, Roni Size, At the Drive In, Placebo y otros muchachos nuevos que usaban el nombre Coldplay y estaban promocionando su disco *Parachutes*.

No le presté mucha atención al cantante principal Chris Martin, pero la banda de los Peas decían que eran "una cagada" en vivo. Al parecer, Chris le tenía un miedo atroz a subirse al escenario en frente de tanta gente, tan así que no quería que el foco principal estuviera sobre él, y este miedo escénico se ve que le quitaba fuerza a su actuación.

Cuando tocó "Yellow" y "Shiver", su presencia sobre el escenario era rígida, y cuando cantaba, o miraba hacia el cielo con los ojos cerrados, o para abajo con los ojos fijos en la guitarra. Parecía intimidado, al tocar en frente de un público tan grande. Creo que BDO 2001 era un momento en que Coldplay todavía se estaban encontrando. En cuanto a eso, todavía estábamos todos creciendo. Es difícil creer lo extremadamente tímido que era Chris al verle la presencia hoy en día en Coldplay.

Me hice amigo de un gran grupo llamado Grinspoon, una banda de rock de New South Wales, y lo que me gustaba de estos tipos es que le pusieron el nombre a su grupo por Dr. Lester Grinspoon, un profesor de psiquiatría que apoyaba el uso medicinal de la marijuana. Con un nombre ligado al porro, siempre iban a estar de buenas conmigo.

La escala del evento de BDO era descomunal.

Mientras actuábamos, vimos las caras tensas de la gente presionada contra las barreras y docenas de personas llevadas al frente, sin poder lidiar con la masa de cuerpos tumultosa y oscilante entre tanto calor. Toda la escena hacía que la gira Warped se viera mansa.

Trágicamente, ese fue el año que una muchacha de dieciséis años fuera aplastado por la multitud que se abalanzó para ver a Limp Bizkit en Sydney. Estábamos con el catering cuando ocurrió y no supimos nada hasta leer las noticias en el diario de la mañana siguiente. La chica había sido gravemente herida. Seis días más tarde, murió, y Limp Bizkit se fue de la gira.

Ese evento perforó lo que hasta ese entonces había sido una gira bastante agradable, y me volvió extra cauteloso al punto de medir cuánto animaba a la gente con mis propios lanzamientos al público, habiendo visto a lo que podía llevar.

Aparte de ese incidente, no nos podría haber ido mejor en Australia y Nueva Zelandia, y sentimos que, en el exterior, estábamos creando un gran impacto en comparación a nuestras actuaciones domésticas. Justo cuando comenzamos a preguntarnos cuándo pasaría lo mismo en Estados Unidos, nuestro lanzamiento en febrero de 2001 de nuestra colaboración con Macy Gray —"Request Line"— se convirtió en nuestra primera entrada a la lista de *Billboard* Hot 100 como número 30. Llegó a estar entre las mejores cuarenta canciones en la mayoría de los países.

Luego, el video artístico que la acompañaba también se encendió, saliendo al aire un sinnúmero de veces en MTV y VH1. Realmente nos sentimos visibles por primera vez.

No olvidaré la vez que hicimos aquel videoclip en un estudio en Hollywood porque me desperté brotado de acné por toda mi cara y un grano gigante y horrible, asentado como un volcán entre mis cejas.

—Esa es una erupción bastante fea —me dijo la maquilladora, mientras me ponía base correctora.

—Sí, no lo entiendo —le dije, sabiendo bien que eran las cicatrices que resultaban de todos los químicos corriendo por mi sangre.

La gran sorpresa del video fue que, uno, no se veía esta erupción violenta en mi piel y, dos, recibimos nuestro primer reconocimiento importante de la industria al ganarnos una nominación en los MTV Music Video Awards de 2001 en la categoría de Mejor Video Hip-Hop.

Desearía poder recordar lo que pasó en la ceremonia y como se sintió estar ahí por primera vez, pero mi memoria es nula, y de todas maneras no ganamos. Tal vez mi memoria se estaba guardando para otro momento más adelante en 2003, cuando la noche probaría ser inolvidable por todas las razones equivocadas.

PEAS Y AMOR

Catorce años antes de que yo naciera, Alfred Hitchcock fue en busca de un lugar de filmación en Sonoma County, al norte de California, y se cruzó con Bodega Bay, y decidió que era el escenario perfecto para su película de terror de 1963 *The Birds.* En 2001, will.i.am se fue en busca de un lugar de especial y se cruzó con el mismo pueblo aletargado de puerto, y lo sintió como el escenario perfecto y aislado para comenzar a trabajar en nuestro próximo disco.

Era hora de removernos de las "distracciones de Los Ángeles" y transportarnos a un lugar donde, como grupo y banda, podríamos "enfocarnos" en el disco más importante de nuestras vidas; el tercero disco y la última obligación dentro de nuestro primer contrato, nuestro séptimo juego en la final del NBA.

—Todavía no hemos probado nada —dijo Will—, y necesitamos irnos de Los Ángeles para darle en el clavo.

Previamente, yo tendía a poner su estrés a un lado, pero hasta mi cabeza había encontrado lugar para un poco de preocupación: *¿Qué pasa si este también fracasa?¿Y si me tengo que conseguir otro "trabajo de verdad"? ¿Qué haré?*

No era solo el escenario aislado que nos enfocó la mente.

Nunca había visto una casa tan grande como la de Bodega Bay. Ni siquiera en las películas. Era un casa de ladrillo, arquitectura moderna, un lugar enorme sobre una loma con un patio trasero que era el Océano Pacífico. Teníamos una cocina gigante con una isla, una parrilla profesional en el patio, una piscina afuera y unas escaleras de madera vieja que zigzagueaban en bajada hacia nuestro propia playa privada. Era el estilo de casa que se ven en la tapa de revistas de diseño de interiores, ubicado en un tipo de pueblo que ves en las postales.

También entendí por qué Alfred Hitchcock eligió esta ubicación: el cielo estaba lleno de pájaros, pero, por lo menos de acuerdo a lo que decía el libro sobre mi mesa de luz, eran más bien ostreros negros y zarapitos de pico largo y no mirlos asesinos. Eso también explicaba por qué el movimiento más excitante en la zona era la ida y venida de aficionados a la ornitología, que estaban por todas partes con sus binoculares. Lo único que parecían hacer todos en ese pueblo era "observar": observar ballenas, observar leones marinos, observar pájaros. Una cosa era cierta: podría haber rastreado todo ese paisaje abierto por horas con un par de binoculares sin encontrar ni un proveedor de drogas. Will había elegido bien.

Bodega Bay en definitiva causó un paréntesis provisional en mis hábitos fiesteros (a pesar de haberme traído una buena reserva de porro). También comencé a fumar Salems, una marca de mentol asquerosa, y se convirtieron en mi hábito de quince al día, lo cual era un sustito horrible para los verdaderos placeres en la vida.

Este campamento de base era "casa" para nueve hombres —tres Peas, George Pajon, Terry Graves, Mike Fratatuno, más nuestro mánager Polo y los productores DJ Motiv8 y Dante Santiago— durante tres meses, desde el comienzo de junio al 12 de septiembre cuando tuvimos que volver a Los Ángeles para una gira mínima. El teclista Printz era el único que faltaba dado un "malentendido" pasajero con Will sobre algo, pero "Leaver 2001" —como lo apodamos— volvería cinco meses más tarde, ya sanada la desavenencia.

También llevamos a una mujer en este viaje —Terry Dexter, una cantautora que Will estaba cultivando como artista solista. Pensó que la podíamos agregar en alguna que otra canción. Pero para mí, ella era Kim Hill pero sin la onda de hermana, y personalmente no entendía por qué estaba ahí. Después de un tiempo, creo que ella tampoco sabía.

Trabajábamos todos los días, empezando alrededor de las cinco de la tarde y siguiendo de largo hasta las cuatro de la mañana, y luego levantándonos a la una de la tarde para comenzar el día otra vez.

Me llevé mi nueva batería electrónica Akai MPC-20000 para armar bases rítmicas porque quería usar algo de tiempo a solas —alrededor de dos horas al día— para aprender otro oficio. Había observado a Will y Apl en sus roles como productores y me di cuenta que ese no era uno de mis puntos fuertes, así que tenía ganas de aprender una nueva habilidad. Simplemente cerraba mi puerta y me ponía a trabajar en ese sampler de 64 canales, encarándolo de la misma manera en que lo había hecho con el *b-boying* y el rap: una habilidad para ser perfeccionada, sea como sea (me tomaría unos dos años de práctica repetitiva antes de llegar a sentirme algo competente).

Will también tenía un equipo nuevo: su primer paquete de Pro Tools —una consola y software de grabación que nos proporcionaba un estudio portátil y dejaba que por primera vez él se pudiera despegar de su laptop. Y así, nos pusimos a trabajar, componiendo alrededor de treinta canciones dentro de esos tres meses.

Muchas veces estaban Terry y Mike en un cuarto, Will y George en otro y Apl y yo en otro, mientras Motiv8 y Dante flotaban de cuarto a cuarto. Lo sentía por Terry Dexter, encerrada en esta casa con todos estos hombres. Parecía perdida, esperando a que la llamen sin realmente cuajar con la forma en que trabajábamos. Era dulce, pero creo que no veía la hora de que se terminaran aquellos tres meses.

Siendo honesto, tampoco me gustaba la energía de esa casa. Gran ubicación, pero el ambiente era raro. No era ni Paramount ni Stewchia, y me sentía fuera de lugar. Hasta cuando hacíamos canciones diferentes yo pensaba *Esto no se siente bien*, y eso no ayudaba a la ansiedad progresiva sobre el destino de este disco.

Tampoco ayudo a la fluidez tener que irnos de la casa por siete días a filmar la propaganda de Dr Pepper, lo cual no fue muy bien recibido por la banda. Mike Fratantuno estaba especialmente descontento con la cantidad de tiempo que tomó hacer ese jingle. "¿Pensé que habíamos venido aquí para alejarnos de las distracciones? ¡Pensé que estábamos aquí para grabar un disco, no una propaganda!" nos dijo.

Cuando vives con diez personas bajo el mismo techo, uno encima del otro, veinticuatro horas al día, siete días a la semana, siempre habrá algo de tensión y frustración, en especial cuando hay presión para producir algo extraordinario.

Una mañana resumió esa nube sombría atípica más que otras, cuando George subió desde su cuarto en el sótano para hacer desayuno para encontrar a Apl —quien se enorgullecía con su cocina tanto como Will— con la sartén en uso. Esta escena solo tiene sentido al comprender que ambos estaban borrachos después de una noche larga de trabajo.

George observó a Apl sin hacer nada más que mirar fijamente a la sartén, tratando de procesar lo que quería cocinar.

—¡Apl! —le dijo George, con su paciencia casi colmada—. ¡Mírate; ni siquiera puedes ver!

Lo cual Apl malinterpretó como un golpe bajo hacia sus problemas de vista.

—¡EH! —replicó—, ¡ME DAS UN GOLPE BAJO, Y YO TE DOY UN GOLPE

BAJO! —Y contraatacó con—: ¡Mírate! ¡No necesitas estar comiendo más! —un golpe obvio hacia el peso de George.

Era como observar una pareja casada peleando, y pensé, *Nosotros no somos así... en general nos divertimos y nos reímos.* Por más buenas que hayan sido las intenciones de Will al removernos de Los Ángeles, estaba demostrando ser una mala movida mientras más se estiraba el tiempo. Por suerte Apl y George se reconciliaron y le hicieron el desayuno a todos, pero creo que ninguno de nosotros creía que el disco se estaba logrando en aquel lugar, aunque ya teníamos diez canciones "elegidas".

Nos descomprimíamos al escapar de la soledad yendo a San Francisco cada jueves y viernes a la noche hacia dos locales de hip-hop que nos recordaban a la escena *underground* de Los Ángeles: el Justice League y el Maritime Hall. Era la distancia equivalente a vivir en Malibu e ir hacia West Hollywood.

El Justice League era una especie de taberna que atraía a bandas como De La Soul y Jungle Brothers, así que naturalmente gravitábamos hacia ese sitio, y Polo organizó allí nuestro evento de caridad anual, llamado "Pea Pod", que veníamos haciendo en Los Ángeles todas las Navidades desde 1999: una plataforma para nuevos músicos, bailarines, raperos y poetas para que vinieran a actuar y trajeran un juguete en apoyo al Five Acres Children's Home en Pasadena, un hogar para niños. No podíamos hacer una colecta de juguetes en el Pea-Pod de San Francisco porque era verano, así que optamos por sesiones de improvisación en vivo.

Estas sesiones se atestaron de gente, y una vez una señora blanca entró con una gran tuba. Era tan grande que de igual manera podría haber cargado un piano sobre su espalda. Había visto fotos de bandas de metales inglesas, pero nunca había visto a una entrar a un club nocturno *under.*

Sin embargo esta mujer subió y sopló un gran sonido funky.

Elefante, pensamos.

Pesado. Gordo. Bum. Bum. Bum.

—¡Elephunk! —dijimos; y así fue como encontramos el nombre del disco que, a la larga, se volvería repleto de trombones, líneas de bajo gordas, ritmos pesados y arreglos de metales gruesos.

También fue el viaje que le presentó a Polo su amigo de toda la vida Bobby Grant, un estudiante local con un peinado afro a lo Don King que había hecho algo de promoción para clubes. Él era el que nos vinculó con Justice League. También hicimos Pea-Pods en un lugar de jazz llamado Storyville.

Esencialmente, estas noches se volvieron una excusa para probar los ritmos que veníamos trabajando en la casa. Nos pudimos dar cuenta que funcionaba y que no, y siempre la pasábamos bien en el proceso. Como resultado, contratamos a Bobby y hoy día sigue siendo parte integral de nuestra familia como nuestro mánager de giras indispensable. El nombre del disco y Bobby Grant fueron las dos cosas buenas que salieron de Bodega Bay. Mientras hacía mis maletas en el penúltimo día creo que nunca había anhelado tanto a Hollywood.

Estaba completamente dormido cuando Will irrumpió en mi cuarto, totalmente frenético e histérico.

—¡Hazte a un lado! ¡HAZTE A UN LADO! —y saltó sobre la cama como un niño asustado.

—¿Qué mierda pasa Will?

—Puta, mano, qué miedo… ¡NOS ESTÁN ATACANDO!

Le vi el terror en los ojos y pensé que estaban asaltando la casa. Eché un vistazo al reloj sobre la mesa de luz: 6:30 de la mañana del 11 de septiembre.

—Estados Unidos está siendo atacado. ¡Es el fin del mundo, hermano! —dijo después. Yo todavía me estaba despertando y nada de lo que me decía tenía sentido, pero nada tendría mucho sentido ese día.

Will había estado viendo televisión abajo y ya había visto a los dos aviones estrellarse contra las torres gemelas.

—¡Prende la televisión! ¡Prende la televisión! —gritó, no queriendo salir de la cama. Apreté el control remoto y me tomó un par de segundos enfocar la vista en lo que estaba viendo; dos pilas humeantes plateadas en Manhattan.

—Yo vi cuando se estrelló el segundo… directo al edificio… ¡BUM!… Te digo, mano… es el fin! Estamos jodidos… ¡ESTAMOS JODIDOS! —dijo Will.

Aunque estábamos a tres mil millas de distancia en un pueblito aletargado del norte de California, la distancia no hizo nada para diluir el miedo eléctrico que sentimos como americanos. El planeta Tierra —la civilización que conocemos— parecía estar fuera de control.

Por debajo de la pantalla televisiva, comenzaron a pasar informes de última hora donde hablaban sobre otros aviones volando desenfrenadamente por los cielos —pájaros plateados secuestrados como bombas con destino al Pentágono, la Casa Blanca y Dios sabe que otra parte.

Los dos bajamos las escaleras a toda velocidad para encontrarnos con el resto del grupo —menos Apl— boquiabiertos, manos cubriendo sus bocas, viendo las noticias. Cuando vimos las torres implosionar, la casa se volvió un caos emocional. Will no podía contener su miedo. Terry estaba sollozando. Y había una sensación general de pánico encerrado. Apl bajó las escaleras medio dormido, preguntándose lo que estaba pasando. Vio la televisión, nos vio a nosotros y pensó que estábamos viendo una película hasta que le explicamos todo.

Uno a uno, hicimos llamadas desesperadas a nuestras familias.

—¡Tenemos que volver a casa… tenemos que volver a casa! —decía Will una y otra vez—. Tenemos que reservar pasajes ahora mismo.

Pero pronto nos dimos cuenta que los vuelos no iban a ninguna parte. Así

que alquilamos tres camionetas todoterreno y un U-Haul para los equipos de la banda y partimos en el viaje de seis horas hacia el sur. Nadie emitió palabra mientras viajábamos a casa, concentrados en los eventos que se iban desarrollando por la radio.

De vuelta en casa en Los Ángeles junto a Josh, rezamos una oración en familia y, en ese momento, no me quería ir de las fronteras de Rosemead nunca más. El sueño que teníamos estaba eclipsado por una pesadilla viviente, y el negocio de los Black Eyed Peas parecía irrelevante y trivial. Sin embargo, supuestamente estábamos por comenzar otra gira por Estados Unidos en dos días, el 13 de septiembre. Ninguno de nosotros estaba de ánimo y hablamos de cancelarlo porque, al fin y al cabo, ¿qué ciudadano iba a querer salir a bailar y saltar con la mierda que estaba ocurriendo?

Will fue a visitar a su abuela, una mujer sabia que era para él lo que fue Nanny para mí. Cuando nos llamó, uno por uno, para compartir su perspectiva racional, nos hizo pensar ya que eran palabras sabias de una persona que había vivido la segregación, la guerra y el dolor. Sus palabras eran algo así:

—Si Dios no tenía la intención de que tu ayudaras a la gente con tu música, no estarías saliendo de gira. Ahora necesitas proporcionarle terapia a la gente en este momento de crisis. Tu música importa, y tú eres uno de los ángeles de Dios. Si todo se paraliza por esto, ganan los terroristas. Deberías hacer la gira.

Aquel toque de rebato nos regresó a la carretera, pero Will se mantuvo firme sobre una cosa. Todo el trabajo que habíamos hecho en Bodega Bay estaba terminado.

—El mundo ha cambiado —dijo—, y esas canciones ya no significan nada. Lo vamos a botar todo y comenzar de cero.

IYDKYDG eran las siglas para la gira llamada "If You Don't Know You Don't Go" (Si no sabes, no vayas). Básicamente nosotros, Black Starr y Bismarck giramos por Estados Unidos con fechas ligadas a promociones de Coca-Cola, lo cual quería decir que ninguno de los grupos podía promocionar la gira ni vender boletos. Solo Coca-Cola.

El tamaño de nuestro público dependía de cuanta gente tenía la suficiente cantidad de "suerte" de comprar una lata —y encontrar un boleto adjunto. Al estilo Willy Wonka. Si no tenías una lata ganadora, no sabías del concierto. Y si no sabías, no ibas. ¿Entiendes?

Me parecía una premisa bastante tonta porque ¿qué pasaba si recibías un boleto pero eras fan de Celine Dion o Britney Spears? Como resultado, la promoción era esporádica. En algunas ciudades había mucha promoción. En otras era pobre. Pero no nos quejábamos porque nos estaban pagando $7.500 cada uno, por semana, por seguirles el juego.

Lo más gracioso ocurrió en Nueva Jersey, cuando llegamos y nos dimos cuenta que o la gente no tomaba suficiente Coca-Cola en ese estado o no escuchaban suficiente hip-hop. Solo vinieron trece personas a este salón enorme. Trece personas desparramadas a lo largo de una barrera de metal en la primera fila con un espacio profundo detrás de ellas.

Si yo hubiera sido el equipo de marketing de Coca-Cola, estaría totalmente avergonzado.

No podíamos parar de reírnos al subirnos al escenario, pero Will hizo lo mejor que pudo con este chiste malo al gritar: "¡HOLA NEW JERSEY! ¿CÓMO ANDAN TODOS?", haciendo como si fuera el Madison Square Garden repleto de gente.

Decidimos usar una iniciativa espontánea y transformar esta noche en una actuación personal para cada persona del público. Agarramos una cesta de fruta que estaba detrás del escenario y le repartimos manzanas, naranjas, bananas y uvas a cada persona, preguntándoles su nombre y de dónde venían. Entonces Will comenzó a improvisar sobre sus biografías, sus zapatos y su ropa, y, al final, hicimos lo mejor que pudimos de un trabajo mal hecho.

Por suerte mucha más gente tomaba Coca-Cola en Manhattan. Hicimos una actuación en Sounds of Brazil (SOB's) en Soho y vinieron alrededor de cuatrocientas personas, y terminó siendo una noche increíble.

Solo habían pasado unas semanas desde el 11 de septiembre, y con lo raro que se sentía hacer un "espectáculo", nos agarramos de las palabras de la abuela de Will y le recordamos al público que el terrorismo no haría que el mundo dejara de girar y ni que dejara de sonar la música. La ovación en ese instante me dio piel de gallina y nos confirmó la decisión de quedarnos en la gira. Al final de nuestra penúltima canción, pedimos un minuto de silencio para todas las vidas perdidas, y luego todos prendieron sus encendedores para nuestra última canción "Positivity".

Ese fue un momento muy emocionante, cuando todos sintieron que la nación estaba entre la espada y la pared. Pero en esa hora sobre el escenario, sentimos esperanza, y ese es el poder de la música: sana, impulsa, otorga poder.

Fuera de las paredes de SOB's, percibimos una contracorriente preocupante al notar que la gente empezó a odiar a la gente del Medio Oriente. Lo escuchamos en las conversaciones en las calles, en los taxis y en los restaurantes, y sentimos la desconfianza en el aeropuerto JFK.

Vimos como revisaban rotundamente a cualquiera que se asemejara remotamente a un musulmán, y, en Manhattan, vimos como un hombre manejando su auto pasó a un joven musulmán y le gritó desde la ventana: "¡Vete a la mierda cabeza de toalla!".

Nos seguíamos repitiendo lo mismo una y otra vez: "¿Han notado lo ra-

cista que está Nueva York?". La ciudad había perdido el amor en medio del duelo y el miedo colectivo.

Como mexicoamericano, me sentía mal por los musulmanes americanos. Todos éramos americanos —en un país que le predica al mundo sobre la democracia y cómo deberían ser las cosas— sin embargo, habíamos dado un gran paso hacia atrás, señalando con ojos y mentes que no podían discernir entre un grupo rabioso de terroristas y otro grupo más amplio de ciudadanos. ¿Qué hubiera pasado si los que eran los pilotos de aquellos aviones eran negros? ¿O mexicanos? ¿Todos las personas negras y latinas también serían responsables? ¿Acaso todo residente de la región vasca en España era un terrorista? ¿Acaso todo residente de Dublín, Irlanda, era un miembro del IRA? Parecía que una locura irracional había invadido Nueva York, y el miedo nos había arrastrado de nuevo hacia la Edad de las Tinieblas.

Toda la onda nos hizo especular que una terrible injusticia cometida contra Estados Unidos estaba engendrando una injusticia aun más grande contra la humanidad; que el Oeste ahora juzgaba a cualquiera de origen árabe u oriental con desconfianza, sin aplicar contexto ni compasión.

Es de lo único que hablamos en el avión devuelta a Los Ángeles.

En las semanas previas a los festejos de Navidad y Año Nuevo de 2001 —cuando lo único que quería era irme de fiesta— noté una cosa cuando tomaba Ecstasy: había comenzado a sentirme inmune. Cuando quería estar en las alturas, no sentía casi nada. Se apagaba cuando debería estar explotando.

Así que solo podía hacer una cosa: meterme más.

Y más. Hasta sentir la euforia que esperaba sentir.

Quería recuperar lo que había sentido al probarla la primera vez en Glam Slam, pero el hecho de haber tomado demasiadas pastillas me había insensibilizado. Empujando los extremos —ignorante de los peligros— era la única manera de escapar las planicies que no podía tolerar. Perseguir esa sensación virginal escurridiza es justamente la trampa que engancha a los que buscan situaciones extremas como yo. No quería pensar en cuánto MDMA había en mi cerebro y sistema nervioso en ese entonces porque, en vez de meterme dos píldoras, me tomaba cinco o seis a la vez. Esa era el estilo de persona que fui siempre: alguien que se atiborraba de manera obsesiva.

Hice lo mismo con espressos. Hice lo mismo con cigarrillos. Hasta que tomé tanta cafeína e inhalé tanta nicotina que estaba físicamente enfermo —y nunca más las toqué.

El Ecstasy nunca me enfermó. Puede que me haya hecho sentir terrible al día siguiente, pero nunca tanto como para no hacerlo más. Simplemente seguía dándole más duro y metiéndome cada vez más y seguía bebiendo hasta caer en el olvido. Esa era la gran cagada: me metía Ecstasy para sentir algo y luego bebía hasta el punto de no poder sentir nada.

Solo sé que no podía salir sin esas dosis para levantarme durante las noches en Joseph's porque me tenía que sentir al cien por cien cuando estaba en las salas VIP. Me daba ese filo arrogante y seguro. Como la noche que vi a Rick James en Joseph's.

Yo estaba solo, emborrachándome, cuando lo vi y comencé a cantar "Super Freak" en mi cabeza, mientras lo veía como un niño anonadado por una estrella. Para mí, él era alguien que respetaba por su música, pero también era conocido por su vida alocada y eso me gustaba. La notoriedad. La leyenda.

Hecho mierda pero todavía una leyenda.

Me pescó mirándolo fijamente y comenzó a acercarse para presentarse.

—¿Quieres fumar? ¿Tienes rollings? —me preguntó.

—No, pero tengo un porro.

—¿Un porro? Nunca fumé un porro…

¿Rick James nunca fumó un porro?

Fuimos afuera y compartimos un gran porro y esa noche lo ahumeé. Para mí, no se podía llegar a ser más celebre que eso. Habían otras noches donde sentía un apego engreído a ser celebridad cuando no tenía idea lo que significaba "celebridad". Cuanto más famoso el nombre que me aceptaba, más incluido me sentía. La ecuación era así de superficial.

El Club A.D., cerca de Highland, era otros de los locales al cual era fiel. Me encantaba ese lugar por su música hip-hop y house y las múltiples pistas de baile. Era mi versión VIP de Ballistyx, y yo entraba ahí, bailaba y un círculo se formaba, enfocándome con una luz en el medio.

Estaba haciendo lo mío una noche cuando lo vi a Justin Timberlake observando de los costados, y lo señalé, llamándolo como para decirle, "Y, Justin, ¿vas a bailar?"

En esa epoca él estaba con *NSYNC y estaban en la cima después que su disco *No Strings Attached* vendió casi diez millones de copias en 2000, así que cuando lo señalé, el lugar enloqueció. Su sonrisa le dijo a todos que estaba feliz de aceptar el reto.

Yo fui primero, dejándole saber que lo mío era aniquilar en estos círculos. Me salí y entró él, una repetición en Hollywood de yo versus Z-Crew, pero esta vuelta era Black Eyed Peas versus *NSYNC.

Mientras bailamos, una energía alocada comenzó a dispersarse del epicentro al resto de la pista de baile, y todo el lugar estaba saltando. Nosotros nos dijimos "¡Epa, mira lo que hicimos!", y así fue que nos caímos bien e intercambiamos información.

—¡Deberíamos hacer esto más seguido, Jay! —le dije.

—De veras, llámame algún día —respondió él.

La vida era buena en las viviendas
subvencionadas de Dog Town,
mi hogar.

Disfraz de mi niñez:
un pirata en Dog Town.

Conduciendo hacia
un destino imaginado
con nuestra perra Lady.

Nanny, viéndose tan hermosa
como siempre en aquellos
viejos tiempos.

Mamá, Nanny y yo.

Un momento de
compañerismo, poco común,
con mi padrastro Julio.

Una de las primeras actuaciones de veinte dólares, orquestada por Nanny.

Con mi mamá, como adolescente difícil —¡y luciendo el pelo!

Mis manos desbordadas
como padre adolescente
de Josh.

Actuando en Dublin's
en Los Ángeles con
Apl (a la izquierda).

Los días previos a Fergie: actuando como trío. Fotografía cortesía de George Pajon.

Al lado del autobús de la gira de Elephunk. De izquierda a derecha: yo, Apl, el teclista Printz Board, el mánager de la gira Bobby Grant y el guitarrista George Pajon.

Nacido para el escenario.
Fotografía cortesía de George Pajon.

2005: Apl y yo en
el camarín con Fergie,
quien hacía dos años
se había unido al grupo.
Fotografía cortesía de
George Pajon.

Los Peas y la banda Bucky Jonson. De izquierda a derecha: George Pajon,
Printz Board, yo, Fergie, Tim Izzo, Will, Apl y Keith Harris.

Fotografía cortesía de George Pajon.

El agotamiento excitante de girar: encontrando un descanso en algún aeropuerto. Fotografía cortesía de George Pajon.

Fumando un puro triunfante con el mánager de la gira y "consejero del campamento" Bobby Grant. Fotografía de Dina Douglass/Adrena Photography.

Esta era una imagen que Bobby y la banda estaban acostumbrados a ver. Mientras aumentaba nuestro éxito, comenzó mi deterioro personal. Fotografía cortesía de George Pajon.

La gira de Monkey Business: Sting y la banda detrás del escenario. Fotografía cortesía de George Pajon.

El patio trasero de Sting, Stonehenge: Fergie, Apl, Polo Molina, yo y George Pajon.

Fotografía cortesía de George Pajon.

Un gran día memorable: en el estudio de grabación en Londres con el único e inigualable James Brown.

Fotografía cortesía de George Pajon.

Con el jefe de administración de los Black Eyed Peas, Polo Molina. Fotografía cortesía de George Pajon.

Mis "hermanos" Mookie y Deja.

La foto para la ficha policial en el día que cambió mi vida: 27 de marzo de 2007.

Sin el amor y el apoyo de Jaymie, no sé cómo hubiera sobrevivido.

"Jaymie Dizon, me tomarías a mí, Jaime Gomez . . . "
Fotografía de Ingrid Sanchez, I Studio Photography.

Un descanso en el Acrópolis de Atenas durante nuestra gira de 2010.

Hemos llegado tan lejos desde nuestras actuaciones en Dublin's en Los Ángeles. Nuestro concierto más grande hasta el momento: la gira de The E.N.D. Fotografía de Misha Sundukovskiy.

Segmento solista: conduciendo la moto estilo *Tron* sobre el público durante la gira de The E.N.D.

Fotografía de Misha Sundukovskiy.

El capitán de nuestro barco, Will, toma la delantera durante la gira de The E.N.D.

Fotografía de Naomi Pajon.

Muestren su amor, gente Pea, y "¡suban sus corazones... suban sus corazones!".

Fotografía cortesía de George Pajon.

El final feliz: con Jalen, Jaymie y Josh.

Fotografía de Crystal Ogilvie, About Face Imagery.

• • •

En Stewchia, Will había estado compartiendo tiempo con Printz durante la semana antes de Navidad, intercambiando algunas ideas sobre un tono de llamada la gente podría bajar para sus celulares.

A Will se le ocurrió el ritmo, y Printz se fue al otro cuarto y compuso una parte para la guitarra. Para el año nuevo, cuando empezamos a trabajar de verdad en *Elephunk* en Glenwood Studios en Burbank, Apl yo escuchamos la secuencia y los tres comenzamos a pensar en letras, extendiéndolo de tono de llamada a canción.

Con nuestras experiencias en Nueva York todavía frescas en nuestras mentes, comenzamos a pensar más sobre el presidente George Bush, su guerra declarada "War on Terror" (Guerra contra el terror) y como "no terminará hasta que todo grupo terrorista a nivel global ha sido encontrado". Una era de guerra y odio, no paz y amor.

Había una escena famosa del 11 de septiembre que me seguía pasando por la cabeza: Bush en una escuela primaria en Florida leyendo un libro con unos niños cuando uno de sus tipos se inclina hacia él y le dice que Estados Unidos está siendo atacado. En vez de comunicar una emergencia a la cual tenía que atender e irse a la mierda, se quedó sentado y siguió leyendo. Supongo que eso trataba de ser "presidencial", pero yo no pude dejar de pensar en otra palabra: "indiferente".

Indiferente —segundos después de que le avisaron que el segundo avión había estallado contra las torres gemelas.

¿Qué fue eso?

Empecé a leer más y aprendí que George Tenet de la CIA al parecer le habían avisado del ataque cuando estalló el primer avión, y antes de que el presidente llegara a la escuela. Todo parecía una locura, como si estuvieran barriendo algo debajo de la alfombra, y nosotros solo nos quedaba adivinar las razones y la verdad.

Este era el tipo de mierda que compartía cuando pasamos tiempo en el estudio, jugando con letras. El proceso creativo es siempre igual con nosotros: Will en su consola, donde se sienta *siempre*, Apl echado en el sofá y yo caminando de un lado al otro de una pared lejana o un rincón. Escribiría algo, le pedía a Apl que lo mirara y luego lo compartía para saber qué les parecía.

Hasta el día de hoy, Apl y yo escribimos nuestras líneas sobre papel pero Will "escribe" en su cabeza y pase directo a grabar, rodando en su silla desde su consola a un lado y su micrófono en el otro. Improvisa sus verso, y los edita en el camino. Apl y yo necesitamos escribir y editar el verso sobre papel primero.

Yo escribía notas al azar mientras imaginaba a Dios observando la locura desde arriba y hablándole al mundo: *Not the same...these days are strange...is the world insane? Peace and Love...suffering...the youth are dying young"*, que en español sería, *"No es lo mismo... estos días son extraños... ¿el mundo está loco? Paz y amor... sufrimiento... los jóvenes mueren joven"*.

Will lo abordó de otra manera, como el niño que busca a su mamá para encontrar respuestas. *"What's wrong with the world, Mama?"* ("¿Qué le pasa al mundo, Mamá?") Y Apl se volvió sombrío —viendo a la guerra como una carga *"I feel the weight of the world on my shoulder...as I'm getting older, people get colder..."* ("Siento el peso del mundo sobre mis hombros... mientras envejezco, la gente se vuelve más fría...").

Después de más o menos una hora, y luego de intercambiar nuestros pensamientos, teníamos nuestros versos individuales y sentimos que teníamos lo que queríamos decir.

Pasó algo de tiempo y tuvimos está canción compuesta por un rato con un gancho simple que terminaba *"Where is the love...the love, the love"* ("Dónde está el amor... el amor, el amor), y nos quedamos pensando en quién podría figurar como cantante masculino para darle el toque de gran mensaje que necesitaba. No recuerdo los nombres que surgieron y se esfumaron.

Una tarde, fui al sello por un negocio y me encontré con Ron Fair, el representante ejecutivo del disco y presidente de A&M Records bajo el paraguas de Interscope. Hablamos sobre los nombres que se nos habían ocurrido cuando se me prendió una lamparita: Justin Timberlake.

Justin estaba en llamas como artista y estaba por separarse de *NSYNC para lanzar su carrera como solista apenas terminara su última gira con el grupo, así que, retomando nuestro encuentro de aquella noche en A.D., lo llamé en el camino a casa, y le dije que a mi hermana le encantaría unos boletos para su concierto en Pond en Anaheim. Me convertí en el hermano más cool del mundo cuando Celeste pudo pasar un rato detrás del escenario con Jay, Joey, Lance, J.C. y Chris. Mientras nos íbamos del concierto, le conté a Justin que tenía esta canción que quería que escuchara.

Unos días después, se la toqué por teléfono desde el estudio. Le encantó.

—Es un éxito total... solo necesita un enganche más grande —dijo.

—¡Ya sé! Estamos buscando un enganche emotivo al estilo Marvin Gaye... algo así, ¿sabes?

—Listo, entendí... déjame ponerme a escribir —dijo.

Una hora más tarde, me llamó devuelta:

—¡Tab, lo tengo!

En el teléfono, me empezó a cantar en un falsete perfecto.

"People killin', people dyin'/Children hurt and hear them cryin'/Can you practice what you preach/And would you turn the other cheek...Father, Father, Father, help us/Send us some guidance from above/Coz people got me, got me,

questionin' the love…", que en español sería: *"Gente matando, gente muriendo/ Niños lastimados los escucho llorar/Puedes practicar lo que predicas/Y puedes dar la otra mejilla… Padre, Padre, Padre, ayúdanos/Mándanos una guía desde arriba/ Porque la gente me tiene, me tiene cuestionando el amor…".*

—¿Qué te parece? —preguntó, inexpresivo.

—¡ESA es la mierda que queríamos! —le grité.

No veía la hora de llamar a Will. Lo cual hice unos treinta segundos más tarde, más emocionado que nunca antes por una canción.

—¡Will, Will… tienes que escuchar lo que acaba de componer Justin Timberlake!

—¿Justin Timberlake? ¿El tipo de los Backstreet Boys?

—*NSYNC.

—¡Qué putas, Tab!

—Te estoy diciendo, Will… te estoy diciendo… ¡esto es grande!

No sé que me emocionaba más: la canción o el hecho de que yo estaba descubriendo algo antes que Will, para variar.

Aunque estaba muy dubitativo, escuchó mi pasión y su cinismo hacia a las bandas juveniles cedió para darle una oportunidad.

Sentía cero presión porque no dudaba en mi mente de lo que acababa de escuchar. Sentí lo perfecto que era el enganche de Justin en mis tripas, en mi corazón, en mi alma, y con él por lanzarse solo, los tiempos no podían ser mejores.

Diez días más tarde, en marzo de 2002, Justin entró a Glenwood Studios.

Estaba hecho mierda.

Con el corazón partido.

Acababa de terminar su relación con Britney Spears y, durante las primeras dos horas, solo ocupaba una silla y no habló de otra cosa, descargándose. No es pertinente lo que dijo, pero todos, los Peas y la banda, permitieron que se desahogara.

No parecía importarle que nos había conocido por el equivalente de cinco minutos. Era obvio que necesitaba alguien —cualquiera— que lo escuche. Su agitación evidente requería ese consuelo. Creo que Will se encariñó con el por su sinceridad. Justin era un tipo jovencito en ese entonces, y todos vimos su herida y dolor, y esa mierda que estaba pasando era en serio. No sé si éramos los consejero más sabios del mundo en cuanto a relaciones, pero estábamos ahí, y fuimos pacientes hasta que estuvo listo para grabar su parte.

Creo que su sufrimiento lo hizo aun mejor ese día porque entró a la cabina vocal y derramó su corazón partido en aquel enganche. Dio todo en la canción y el estudio estaban pasmados con sus armonías, la manera en que llegaba a esos falsetes y toda la manera en que estaba entrenado.

En cuestión de minutos, le había dado a "Where is the Love?" el toque de oro.

Yo empecé a saltar sin parar.

—¡Te lo dije! ¡Mierda, te lo dije!

Will estaba en su consola y yo estaba parado, inclinado sobre ella. Me miró mientras su sonrisa clásica le invadió la cara. "Genial", me dijo, asintiendo con la cabeza.

Recuerdo lo que hizo Justin una vez cuando *NSYNC ganó uno de sus primeros premios en los MTV Awards —un trofeo de un astronauta en la luna— y, en un discurso gracioso de agradecimiento, cantó: "¡Tenemos una luna hombre! ¡Tenemos una luna hombre!"

En el momento que volvió al estudio, me acerqué a él y le dije:

—¿Esta canción? ¡Nos van a dar una luna hombre! ¡Nos van a dar una luna hombre!

No se rió. No con ese corazón partido. Solo sonrió con valor.

Me sentí como un tarado.

Hasta que él dijo:

—Esta canción es más grande que la luna, Tab.

Supongo que su sello, Jive Records, pensó lo mismo porque las cosas no se desarrollaron suavemente en los meses que siguieron. Ocurrieron muchas reuniones entre ejecutivos estresados con nuestros hermanos en Interscope porque Jive estaba preocupado de que "competiría" con el bombo y platillos del debut como solista de Justin, *Justified*. Se llevaron a cabo negociaciones para asegurar que lo lanzaríamos como el primer sencillo del disco en junio de 2003, y Justin lanzaría su disco ese agosto, para evitar un conflicto y a su vez proporcionar algo de promoción conjunta.

El crédito de Justin también se volvió un tema. Al principio, teníamos permiso para usar su nombre en el sencillo, pero Jive le preocupaba que esto fuera a diluir el marketing de su propio disco.

Para nosotros, "Where Is the Love?" era una canción majestuosa, pero era la primera de muchas, así que una vez que tuvimos el enganche de Justin, la pusimos a un lado y seguimos escribiendo, grabando y colaborando, trabajando con nuestro viejo amigo de la gira Warped, Travis Barker, y luego Papa Roach.

Estar de vuelta en Los Ángeles, trabajando entre Glenwood y Stewchia, se sentía bien. Nunca me daban ganas de apagar las luces y dejar el estudio a oscuras para volver al sofá de mi mamá. Quería quedarme despierto toda la noche para vernos, como equipo, parir más ritmos y música, y encajar este trabajo con los placeres inconfesables dentro de los clubes de Hollywood.

Creo que hago mi mejor trabajo dentro de ese eje creativo y hecho mierda.

Creo que hago mi mejor trabajo cuando estoy rodeado de distracciones.

■ ■ ■

Estaba en el desfile de los L.A. Lakers en 2002 después de que irrumpieron en el campeonato con una serie 4-0 de victorias contra los 76ers de Allen Iverson, y yo tomé mi puesto fuera del Staples Center para aplaudir a mi amigo Kobe Bryant. Estaba mezclándome con la gente, repleto de personas de East L.A., y me tocaron el hombro.

—Eh, ¿tu no eres Taboo de los Black Eyed Peas?

Pensé que el tipo me estaba parando para pedirme un autógrafo o algo, pero entonces dijo:

—Conozco a tu hermano Eddie; siempre está hablando de ti, mano.

Eddie. El niño que vi por última vez cuando se alejaba de Dog Town, dejándome su robot de juguete; el hermano que Papá negaba reconocer.

—¿Cómo está? ¿*Dónde* está? —le pregunté.

Pero el tipo evadió todo eso, y en su lugar me dio un número al cual debía llamar "y entonces podrás hacer todas las preguntas que quieras". El número al cual llamé le pertenecía a Rosie, la entonces novia de Eddie.

Cuando levantó el teléfono y le dije quién era, su reacción fue como si *ella* fuera el pariente que había perdido de vista.

—¿Jimmy? ¡Ay Dios mío! ¡Eddie se va a poner tan contento!

—¿Puedo hablar con él?

—Está en la cárcel, Jimmy —me dijo, sin darle mucha importancia—, ¡pero saldrá libre pronto!

Pasó un tiempo y me llamó el primer día que salió de la cárcel. Dos días más tarde, fui a su apartamento en East L.A., preguntándome cómo se vería sin ni siquiera pensar en qué nos diríamos. Abrió la puerta Rosie, con su hija de dos años escondiéndose entre sus piernas. Era la versión femenina de Eddie: piel oscura, pelo color negro azabache y algo regordeta.

Eddie me estaba esperando en la sala de estar. Yo era uno de sus primeras visitas del mundo de afuera.

Pelo gris. Eso fue lo primero que me pegó al entrar y verlo.

Tatuajes de *gangs* cubrían sus brazos y cuello. Eso fue lo segundo que vi mientras nos abrazábamos.

—Ha pasado mucho tiempo, hermano —dijo, con una voz monótona media alta que había desarrollado.

Luego tres lágrimas tatuadas debajo de su ojo izquierdo. Eso fue lo tercero que vi al mirarle la cara, tratando de reconocer el niño detrás de la cara de viejo que tenía este treintañero.

Supe en seguida que había hecho cosas sucias y había ido por el mal camino del cual me advirtió mi mamá. Yo la seguí a mi mamá y me convertí en un Black Eyed Pea. Él siguió a un *gang* y se convirtió en miembro de Primera Flatz. Mi corazón se hundió por él. Me sentí desilusionado.

—Entonces, mano —me dijo—, te he extrañado… han pasado años…

Y hablamos sobre cómo "Papá" y él habían tomado caminos diferentes. Eddie no tenía mucho más que contar además de que lo habían encarcelado, y solo quería hablar sobre mi vida.

—Estoy orgulloso de ti, hermanito —me dijo—. Te has hecho una vida. Mírame… yo no puedo ir a ninguna parte —y una cantidad de tristeza y miedo se le derramó porque se volvió claro que era un hombre fichado allí afuera. Aprisionado por la vida de *gang* en busca de represalias.

—Si salgo por esa puerta, temo por mi vida —me dijo, y entonces pasó a mostrarme todos sus tatuajes—. Ves todo esto aquí… esas son cicatrices. Todo… cuenta mi historia aquí mismo, mano.

No conocía la vida de la cual me hablaba. No sabía qué había hecho o qué había enfrentado, y no le pregunté y él no entró en detalle, pero no iba a sentarme ahí a juzgarlo basándome en las cicatrices que veía.

—Mírate —continuó—. Mira lo bien que te ves. Estoy orgullos de ti —lo lograste para los Gómez!

Lo logré por mí, pensé, pero no lo corregí.

Estuve con Eddie por alrededor de dos horas ese día y sinceramente intenté volver a encender la brasa de nuestra niñez. Lo invité a una fiesta para mi hijo Josh, y vino, pero se sentó en una silla en un rincón toda la noche porque no sabía cómo relacionarse socialmente con gente de afuera. Este mundo —y ciertamente mi mundo— era foráneo para él. Estaba tratando de armar puentes entre diferentes planetas.

Adelantando un par de semanas, después de habernos visto un manojo de veces, su novia Rosie me llamó.

—Hola, Jimmy, yo y Eddie te queríamos pedir un favor… eh… ¿crees que nos podrías prestar algo de dinero?

Y con esa pregunta llegó el fin. Supe que era demasiado bueno para ser verdad pensar que nuestra reunión se trataba de amor, de ser hermanos, de realmente disfrutar el uno del otro sin involucrar lo que hacía yo y lo que era él. Fue uno de los reencientros más breves.

Eddie es mi hermano. Lo amo por eso. Lo amo por el niño que fue y tengo compasión por el hombre en el cual se transformó. Pero no tengo una relación con él porque ahora venimos de planetas diferentes y por eso —por rescatarme de una vida de gángster que puede o no haberme atraído— le estaré eternamente agradecida a mi mamá. Gracias a Dios por la previsión de una madre.

Viviendo una vida como flipper, era entendible que mis formas erráticas eran difíciles de tolerar y una noche, la vieja novia desconfió sobre si le decía la verdad o no en cuanto a estar en Stewchia hasta las tres de la mañana. No la culpo, basado en mis antecedentes. En cualquier otra noche al azar con alguna mucha-

cha al azar, sus sospechas podrían haber estado fundamentadas. Pero no en esta noche, porque Will y yo estábamos encerrados con un ritmo.

Me llamó al celular mientras Will editaba en la consola, y lo próximo que escuchó fue mi postura defensiva dentro de una conversación acalorada.

—¿Por qué no me crees? ESTOY en el estudio —le dije.

—Mentira —dijo ella.

Me alejé el teléfono y lo sostuve en el aire para demostrale que era verdad.

—Will, déjala saber que estoy aquí, que eres tú… ¡solo di algo!

—¡ESTÁ EN EL ESTUDIO! —gritó Will.

—¡ESA es la voz de Will! —le grité.

—Mentira —me dijo.

—Ay, mira, cállate —le dije, ya harto.

—¡Cállate *tú* de una vez! —respondió ella.

—No, cállate *tú* de una vez.

Seguimos así como un juego de tenis hasta que corté la llamada. Will mantuvo los ojos sobre la consola, cabizbajo, y dijo:

—Sabes que de ahí puedes sacar una canción.

—¿Qué?

—Cállate… Cállate. Es una canción —me dijo, tranquilo como el agua.

La mayoría de las veces era así de orgánico y espontáneo. Un destello de realidad o una semilla de experiencia personal. Entonces comenzó Will a hablar de sus experiencias —teniendo un romance pero luego teniendo que salir de gira y como se iba todo de las manos— y empezó a improvisar: *"Girl, me and you were just fine (you know) /We wine and dine/Did them things that couples do when in love (you know)/Walks on the beach and stuff (you know)/Things that lovers say and do I love you boo, I love you too…"*, que en español sería, *"Chica, tú y yo estábamos bien (tú sabes)/Salíamos a comer/Hacíamos esas cosas que hacen las parejas enamoradas (tú sabes)/Caminatas por la playa y cosas (tú sabes)/Cosas que dicen los enamorados y te amo cariño, y yo a ti…"*.

Y seguimos componiendo y, en una hora, teníamos la canción "Shut Up" (así que por lo menos salió una cosa buena de mi relación que pronto terminó). La letra era buenísima, pero el problema es que Will estaba cantando las partes de la mujer —y eso sonaba rarísimo. Esta no era una canción en donde podría transformarse en Kim Hill porque para que funcionara *necesitaba* ser una discusión entre dos protagonistas, hombre y mujer, peleando.

Dante insistió en que tenía que ser una voz poderosa de una mujer, e intercambiamos algunas ideas como Terry Dexter, una tipa llamada Debi Nova y Nicole Scherzinger de Eden's Crush.

—¿Por qué no usamos a Stacy? —dijo Dante.

Will había dejado en claro que nunca más quería que agregáramos otra

Kim Hill a la mezcla, y solo usaría cantantes femeninas invitadas si el material lo necesitara de verdad. Aunque teníamos el material, se veía dubitativo.

De la misma manera en que Will había estado reacio a figurar la voz pop de Justin, estaba igualmente cauteloso de introducir a alguien con un pedigrí de pop al estilo ochentoso, pero Dante lo convenció para que le diera una oportunidad a la chica de Wild Orchid.

La llamaron en ese instante y vino la siguiente semana. Fergie dice que estaba "nerviosísima" ese día, pero no se notó. Llegué para encontrarla bailando en frente de la puerta de vidrio, dándome la espalda, practicando unos pasos mientras esperaba. No la reconocí en seguida como la muchacha de Jingle Ball, aquella actuación de radio, y pensé *¿Quién es esta tipa sexy bailando?*

Me vio en el espejo, mientras la observaba bailando, dio una vuelta y me dijo "¡Hola, que onda, soy Stacy!", y me pareció bien conversadora y extrovertida. Mientras hablaba, seguía moviéndose a un ritmo sutil, como si no pudiera parar.

Le eché un vistazo a esta muchacha blanca y pensé que tenía algo especial; irradiaba un aura con la cualidad de una estrella desde el primer día.

Todavía se estaba reinventando en ese momento, en el medio de su transformación para convertirse en Fergie, la chica hip-hop con una onda roquera; todavía en la etapa mitad-oruga, mitad-mariposa.

Entró a la cabina vocal ese día con alrededor de cinco hombres del otro lado del vidrio sentados y listos para juzgarla. Solo estaba ahí para grabar las voces de una canción. Ella lo sabía. Nosotros lo sabíamos. Después seguiría su camino buscando su "paquete solista" con Will, pero en cuanto a los Peas, esto era una prueba para una canción.

Pero ese acuerdo comenzó a trastocarse como plástico bajo fuego en el momento que comenzó a cantar sus partes de "Shut Up". Dentro de treinta minutos y dos tomas, lo aniquiló.

Como una profesional avezada, sabía sobre terceras, y las capas, y apilar, y le dio vida a esa canción. Pero no era solo la voz que nos impresionó, fue la actuación que dio. La mayoría de la gente entra a la cabina vocal para grabar las voces y se concentran en la entrega, manteniendo la boca cerca del micrófono, evitando que el movimiento les afecte la proyección vocal. Pero Stacy lo cantó como si estuviera en un escenario, totalmente mentalizada —y mantuvo sus voces entonadas de manera perfecta. Era increíble verla. Era una bola de fuego.

Para mí, ese fue el momento en que "Stacy Ferguson de Wild Orchid" la patearon a un lado y nació Fergie.

O "Fergie-Ferg", como llegaríamos a conocerla.

Sabíamos que habíamos encontrado la persona perfecta para "Shut Up", pero Will también supo que el poder de esa canción sola podía llegar a eclipsar el resto del disco, en especial porque Ron Fair era un fan tan grande de Stacy, ha-

biendo trabajado con ella en Wild Orchid en RCA Records. "Fueron la mejor banda de armonías de chicas blancas de todos los tiempos, pero se enredaron con la mala suerte y malos peinados" es como lo decía él.

Entonces, cuando Will fue a tocarle *Elephunk* a Ron Fairs a finales de 2002, entró con algunos temas elegidos, pero se guardó "Shut Up". Antes que nada quería que el trabajo duro de los Black Eyed Peas brillara, y dejar que nuestros temas más fuertes como "Where Is the Love" hablaran por sí solos y demostrar que teníamos un disco original, poderoso y listo para enfrentar toda esa mierda melosa que andaba ocurriendo en esos tiempos. En vez de entregarles un disco con una o dos canciones buenas, sentimos que habíamos creado todo un disco desde principio a fin.

Por lo tanto, nos sorprendió cuando Ron no le gustó, y en especial no le pareció gran cosa "Where Is the Love?", que nosotros considerábamos el tema más fuerte. "No es muy bueno", dijo Ron, y nosotros pensamos, "¿Queeeeé?"

Junto con Will, se rearmó la canción, agregando algunas cuerdas, y se cambiaron algunas líneas en los versos. "Ínflalo", dijo Ron. También agregamos "Hey Mama" y "Hands Up" al disco, y Will produjo "Shut Up" como la sorpresa especial, y le dieron luz verde.

Cuando fuimos a mezclar y agregar algunos toques finales al disco en Record Plant Studios, nos preparamos para caminar erguidos durante 2003 con un nuevo disco como los tres Peas. Sentíamos que *Elephunk* era nuestra mejor obra. Tres hermanos. Tres mosqueteros.

Durante aquellos días largos en Record Plan, Pharrell Williams estaba grabando al lado y entró cuando estábamos sentados escuchando nuestras canciones, y se sentó a escuchar. En ese momento entró Jimmy Iovine y nos sorprendimos al saber que él todavía no había oído el disco, así que arrimó una silla y se sentó.

Comenzó "Shut Up".

Cuando la escuchó Jimmy, no podía contener su emoción.

—Quién es esa muchacha en ese tema?

—Stacy Ferguson —dijimos todos.

—¡*Necesitan* tener a esa chica en el grupo!

Creo que todos nos reacomodamos tensamente en nuestros asientos al escuchar eso, y nos fuimos a discutir la sugerencia que parecía cargada de expectación del sello. No era una decisión que íbamos a tomar a los apurones porque teníamos nuestras dudas. No solo porque idealmente queríamos seguir siendo un trío de todos hombre, pero porque Stacy había dejado en claro que ella era un artista solista que no quería ser parte de un grupo. Entonces, ¿estaría con nosotros al cien por cien?

También sabíamos que una sesión de grabación excelente no quería decir que "cuajaría", aunque estuviéramos de acuerdo que era telegénica. Traer a alguien de afuera era un concepto difícil, en especial en un momento en que nos sentíamos más libres al deshacernos de Kim.

Pero con mentes abiertas, invitamos a Stacy a que nos acompañara en nuestro viaje al festival de cuatro días Fall Festival Australia, en Lorne, donde compartimos el reparto con Jack Johnson. Era una de esas invitaciones informales a lo "sigue-la-corriente", pero todos sabíamos que era el experimento de vida o muerte.

Metidos de lleno sin ensayar, era como una audición en vivo, si se quiere.

Ella nunca había actuado con una banda en vivo ni con monitores en el oído, y nosotros no éramos nada como Wild Orchid. En cuanto a ceremonias de iniciación, fue potencialmente brutal. Pero si había una cosa que descubriría de Fergie era que no tiene miedo de jugarse.

Antes de comenzar, le habíamos dado la charlar para incentivarla a relajarse. "no te preocupes por cuajar con nosotros, simplemente haz lo tuyo. Nosotros te respaldaremos y rellenaremos cualquier hueco… Solo deja que te llegue el momento".

—Listo, entiendo —dijo, sin una pizca de intimidación.

Habrían pasado dos canciones cuando pensé, *Bueno, funciona*.

No sabía sus puestos, y no todo fue fluido, pero su presencia lo era todo: se subió al escenario como una roquera veterana y… BUM… impactó. Transfirió lo que habíamos visto en la cabina vocal al escenario y lo multiplicó por diez. Lo que desató ese día fue un animal salvaje interno que Macy, Esthero y Kim nunca tuvieron, y esa energía alocada pegaba perfectamente con la nuestra. No estaría entrenada al estilo Pea y le faltaría algo de trabajo, pero también nos pasó a nosotros al principio.

Creo que cualquier otra mujer debutando de esa manera se hubiera marchitado o ahogado, pero Fergie lo tomó, lo mejoró y talló un lugar de tal manera que ahora no podríamos sobrevivir sin ella. Lo que nos impresionó aun más era que estaba con ganas de aprender y —como nosotros— era claramente una perfeccionista. Podríamos haber rastreado la tierra y puesto anuncios de trabajo en cada ciudad del mundo en busca de las características que tenía ella, y no hubiéramos encontrado a nadie. Y ella cayó en nuestras manos con una suerte de destino que se había tratado de dar a conocer desde el lanzamiento de nuestro primer disco en El Rey en 1997.

Cuajó a nivel social igual de fácil, y nosotros dos nos llevamos bien al instante. Era entonces lo que sigue siendo hoy en día: una muchacha común, humilde, que no podría tener los pies más anclados en la tierra aunque quisiera. Alguien real, pero bendecida con el atractivo de una estrella.

Empezó a ir a Club AD con nosotros, y todos nos subíamos a su Mustang blanco y descapotable e íbamos junto a su amiga Eileen, y encontré mi alma gemela del baile en Fergie.

Nos alimentábamos de la energía del uno y del otro. Yo hacía un paso. Ella hacía un paso. Y hasta hoy en día nos podrán ver bailar y reflejar lo que hace el otro sobre el escenario.

Como fundadores de los Peas, Apl, Will y yo habíamos sido amigos desde hacía mucho tiempo, y de repente había llegado una extraña de Hacienda Heights que cuajó como un pariente perdido en el tiempo, y era sexy sin ser histérica, segura sin ser arrogante, fuerte sin ser dominante, y se manejaba bien con los tipos, sin perder su feminidad.

Con la onda muy positiva de Fergie agregada al campamento, nos encontramos aun más creativos. Hasta agregamos otra canción, "Fly Away", al disco; una canción inicialmente para su "paquete solista".

Elephunk estaba listo para ser lanzado y los Peas ahora eran un cuarteto.

No lo sabríamos en seguida, pero con Fergie habíamos encontrado el ingrediente que nos faltaba para aquella fórmula mágica que tanto buscamos.

ESTRATOSFERAS

Si hubiera tenido un presentimiento del torbellino que nos estaba por absorber y lanzar en otra estratósfera, probablemente hubiera lo hubiera adjudicado a una alucinación retrasada de los hongos o ácido que alguna vez me metí. Mientras llegaba el verano de 2003, lanzamos nuestro primer sencillo "Where Is the Love?" del disco *Elephunk,* y explotó con tanta fuerza que transformó la creencia en uno mismo en incredulidad.

Lo que ocurrió a través del año siguiente nos cambió la vida, de alguna manera aun más dulce por cada lucha, frustración y contratiempo que habíamos enfrentado, porque fue un sueño que llegó no impecable y artificialmente nuevo sino a lo vintage y usado, hecho en otra época y manchado con depósitos de sudor, sangre y lágrimas que había amasado en los ocho años de su creación.

La mitad de mi problema era lograr creer que algo bueno realmente estaba ocurriendo. Estar bien parado me trastornaba la cabeza. Yo llevaba esa duda de "demasiado bueno para ser verdad" que me hacía sentir un impostor en mi propio sueño; que alguien algún día me diría que no era lo suficientemente bueno y me pedirían que me baje del escenario.

Cuando empecé a pensar así, comenzó a pasar todo tipo de mierda destructiva. Por eso, a un nivel personal, el infierno estaba por llegar a mi puerta en el otoño de 2003 porque estaba por conocerme —y mi sueño— de frente en la encrucijada. A nivel profesional, el cambio repentino para los Black Eyed Peas daría a conocer su propia velocidad.

Ese cambio comenzó en el West Arena en Phoenix, donde la gira compartida de Justin Timberlake y Christina Aguilera, Justified & Stripped, había comenzado como nosotros de teloneros. Abrimos el 4 de junio de 2003 —veinte días antes del lanzamiento oficial de *Elephunk*.

Todo lo que habíamos planeado era para el final de la gira, en St. Paul, Minnesota, el 24 de agosto. Para nosotros, era una plataforma poco común que nos proporcionaba otro público —el público pop— para ganarnos. Terminaría siendo nuestro último momento como los camaleones que vienen de abajo.

Fue Justin el que primero sugirió que nos uniéramos a la gira de cuarenta y cinco días con Christina. Como nos contrataron a último momento, los boletos ya se habían impreso, así que éramos unos teloneros invisibles hasta la noche del concierto, y esa omisión nos conectó con nuestra vieja mentalidad de los festivales de música de tomar por sorpresa a la gente y hacerlos incorporarse y prestar atención.

Solo teníamos un set de veinte minutos, así que nos concentramos en las canciones rápidas, intensas y llenas de energía, y terminábamos con "Where Is the Love?" con Fergie cantando el enganche de Justin. El protocolo nunca permitiría que el acto principal se juntara con el telonero en el escenario, y nosotros lo entendíamos. De todas maneras, la voz de Fergie le agregaba una cualidad especial y nueva que no estaba ahí antes.

El sencillo se lanzó después de doce días de la gira y, de repente, encontramos una preferencia en las estaciones de radio de Estados Unidos. Una puerta a la que habíamos estado golpeando de repente se abrió a la conciencia de la nación, y la estaban tocado por *todas* partes. Amigos nos llamaban de diferentes ciudades, de centros comerciales y taxis. Vi torres de radio en mi cabeza, emitiendo ondas sonoras de los Black Eyed Peas a través del mundo entero.

Fue en ese momento que algo increíble comenzó a pasar.

Con las arenas al 95 por ciento llenas de su capacidad de veinte a treinta mil personas, cuando cerrábamos con "Where Is the Love?", empezamos a notar que las dos primeras filas comenzaron a cantar el coro con nosotros. Unos días más tarde, se volvieron cuatro a cinco filas… luego diez… luego quince.

"¡Qué padre!", dijimos, al ver por primera vez que salíamos en la radio.

Lo vi crecer mientras cantábamos, desparramándose como una ola inesperada de ciudad a ciudad.

"¿Vieron eso?" decía la banda después de cada actuación, y todos comenzamos a ver los asientos de la arena como un gráfico donde los bloques de colores seguían creciendo, trazando nuestra popularidad.

Una semana más tarde, las filas llegaron hasta la mitad, al punto que escuchamos nuestras propias palabras cantadas en unísono desde el público.

Para la cuarta semana —a mitad de la gira— toda la arena estaba consumida por una rendición en masa de "Where Is the Love?" y era una sensación increíble ver a todo el público parado, con los brazos meciéndose en el aire, cantando en voz alta; por los costados y extendiéndose por delante nuestro. No me podía quitar la sonrisa de la cara al ver la ola de entusiasmo cada noche.

De repente los Peas estábamos siendo aprobados por un público general masivo, y la gente de Justin tomó nota. Pasaron de estar preocupados de que la canción le quitara el brillo a su carrera solista a pedir que la canción se hiciera en el set de Justin en vez de cerrando el nuestro. Nosotros, los teloneros, nos habían ascendido a acompañar a Justin, la actuación principal, entonces, habiendo terminado nuestro set a las ocho de la noche, volvíamos al escenario a las diez, presentados por Justin en los sitios agotados, "Estos son mis hermanos…" decía, "UNA VEZ MÁS, DÉMOSLE LA BIENVENIDA A LOS BLACK EYED PEAS!".

Y el lugar estallaba en aplausos.

Las dudas de Seth Friedman durante la gira de Macy Gray desaparecieron cuando dijo:

—En el momento que vi a las arenas cantar 'Where Is the Love?', supe que algo grande estaba ocurriendo.

Irónicamente, el efecto dominó se extendió aun más rápido del otro lado del Océano Atlántico que a través de Estados Unidos. En Londres —la ciudad en donde siempre sentimos que nuestra música fue aceptada más rápido por la radio y la gente— llegamos al puesto número 1 ese otoño y nos quedamos ahí durante seis semanas. "Where Is the Love?" se transformó en el sencillo número veinticinco de los más vendidos en el Reino Unido, y fue el sencillo más vendido de 2003. No es difícil ver por qué está grabado en nuestras mentes que Londres es el lugar donde primero estallamos en las listas de éxitos.

No tuvimos el mismo impacto en las listas de Estados Unidos, donde llegamos a número 8 en la lista americana de *Billboard* Hot 100. Unos meses más tarde, la canción adquirió ímpetu a través del mundo y nos fuimos a número 1 de la lista de *Billboard* 100 Top 40 Mainstream, que no está basada en ventas sino en las veces que se tocó en la radio —una dulce ironía después de ser in tangible e intocable desde 1998.

En otras partes del mundo, llamadas constantes nos comunicaban solo buenas noticias al llegar a ser número 1 a través del resto de Europa, Australia y Nueva Zelandia, y estallar en Asia y Latinoamérica. Nuestro mercado internacional era mucho más fuerte que nuestras ventas domésticas, y seguíamos diciendo como el exterior le estaba dando una patada en el culo a Estados Unidos. Nuestra filosofía de "Joints & Jam" se estaba volviendo más que una letra y una esperanza. Nuestro sencillo era un monstruo a través del mundo.

Lo repetíamos una y otra vez en voz alta —"Número uno por todo el mundo… Número uno por todo el mundo"— como si al decirlo sería más fácil de

aceptar, y pensamos en Jimmy Iovine, el hombre que invirtió millones apoyándonos hasta cuando no teníamos mucho a nuestro favor. Muchas veces, los que creen en uno son los que llevan tu talento a la línea de meta, no la suerte.

También reconocimos que los años haciendo giras con festivales y a través de las universidades nos habían dado un cimiento sólido para seguir creciendo; ocho años como albañiles. Si hubiéramos sido un grupo que estalló de la noche a la mañana con solo un éxito, no hubiéramos tenido tanta fuerza para seguir adelante, pero ahora, con el apoyo del reconocimiento de los festivales, estábamos listos para comernos el mundo. Y eso importaba al comenzar a capitalizar del interés global que habíamos conseguido. Sabíamos que si manteníamos el pie sobre el acelerador, nuestra reputación internacional solo podía crecer, así que Ron se puso a trabajar de inmediato con Seth y Polo para organizar una gira de nueves meses en lugares específicos del mundo para que comenzara en el momento que termináramos la gira Justified & Stripped.

Ese tipo de seguimiento después de un avance así de significativo es probablemente el momento más importante en la carrera de un artista, porque es una agenda implacable y exigente, saliendo de gira en autobús y haciendo fechas específicas como si fuera una campaña presidencial. La industria está llena de historias de la maravilla de un éxito y la mala suerte que le sigue, y nosotros estábamos decididos a no terminar así. Iba a ser el momento en que más duro trabajaríamos, pero cuanto más nos rompíamos la espalda, más grande sería la recompensa.

Los años de gira nos habían preparado un poco, pero la experiencia de *Elephunk* era un monstruo nuevo, porque la cinta transportadora precipitada a la que saltamos nos sacaba de la cama a las cinco de la mañana y no nos devolvía a nuestros hoteles hasta la una de la mañana. Hicimos tres programas por día: el de televisión a la mañana como *Good Morning America* y *Good Day LA* a las seis de la mañana, la gira a las siete de la tarde y nuestras propias fechas a las 11:30 de la noche en clubes nocturnos donde habíamos sido contratados desde un principio.

Dentro de las arenas, todos estaban ahí para Justin y Christina. Dentro de los clubes, todavía nos veníamos con lo nuestro dentro de nuestra hora para nuestros fans. Era el balance entre tenderles la mano a fans nuevos y honrar a la base de fans pequeña pero leal que habíamos armado desde 1995.

Mientras el éxito de la canción aumentaba, teníamos una broma andando con Seth Friedman y Polo sobre si al tener un éxito repentino nos haríamos rico instantáneamente —lo cual, obviamente, no pasó. No de inmediato. No con la fuerza de una sola canción. Pero con eso no dejaba de preguntar, "Y, ¿ya somos ricos?".

Lo pregunté tanto que lo comenzamos a agregar a *cualquier cosa* que ocurriera después:

"¡Felicitaciones! ¡Acaban de vender su primer millón!", —"Y, Seth… ¿ya somos ricos?".

"Muchachos, ¡están invitados a los VMAs!", —"Y, Seth… ¿ya somos ricos?".

"¡Acaban de llegar a doble platino en el Reino Unido!", —"Y, Seth… ¿ya somos ricos?".

"¿Alguien necesita algo?", —"Y, Seth… ¿ya somos ricos?".

Siempre había una razón oculta detrás del chiste para mí porque el dinero era mi única manera de medir mi éxito. El día que tuviera un millón en el banco, me podría comprar mi propia casa, y mudarme del sofá de mi mamá era mi señal para declarar "éxito". Se trataba del éxito, no de la fama; algo duradero, no pasajero, y nuestro primer sencillo exitoso me había vuelto más ambicioso.

Todos los días se sentían como una celebración, pero con cada celebración llegaba una excusa para beber. Supongo que la única manera de explicarlo es pidiéndote que recuerdes la última gran celebración o logro que tuviste, y probablemente querías salir, emborracharte y celebrar la mentalidad que dice: "Me lo merezco".

Esa era mi mentalidad todos los días durante el primer año exitoso.

Me acostumbré a vivir la vida a 100 millas por hora, así que tomaba para seguir la diversión, para relajarme y para celebrar; tres razones en una. Ya no estaba metiéndome Ecstasy ni cocaína. Solo estaba haciendo cosas inofensivas: empezaba el día con una buena porción de porro, y terminaba el día atacando el minibar y bajándome las botellas mini de vodka y las media botellas de vino antes de sumirme en mis cinco horas de sueño. Beber no solo se volvió el clímax de un día rutinariamente emocionante, me ayudaba a dormir. La vodka y el vino se volvieron mi versión roquera del chocolate caliente antes de irse a dormir. No tenía tiempo para pensar en lo que estaba haciendo porque estábamos demasiados consumidos con seguir ocupados, estar cansados y mantener el espectáculo andando.

Podría culpar a MTV.

Porque me provocó con las palabras: "Si veinte años no es una razón para salir de fiesta, realmente no sabemos cuál sería" —lo cual es lo último que necesitas para probar a un fiestero.

Nos habían invitado a nuestros primeros VMAs en Radio City Music Hall en Nueva York, donde dimos una actuación, previo a la ceremonia, tocando "Where Is the Love?" en un escenario al aire libre, marcando el vigésimo aniversario de MTV. El problema con una actuación previo a la ceremonia es que hay mucho tiempo para beber en la barra principal antes de tomar nuestros asientos. Me emborraché. El poder de las estrellas, el prestigio, la incredulidad constante

y el alcohol se me fueron todos a la cabeza, aunque le había prestado atención a Polo cuando me dijo que era "importante ser profesional hoy, Tab".

Me puse una ropa cool —gafas rojas con un sombrero de cuero rojo y pantalones de cuero negro, haciendo juego con los colores del videoclip —y felizmente acepté las media botellas gratis de vino, tomándolo como agua. Nunca sorbí el vino, me lo tragaba.

Primero una, después dos, luego tres.

En una hora.

Polo me dio unos empujoncitos como diciendo, "¡No crees que te lo debes tomar con más calma!", una indirecta seria, dicha entre dientes con una sonrisa nerviosa, y su frustración empeoró cuanto más descuidado me volvía. Empecé a tratar de acosar a otros artistas, acercándome a personas como Jay-Z y 50 Cent, solo para sentir el brazo de Polo enganchándome y arrastrándome devuelta a la fila. Polo siempre dijo que cuando yo tomaba, me convertía en otra persona —el borracho belicoso y pesado que era ruidoso y daba vergüenza. Él era de los pocos que podían decir eso porque era como un hermano mayor que siempre me ponía en mi lugar. Aunque en ese entonces no le hacía mucho caso.

Mi problema era que una vez que empezaba a tomar, no podía parar, y tenía la tolerancia al alcohol de un adolescente y el hambre de un veterano curtido. Así que esta gran noche no se veía tan bien antes de comenzar la ceremonia. Lo que lo hizo peor es que nos habían contratado para una actuación especial de nuestro sencillo en una fiesta para Justin Timberlake después de la ceremonia. Era una noche importante para nosotros, como bien me lo había recordado constantemente Polo, dándole zapatazos a mis pies como indirectas.

No había estado sentado por mucho tiempo cuando me atacó la ansiedad, y el vino comenzó a aposerarse de mí. Actué como uno de esos idiotas borrachos en la calle, gritando alocadamente cuando Madonna y Britney compartieron su primer beso en la boca con lengua y riendo como una hiena con los chistes del presentador Chris Rock. Era gracioso, pero no *tan* gracioso.

Al parecer, Will y la banda estaban avergonzados de mis reacciones exageradas, y por el hecho de que estaba oscilando y cabeceando en mi asiento, y pronto todos se dieron cuenta que no había manera en que lograra llegar a la actuación de Justin.

"Lo haremos nosotros tres", dijo Will. "Solo sácalo de aquí antes de que se ponga peor".

Polo estaba furioso. Durante el descanso, me llevó hacia fuera, tambaleando por el pasillo, hacia la puerta y la calle. En cuanto me pegó el aire de afuera, estaba ido, entonces Polo puso uno de mis brazos alrededor de su cuello y me llevó caminando a casa; el padre silenciosamente echando chispas y llevando a su hijo adolescente borracho a casa.

Por suerte nuestro hotel estaba a solo dos cuadras y me llevó hasta mi cuarto, me echó sobre la cama y me dejo ahí tirado bocabajo.

—Perdóname, Polo, te decepcioné, eh —le dije arrastrando las palabras.

—Eres una desgracia, hermano —me dijo— y me has desilusionado a mí y decepcionado al grupo, la banda y, aun más, a ti mismo. Has trabajado tan duro para llegar a este nivel y lo estás tratando como una gran fiesta. ¡¿Qué te pasa?!

Despotricó un rato más y luego llegó su toque final:

—No comprendo, ¿por qué quieres volver mierda todo antes de que siquiera haya comenzado?

Y con eso se fue, dejando que me recuperara con el sueño.

¿Qué te pasa?

Ecos de lo que siempre me decía Julio.

¿Por qué quieres volver mierda todo?

Ecos de cómo vivía mi padre de joven.

Me desperté la mañana siguiente, todavía con mi ropa puesta, medio recordando el discurso, y agarré el diario que colgaba de la manija de la puerta afuera para ver si habían publicado alguna foto nuestra en la alfombra roja. No. Lo único de MTV que llegó a los titulares fue la emoción de los medios por el beso entre Madonna y Britney; un momento de notoriedad de los VMAs que, por suerte, eclipsó al mío.

Esa mañana, me disculpé ante el grupo por mi comportamiento, y les juré que nunca los decepcionaría de nuevo. Le dije a Polo que nunca más lo desilusionaría. Mejoraría a partir de este momento.

Lo que dije fue de manera tan apasionada que hasta yo creí en lo que estaba diciendo.

Nos reunimos con Justin Timberlake en la gira europea de Justified & Stripped. No recuerdo dónde estábamos, pero una noche al final de otra actuación de "Where Is the Love?", hicimos nuestra rutina del adiós sobre el escenario y Fergie le dio un abrazo, Apl le dio la mano y Will se hizo el cool y, después de darle la mano, se abrió de piernas, lo cual le encantó al público. Así que yo quise imitarlo, pero cuando me abrí de piernas mi pierna fue en una dirección y mi rodilla en otra, y el dolor abrasador repentino me dio a entender en seguida que no era bueno.

Resultó que me había desgarrado el menisco y los doctores insistieron que descansara, sino me haría más mierda. Así que eso me bajó del tren *Elephunk* por seis semanas.

A nivel físico, aprecié el descanso; pero a nivel mental, nunca pude quedarme quieto en un lugar. Me resultaba frustrante cojear sobre muletas, sin-

tiéndome como un astronauta en tierra. La peor frustración llegó cuando supimos que "Where Is the Love?" estaba nominada para el premio Mainstream Top 40 Tema del Año en los decimocuarto premios anuales Billboard: nuestra primera nominación.

Me tuve que quedar en casa, sentado, viendo la ceremonia por televisión, comiendo papas fritas con Mamá y Celeste mientras Will, Apl y Fergie disfrutaron del MGM Grand en Las Vegas. Estaba ahí sentado, con la pierna apoyada descansando y las muletas a un lado, lamentándome, sin pensar ni una vez que lo ganaríamos, pero entonces anunciaron que ganamos y brinqué de mi silla y comencé a saltar sobre mi pierna buena. Las cámaras se enfocaron en las caras de mis compañeros, y no podía parar de gritar por ellos. Luego llegó Will al podio, dio un gran discurso de agradecimiento y me mencionó: "...y queremos agradecerle a Taboo, no pudo estar aquí hoy porque se lastimó la pierna, pero esto también es para ti, hermano...".

Levanté una muleta como saludo y le dije a Mamá que no me podía quedar en casa. Este momento merecía ser celebrado, así que me fui a Hollywood con nuestro viejo amigo Paul Chan. Parecía adecuado que el hombre que había diseñado el logo que aparecía en los volantes alrededor de Los Ángeles ahora compartía el hecho de que nuestros nombres estaban grabados en la placa de oro de nuestro primer trofeo.

Rengueé hacia mis lugares típicos, Joseph's y luego A.D., y le conté a todos que éramos ganadores en Billboard, y los tragos llegaron a toda velocidad. Mientras los otros tres Peas celebraban y hacían entrevistas con los medios en Las Vegas, yo nuevamente me emborraché en Hollywood.

Hubo una intensidad especial durante 2003 y 2004, y la agenda lo reflejaba, mientras el viaje de *Elephunk* se volvió un torbellino que nos llevó por el mundo a una velocidad alocada de nueve meses. Estábamos aquí, allá y por todas partes promocionando todo hasta la mierda: los teloneros de Dave Matthews Band, como actuaciones principales en Sydney y Melbourne, tocando en una serie de fechas específicas por el mundo entero.

El disco había llegado al número 14 en *Billboard* Hot 200, número 3 en el Reino Unido y había vendido ocho y medio de millones de ejemplares mundialmente. Su lanzamiento oficial habrá sido junio de 2003, pero la vida del disco duró hasta finales de 2004. Aparte de mi descanso de seis semanas, nuestros pies no tocaron la tierra de Los Ángeles durante casi un año, mientras agregamos unos sellos exóticos en nuestros pasaportes con actuaciones en lugares como Singapore, China, Vietnam, Malasia, Japón, Taiwán, India e Israel, al igual que las paradas típicas en cada capital de Europa. También fuimos a Australia y Nueva Zelandia, donde el disco era número 1.

Fue un viaje que no esperábamos, y nos lanzó a otra estratósfera. Eran días eternos que eran extenuantes, y muchas me sentía como un muerto de pie. Nos poníamos nuestro propio maquillaje y dormíamos siestitas en los sofás de las salas VIP, en los pisos de estudios o en el autobús de gira.

Hasta que has vivido la avalancha de tres actuaciones por día, es difícil explicar el nivel de cansancio y falta de sueño, pero sabíamos que el lado brutal de la agenda era nuestra única oportunidad y, en todo caso, nos probaba nuestro temple y disciplina, y nos aseguró de que nos tomábamos en serio lo que habíamos deseado.

Estábamos contratados por todas las cadenas de televisión, todo programa de entrevista y toda estación de radio, muchas veces dividiendo el fárrago de entrevistas entre los cuatro. Esa mierda pasó tan rápido que casi no tuvimos la oportunidad de recobrar el aliento y reunir nuestros pensamientos. Se convirtió en un especie de tren desenfrenado, cada vez más y más rápido, y eso se transformó en nuestro ritmo en la vida. Reímos y gritamos como gente enloquecida en un recorrido demente, fumando porro para mantener los pies sobre la tierra. Una vez que has vivido una experiencia como esa juntos —viviendo, comiendo, durmiendo, respirando y sobreviviendo la locura— consolida la unión, y porque nos estábamos ajustando a una nueva vida como cuarteto con Fergie abordo, ese tipo de bautismo de fuego no podría haber venido en mejor momento. Nos lanzaron a la parte honda de la piscina, y cuanto más nadábamos, más nos uníamos y más mejoraba nuestra sinergía dentro de las actuaciones.

En total, haríamos 465 actuaciones o presentaciones durante el siguiente año; y dentro de los primeros seis meses, "Where Is the Love?" quedó bien parado como uno de los sencillos más vendidos de 2003, vendiendo alrededor de dos millones de ejemplares por el mundo. Nada mal para una canción que comenzó como un tono de llamada para celulares.

Cuando el extraño animal llamado fama se pega a tu éxito, las cosas más bizarras empiezan a ocurrir, y la siguiente historia demuestra que la fama no cambia a la persona, cambia a la gente alrededor de la persona. Es por eso que te llevo a la frontera de Canadá para una de los cuentos más raros de nuestros viajes.

La administración nos había advertido que si teníamos porro al llegar a la frontera entre Estados Unidos y Canadá, que nos aseguráramos de haberlo fumado todo porque no había nada que les gustara más a las patrullas que revisar autobuses de gira en busca de todo tipo de sustancias. Pero, siendo un idiota, me olvidé que había guardado algo de porro debajo del colchón en mi litera. No me di cuenta de este error hasta que subieron al autobús los hombres con sus aires de autoridad y una meticulosidad que me hacían sentir como un narcotraficante mexicano. Y ahí comenzó la mierda. "¿A quién le pertenece la última litera arriba a la izquierda?" preguntó el oficial. Yo confesé y me dijeron que quedaba detenido, y

me llevaron del autobús a la oficina de la patrulla. Vi las caras del resto del grupo y la banda pensándolo aunque ellos no lo estuvieran diciendo:

—Ahí va Tab… otro episodio pendejo.

Me habían agarrado por menos de un gramo. Eso era desprolijo.

Me sentaron en la sala de espera y el oficial, severo y serio, me dijo que podíamos "tomar el camino más fácil o el más difícil, siendo que solo tenía menos de un gramo".

Escuché, desesperado por descubrir el camino más fácil.

"El difícil es que pagues la multa, que son quinientos dólares, o puedes—" Y se le iluminó la cara con una sonrisa y sus colegas comenzaron a hacer sonrisitas. "—puedes firmar un autógrafo, tomarte una foto con nosotros y brindarles mucha felicidad a nuestros hijos".

Al principio no estaba seguro si me lo decía en serio, pero no era un chiste. El tipo quería un autógrafo.

Así que le firmé la foto, y salimos de ahí a toda velocidad, y grité del alivio mientras atravesamos la frontera entrando a Canadá.

Uno de los viajes más conmovedores fue al país de Apl, las Filipinas, donde fue recibido como un rey al llegar. Cuando vi todos los medios y el gentío que nos dio la bienvenida en el aeropuerto, me hizo acordar al estilo de recibimiento que disfrutaban los Beatles. Fans gritaban su nombre y nos ofrecían fruta, pan y flores. Olvídate de la alfombra roja. Esto era tratamiento magistral al estilo Apl. Yo simplemente me contenté con que el hermano con quien había compartido un apartamento haya sido recibido tan merecidamente y de una manera tan inolvidable.

Estaba un poco abrumado. Es tan humilde y tiene tanta clase, y supo que todo lo que había sacrificado había valido la pena; el hijo pródigo había vuelto a casa. Cuando conocimos a su mamá Cristina por primera vez, vimos el amor que existía y comprendimos mejor los sacrificios que había hecho para mejorar el futuro de su familia. Olvídate de salir de las viviendas subvencionadas de East L.A. Eso ni se comparaba con el niño saliendo de una zona al pie del volcán Mount Pinatubo, un área parecida a la selva donde los locales viven en chozas de pasto con techos de hojalata y cada "casa" tiene uno o dos chanchos como símbolo de riqueza.

Viendo con nuestros propios ojos su pasado y las probabilidades que logró vencer —contrario a ver las fotos— me dio una admiración renovada que se mantiene inconmensurable.

También disfruté de mi primera visita a mi patria, la Ciudad de México, pero no puedo decir que el recibimiento fue el mismo. Nadie me conocía y nadie sabía qué pensar de mí. ¡Juro que la mitad de México creía que era asiático! Yo simplemente estaba feliz de estar en tierra mexicana, redescubriendo mis antepasado y pudiendo ver el mundo. No sentí un apego fuerte, al no tener familia allí, pero lo que importaba no era tanto las raíces de ser latino, sino ser un latino representando a su gente adonde sea que esté.

Pocos grupos de hip-hop tendrían la oportunidad de llevar su música por el mundo como lo hicimos nosotros, y pronto proseguimos a asistir los premios MTV Asia Awards en Singapore y los MTV Latin America Awards en Miami, donde nos galardonaron con Mejor Hip-Hop/R&B Internacional, por sobre los Beastie Boys, 50 Cent, OutKast y Usher.

Yo fui el portavoz del grupo esa noche porque era el único que podía decir algo en un español más o menos aceptable. Hablé sobre lo orgulloso que me sentía de ser un miembro latino de los Black Eyed Peas, y creo que ese fue el momento que mis compatriotas mexicanos se dieron cuenta que yo no era asiático sino uno de ellos, parado en la cima del mundo.

Me gusta pensar que esas noches demostraban que tenía pequeñas rachas de buen comportamiento, cuando el alma de vez en cuando obligaba a que el ego se hiciera a un lado. *Elephunk* fue un viaje ensoñado, pero nada fue tan surrealista que la vez que se me cumplió uno de mis deseos de niño; una noche que ha quedado en el folclore de los Black Eyed Peas como la vez que Taboo finalmente tuvo un rato a solas con su ídolo Prince —e igual logró cagar el momento. Y estaba sobrio.

Era la noche de los Oscars o los Golden Globes. No me acuerdo. Solo sé que habían un montón de actores en casa de Prince en la noche que nos invitaron a una de sus fiestas después de la ceremonia.

Habiéndome perdido el momento para conocerlo en Chicago con Macy, la vida me había regalado una segunda oportunidad. Pero esto no era una sesión improvisada detrás de un escenario. Esto era una invitación a caminar dentro del reino de los cielos.

Un cielo amueblado con el color púrpura en Hollywood Hills.

En el camino, Apl se burlaba de mí por casi desmayarme antes de conocerlo, porque era de lo único que podía hablar.

Al entrar, mis pies cruzaron el famoso "símbolo de amor" del motivo de Prince, grabado en negro en el piso blanco lustrado. Eché un vistazo por la sala, ignorando la champaña y vi algunas caras conocidas: Denzel Washington, Reese Witherspoon, Pamela Anderson y Spike Lee, y luego Penelope Cruz y Salma Hayek chismorreando en la cocina. Vi a Cher. Luego a John Stamos. Y después vi y escuché a Prince mientras empezó a tocar en la sala de estar. Era lo más cool que jamás hubiera visto —Prince a un nivel íntimo y personal.

No pensaba que la noche podía ser mejor que eso hasta que Apl me lanzó un micrófono. Apl y yo —los únicos dos Peas ahí— seguimos a la demostración genial de Prince, y Apl comenzó a improvisar, rapeando unos versos mientras

intentábamos animar al gentío de primera clase. Prince —con una camisa impecable púrpura y pantalones blancos— estaba parado a un lado de nuestro guitarrista George Pajon y nuestro amigo J.J. Anderson en el frente.

Entonces llegó mi turno de rapear con el micrófono, y quería aprovechar la oportunidad para conectarme con Prince y ganar su respeto con un rap apasionado. Empecé a saltar y animar al público de alrededor de 150 personas.

—Digan, ¡a roquear esta mierda!

Y la gente me contestó:

—¡A ROQUEAR ESTA MIERDA!

—Digan, ¡Esa mierda funky!

—¡ESA MIERDA FUNKY!

Y ahí metí:

—¡El techo! ¡El techo! ¡El techo se está quemando... No necesitamos agua... dejen que el hijo de puta se queme... quémate hijo de puta... quémate...

Ahí fue cuando vi como Prince le susurraba algo al oído de George y George le pasaba el mensaje a Apl. Segundos más tarde, justo cuanto estaba entrando en una rima, Apl se metió, tomó el micrófono y dijo:

—Mano, Prince quiere que largues el micrófono.

Era como si alguien hubiera quitado la aguja del tocadiscos y había parado la fiesta. Pasé la siguiente hora estresado, pensando en qué habría hecho de mal, y no fue buena señal cuando vi al asistente de Prince acerarse a mí y decirme:

—¿Te importaría que él te hablara una vez que termine la fiesta?

Mientras se iban los invitados, Apl y yo fuimos convocados en el cuarto de música abajo, que estaba repleto de amplificadores y guitarras. Colgados de las paredes habían tapas de discos enmarcadas y discos platinos. Nos apoyamos al borde de dos amplificadores, y entonces el hombre principal —pequeño, sereno y relajado— entró, y mi audiencia privada con Prince comenzó. Aunque estábamos sentados, igual estábamos a su nivel de la vista. Es así de pequeño.

Y entonces empezó a hablar, mirándome directamente.

—Mi hermano —comenzó—, quiero que entiendas que la única razón por la cual te quité el micrófono era por el lenguaje grosero que estabas usando en la casa de Jehová.

No podría haber estado más serio. Ese bigote fino no se movió ni una vez.

Traté de disculparme.

—Perdón, no era mi intención faltarte al respeto...

Pero él continuó:

—El amo de la esclavitud te tiene entrenado para siempre usar lenguaje grosero.

¿El amo de la esclavitud?

Prince, notando mi ceño fruncido, sonrió como uno de esos maestros que les da lástima el niño tonto.

—Lo que debes comprender es que todos debemos crecer y aprender. Quiero que los Black Eyed Peas salgan de gira conmigo pero primero quiero que aprendas de esta experiencia…

—Cool —dijo Apl, contribuyendo.

—…pero no quiero que nunca más uses lenguaje grosero —dijo Prince.

No sabía muy bien cómo responder. Lo único que me venía a la mente dentro de mi confusión eran sus clásicos como "Sexy Motherfucker", "Erotic City", "Nasty Girl" y "Sex Shooter". No podía conectar los puntos entre sus palabrotas constantes y este sermón que me estaba dando ahora.

Dijo algunas profundidades más sobre la vida y lo que había aprendido, y luego dijo:

—Tienes que entrenarte a animar al público sin utilizar el tipo de lenguaje que usaste en mi casa.

Habló con una voz suave y la compasión de un sacerdote, y yo estaba arrodillado en el altar de la megaestrella que me estaba confiriendo unas lecciones de la vida. (Luego me enteré que había tenido algún tipo de despertar espiritual en 2000.)

Cuando paró de hablar, estábamos suspendidos en este momento de reflexión, y lo único que podía escuchar es su respiración, adentro… y afuera, adentro… y afuera. Y ahí fue cuando mi adoración por este ídolo me superó.

—Taboo —dijo Prince—. Me encantaría que reces conmigo.

—¿En serio? —le dije, más como una declaración que una pregunta.

—¿Te gustaría rezar conmigo, hermano?

Salté con el puño en alto y grité:

—¡Vaya, Prince, eres la mejor MIERDA! Gracias, mano… serí…

Y ahí me di cuenta lo que había hecho. Apl me miró como si fuera un idiota, y la cara de decepción de Prince quedará conmigo por siempre. Debimos estar ahí alrededor de cuarenta y cinco minutos, y estaba terminando de manera perfecta —hasta que dije otra palabrota.

—Ves, mi hermano —me dijo—, nunca aprenderás. Después de todo este entrenamiento, todavía usas lenguaje grosero.

Y nos deseó lo mejor antes de dejarnos en las manos de su asistente, quien nos llevó hacia la puerta.

—MIIIEEERRRDAAA! —dije afuera, odiándome.

—Ves, Tab, ese es tu problema —dijo Apl, sonriendo—, nunca aprendes, mierda.

La siguiente vez que vi a Prince fue detrás del escenario unos meses más tarde en Los Ángeles en los Grammy Awards número 46, cuando una noche de

ensueño nos vio nominados para Disco del Año y tocamos "Where Is the Love?" en el escenario con una orquesta de cuarenta músicos y nuestra banda.

Prince abrió la ceremonia de 2004 con Beyoncé, tocando sus clásicos como "Purple Rain" y "Let's Go Crazy", y cuando me vio, estuvo todo bien. Solo creo que nunca me invitaría a improvisar más nunca. Intercambiamos un par de palabras y me deseó buena suerte para la noche.

Todos llevamos a nuestras familias esa noche, y mi mamá era mi invitada. Mandamos a buscarla a Rosemead con una limosina después de que había recogido al padre adoptado de Apl, el señor Joe Ben Hudgens. Los padres de los dos niños que batallaron en Ballistyx y vaguearon en Edgemont Manor ahora estaban yendo a verlos actuar en el escenario más grande de la música.

Como bien dijo mi mamá esa noche, una cosa era verme conseguir un contrato discográfico y verme en concierto. ¿Pero esto? "¡Estos son los Grammys, Jaime!"

Ya sé, Mamá. Yo también me estaba pellizcando.

Esa noche fue una que creó lazos que hicieron que todas las tribulaciones sean intrascendentes. Pero antes de la ceremonia, y después del ensayo de la tarde, me tomé un momento para saborearlo solo —y lo compartí con Nanny.

Me senté en una silla cerca de las primeras filas y conté los pasos hacia el escenario.

"Un día estarás subiendo esas escaleras para actuar en frente de todo el mundo. Créelo, Jimmy. Créelo", la escuché decir.

Me di vuelta y le eché un vistazo a todas las filas llenas de miles de asientos vacíos, subiendo por el piso de la arena hasta las gradas empinadas que ascendían como suites con frente de vidrio, apilas de a tres. Arriba de ellas, a unos 150 pies de altura, estaban los nombres de leyendas de básquetbol, colgados de las vigas como camisetas gigantes de color púrpura y dorada: número 25, Goodrich; número 42, Worthy; y número 32, Johnson —leyendas casi tan buenas como mi ídolo de la niñez Michael Jordan.

Siempre habíamos visto los Grammys en la televisión de niños, y esa tarde nos volvieron como un montaje de imágenes: la primera vez que una canción de hip-hop ganó un Grammy con DJ Jazzy Jeff & the Fresh Prince, también conocido como Will Smith; la primera vez que vimos a MC Hammer actuar seguido de Belle Biv Devoe; y el momento icónico cuando Michael Jackson ganó por *Thriller* y estaba acompañado por Brooke Shields. Y ahí estábamos nosotros, caminando bajo esas mismas sombras con un camarín en los mismos pasillos manchados del sudor de los L.A. Lakers.

"¡Muy bien, Jim! Eso, Jim!".

Esa noche, el *Washington Post* dijo que dimos *"la actuación más apasionada de la noche"*, y me volaba la cabeza pensar que le habíamos dado en el clavo en una transmisión a veintiséis millones de personas alrededor del mundo. Fue una noche perfecta que ni yo pude cagar.

Los Black Eyed Peas han ganado seis Grammys en total hasta 2011, pero todavía no nos hemos ganado uno de los grandes, y todavía no hemos ganado delante de la cámara; hemos ganado esos premios que la emisora no le parece lo suficientemente importante como para ponerlo al aire. Pero ese momento escurridizo es un al cual todavía tenemos como meta. La vida se trata de encontrar nuevos sueños.

Mientras el ímpetu de los Peas continuó, pareció tener un efecto positivo en todo el disco. Al igual que las radios, el mundo corporativo y político de Estados Unidos, al igual que marcas conocidas a nivel mundial querían subirse a la ola con nosotros. Es como si nos hubiéramos vuelto lo más caliente de la noche a la mañana y todos querían un pedazo de nosotros.

La NBA adoptó "Let's Get Retarded" para las eliminatorias, lo cual era enorme para nosotros como fans del basquetbol. Como parte del acuerdo, lo cambiamos un poco editando la letra y poniéndole el nuevo título "Let's Get It Started" para un himno más adecuado al mundo deportivo (y lo incorporamos al disco para la segunda tirada). Quería decir que ponían la canción en ABC cada vez que aparecía algo del NBA y, mientras se extendía la popularidad de la canción, llevó a una invitación para actuar en la Convención Nacional Democrática en Boston.

Al hacer eso, estábamos apoyando a la campaña presidencial del candidato John Kerry. Ninguno de nosotros tenía gran afán político, y esta era la primera vez que nos involucrábamos en temas políticos. Pero queríamos apoyar a los demócratas porque queríamos que George Bush se fuera de la Casa Blanca. Al viajar por el mundo, vimos y escuchamos cuantos lo observaban y se reían de él; este idiota belicista representando a Estados Unidos. Con lo que a mí respecta, daba vergüenza tenerlo como líder. Prestarle "Let's Get It Started" a la campaña democrática era parte del mensaje para que la nación ayudara a comenzar un nuevo capítulo.

Probablemente fue el público más desanimado que tuvimos, pero había buena energía ese día. Y aunque Bush ganó un segundo mandato ese año, se sintió fenomenal ser parte de algo a ese nivel, al hacer nuestro debut en una convención.

También haciendo su debut ese día era el senador negro dando su primer discurso de apertura. No llegué a conocer a Barack Obama (solo Will lo conoció unos días más tarde, en una cena de gala del rock), pero, en mi mente, esa memoria no es "el día que tocamos en la Convención Nacional Democrática", sino, "el día que tocamos para Obama"; el día que nació un líder y comenzó un cambio. Lejos del escenario político, Apple también quería adoptar nuestra música y usar

"Hey Mama" para el lanzamiento de su nueva campaña publicitaria para el iPod, y la colaboración era como una dulce justicia para nosotros después del incidente con Napster porque significaba que nuestra música estaría asociada con la apertura de la tienda de iTunes. Irónicamente, fue "Let's Get It Started" la que se convirtió en un éxito instantáneo, vendiendo 500.000 bajadas solo en Estados Unidos. Ahora nosotros estábamos a cargo. No Napster.

La popularidad de "Hey Mama" también creció y al final terminó siendo usada en *Garfield: The Movie* cuando Garfield y Odie tienen una batalla de baile al estilo Ballistyx.

No importaba si le estuviéramos llegando a los seguidores democráticos o los fans de Garfield, estos dos sencillos eran prueba de que las marcas estaba pensando originalmente y llevándose la música con ellos. Aunque ambas canciones les fue más o menos bien en las listas de éxitos, estábamos llegando a millones a través de otros medios y, a su vez, nuestra marca estaba creciendo junto con nuestra música. El primer paso que dimos con Dr Pepper demostró ser sabio.

Cada cambio de fortuna lleva a que alguien, en alguna parte, pase tiempo con una calculadora viendo como distribuir lo que quedó de la torta antes de que el polvo de oro se haya ni siquiera asentado. Entonces, cuando el baterista Terry Graves subió la mano pidiendo un aumento de sueldo, fue decepcionante porque se volvió demandante en un tiempo de transición.

Siempre habíamos reconocido el rol y la contribución de Terry, porque él había estado ahí desde el comienzo y lo considerábamos una parte esencial de la banda, Beat Pharmacy. Pero no era tan indispensable como él creía serlo, lo cual se probaría con el tiempo.

Terry estaba disgustado, sugiriendo que él era el "Director Musical" y, por ende, merecía un aumento, pero lo que irritó a la administración es que estaba armando un alboroto en un momento en que teníamos que estar enfocados, empujando hacia delante.

Will y Polo ambos reconocieron el valor y aporte previo de Terry, y sugirieron que revisarían su salario de manera favorable más adelante, pero le pidieron si podía esperar un rato más. Pero eso no iba a ocurrir y, luego de una discusión acalorada con Polo, Terry se marchó. Cuando se fue, Mike Fratatuno también se fue, porque eran mejores amigos y no apreciaba la manera en que se manejó la situación. Yo le respetaba su lealtad, si no su argumento, y la ida de Mike fue una gran pérdida. Para mí fue triste que justo cuando llegamos a las grandes ligas, dos jugadores clave que nos ayudaron a llegar hasta ahí decidieron irse por pautas y condiciones durante un momento de transición vertiginoso. No comprendí el apuro, pero ese no era asunto mío para comprender. Lo que importaba era encontrar un baterista igual de bueno como reemplazo. Lo que ocurrió es que encontramos a uno aun mejor en Keith Harris.

Keith, el baterista funky de Chicago, es sin lugar a dudas uno de los mejores músicos que he conocido en mi vida, y demostró su profesionalismo en su primer día, cuando llegó a su primera actuación con partituras de todas las canciones de los Black Eyed Peas, escritas con su puño y letra.

Este tipo estaba en talla desde el primer día, y tranquilizó a todos dejándonos saber que él era el hombre para el trabajo. El nos brinda una intensidad y una comprensión del tiempo como ningún otro, y la manera en que toca llama la atención, lanzando los palos al aire como un malabarista. Era tan bueno que lo empezamos a desafiar, lanzándole botellas de agua en la mitad de un set, pero él las agarraba, seguía tocando, se la tomaba y seguía tocando, y no perdía el ritmo.

La nueva organización significó un nuevo nombre para la banda: de Beat Pharmacy a Bucky Jonson, y estos tipos —Keith (batería), Printz Board (teclado y trompeta), George Pajon (guitarra) y Tim Izzo (saxo, guitarra y flauta)— son la columna vertebral de los Black Eyed Peas, al igual que productores y coautores. Sin sus habilidades y su compañerismo, nunca hubiéramos sobrevivido ni alcanzado lo que hemos logrado. Cada vez que salgo al escenario, me dejo llevar por su brillantez, y siento esa conexión y cohesión poco común entre un grupo y una banda. A veces observó todas las piezas diferentes que conforman a los Black Eyed Peas —desde los Peas a la banda, desde los bailarines a los tramoyistas, desde los de vestuario a los maquilladores, desde la administración al catering— y parece que hemos sido bendecidos con personas con ideas afines a las nuestras, quienes hacen que la experiencia se sienta como una familia y nos enriquecen el viaje que compartimos todos juntos.

Dentro de la familia, nuestra nueva hermana se acopló como si siempre hubiera estado con nosotros. Yo veía a Fergie como un cruce entre Joan Jett y Madonna; la chica roquera con una trayectoria pop que le gustaba escuchar grupos como Guns N' Roses y Led Zeppelin. Que haya hecho tan fácil transición a los Black Eyed Peas habla de su versatilidad como artista.

Nuestro sonido era diferente, mejor, gracias a ella. Era tan poderosa y dura como sensual y conmovedora, y su inclusión nos proporcionó ese cruce al pop-rock que nunca antes habíamos tenido. Mientras se armaba su rol, se volvió la sirena de lo que ella se refiere como "el dragón de cuatro cabezas", y, a través 2003 y 2004, comenzó a revelar, poco a poco, el atractivo sexual con potencial comercial que le traía el factor excitante a los Peas.

Al principio dejó que su voz hablara por sí sola, muchas veces haciendo de niña rapera blanca media machona, con las sudaderas azules que usaba en honor a los colores de la tapa de *Elephunk*. Pero entonces llegaron los tops recortados que mostraban sus abdominales perfectos y el mundo enloqueció. Antes posiblemente teníamos una onda cool mezclada con algo vintage, abstracto, con

chispa y diferente en cuanto a nuestro baile y banda en vivo, pero Fergie le agregaba el atractivo sexual que hicieron que los focos de luz sean más brillantes.

Desde entonces, Fergie ha pasado por varias etapas a nivel personal: de la chica hip-hop con sudaderas a mami sexy con un cuerpazo al corriente ícono de la moda con sus propios fans a nivel solista, junto con los Peas.

Su paquete completo —la energía radiante, su voz, su estilo— contribuyó tanta sinergía que era difícil ver como alguna vez funcionamos sin ella.

No que su transición haya sido totalmente suave.

Ella, al igual que yo, se tuvo que acostumbrar a nadar cuando se trataba de rapear, y nunca olvidaré la vez que subimos a un escenario como los Peas y Fergie, cuando se estaba empapando en lo nuestro previo a la gira Justified & Stripped. Era una fecha en San Diego en un lugar llamado Belly-Up Tavern, y entramos en una sección de improvisación que nos era natural a nosotros tres, pero no para la nueva cantante y, como fue espontáneo, no hubo ningún aviso previo.

Como dije antes, Fergie —sus 5 pies 4 pulgadas enteras— no le huye a nada.

Estábamos en el escenario ante un público de alrededor de cien personas y todos rapeamos nuestros versos antes de darle el micrófono a ella, esperando que hubiera usado el tiempo que le dimos para pensar qué dirección iba a tomar. El ritmo había sido intenso, y le habíamos dado algo de intensidad, así que el tempo estaba subido y listo para que ella lo montara y diera todo lo que tenía para dar. Tenía el estilo, la energía, los pasos… y entonces comenzó a canalizar a los Jackson 5.

—*ABC, easy as 1-2-3/as simple as do-re-mi…* ("ABC, fácil como 1-2-3/ tan simple como do-re-mi…").

Todos los muchachos nos miramos como diciendo *¿Eh?*

—*ABC, 1-2-3, baby you and meeee…*

Era para morirse de la risa —un poco incómodo— pero el público debe de haber pensado que era parte del espectáculo. Tuvimos que decirle algunas cositas después, y creo que fue Will quien dijo:

—Mira, Ferg, parecías estar algo perdida ahí…

—¡No sabía qué decir! —dijo ella—. ¡Así que me fui con lo que sabía!

Acordamos que la improvisación rapeada no sería su punto fuerte. Y si alguna vez le tocaba algo parecido, le dijimos que se sintiera libre de hacer algún scat o algunos la-la-las o da-da-das.

Solo que nada de ABCs y 123.

Todos nos gusta bromear con los demás como los Black Eyed Peas y, a veces, el humor puede ser despiadado, pero nadie es mejor imitador que Fergie porque su cosa es imitar voces.

Un hecho que pocos conocen es que ella fue la voz de la hermanita con rizos de Charlie Brown, Sally. Si viste *It's Flashbeagle, Charlie Brown* o *Snoopy's Getting Married, Charlie Brown* o *The Charlie Brown and Snoopy Show* en 1984 y 1985, ahí escuchaste la voz de Fergie por primera vez. También hace una versión buenísima de Veruca Salt de *Charlie y la fábrica de chocolates*.

También participó en el espectáculo de variedades *Kids Incorporated*, que se parecía en formato a *The Mickey Mouse Club*. Tuvo su primer agente a los nueve años y después pasó de la adolescencia a Wild Orchid. Como alguien que trabajó en el mundo del espectáculo toda su vida, nunca había conocido nada muy "normal", una inadaptada si se quiere. Otra inadaptada.

Ella bromea diciendo que de niña cantaba sobre cualquier cosa que viera, creando canciones sobre la comida en la mesa o la gente en la calle, y bailando claqué con sus letras inventadas.

Ella se crió en el distrito de Hacienda Heights de Los Ángeles, y creció jurando que sería una artista. Lo cual explica su ambición al llegar como nueva Pea.

Arriba del escenario tenemos una conciencia en que cada uno sabe lo que los otros están pensando y dónde están, como si tuviéramos ojos detrás de nuestras cabezas. Es como un sexto sentido, y no hay nada mejor que tener a tu familia sobre el escenario, sintiéndote bien y viéndolos sonreír y bromear mientras actuamos.

U2 siempre han sido una inspiración en ese sentido. Se mantuvieron juntos, primero y principal por su amistad, y siguen siendo una familia unida a través de tribulaciones y proyectos solistas. Si pudiéramos tener la longevidad de grupos como U2 y los Rolling Stones, ese sería un futuro feliz porque los Black Eyed Peas son un ejército, una tribu, una coalición de naciones y una familia bajo un mismo techo, y me han dado la sensación más grande de pertenecer que jamás había conocido —y me ayudaron a atravesar algunos de los peores rasguños imaginables.

DÍAS NEBULOSOS

Los Black Eyed Peas en realidad la llaman una "fam-er-ree" no "familia".

Un día, Apl hizo una declaración apasionada sobre la importancia de mantener unida a esta banda de hermanos y hermanas y, con su acento filipino, pronunció mal "familia" como "fam-er-ree", y se nos pegó. Lo que no se perdió en la traducción fue la sinceridad del mensaje porque la vida ha sido nuestra maestra, la lucha ha sido nuestra paciencia y la música ha sido nuestra medicina. Especialmente de gira.

Cuando meten a un grupo de personas en un crisol de gira, es como estar amarrado a la montaña rusa más increíble, rápida y alocada, y parece que hemos estado amarrados durante la mayoría del tiempo entre 1995 y hoy día.

Cuando te despiertas pensando en qué ciudad estás, en que huso horario estás y qué día de la semana es, sabes que estás de gira. Dentro de esa euforia agotadora, es la sensación de "fam-er-ree" que proporciona los únicos puntos en el compás y pasamanos.

Claro que cuando un camión gigante sigue adelante lo suficiente, siempre habrán ocasiones donde se saldrán las ruedas, y eso es cuando se crean los verdaderos vínculos —en las trincheras de una crisis. He tenido que depender de la memoria de otros para juntar los pedazos de los eventos durante nuestro tiempo en la isla caribeña de St. Maarten, pero la mayoría de la "fam-er-ree" concuerda que en cuanto a ruedas saliéndose, locura total y mi borrachera inconsciente, nada nos empujó a los extremos más que una noche en particular durante lo que parecía una promoción interminable de *Elephunk* en 2004.

Acabábamos de hacer un viaje por Europa donde nos habíamos cagado de frío y "no nos ganamos una salchicha" —como lo dijo un diario— en nuestra primera ceremonia de premios en el Reino Unido, los Brit Awards en Londres, donde nos nominaron para mejor grupo pop y mejor actuación internacional. Polo estaba orgulloso de mí esa noche porque me mantuve sobrio. Debo haber estado demasiado ocupado tratando de mantenerme caliente en ese clima ártico que los ingles llaman "una racha de frío".

Probablemente sentí más frío porque fue alrededor de este momento en que dejé de usar los pañuelos en la cabeza y me deje mi pelo amerindio largo —aunque no ayudó en aclarar el malentendido general sobre mi origen, porque ahora pasé de ser un "tipo asiático que da miedo" a un "tipo asiático que da miedo y tiene pelo largo".

Con la temperaturas heladas de Londres atrás, y después que los promotores del St. Martens Heineken Regata nos ofrecieron una cantidad decente de dinero para presentarnos en la celebración finalizando la carrera, no veíamos la hora de divertirnos al sol en la playa Kim Sha.

Fue una fiesta alocada durante cuatro días mientras ambos lados de la isla —holandés y francés— se unieron para una celebración espléndida, al estilo caribeño.

Al llegar, parecía mi idea de lo que sería el cielo: tragos y mujeres por *doquier*. El primer día lo pasamos genial. El segundo día lo pasamos genial. Y el tercer día era nuestro último día para salir de fiesta porque tocábamos el cuarto y último día a la tarde.

Supe desde el primer día que en la agenda había diversión seria cuando encontré un tipo local que vendía coca. Nunca me tomaba demasiado tiempo encontrar una salida cuando estaba viajando. Siempre era la misma rutina: alguien local ligado al promotor pregunta si necesitamos algo —y esa era mi señal.

—Sí, la verdad que sí... ¿quieres decir *cualquier* algo?

—Sí —dice cualquier tipo en toda ciudad—, lo que sea que necesiten.

—Entonces, ¿me puedes conseguir alguna mierda?

—¿Una mierda blanca? —pregunta.

—Sí, cool —y así, sea que fuera Ecstasy o cocaína, realmente era así de fácil porque, como invitados VIP del lugar, los conserjes de la calle querían asegurarse de que estuvieras cuidado, y consentir mis imprudencias era la única manera de cuidarme en aquel entonces.

Como en las dos noches previas, a las nueve de la noche ya estaba terminado, y nuestra última noche de fiesta en la ciudad terminó conmigo tambaleándome a la salida de un club de striptease, colgado entre los hombros de Polo y Will. Y en ese momento apareció Nick Lauher afuera, caminando hacia la escena

después de salir con una chica. Nick estaba a comienzos de su posición de asistente con los Peas, aprendiendo sobre la vida de gira, así que cuando Polo le pidió que fuera mi muleta y le dijo "cuida a Tab", probablemente pensó que era parte de sus deberes. Pobre muchacho no tenía idea en la que se estaba metiendo. Lo único que recuerda Nick es que "casi no podía pararse, y menos hablar", y simplemente hizo lo que le dijeron.

Mientras Polo y Will desaparecieron, yo quedé en la vereda colgado de Nick como si fuera un perchero. Apl y nuestro baterista Keith Harris también estaban ahí, pensando para dónde ir ahora, cuando un tipo negro de 250 libras y 6 pies 3 pulgadas de altura —un promotor que casi no conocíamos—llegó en su BMW negra con la música a todo volumen. Dijo que conocía otro club de striptease muy bueno, entonces, sin nada mejor que hacer, todos nos subimos al auto y lo acompañamos hacia otra hora de tragos gratis.

También sabía que teníamos una buen suministro de porro metido en mis bolsillos. En el carro, yo estaba en el asiento de atrás, apretujado contra Apl quien estaba apretujado contra Nick, y Keith iba adelante en el asiento de pasajero. Yo estaba demasiado nebuloso para darme cuenta que nuestro amigo promotor estaba yendo a una velocidad ridícula por las calles, y demasiado ido para notar las luces centelleantes de la patrulla que nos venía siguiendo.

Mientras desaceleró y nos hicimos a un lado, el tipo promotor nos dijo, "No se preocupen… yo soy el dueño de esta isla…", y comenzó a alardear a lo grande. El problema con eso es que le empezó a hablarle con esa actitud al policía, y eso significó que el policía nos pidió que saliéramos todos del auto. El problema con *eso* era que mis bolsillos estaban repletos de marijuana. Así que mientras nos bajábamos, comencé a botar grandes terrones de porro, dándoselos al muchacho nuevo Nick, quien se veía como el más inocente de todos nosotros —recién graduado de la universidad, cara fresca. Pero al bajarse, Nick se tropezó —el último en salir— y un terrón de porro se le cayó del bolsillo, y la linterna del policía lo agarro —y nos agarró— con las manos en la masa.

Nos dijeron a todos que levantáramos las manos porque estábamos detenidos.

Entre que yo seguía tambaleando y Nick el muchacho universitario estaba nervioso por haberse descuidado y meternos en este embrollo, la cosa no se veía bien para la banda principal de la celebración de la regata de ese fin de semana, mientras uno a uno nos ponían las esposas y nos llevaban al Ford Explorer de la policía.

Mientras nos conducían hacia la cárcel, el promotor estaba despotricando tratando de explicar que éramos los Black Eyed Peas, los de la actuación principal ese fin de semana. Sus palabras pegaban contra una pared de indiferencia, y entonces, con un sentido del tiempo irónico que de alguna manera resumía nuestro aprieto, "Where Is the Love?" comenzó a sonar por la radio.

—¡Súbelo! ¡Súbelo! —le grité, arrimándome hacia el frente pensando que podría alcanzar el botón del volumen, mientras estaba esposado—. ¡Esa es nuestra canción! ¡Esa es nuestra canción! —seguí gritando.

—No me importa quién eres, no importa qué canción esté en la radio —dijo el oficial—. ¡Siéntate y cállate!

Con la mucha mierda que nos estaba tirando el policía, solo pensábamos que nos estaba llevando a la cárcel para darnos una lección. Así que cuando llegué al escritorio de la entrada, y me preguntaron mi nombre, no me lo estaba tomando en serio, uno porque estaba borracho y dos porque la experiencia me había enseñado que ser un Black Eyed Pea venía con una tarjeta especial para salir de la cárcel.

Después que me dijeran que vaciara mis bolsillos sobre la mesa, encontré veintidós dólares arrugados, dos billetes de diez y dos de un dólar.

—¡Toma! ¡Toma! —le dije, ofreciéndole toda la plata al sargento del escritorio—. Tómalo… déjame que te pague… vayámonos de aquí… ¿quieres un autógrafo?

—¡TAB! ¿Qué mierda estás haciendo? —me preguntó Apl.

Pronto se volvió claro que la policía de St. Martens no eran tan flexibles como los canadienses de la frontera.

Mi soborno no ayudó la situación, y ahora el policía del escritorio comenzó a ladrar, ordenándonos a formar una fila con las espaldas contra la pared, y quedarnos quietos sin emitir ni una palabra.

Mis pantalones, desabrochados como un vagabundo playero, se me bajaron hasta los tobillos. Me agaché para subírmelos. Se bajaron. Me agaché para subírmelos.

—¡Quédate quieto! —me gritó el oficial.

Me paré derecho; y mis pantalones se volvieron a bajar.

Nos terminaron poniendo en una celda húmeda y mugrienta que olía a meo. Un Keith con cara sombría estaba ahí parado, con ambas manos en las barras, viendo hacia un pasillo oscuro. Apl se sentó en un rincón. Yo me caí, doblado sobre un banco. Nick, como un venado encandilado, caminaba de un lado a otro dentro de la celda, y el promotor local no paraba de gritar en su jerga mitad francesa y mitad holandesa.

El policía indiferente, dio vuelta la llave, cerró el portón y nos dijo que tendríamos que esperar hasta que el "fiscal acusador decide qué hacer con ustedes el lunes por la mañana". Era viernes por la noche, y nuestra actuación de muy buena paga era al día siguiente.

Nick —ya sin disfrutar de su primera experiencia de gira— comenzó a ponerse frenético como un niñito blanco.

—¡Mierda! ¡Mierda! Me van a quitar la licencia… no vine para esto… no puedo creer que estaré aquí metido hasta el lunes… ¡no puedo!

—¡Nick, te puedes relajar y deja de volvernos locos! —le dijo Apl, siempre tranquilo en una crisis.

Keith seguía parado al lado de las barras, tan tranquilo como puede ser posible.

—Todo pasa por algo, mano. Este concierto está acabado si no logramos salir de acá…"

Mientras Nick seguía murmullando consigo mismo, yo estaba acostado, inconsciente.

Es decir, inconsciente, hasta que de repente me levanté de un estirón y comencé a gritar "¡SOCOOORROOO! ¡SOCOOOROOO!" con todas mis fuerzas. Grité dos veces, al parecer, y luego volví a caer inconsciente. No tengo idea por qué hice eso. Es lo que me cuentan los muchachos.

Mientras tanto, el gran promotor seguía gritando. "¡Déjenos salir ahora mismo!", esta vez lo gritó en inglés, "¡Eso es un escándalo! ¡Pagaran por esto!".

El policía que había estado en el escritorio a la vuelta, obviamente se había hartado. Apareció y abrió la puerta, y dijo:

—Bueno, quieren meterse conmigo… ¡TODOS AFUERA!

Nos condujeron, en una fila, de subida por unos escalones de metal que llevaban a una puerta enorme de acero, que este policía abrió con esfuerzo.

—¡Adentro, todos! —dijo el policía.

Lo que se abrió ante nosotros fue una prisión tamaño depósito de dos pisos que lindaba con la estación de policía: un lugar de mala muerte con celdas mínimas atestadas con personas con cara de locos que estaban dándole a las barras de sus celdas con sus tazas de metal y dando puñetazos a las paredes de cemento. Esa una escena borrosa en mi mente, pero los muchachos dicen que el ruido era espantoso, como lobos rabiosos enjaulados oliendo carne fresca.

—¡A la mierda! —dijo Nick, meándose encima—, Nos van a cagar a golpes… nos van a cagar a golpes hasta la mierda!

En retrospectiva, probablemente tenía razones validas para entrar en pánico: nadie sabía dónde estábamos y no parecía que estuviéramos yendo muy lejos dentro de este infierno internacional. Pero yo estaba tan ebrio que nos podrían haber dicho que íbamos a pasar cien años y luego nos cortarían la cabeza y de igual manera no me hubiera importado una mierda. Yo simplemente arrastraba los pies y los seguía, ciego a la seriedad de la situación.

Lo cual probablemente era mejor.

El policía nos mostró lo que pasaría, con un adelanto de cinco minutos en cuanto a nuestro futuro, si no nos callábamos la boca, nos devolvió a nuestra celda de detención donde, al lado, vimos a un tipo solo detrás de las barras. Se puso a hablar con el promotor en la jerga local. El promotor luego nos pasó la buena noticia: no nos pondrán en aquel lugar de mala muerte, nos dijo.

¿Cómo sabe? le preguntamos.

Porque él ha estado aquí durante seis meses, nos dijo.

Cómo es que no se formó un charco a los pies de Nick en ese instante, nadie sabe.

Pregúntale por qué está detenido, le dijimos.

—Por intentar engañar un casino local —el tipo le dijo al promotor.

Entonces el encarcelado preguntó por qué estábamos detenidos nosotros.

—Drogas —le explicó el promotor, y al parecer el tipo se emocionó.

—¿Qué dijo? ¿Qué dijo? —preguntó Nick.

—Dice que estamos jodidos —dijo el promotor.

—¡Ay Dios! ¡Ay Dios! —dijo Nick, ahora temblando y comenzando a llorar.

Dos de los guardias se rieron de su lloriqueo. Uno tomó un pan y comenzó a arrancar migajas y lanzarlas dentro de la cela como si le estuviera dando de comer a los pájaros. El otro guardia nos pasó un vaso pequeño de agua para todos.

—¿Beber? —dijo con una sonrisita. Era obvio que se estaban burlando de nosotros y disfrutándolo muchísimo.

En algún momento después de la medianoche —después de cuatro horas en ese lugar de mierda— llegó un oficial superior diciendo que había hablado con los organizadores de la regata y que nos iba a dejar ir como excepción a la regla. Sus palabras finales fueron:

—Las drogas de cualquier tipo no son toleradas en St. Martens, y no nos importa quienes son. Nunca más los queremos ver aquí adentro, ¿comprenden?

Asentimos con las cabezas como niños mal portados, recogimos nuestras pertenencias y nos fuimos. Nick, hoy en día la mano derecha de Will, salió corriendo como si el lugar estuviera encendiéndose, y fue el primero en llegar a la calle, señalando un taxi y jurando:

—¡*Nunca* más volveré a esta mierda! ¡Dictadores de mierda!

En el taxi a casa, comencé a despertarme y todos me estaban diciendo que era un borracho idiota de la cabeza —o algo por el estilo— al empeorar las cosas tratando de sobornar a un oficial.

Muchos de mis impulsos en esta época no venían con mucha inteligencia.

También ayudó de que estaba tan ebrio que no pude recordar mucho, y cuando no puedes recordar mucho, es difícil sentir pena. Pero si alguno de nosotros pensó que podríamos salir de ahí y mantener el incidente como un secreto entre nosotros, estábamos equivocados. No puedes ni ir a cagar en una isla pequeña sin que la gente comente, como nos enteramos en seguida.

La siguiente mañana, el hotel dejó un ejemplar gratis del diario local al pie de la puerta de cada invitado, y el titular de la página principal de ese día era más

claro que el agua: "LOS BLACK EYED PEAS EN LA CÁRCEL EN LA HEINEKEN REGATA".

Nos tocó explicarle lo sucedido a Polo, pero el asunto más grave era que el titular no llegara a Estados Unidos y se disperse por el país, y por suerte no ocurrió. Estábamos libres (aunque con algo de mala fama a nivel local). Habíamos sobrevivido. La "fam-er-ree" no falló y Nick al final paró de temblar. Hicimos la presentación. Le dimos toda la energía. Y después, había una sola cosa que me quedaba por hacer —salir a emborracharme otra vez. Nuevamente bebí hasta el olvido y me tuvieron que cargar al hotel, colgado con los pies arrastrando. La lección de la noche anterior no sirvió de nada.

St. Martens no solo fue el lugar donde salimos de la cárcel. Fue el lugar donde me di cuenta que no podía parar de beber. Estaba en la etapa de autodestrucción donde bebes lo que sea, duermes con lo que venga y te metes cualquier cosa, y ni siquiera una noche horrible en un lugar de mierda era lo suficiente como para frenarme. Fue en el vuelo a casa de Europa que me di cuenta.

Estaba más sobrio pero tenía una resaca y me sentía enfermo y repugnante. Sabía cuán mal me sentía, y me dije que no podía seguir así. Luego, en el mismo aliento y dentro de una fracción de segundo de ese pensamiento, ya estaba pensando en emborracharme en Los Ángeles; planeando justamente lo mismo que estaba rechazando en mi cabeza. Ahora *eso* era estar hecho mierda.

Era lo opuesto al que está obsesionado con la salud, que va al gimnasio a la mañana y libera endorfinas, se siente adolorido y luego, esa misma tarde, tiene ganas de volver al gimnasio. Para sentirse bien. Para recuperar esa sensación. Solo que mi versión era la no saludable.

Yo era el bebedor que pasaba de borrachera a borrachera en clubes o restaurantes; el tipo de bebedor que nunca admitía tener un problema porque lo hacía pasar como que "tomo solo cuando estoy con gente" durante tanto tiempo sin darme cuenta de los excesos. Pero no importaba qué tipo de bebedor era. Lo cierto era que no podía parar.

Siempre he dicho que *Behind the Front* marcó, para mí, el momento en que un brazo se convirtió en un monstruo. Con *Bridging the Gap,* fueron dos brazos, y para cuando llegó *Elephunk,* me había convertido en todo un monstruo egotista.

En esta etapa, comencé a mirar en el espejo y no estar contento con lo que veía: la piel mala, las mejillas demacradas, los ojos atormentados, el color de un fantasma; el cartel vacante que colgaba de todo aspecto de mi ser que no podía reconocer. Sostuve la mirada y odié lo que vi.

Me dije que lo haría, lo haré, quiero parar.

Me dije que me controlara.

Pero, todas las veces que me vi en ese espejo, me mentí, porque cada vez que veía el trago o la droga, lo hacía igual. A la mierda.

Habían pequeños momentos en el tiempo donde me importaba lo que me estaba haciendo, pero se hacían a un lado por las ganas más fuerte de seguir enloquecido e imprudente.

Los psiquiatras te dirán —como al final lo intentarían conmigo— que esta era la cantidad de amor que *no* tenía por mí mismo; cuanto resentimiento reprimido había con respecto a mi niñez y un padre ausente y un padrastro presente; como Karish nunca me hizo sentir como un hombre; y cómo yo no me veía digno del sueño que hice realidad. Con toda esta cuestión psicológica, el niño dentro de mí se sentía solo y el hombre —el artista el fiestero— intentaba descubrir una autoridad y un respeto que sentía nunca haber tenido en la vida.

Palabras psicológicas profundas.

No pasé mucho tiempo explorando esa opinión en sí, así que no puedo decir si estoy o no de acuerdo. Pero, como muchas personas que no están listas para ayudarse a sí mismo cuando aparecen las señales de alerta, tomaría el curso natural de la vida para darme cuenta de un par de cosas por mi cuenta.

Me comprendido una cosa en este viaje: al final, la vida nunca permite que te escapes de tus responsabilidades. Te traza el recorrido con un ojo vigilante, y cuanto más ignoras las señales de advertencia, más duro será el contragolpe.

Desde 2004 a 2005, la escala de mis placeres inconfesables era más o menos así: gastaba alrededor de $600 por semana en Kush —Kush hindú: la *crème de la crème* del porro, y lo más fuerte en el mercado. Ahora me alcanzaba para pagar un porro de mejor calidad por la entrada de dinero que provenía de *Elephunk,* y Kush es como la diferencia entre una comida gourmet o McDonald's; el olor, el sabor, la colocación eran otra cosa.

Hasta la calidad de porro que compraba demostraba que estaba ascendiendo en el mundo. Había empezado con el porro mexicano más sucio, lleno de palitos y tallos, luego este tipo llamado Bucky proporcionaba un porro llamado "Acapulco Gold" —así llamado por sus copos dorados— y eso significaba otro paso hacia arriba. Luego seguí con "Chronic" —un porro verde sin semillas; una vez que llegas a la etapa Chronic, no hay vuelta atrás. De Chronic, pasé al próximo nivel, porro "Tone" —medio amarillo y esponjoso, con una textura mucha más suave que los otros—, y luego conocí a un tipo llamado Mitch que me dijo que podía conseguir Kush. Una de sus condiciones era que solo suministraba ordenes de "gran peso", y así fue cómo llegué a gastar $600 por semana en media libra de bolsitas de media onza de porro.

Estaba fumando seis veces al día: eviscerando un gran cigarro y rellenando el papel con Kush para crear un gran porro. Fumaba eso a primera hora de la mañana, luego al mediodía, después a la temprana tarde, seguido por otro a las seis de la tarde, uno a eso de las nueve de la noche y finalmente uno antes de acostarme.

Es justo decir que estaba viviendo —y funcionando— en una nebulosidad perpetua.

Cuando tomaba, el fumar solo agregaba a la experiencia hecha mierda, y mientras el porro se volvía más potente, el beber empeoró. De atacar el minibar después de una actuación, ahora estaba disfrutando de atiborrarme toda la noche a solas. Antes, me bajaba vodka y vino para relajarme y poder dormir. Ahora, me bajaba botellas —y ordenaba más para poder seguir tomando durante toda la noche, solo, o cuando me dieran las ganas.

Nadie del grupo o la banda sabía el nivel de mi apetito alcohólico cuando, al llegar al cuarto del hotel, colgaba el cartel de Favor No Molestar en la manija de afuera y cerraba la puerta de un portazo. No pasaba todas las noches, pero sí con suficiente frecuencia.

En cuanto a mi consumo de Ecstasy —lo cual costaba alrededor de $200 al mes—, siempre mantenía un poco a mano, pero dependía de si nos íbamos de fiesta a clubes nocturnos. Cuando lo hacíamos, me metía cuatro, cinco, seis píldoras. Una vez me tomé diez —una detrás de la otra— porque hallar la sensación que buscaba cada vez se hacía más difícil. Y luego estaba la cocaína, que cada vez usaba más, para mantenerme despierto, para mantenerme jalado, para sentirme increíble. Tenía a mi proveedor Chris, y probablemente estaría gastando alrededor de $100 al mes para mantener la línea de abastecimiento abierta.

Esa era mi dieta consentida: un coctel feliz de Kush, bebida, Ecstacy y cocaína. Junto a eso, empecé a creer en toda la mierda de Hollywood, y desarrollé esta sensación trastocada de derecho, esperando recibir la misma atención como estrella que la vida de gira me había condicionado a esperar. La atención recibida de gira me hacía sentir importante, y me prendí de esa importancia, como si toda la aclamación, ventas de discos, beneficios, tratamiento VIP, prestigio y percepción de estrella me aumentara el valor.

Cuando teníamos períodos de inactividad den Los Ángeles, desarrollé una de esas mentalidades que indican "¿Tú no sabes quién soy yo?", y si entraba a un restaurante y me decían que había una espera de quince minutos, yo les replicaba: "Yo no espero quince minutos. Necesito una mesa ahora".

Ahora recuerdo eso y me estremezco.

Sin embargo, cuando eso no funcionaba, lograba recordarles que era un Black Eyed Pea.

Y cuando eso no funcionaba, me enfurecía, y actuaba como un comemierda.

¿Qué? ¿No conoces a los Black Eyed Peas?

¿No conoces a Taboo?

Pues, mejor que lo sepas.

Ocurría lo mismo en los clubes. Si una chica en la barra no sabía quién era, le contaba como para impresionarla. Si algún tipo me faltaba el respeto, le lanzaba mi estatus por los cojones. Me encontré siendo intolerante, irritable e impaciento con la vida "normal". Habíamos vivido la vida a tal velocidad que cuando bajaba a una velocidad de todos los días, yo era una masa de energía reprimida revolucionada en el acto.

Toda mi mente, cuerpo y sistema nervioso parecían estar listos para vivir en un torbellino, y estaban tan acostumbrados a una vida a toda velocidad que no sabían cómo actuar fuera de una agenda que no involucraba estar aquí, allá y por todas partes, en este programa de televisión, en aquel, en esta ciudad en aquella otra, de un continente al próximo.

En el momento que me bajaba de la cinta transportadora, estaba perdido.

Un robot tratando de sentirse humano nuevamente.

Porque eso es lo que te hace sentir la gira.

Luchaba con el hecho de tener tiempo de sobra. Entonces, durante los períodos sin giras, me armé una vida social que iba a toda velocidad para compensar. Usaba drogas para reemplazar la sensación de las actuaciones. Me rodeaba de fiesteros como yo para reemplazar la admiración del público. Y hacía todo lo posible para demostrarle a la gente que era una estrella y un mujeriego proxeneta, exhibiendo mi estatus y dinero por doquier.

"No vayamos a cenar solo cuatro, vayamos quince —yo pago todo. Ningún problema!"

"Traigan sus amigos, los tragos corren por mi cuenta, a divertirse!".

"Mira, yo tengo el dinero. Quédate conmigo. Te mostraré lo que es pasarlo bien".

"¿Quieres esa mierda en el escaparate? Yo te la compró".

"Sigamos la fiesta… sigamos de fiesta hasta las siete de la mañana. Eso es lo que hacemos cuando estamos de gira".

El gerente comercial Sean Larkin se alarmó con los patrones de gastos que veía en mis estados de cuenta. ¿Por qué estaba gastando $250 por vez en botellas de champaña, a veces dos por noche? ¿Por qué extraía $250 por día de un cajero automático? ¿Qué hacía gastando tanto dinero como si se estuviera por acabar el mundo?

No creía que fuera inteligente decirle a mi gerente comercial que estaba comprando popularidad y gastando más plata en drogas que la familia común gasta en comprar comida para una semana. Así que le inventé alguna mierda sobre "entretener" y "gastos". No hay manera en que me haya creído.

En cuanto a cómo me lo justificaba a mí mismo, esto era Hollywood, esto era el rock y esto era lo que hacía la gente: de Jim Morrison a Jimi Hendrix a Keith Richards a Slash. ¿Por qué no podía yo, un artista de hip-hop, tener el mismo estilo de vida y tener la misma notoriedad alocada?

Cada mes, cuando estaba en casa, armaba lo que llamaba "Celebraciones": cenas que comenzaban en lugares como T.G.I. Friday's y Dave & Buster's

o restaurantes japoneses, antes de seguir a los clubes. Amigos traían a amigos y sus amigos traían otros amigos. "¡Tomen y sean felices, putas!", era mi brindis, mi grito, el disparo que comenzaba la noche.

"¿Qué estamos celebrando este mes, Tab?" alguien siempre preguntaba.

"La vida, ¡y lo buena que es la vida!" respondía siempre.

Quería que me vieran como el tipo fiestero, siempre contento, súper cool. La compañía en la miseria hace a esta más llevadera, y a mí me gustaba rodearme de tantas personas como fuera posible, sin importar si los conocía o no.

En ningún momento se me ocurrió que yo era el chiste, porque todo estaba demasiado borroso para tener cualquier tipo de conciencia propia.

De tal palo, tal astilla.

La versión comemierda de Hollywood.

Como una "fam-er-ree", la risa es lo que nos sostiene. Lo dije antes y lo diré otra vez, porque es el único sonido —un ritmo— que nunca cambió a través de nuestra evolución sonoro y musical.

Si pienso en momentos en el autobús de gira o en aviones, y en el estudio o detrás del escenario antes de un concierto, escucho risas. Veo la sonrisota vivaz de Will mientras escucha algún ritmo que le gustó; la cabeza peluda de Apl asintiendo con la cabeza mientras larga una carcajada por algún mal recuerdo; y Fergie entrando campante a la escena con su frase clásica "¿Qué onda perras?", y luego extendiendo su energía positiva y contando alguna anécdota graciosa o haciendo alguna imitación.

Así que es genuinamente difícil recordar algún momento realmente triste como grupo, pero creo que una de las cosas que más nos pegó fue cuando se incendió el estudio en el que grabamos *Elephunk* en Glendale Studios, y perdimos alrededor de $500.000 en equipos.

Era una de esas noches en que estaba en casa, ya habiendo hecho mi parte de la sesión para *Elephunk* y Will se había quedado trabajando hasta tarde con Apl, Dante, Santiago y la cantautora Toni Braxton, produciendo un tema que Will estaba haciendo con ella. Como era Toni, decidieron crear un ambiente más melancólico al encender algunas velas en el estudio A. A las muchachas les gustan las velas en el baño. Supongo que a Toni le gustaban las velas en el estudio.

Cuando se fue, al parecer eran las dos de la mañana, y Will, Apl y Dante se fueron al cuarto de catering para servirse algo de comer. Fue en ese instante que un asistente al ingeniero de sonido irrumpió en el cuarto y comenzó a gritar "¡FUEGO! ¡FUEGO!".

Cuando todos fueron al pasillo, estudio A estaba en llamas.

Por lo visto, una de las velas de alguna manera prendió fuego a uno de los protectores de micrófono. Dos ingenieros lo combatieron con extinguidores antes de que llegaran los bomberos, pero el daño ya estaba hecho —el estudio era un desastre carbonizado, y la banda perdió guitarras, amplificadores, un teclado y una batería electrónica, y Will perdió una pila de su equipo de grabación más reciente. Creo que nadie podía creer lo rápido que se quemó todo, y fue por la misericordia de Dios que nadie salió herido.

Yo me enteré a la mañana siguiente cuando prendí la televisión y vi las "últimas noticias" locales sobre el incendio en el estudio. Tristemente, George Pajon se enteró de la misma manera, pero su descubrimiento fue más devastador porque un jefe de bomberos tenía en sus manos dos valoradas pero ennegrecidas guitarras para las cámaras del noticiero.

Durante semanas, seguía diciendo, "Irremplazables, irremplazables" cuando hablaba de esas guitarras, y solo los músicos comprenderán su perdida, por el sentimiento arraigado a estas posesiones tan valoradas. Una de las guitarras que se perdieron en el incendio era la acústica que George había tenido en el jacuzzi de Bodega Bay, y mientras se relajaba con los pies colgando en el agua, tocaba la línea de guitarra que emocionaba a Will. "¡Esa línea, esa es la que es! ¡Esa es!", gritaba, y, entre esas burbujas y con esa guitarra, así nació "Smells Like Funk". Como bien decía George: irremplazable.

El lado Bucky Johnson de la "fam-e-ree" recibió un golpe emocional muy duro ese día —Printz perdió uno de sus teclados— y el ambiente fue sombrío por unos días. Pero para mí lo más importante es que estaban todos a salvo porque podría haber sido mucho peor. El fuego fue contenido justo a tiempo, permitiendo que todo el mundo saliera ileso y no se perdió nada del material previamente grabado de *Elephunk.*

Will dijo que era un símbolo de que "nuestra música le trajo calor a Glenwood Studios", y que *Elephunk* estaba "que ardía como disco".

Nunca más prendimos velas en un estudio.

Mis amigos me decían que exhibía el comportamiento clásico de Dr. Jekyll y Mr. Hyde: un minuto era un tipo relajado y buena onda con quien podías hablar, y en otro era un borracho belicoso.

No hubo un ejemplo más crudo que el de la noche en que salí a cenar en Pasadena, durante un descanso en Los Ángeles, y decidí invitar a Mamá, Celeste, Josh y Julio, quien era codueño de este restaurante llamado El Cholo.

Suponía ser un momento de los pocos para ponernos al día como familia, y yo estaba bien al principio de la noche, contando historias de la gira, los lugares que habíamos visitado, los planes para el cuarto disco. Pero comencé a tomar tequila, una copa tras otra, y podía sentir como se iba apoderando de mí.

De repente, estaba sentado a la mesa y Julio dijo algo —no recuerdo las palabras exactas— y me disparó el pasado y eso era todo lo que necesitaba para prender la mecha y devolvérsela con todo. Justo cuando pensamos que todos

esos años de mierda de la niñez estaban en el pasado, lo vomité nuevamente sobre la mesa.

—Tu me dijiste que no era lo suficientemente bueno... me trataste como la mierda... eras malo conmigo de niño... yo no te quería... eras un pendejo conmigo... por qué me hiciste la vida tan difícil... transformabas todos los días en una lucha... solo querías estar con Mamá, no conmigo...

Estaba borracho y despotricando.

Mamá trató de acercarse y calmarme mientras mi voz subía de volumen, pero yo lo interpreté como si fuera ella defendiéndolo otra vez, así que le dije de todo a ella también.

—¡Siempre te pusiste de su lado... siempre fuiste débil... nunca me defendiste... dejabas que me hablara como si yo fuera una mierda... no fuiste una mamá para mí! —dije, una última mentira dicha con la intención de hacerle daño.

Y luego vi a Celeste, mirándolos a ambos, perdida. Comenzó a llorar. Mamá comenzó a llorar y Julio quedó totalmente boquiabierto y no contraatacó. Todos se quedaron donde estaban, y todo el restaurante estaba sumido en silencio.

Nunca más hablé sobre aquella noche hasta escribir este libro. Como muchos momentos incómodos con mi familia, este también se barrió debajo de la alfombra y de eso no se habló más. Creo que estaba sobreentendido de que me estaba desahogando, destapado por un trago.

Cómo me gustaría poder decir que eso fue lo peor.

Solo desearía poder decir que eso fue lo peor.

Si tuviera que volver a contar cada incidente, golpe y rasguño que viví durante mi descenso antes de tocar fondo, se leería como una lista aburrida —aunque colorida— de antecedente penales de delitos menores entre 2001 y 2007. En todo caso, mi cerebro no puede unirlo todo como para que aquellos detalles confusos de mis días nebulosos tengan sentido. Creo que solo ha retenido una versión editada de los eventos principales para dejarme recordar *lo suficiente* como recordatorio constante de lo mal que estaban las cosas. Las cuento ahora como se encuentran en mi mente: un montaje de escenas retrospectivas que sirven para recordarme la persona que nunca más quiero volver a ser.

Belfast, Irlanda del Norte —tocamos una fecha específica y nos fuimos a un club done, al ser todos los Peas y la banda solteros, éramos de terror. Nuestro estatus de Black Eyed Peas había comenzado a atraer mujeres a la sección VIP como abejas a la miel. Muchachas hasta dejaban de lado a sus novios o citas para pasar un rato con nosotros. La asociación con una estrella es una debilidad de la naturaleza humano. Inevitablemente, esto le caía mal a los tipos.

—¿Por qué solo se permiten mujeres? ¿Por qué no podemos venir nosotros también? —preguntó un irlandés del otro lado de la soga.

Comencé a hacer una sonrisita. El tipo agarró la cadena alrededor de mi cuello. Printz decidió darle un puñetazo en la boca al tipo. De repente aparecieron otros cinco o seis irlandeses y toda la sección VIP era una gran lucha desastrosa hasta que los guardaespaldas pusieron orden. Nosotros nos quedamos. Y a los tipos irlandeses los echaron de su propio club en su propio barrio.

Al final de la noche, el mánager nos advirtió que estos tipos todavía estarían esperando afuera, seguramente con refuerzos. Así que nos ayudó a salir por la puerta trasera y llegamos a nuestro hotel. Pero, encendido por los tragos, lo único que podía pensar era en como ese tipo en particular me había faltado el respeto y me había agarrado la cadena. Ese pendejo.

Salir por la puerta trasera me hizo sentir débil.

Así que decidí ser un héroe. Corrí hacia mi cuarto, arranqué la cortina del baño y agarré el tubo de metal, corrí por el lobby hacia la calle, agitando el tubo como si fuera un ninja listo para matar a alguien. Era un demente meneándome y gritando: "VAMOS HIJOS DE PUTA —VENGAN AHORA".

—¡Epa, Tab, relájate! —Printz me gritó—. ¡Se acabó, mano, déjalo en paz!

Hubo dos bendiciones aquella noche: primero, no encontré a los tipos irlandeses cuando volví a las calles cerca del club, y segundo, ningún policía me vio armado y peligroso, como aparentaba estar. Printz y George al final lograron calmarme. A la mañana siguiente, dijeron que nunca me habían visto perderla de esa manera.

—¡Tienes que aprender a manejar tu ira, Tab! —dijo Prince

Yo me lo tomé con humor.

Los Ángeles, California —estaba en un club. No me preguntes cuál. Uno de los de siempre.

Ya estaba bastante ido. Printz me presentó a una muchacha india que él conocía. Ella estaba con su novio, quien no me presentaron. Al parecer, esta muchacha me había querido conocer para decirme lo mucho que le gustaba nuestra música.

—¿Así que te gusto? —le pregunté a esta tan, y ella asintió, fascinada por conocer a una estrella.

Le agarré la cara entre mis manos, acerqué su rostro al mío, y traté de meterle la lengua al besarla. Ella luchó. Ella gritó. Su novio intentó golpearme. Printz no lo podía creer. Al parecer, perdí una fan esa noche por eso, pero me importaba una mierda.

—Me dijo que le gustaba, pero si no me quería coger, se puede ir a la mierda —dije.

Printz me miró como alguien que reconocía pero deseaba no hacerlo.

A esa pareja hoy, lo siento. Ese no era yo. Bueno, era yo... pero tú sabes lo que quiero decir.

Maui, Hawai —después de dos noches de actuaciones, fuimos a un club y yo me tomé como nueve sakes y sentí que quería seguir actuando. Estaba con Apl, Will y Polo, y habían unos tipos sobre el escenario que eran una cagada. Yo pensaba que podía hacerlo mejor.

Salté al escenario, interrumpí el espectáculo, agarré el micrófono y comencé a animar a la gente:

—¡DIGAN, HOLA, HOLA, HOLA!

El público quedó callado, probablemente pensando: "¿Quién es el idiota borracho sobre el escenario?".

—¡DIGAN, HOLA, HOLA, HOLA!

Me enfrenté con un mar de estatuas, indiferentes, simplemente me miraban.

—¡VAMOS! ¡DIGAN, HOLA! ¡DIGAN, HOLA! ¡DIGAN... —y ahí se subió Polo me agarró como un guardaespaldas deshaciéndose de una molestia. Devuelta en la sección VIP, Will y Apl parecían que me querían desheredar.

—Nos vamos antes de que causes más vergüenza —dijo Polo, decepcionado.

Otra vez. Camino a casa, no me pude controlar y me cagué encima, y la mierda se deslizó por mi pierna y me manchó los pantalones. Cualquiera que me pasara no podría evitar ver —y oler— el desastre. Fue, para Polo, uno de *sus* momentos más humillantes.

Beijing, China —nuestro amigo DJ Motiv8 estaba trabajando en un club en Beijing. Adentro, compré Ex y me metí ocho píldoras durante las siguientes cuatro horas.

Estaba bailando, tomando agua, cuando me empecé a sentir horrible. Sentía como si mi cabeza estuviera atrapada en un tornillo de banco. Mi mandíbula estaba súper tensa, mi corazón latía a todo lo que da y sentía que mis ojos se estaban por deslizar por detrás de mi cabeza. Comencé a rajar mis dientes por rechinarlos tanto. Empecé a tambalearme, desorientado y Polo decidió sacarme de ahí y llevarme al cuarto del hotel. Me bañe con una ducha de agua fría, desesperado por estar sobrio y sentirme mejor. Salí desnudo, dejé el baño y cerré la puerta al salir. Pero había doblado a la izquierda haca afuera del cuarto del hotel, en vez de girar a la derecha hacia la cama, y estaba desnudo, mojado en el pasillo del hotel.

Todavía no se me había pasado el malestar y estaba arrastrando los pies más que caminando, en una ingenua búsqueda de un teléfono a las tres de la mañana. Me subí al ascensor, me apoyé contra el vidrio y espere a que se reabrieran las puertas. Cuando lo hicieron, me encontré en el lobby.

Salí al entorno de mármol, desnudo y hecho mierda, y el tipo de recepción me vio. Corrió hacia mí y me cubrió con una chaqueta, como si fuera un incendio que estaba tratando de parar. Me sentó en una silla, donde quedé doblado en dos, temblando.

El tipo de recepción llamó a nuestro mánager de la gira, Bobby Grant, y le dijo:

—Perdón que lo moleste, Señor, pero hemos encontrado a uno de sus principales en el lobby… desnudo.

Lo primero que hizo Bobby cuando vino a buscarme fue pedir los casetes del video en circuito cerrado. Al verlos, me vio caminar por todo el pasillo de mi piso, rebotando de las paredes antes de dar una vuelta por el lobby.

—¡Parecías que habías perdido la mente, mano! —dijo, en el desayuno de la mañana siguiente—. ¡Te pasaste anoche!

Mientras todos reían, Polo se inclinó hacia mí y dijo, con la voz baja y seria:

—La estás perdiendo, hermano, y me tienes preocupado. Tienes que encontrar la manera de controlarte.

Vuelo de Australia a Los Ángeles —Estábamos en alguna parte del Pacífico yendo hacia el este, y yo me había bajado cinco vasos de vino, en rápida sucesión. Me habían dado unas píldoras fuertes para dormir y había leído la advertencia general sobre cómo mezclarlas con alcohol podía ser peligroso.

Suena osado, pensé.

¿Me pregunto qué pasa si lo haces?

Así que tomé cuatro y las bajé con más vino.

No recuerdo desmayarme porque yo pensaba que estaba durmiendo. Pero lo que pasó, como luego me lo contó Will, fue que empecé a tener convulsiones, como si me estuviera dando un ataque epiléptico en mi asiento. Los tripulantes de cabina estaban tan alarmados que hablaban de desviar el avión y aterrizar temprano. "¡Nadie sabía qué mierda te estaba pasando!", dijo Will.

Por suerte había un doctor sentado a dos filas, y cuando vio el paquete de píldoras para dormir al lado de mi apoyabrazos, hizo una mierda para estabilizarme.

Lo único que sé es que me desperté grogui, con un dolor de cabeza matador y Will estaba ahí.

—Tab, le deberías agradecer al doctor que está detrás de ti… el tipo te acaba de salvar el culo.

Miré hacia atrás y vi al doctor. Luego vi al mago David Blaine viéndome.

No tenía idea lo que había hecho o cuán serio había sido, pero la mirada en sus ojos —la preocupación, la lástima— me hizo sentir alrededor de dos pies de alto.

Polo estaba furioso, probablemente porque había sentido que a 35.000 pies de altura, no tenía control.

—Mierda, Tab, te podrías haber tomado una sobredosis. ¿Qué pierda estabas haciendo ahora?

David Blaine nos interrumpió.

—Le pegaste un susto a todos. ¿Vas a estar bien?

—Estoy bien, debe de haber sido una mala reacción o algo —dije.

Polo y yo sabíamos que estaba mintiendo.

—¡Uno de estos días la vas a cagar de sobremanera y te vas a terminar matando! ¿Este es el tipo que quieres ser? ¿Quieres ser el tonto de los Black Eyed Peas?

Tal como lo veía yo, Polo se volvió el padre quejón que yo elegía ignorar una y otra vez.

Cada vez que me hablaba así, tratando de hacerme llegar el mensaje, me sentía culpable por un par de minutos fugaces, pero cuanto más pensaba en sus consejos, más lo veía como un padrastro diciéndome lo que tenía que hacer; diciéndome que mientras todos los demás del grupo y la banda podían tomar y controlarse, yo no lo lograba. En mi mente, juré demostrarle lo contrario. No con la intención de quedarme sobrio, sino al seguir tomando para fortalecer mi tolerancia y así afirmar mi control sobre los demonios que no dejaría que se quedaran con la última palabra. *¿Ah, tú no me crees? Pues, mírame.*

Elephunk nos llevó de nuevo al festival Big Day Out en Australia y Nueva Zelanda, con tres años más y esta vuelta con Fergie. Fue uno de los repartos más alucinantes que compartimos: Metallica, los Dandy Warhols, los Flaming Lips, Basement Jaxx, Massive Attack, the Strokes, the Darkness y los dos grupos nuevos y prometedores Kings of Leon y Muse. Eso sí que era un grupo de las grandes ligas, para mí, y lo mejor era que nosotros tocábamos cuando el sol todavía estaba afuera y terminábamos al anochecer, lo cual nos daba suficiente tiempo para ver las actuaciones principales.

Fue el festival que nos mostró cuán grande se había hecho "Shut Up" del otro lado del mundo: era número la en la lista nacional ARIAS mientras estuvimos allí, y ese sencillo fue mucho mejor recibido en Australia que en Estados Unidos.

Cuando llegamos al escenario principal y se volvieron locos con "Shut Up" y luego "Hands Up", me sentí increíble porque nos consolidaba la confianza en nuestra posición global; verlo era para creerlo.

Australia fue el lugar donde me hice mi primer tatuaje, alentado por nuestro mánager de giras Bobby Grant. Lo hice en BDO o una gira que hicimos a Australia más tarde ese mismo año de 2004. No me acuerdo cuál fue. Pero Bobby y yo nos sentamos en la silla, uno al lado del otro, y esto fue cuando me grabé "Spirit Warrior" (Espíritu guerrero) en mi antebrazo en letras chinas y japonesas.

Yo había terminado antes que Bobby —cuatro horas antes de que terminaran el tapiz en su brazo— así que me fui con su novia del momento, una tipa australiana llamada Samantha, a comer a un restaurante italiano. Ella era una mujer cool, diseñadora de oficio, a quien no conocía muy bien, pero Bobby era nuestro vínculo en común, y al irnos del salón de tatuajes, él bromeó con ella y le dijo: "¡Simplemente cuídalo!"

Bajo circunstancias normales, eso sería una frase inocente, pero en el fondo, Bobby probablemente estaba preocupado de que su novia fuera un cordero camino al matadero.

En efecto, dos horas más tarde, Bobby recibió la llamada que temía.

—Eh, Bobby —dijo Samantha, al parecer—, creo que Taboo no está muy bien. Creo que lo vamos a tener que llevar al hotel porque vomitó por todas partes y ahora se desmayó.

No compartí con Samantha que había ido al baño dos veces a fumar porro encima de la cantidad de vino que había tomado. No quería darle una primera impresión que fuera mala. La pobre muchacha me tuvo que cuidar hasta que llegara Bobby unos noventa minutos después, y este hermano, que me ha salvado la patria miles de veces, me ayudó a arrastrarme hasta el hotel.

La mañana siguiente, sentí una vergüenza que pocas veces sentía porque había quedado en ridículo enfrente de la mujer de Bobby. Eso no era cool, y perdí perdón. Me senté con Bobby y tuve una charla que no había tenido con nadie, ni con Will, ni Apl, ni Polo. Eso es probablemente la razón por la cual a Bobby también lo llamamos el "consejero del campamento". Detrás de su pelo a lo Don King, su humor alocado y su comportamiento estrambótico, hay una inteligencia y una sabiduría en la que muchos se han apoyado.

Nos sentamos uno frente al otro en un rincón del hotel, inclinándonos hacia delante porque este iba a ser un momento susurrado de vulnerabilidad para mí.

—Bobby, tú bebes whisky y logras controlarte. ¿Cómo lo haces? —le pregunté.

—Simplemente sé cuando parar —me dijo.

—Pero yo *no puedo* parar, Bobby. Quiero parar y no puedo parar —le dije.

Bobby tenía su teoría: Yo era alguien que no había ido a la universidad, entonces no había "aprendido" cómo tomar, y tomaba hasta atiborrarme, de la misma manera que lo hacen los chicos universitarios. Pero esto, para mí, coincidía con la explosión a la escena de los Black Eyed Peas, entonces la "celebración" se

magnificaba. Habló del autocontrol. Mencionó la frase "bebe en moderación". Me dijo:

—Solo necesitas bajarle a la velocidad. Lo puedes hacer, hermano.

Él me tenía tanta fe que yo solo asentí con la cabeza y concordaba con él.

Nadie se daba cuenta lo incapaz que era, o comprendía cuán fuera de control estaba detrás de esa máscara fiestera. Ni siquiera yo. Pero durante mis ventanas de sobriedad, me comenzó a dar miedo. Al lograr mi sueño, empecé a preocuparme de que lo iba a perder. Pero ahí entraba el ego, se elevaba y me invitaba a beber hasta deshacerme de los miedos, tragándolos u oliéndolos. Y ahí ya no me importaba más.

Elegí escapar del miedo en vez de enfrentarlo. Elegí ser imprudente en vez de responsable. Elegí seguir tambaleándome hacia delante a solas en vez de pedir ayuda.

Elegí ser un idiota —y luego le eché la culpa de todo a todos los que me rodeaban.

MONKEY BUSINESS

James Brown esta viniendo al estudio —dijo Will.

De todas las cosas que alguna vez ha dicho, ese anuncio en el otoño de 2005 paró el tiempo. Al principio, pensé que estaba bromeando, pero cuando Will tiene esa onda enfocada y afilada, sabes que lo que dice es en serio.

—¿Cuándo? —preguntaron Apl y Fergie.

—En la próxima hora —les respondió.

De repente, estábamos todos corriendo de un lado a otro, enloquecidos con la posibilidad e intentando hacer que todo se vea impecable porque la realeza musical estaba por entrar por esa puerta. Este iba a ser nuestro día histórico, cuando el Padrino del Soul nos agraciaba con su presencia en el estudio —y en nuestro disco— y permitía que los Black Eyed Peas fueran uno de los pocos grupos con los que ha colaborado; uno de esas ocasiones únicas que algunos de los mejores músicos de nuestro tiempo no habían tenido el gusto de vivir, y sin embargo ahí estábamos, en un estudio en Londres W4, por ponernos funky con un ícono cuyo arte y canciones habían abierto el camino para nuestro estilo de música. James Brown construyó el cimiento del hip-hop e inspiró a que una nación de personas se levantara y se adueñen de ser negros y orgullosos de serlo, en un momento en que "negro" no era aceptado en la sociedad. Es muy fácil hablar de momentos privilegiados y experiencias surrealistas en el viaje que hemos disfrutado, pero este era una de esas maravillas personales que quieres atrapar en una bola de cristal y guardarla en un estante. Y lo mejor de todo es que lo recuerdo.

No estaba nebuloso. No estaba borracho. No estaba ausente. Simplemente estaba vivo y presente absorbiéndolo todo.

Habíamos levantado campamento y volado a Londres por tres meses para grabar nuestro cuarto disco, *Monkey Business.* Queríamos desconectarnos en alguna parte que nos inspirara. Qué mejor lugar que el primero en apreciar nuestra música. Londres siempre había tenido un lugar especial en nuestros corazones, así que nos fuimos para allá desde julio a octubre para aprovechar nuestro éxito y seguir creciendo, y demostrar que *Elephunk* no fue una casualidad.

La onda en Londres siempre inspiró a artistas, desde los Beatles a los Rolling Stones, Jimi Hendrix a David Bowie, Led Zeppelin a Eric Clapton. Queríamos conectarnos con los sonidos, la moda y la energía como "investigación" —dejándonos sentir lo que la gente bailaba en los clubes, y luego fusionarlo con los sabores internacionales que habíamos coleccionado con los viajes de *Elephunk.*

Al contrario a Bodega Bay, la onda creativa hizo clic desde el día en que nos mudamos a nuestra casa alquilada en la calle sin salida en Chiswick y al estudio cercano de Metropolis Studios, un establecimiento impresionante en un viejo edificio victoriano, el Power House, que estaba alejado de la calle principal muy transitada y ubicado sobre un campo comunal. Con una terminal de autobuses como vecino cercano y unas casas antiguas adosadas en la calle de enfrente, la cual estaba alineada con robles, era un Londres suburbano clásico, pero lo suficientemente cerca de la ciudad como para sentir su pulso.

Me imagino que los locales se han acostumbrado a todo tipo de Bentleys y limosinas llegando a la entrada principal marcada por un arco de hierro forjado elaborado y muy inglés. Pero ni siquiera la estimada historia de los Metropolis Studios había previamente visto a una leyenda como James Brown cruzar sus puertas.

Tres días antes, habíamos ido a los MOBO Awards —donde Public Enemy recibió un premio por su trayectoria— cuando escaneamos el cuarto y Will vio a la leyenda en persona. "Miiierrrrda", dijo, "¡es James Brown!"

Los cuatro éramos como grupis parados a las afueras, preguntándonos si deberíamos acercarnos, y ahí Will se incorporó, caminó hacia él y le dijo cuánto nos encantaba su música.

—Algún día, nos encantaría trabajar con usted —le dijo.

—Muy bieeen —dijo el señor Brown, en ese graznido de voz áspera que tiene—. Lo haremos.

Dentro de setenta y dos horas, cumplió con su palabra y lo hizo.

Entró al estudio —la punta de su séquito— viéndose inmaculado, bien vestido con un traje violeta y una camisa granate, con un pelo color azabache perfectamente peinado y zapatos negros tan brillantes que un infante de la marina hubiera estado orgulloso. Diez personas lo rodeaban: cuatro coristas mujeres, tres miembros de su banda y tres asistentes. Estaba radiante. No caminaba sino que se deslizaba. Derramando carisma. Nosotros éramos los niños, parados boquiabiertos, haciéndole una reverencia, pensando, "Aquí esta el maestro Jedi... y estamos por subirnos a su ola". Era como la corte de James Brown en nuestro propio rincón de Inglaterra.

Se sentó al borde del sofá, dando golpecitos con su pie a un ritmo en su cabeza. Miró a su alrededor, vio a la banda, vio el lugar y, con nosotros colgados de cada una de sus palabras, dijo:

—¡Saben, en realidad no suelo hacer colaboraciones! Soy James Brown. Pero algo me dijo que tenía que trabajar con los Black Eyed Peas... ¡y por eso estoy aquí! Así que a trabajar.

Will ya tenía la base de una canción y le tocó el ritmo, sentado ahí nervioso, a la espera de la aprobación del Padrino. El señor Brown escuchó, lo pensó, asintió con la cabeza y gruñó. Estos gruñidos, aprendimos pronto, era sonidos de aprobación.

La razón por la cual lo sigo llamando "señor Brown" es porque cuando entró, Will le dijo, "Ey, qué onda James, ¿cómo andas?" y ahí su mano derecha, Bobby, nos explico la etiqueta establecida: "Bueno, una cosa que debo decir es que nosotros tenemos un sistema y no llamamos a nadie por su nombre de pila. Nos referimos a cada uno como señor, señorita o señora. Así que tú eres el señor I Am, tú eres el señor Ap, tú eres señorita Ferg y tú eres señor Boo", dijo, refiriéndose a mí, "y el señor Brown es señor Brown. ¿Bueno?"

El señor Brown tomó las riendas prácticamente desde el momento en que llegó, ladrando instrucciones con esa entrega stacatto de él.

—Bueno, les voy a decir... lo que vamos a hacer —dijo, gesticulando para que sus miembros de su banda y la nuestra entraran al estudio—, ustedes entren ahí ¡y yo los voy dirigiendo!

Durante las siguientes dos o tres horas, aprendimos cómo él exigía nada menos que la perfección. No había margen de error con el señor Brown en el cuarto. El esperaba nada menos que la excelencia en todo segundo. Creamos, afinamos y pulimos el tema "They Don't Want Music" —pero no sin antes recibir una lección sobre el funk.

La banda estaba en el estudio principal, sus coristas en un cuarto al costado y el señor Brown con Will sentados con la consola cuando nuestro saxofonista Timmy Izzo comenzó a tocar, inspirándose.

—¡No! ¡No! ¡Para! —gritó el señor Brown, levantándose de su asiento—. ¡No estás sintiendo el funk, niño! No estoy escuchando nada de funk. Déjame enseñarte lo que es el FUNK... —y entró, le quitó el saxo a Tim y comenzó a demostrar el funk, con efectos de sonido de su propia boca. En ese instante, con su groove y usando un tipo de gruñido indescifrable, el señor Brown cantó—: ¡Heydaeydahadahum... ahuh-henuheyda-heyda-HUM!

Lo cual, para Tim, fue difícil seguir, pero lo probó otra vez. No estaba bien.

El señor Brown mandó a su tipo al estudio para que tocara el saxo —y entonces el tampoco lo hizo bien.

—¿Cómo le... voy a enseñar... a este joven... si te llevo a la sala... y tú ni siquiera lo puedes hacer bien? ¡Hagámoslo de nuevo!

Estaba ahí parado, como conductor, dirigiendo la banda desde afuera, diciéndole a los saxofonistas cómo tocar el saxo, diciéndole a Printz cómo tocar el teclado, diciéndole a Keith cómo tocar la batería.

—¡Niño! —le ladró a Keith—, ¡no puedes tocar funk sentado!

Keith se mantuvo parado durante el resto de la sesión.

Todo el tiempo, el señor Brown le decía a su banda cómo hacerlo, pero comunicando sus exigencias por medio de un código secreto de gruñidos que solo ellos conocían. Decía "¡HEH!" y la banda paraba. "¡HUH-HUH!" y tocaban los metales. "¡HUH-HA!" y cantaban las muchachas. Yo miraba asombrado como iba armando todo mientras daba ordenes en aquel estudio con solo usar un "¡Necesito un HUH!" y un "¡Necesito un HA-HUH!"

Lo más gracioso fue cuando Printz, uno de nuestros propios perfeccionistas, sintió que una de las coristas estaba desafinada. Todo el ensemble estaba andando y fluyendo cuando Printz levantó las manos y paró la acción.

—¡Esperen! Algo suena raro en el coro.

La gente del señor Brown se veían horrorizadas.

Printz, pensando que estaba haciendo un punto válido, siguió:

—No está bien... quizás...

—¡Hijo! —lo interrumpió el señor Brown—. ¡Nunca... NUNCA... pares la música! —Printz, dándose cuenta de su descaro, murmuró algo pero lo único que escuché fue al señor Brown agregar—: Déjame decirte algo. He estado haciendo esto durante cincuenta años. Cincuenta años. Y está sonando *exactamente* como debe sonar.

Printz se retiró detrás de su teclado, lección aprendida (pero hasta el día de hoy mantiene que una de las chicas estaba desafinada y todo lo que hizo fue ofender el favoritismo parcial del señor Brown).

Cuando llegó la hora de un descanso y el almuerzo, todos fuimos al cuarto de catering arriba del estudio, y el señor Brown fue el último en llegar. Cuando lo hizo, se acercó a la mesa y aplaudió una vez: una señal para que un asistente se acercara y le peinara el pelo por atrás antes de sentarse. Luego se sentó —consciente de que todos los ojos lo estaban mirando— y antes de que te des cuenta, alguien le había puesto una servilleta en su falda y, luego, en cuanto llegó su plato de comida, otro asistente le estaba cortando la carne.

Era la servidumbre a un nivel monstruoso de súper estrella icónica, y yo solo estaba ahí sentado, tratando de que no quedarme boquiabierto.

Bueno, era raro, pero no lo iba a juzgar porque ese era James Brown, sentado ahí mismo.

¡James Brown! Aunque quisiera tener a alguien sentado a su lado jugando con los dedos de sus pies y lustrándole la nariz, estaba todo bien conmigo… porque ese era James Brown! El presidente de Estados Unidos tenía sus propios lacayos. La reina de Inglaterra tenía sus propios sirvientes. Y James Brown también tenía sus sirvientes.

Cuando regresamos abajo, no tomó mucho terminar "They Don't Want Music". Le dio en el clavo con el enganche en dos tomas y estábamos listos.

—¡Solo voy a hacer esto dos veces! —nos advirtió.

Dos tomas fueron lo único que se necesitó para captar su firma en nuestro disco. Lo podría haber hecho en una toma imperfecta e igual hubiera sido suficiente. Todo lo que necesitaba hacer era "HUH —I feeeeel good" y es único. El hombre no tiene rivales en la historia y nos dio un funk auténtico en *Monkey Business*. Todavía veo el título de ese tema en la tapa del disco —"They Don't Want Music" *(con invitado especial James Brown)*— y me digo un silencioso "ah". Sigue siendo uno de las mejores recuerdos de mi vida.

Si hay un período que resume los extremos de lo bueno y lo malo, es entre 2005 y 2006, y la grabación y giras de *Monkey Business*. En cuanto a la química entre el grupo y la banda, nos acoplamos más que nunca y estábamos en nuestro mejor momento, en el estudio y de gira. Siempre nos había encantado tocar juntos, pero esta era una sinergía nueva, forjada con la confianza que nos había dado el éxito inicial. El ímpetu se sentía imparable.

En cuanto a mi descenso, todo parecía igual de imparable, pero solo porque no habían frenos. Londres nos inspiró a nivel creativo pero, como una ciudad donde se puede salir de fiesta veinticuatro horas al día, siete días a la semana, su energía solo sirvió para brindarme más posibilidades para tomar y salir de fiestas, como se hará claro.

Monkey Business representó el crecimiento de nuestro éxito, en el sentido de que ya habíamos logrado tener éxitos número 1, ya habíamos viajado por el mundo, actuado en grandes escenario como el de los Grammys y estado con los grandes nombres de la industria. Ya no nos veían como un grupo telonero. De hecho, 2005 fue el momento en que pasamos de ser Black Eyed Peas a *los* Black Eyed Peas; tres letras que denotaban un gran cambio y elevaban nuestro énfasis, estatus y marca. Si *Elephunk* fue la llave para entrar el reino establecido de la música, *Monkey Business* nos ayudó a fortalecer la marca, siguiendo el anterior en seguida y consolidando nuestra posición. Yo estaba tratando de canalizar el espíritu de Michael Jordan.

Cuando Jordan apareció por primera vez, era un muchacho tratando de

hacerse un nombre. Lo conocían por una sola cosa —sus mates increíbles— así que tenía fama. No ganó un campeonato, pero tenía fama. A través de los años, se volvió un jugador de equipo, llevó su juego a otro nivel y se transformó en un líder —al punto que ganó seis campeonatos. Ese era el espíritu que necesitaban los Peas. Sacamos a lucir nuestras habilidades básicas con *Behind the Front* y *Bridging the Gap*, y nos notaron con *Elephunk*. Pero si nos íbamos a convertir en verdaderos campeones, teníamos que llevar nuestro juego al siguiente nivel —evolucionar— y necesitábamos pasar la pelota mejor por el mundo, en vez de solo hacer lo que nos hizo conocidos.

Para nuestro cuarto disco, queríamos que la sensación internacional fuera más fuerte, y que el disco reflejara mejor como tocábamos en vivo, que tenga una onda más de fiesta, desde los ritmos a los tipos de instrumentos que usamos. Queríamos que la gente se moviera, divirtiera, saltara y no se tomara la vida tan en serio. Los mensajes serios se pierden con el tiempo mientras los eventos y la sociedad cambian, pero la música divertida y los himnos de fiestas sobreviven, y siempre hemos preferido una canción llamativa que se queda en la cabeza e impacta a grandes públicos. Nunca hemos sido tan engreídos como para pensar que nuestra música debe realmente importar todo el tiempo. Pero lo que sí debe hacer siempre es entretener.

Al entrar al estudio en Londres, no habíamos tenido tiempo para respirar porque todo había pasado tan rápido, pero el viaje de *Elephunk* nos había abierto el apetito para grabar otro disco y hacer el tipo de música y sonidos que habíamos conocido durante nuestro recorrido desde Europa a Japón a Brasil. Por eso *Monkey Business* se inspiraría en todo desde grandes enganches pop al viejo funk al hip-hop al bossa nova.

Nuestro tiempo de gira también inspiró el título del disco, por un par de razones.

Primero de todo, estábamos en el extranjero —no me acuerdo bien dónde— y estábamos adentro de un SUV con el que nos llevaban de local a local. Creo que fue con este incidente que nos empezamos a dar cuenta la escala de nuestro éxito. Porque la furgoneta fue parada encerrada por un gentío emocionado que comenzó a golpear los costados y las ventanas. Recuerdo haber mirado a Fergie y ver su cara conectarse con mis pensamientos: *¿Qué mierda está pasando? ¿Por qué está pasando?* Era el momento más loco que habíamos vivido. El vehículo entero empezó a temblar y estas caras y manos estaban apretadas contra el auto por todos lados mientras estábamos atestados, y ahí nos empezamos a reír y dijimos: "¡Siento como si fuéramos unos monos enjaulados!".

"Sintiéndonos como monos", era una broma que venía de *Elephunk* porque mientras crecía nuestro perfil, los tipos del sello y la administración se sentaban en sus oficinas lujosas en Los Ángeles y Nueva York y seguían dándonos latigazos al llenar nuestra agenda sin comprender lo agotador que podía ser actuar una fecha detrás de la otra e ir de ciudad a ciudad; sin comprender lo que es irse de un lugar a la medianoche, viajar al aeropuerto, volar a la próxima ciudad a las dos de la mañana, llegar a las cuatro, registrarnos en el hotel a las cinco y media y luego intentar dormir unas horitas antes de volver a comenzar el día.

Cada vez que nos encajaban otra fecha, sin importar la logística, encogíamos los hombros y decíamos en voz alta: "Canta mono, baila mono, súbete al escenario mono". Los Black Eyed Peas siempre hacían lo imposible para hacer que funcionen las agendas, y puedo decir sin miedo de que me desafíen que éramos —y seguimos siendo— el grupo, la banda y el equipo más trabajador, más escueto y más cándido del negocio.

"Monkey business" (lo cual significa payasadas, aunque literalmente es "negocios de monos") también era el tema constante de nuestro tiempo compartido en las giras —siempre riendo, actuando como payasos o bromeando el uno con el otro, y esta es la segunda razón detrás del título.

Teníamos concursos de bebidas en los autobuses, peleas con los platos llenos de fruta en los camarines y peleas de almohadas en los aviones —utilizando las mini almohadas como misiles— y cuando nos cruzábamos con la banda canadiense de pop-punk llamada Simple Plan, esperábamos a que se subieran al escenario y luego les sacábamos todos los muebles —sofás, sillas, mesas y heladeras— de sus camarines. Esta costumbre comenzó cuando nos cruzamos por primera vez en BDO en 2001, y simplemente continuó cada vez que compartíamos un escenario, porque ellos eran fáciles de engañar y buenos perdedores.

Siempre deseaba el momento en que terminaran su set y volvieran al camarín vacío con ni siquiera una botella de agua para tomar, y ahí los escucharíamos putearnos: "¡Black Eyed Peas de mierda!".

Mientras tanto, los concursos internos de bebidas me permitieron enterrar mis hábitos dentro de la excusa de pasarla bien. Me gusta pensar que mi reputación como un bebedor era famosa, si no casi insuperable, y todos trataban de competir con nosotros, en especial conmigo y George Pajon. Nosotros éramos el estilo de bebedor donde todo vale y nunca negábamos un shot o un desafío, y recuerdo cuando dos bailarines nuevos se unieron al equipo —Dion y Marvelous— y vieron un mexicano palido y un cubano gordito y pensaron que podrían ganar. "No quieren competir con nosotros", les advirtió George. "Hemos estado haciendo esto por mucho tiempo".

No nos escucharon y, claro está, esos pobres muchachos los tuvieron que subir a los carros de equipaje y vertidos en sus camarines, jurando nunca más tomar con nosotros. Por más que me criticaran por mi tolerancia al alcohol, igual

tenía esta habilidad increíble de poder seguir tomando hasta cuando estaba ya borrachísimo. Lo cual me hacía imbatible al igual que incoherente.

Nuestro nivel de competición con alcohol probablemente se nos fue de las manos en enero de 2003, cuando estábamos en el autobús de gira en Tampa después de que los Buccaneers habían ganado el Super Bowl, y nos fuimos de fiesta con las porristas de los Buccaneers. Como resultado, a las diez de la noche ya estaba dormido en el autobús —un evento que se interpreta como un pequeño crimen en nuestro campamento.

Dormirse temprano en el autobús de gira es una ofensa punible —a lo cual llegare en un momento— pero George no me quería castigar, me quería desafiar. Se metió al bus y me gritó en el oído, "¡ESTÁS DORMIDO, TAB!" y comenzó a fastidiarme diciendo que no podía controlar el alcohol.

—Bueno, ¡vamos a la batalla! —le dije, saltando de la cama todavía borracho.

George sacó una botella de Jack Daniels como si fuera una pistola de un funda.

Él tomó un sorbo. Yo tomé un sorbo. Él tomó dos sorbos. Yo tomé dos sorbos.

Y la última cosa que dijo George esa noche era el alarde con el que declaró:

—Vamos, Tab, ¿eso es todo lo que tienes? —y se bajó toda la botella, que estaba alrededor de dos tercios llena.

Dentro de segundos, se desplomó en una pila y cayó de cara al piso.

Yo estaba parado por encima de él, gritando:

—¡VES, GEORGIE! Tú no puedes controlar el alcohol!

Lo cual no provocó respuesta.

—¡George! ¡MiraTE... terminaste la botella pero perdiste la batalla! —le dije, incitándolo más. Estaba ahí tirado, cara contra la alfombra, sin mover ni un músculo.

—¿George?

Nos tomó unos minutos darnos cuenta que George se había desmayado y que había tomado tanto whisky que había sufrido una intoxicación etílica. Estuvo de cama por tres días y no dejaba de dolerle todo por semanas. Lo cual, en mis ojos, me dejaba como ganador por un nocaut.

En lugar de desafiarme, George me debería haber dejado durmiendo y me hubiera dejado sufrir el castigo que le ocurre a cualquiera que se va a dormir demasiado temprano en el autobús.

Normalmente, cuando alguien se duerme en la sala del frente del autobús con sus zapatos puestos, es costumbre que el resto del grupo le escriba todo un verso de una canción de los Black Eyed Peas en su cara. Como bien lo descubrió

Apl cuando, después de una tarde de beber, se durmió en el sofá y despertó con la letra de "Fallin' Up" escrita —con un marcador permanente— a través de su frente, mejillas y mentón.

El título *Monkey Business* no solo es el título de un disco. Representa el espíritu de los Peas, porque siempre estamos payaseando el uno con el otro. Se requiere piel gruesa y un humor despiadado para estar en nuestro autobús de gira, y nadie se salva de los chistes, el sarcasmo y las bromas pesadas. Nos deberíamos haber acordado de esto cuando nos invitaron a un lugar al estilo la mansión de Playboy en Los Ángeles cuando un poco de diversión al sol no se volvió un asunto gracioso.

Nos dijeron que era una reunión con la revista *Hustler* para discutir una posible entrevista y unas fotos, así que llegamos con una cita, entrando a la gran mansión en los Hollywood Hills. Era el tipo de casa opulenta que gritaba mega millones, establecida entre jardines perfectos y cercos impecables y una piscina gigante atrás.

Recuerdo que era una tarde caliente como un horno, donde las muchachas tenían puestos unos bikinis mínimos con zapatos de tacón alto, y estaban echadas sobre las sillas y sentadas alrededor de la piscina. En el momento en que entramos —Apl, Will, Polo, yo y nuestros dos amigos J.J. Anderson y Sebastian— pensamos lo mismo: "El paraíso de las fiestas".

Lo primero que pensé era que quería ir a un baño, meterme unos Ex y, con tantas muchachas, comenzar la fiesta *en serio*. No le presté mucha atención a un tipo negro que supuestamente era el "proxeneta" de estas chicas. Actuaba un poco raro y sospechoso, pero supongo que no era más extraño que cualquier otro proxeneta en esa organización.

Me senté al lado de la piscina y esta tipa se me empezó a lanzar insinuaciones fuertes. Apl se armó un porro y lo comenzó a fumar. Luego otra rubia dijo, "¿Quién quiere entrar a la piscina?" y el brazo de Polo subió al aire en seguida. El problema era que esta muchacha, con un vestido veraniego hasta los tobillos, no tenía un traje de baño.

Pero le dijo a Polo, "Si tu entras desnudo, yo también entro desnuda…".

A Polo no le tuvo que preguntar dos veces. Se quitó la ropa y saltó en la piscina, pero ella todavía estaba al borde, reacia… hasta que la metió de un tirón, totalmente vestida. Yo lo estaba observando todo con algo de humor, y estaba por colocarme cuando… BUM… la puerta la abrieron a golpes y alrededor de veinte policías, con pistolas al aire, irrumpieron en la casa.

—¡NADIE SE MUEVE! ¡MANOS ARRIBA… CONTRA LA PARED!

El lugar entero se dispersó con muchachas gritando, y era un caos. Cuando alguien preguntó qué mierda estaba pasando, uno de los policías dijo que

era una red de prostitutas y todos iban a ir a la cárcel. Los policías hicieron una fila de muchachas a la derecha y una de hombres a la izquierda.

Entre el tumulto, yo me quedé congelado en mi lugar, parado ahí, colocadísimo con un porro en mi mano y las píldoras en mi bolsillo. Miré a mi derecha y Polo estaba parado solo en el medio de la piscina, con una cara de asombro igual que el resto de nosotros, y, el mánager del grupo, seguramente esta era una pesadilla que no deseaba manejar desnudo.

Ambos miramos a través de la cubierta, y el negro sospechoso —ahora revelado como el policía secreto— había agarrado a Will y lo estaba arrastrando violentamente hacia el borde de la piscina. Eso fue suficiente para disparar los instintos protectores de Polo, como hermano al igual que mánager.

—¡EPA! —gritó, saliendo de la piscina—, ¿qué mierda piensas que estás haciendo con mi artista? —y comenzó a halar el brazo de Will.

—¡Manos arriba! —le gritó el policía.

Yo aproveché la distracción para botar el porro y lanzar las píldoras detrás de un pequeño cerco.

—¡MANOS ARRIBA! —gritó el policía nuevamente.

Pero Polo —quien presintió que algo no estaba bien con lo que estaba ocurriendo— estaba desafiante.

—¡ÉL ES MI ARTISTA Y NI SIQUIERA LE HAS LEÍDO SUS DERECHOS!

De repente, Polo le pegó al policía en la cara y ambos cayeron para atrás al agua, un hombre desnudo y otro vestido con el equipo de S.W.A.T. Los instintos protectores de Polo no conocen límites.

El policía sacó la cabeza del agua para respirar y decir:

—¡Punk'd! ¡Es Punk'd!

Polo malinterpretó la protesta tenía la ventaja en la pelea y dijo:

—¿Con que soy un punk? —y le pegó en la boca una vez más. Que fue cuando vimos a los productores aterrorizados del programa de Ashton Kutcher en MTV llamado Punk'd salir corriendo de sus escondites con su divulgación completa, aunque un poco tarde.

Al parecer, yo había sido el blanco principal de la broma pesada hasta que Polo se robó el show.

Will había organizado todo con Ashton Kutcher, diseñado para asustarme en cuanto a mis costumbres fiesteras. No es necesario que te diga que es el episodio de Punk'd que nunca salió al aire, y me ahorraron la humillación "monkey business" de que me hayan tendido una trampa —y estuviera colocado— en la televisión nacional.

Nos gustó nuestra vida en Londres durante esos tres meses de grabación en 2005. Alquilamos tres casas en Chiswick: una para el grupo, una para la banda y una para la administración. Nuestra "casa" estaba en un rincón de una calle sin salida, con una pared alta de ladrillo que nos separaba de una sección del metro del London Underground que corre por la superficie Teníamos una de esas casas londinenses que son altas y angostas con cuartos mínimos. La vida en Londres no es para los claustrofóbicos.

En cuanto entramos por la puerta principal, la casa comenzaba a subir en un especie de espiral estrecho que llegaba a cuatro pisos de altura, y ninguno de nosotros olvidará esas escaleras horribles al subirle las ocho maletas a Fergie al último piso. Pero, dejando de lado las maletas, era bueno tener a una mujer abordo, viviendo con nosotros y encajando bien. No sé cuál será su punto de vista en cuanto a compartir un hogar con hombres viviendo como estudiantes, pero nunca se quejó, y cuando era la hora de cocinar, ella era la probadora oficial, yo era el asistente del chef y Apl era nuestro chef principal. Me uní más con Fergie durante este viaje, como hermana y amiga, porque en nuestros días libres me llevaba de compras a Oxford Street, Regent Street y Bond Street. ¡Creo que fue en ese momento que se dio cuenta que mi pasión por los zapatos es casi tan fuerte como el de ella!

Recuerdo dos cosas sobre Chiswick. Era muy frondoso con grandes árboles sobre el campo común y árboles en la calle, y grandes toldos de verde brindándole sombra a las paradas de autobuses y las casas. Cuando estás acostumbrado a palmeras altísimas, tardas un rato para acostumbrarte a estas ramas densas y bajas en cada cuadra. También parecía ser una ciudad llena de mujeres fértiles. Nunca había visto tantas mujeres embarazadas o con sus bebés. Miré alrededor y pensé: *¿Eso es todo lo que hacen aquí? ¿Hacen bebés?*

Nuestra casa era como la base del campamento previo a conducir los quince minutos que tomaba llegar al estudio, donde todos saltamos entre diferentes cuartos y estudios en un piso de fábrica que procesaba nuestra música en una especie de cadena de montaje que tomaba una canción de pre-creatividad (pensamientos/inspiración) a creatividad (escribir/grabar) a refinamiento (pulir/mezclar).

Fuimos y volvimos, una y otra vez, cuarto a cuarto en una colaboración casi coreografiada, saltando de estudio a estudio, cambiando e intercambiando con aporte de igual a igual. Era un gran contraste a nuestro tiempo inconexo, relajado y frustrante al norte de California para *Elephunk*. En Londres, nos habíamos vuelto una hábil y bien armada máquina creativa.

Fergie lo expresó de la mejor manera cuando describió nuestra energía creativa durante este tiempo como "una catarata creativa que desembocaba en un gran océano llamado *Monkey Business*".

A las nueve de la noche, todas las noches, siempre llegaban los tragos y el estudio se acostumbró a mi grito: "¡Eh, es la HORA DEL VINO!". Lo cual significaba que me podía relajar y saborear lo que vendría en la noche, porque en cuanto terminábamos a las 11:30 de la noche, nos íbamos directo a los clubes, tomando

el metro en Victoria Station y luego tomando un taxi negro a nuestros clubes usuales —Chinawhite hasta las tres de la mañana y luego Paparazzi que abría toda la noche.

Íbamos ahí todas las noches, y eso me permitía transferir my estilo de vida de Hollywood a Londres. Pero esto era más excesivo porque ahora me dejaban tomar y rumbear todas las noches durante un bloque de tres meses. Mi cuerpo ahora se afinó a beber hasta atiborrarse a diario, y cada noche terminaba de la misma manera —todos de a poco se iban yendo, yo estaba destruido con ganas de quedarme, hasta cuando era obvio que ya no daba más. Ese era yo: el primero en beber en el estudio y el último en irse de los clubes al amanecer.

Muchas noches estaba con nuestro amigo J.J. Anderson. J.J. es un hombre grandote, afroamericano, quien siempre ha sido una fuerza motivadora, confidente y consejero espiritual para nuestro grupo. Él es invisible a los fans, sin embargo siempre está presente en nuestras vidas; siempre la vida y alma de la fiesta en el autobús de gira o los aviones de fletar; siempre lleno de energía en las alas de los conciertos. Su padre trabajó como especialista en seguridad para Muhammed Ali, Sugar Ray Leonard y Mike Tyson, así que él creció en esas fronteras borrosas del foco, y él ha compartido nuestros viajes y tribulaciones tanto como cualquiera del grupo. Y este amigo es de los mejores para aguantar la parranda, entonces, cuando todos partían dejándome echado en un rincón de Paparazzi, siempre le pedía a J.J. que se quedara conmigo. Lo que casi nunca sabía es que generalmente me había metido Ecstasy, así que siempre estaba más hecho mierda de lo que pensaba. Todavía nos puedo ver, arrastrándonos del club a las siete de la mañana, caminando afuera y reaccionando a la luz del día como Dracula, y J.J. —sufriendo y frotándose cabeza afeitada con ambas manos— diciendo: "¡Mierda, Tab!" ¿Por qué siempre me haces quedar hasta tan tarde, hermano?".

Juraba que nunca más me dejaría convencerlo a quedarse, pero siempre me acompañaba. Sin J.J., solo Dios sabe en qué canaleta de Londres hubiera terminado.

Volvíamos a la casa y dormíamos hasta la una de la tarde, y ahí comenzaría todo otra vez: trabajo, trabajo, trabajo, fiesta, fiesta, fiesta. Hasta escribí una canción con Apl que resumía nuestra vida en Londres, "Working Seven Days a Week". No llegó al disco, pero la letra más o menos resumía en lo que estábamos en ese entonces y decía algo como: *"Despierta, fumamos, comemos, fumamos/ Trabajamos, comemos, fumamos. Despierta/Tomamos, tomamos, salimos a clubes y lo hacemos de nuevo…"*.

Las canciones que sí llegaron al disco no incluían una canción sentimental a la escala de "Where Is the Love?" porque el contenido era más liviano y más orientado a las fiestas, pero siento que logramos un disco sólido. Para mí, estableció el estándar de nuestra dirección futura. "My Humps" se volvió un exitazo, pero no a nivel conciencia social. "Don't Lie" era diferente a "Shut Up", pero dentro del mismo estilo, "Don't Phunk with My Heart" era Bollywood inspirado por los clubes bhangra en Londres y "Pump It" era un himno inspirado por la escena nocturna europea. También fue utilizada en una campaña publicitaria televisiva de Best Buy en Estados Unidos como otro hilo corporativo que agregamos a la colección de la marca.

Monkey Business no solo se había grabado en tres meses en Londres. Nosotros grabamos mientras estábamos de gira durante fechas específicas y viajes a Brasil, Japón, Francia y Berlín, y ese sistema fue un reto para Fergie, el cual ella misma admite. Estaba acostumbrada a bloques concentrados de tiempo en el estudio y otros bloques para las giras, pero el crecimiento de los Black Eyed Peas conllevaba una energía ambulante donde se grababa, escribía y se iba de gira todo a la vez. Siempre fue y será así. Y cuanto más se hallaba con ese ritmo, más se destacaba, y "My Humps" fue la primera canción en lucir los talentos de solista de Fergie —la primera canción que tenía como protagonista su voz y le abrió el camino para su éxito como solista.

Hasta hoy en día, si estamos de gira por Europa y tenemos un día libre, encontramos un estudio para grabar. Irnos de gira nos inspira y son esas inspiraciones que deseamos captar en el estudio, para congelar un momento. Si estamos en un club, digamos, en Atenas o Barcelona, y escuchamos música y sentimos una cierta onda en el lugar, queremos construir sobre esa base en un estudio al día siguiente.

"Pump It" es un ejemplo perfecto de trabajar y grabar en movimiento —literalmente. Estábamos en el tren bala de Japón yendo de Tokio a Yokohama, y estábamos bebiendo sake y emborrachándonos, excepto Will quien estaba recluido al final del tren, escuchando algún CD que había comprado en Brasil titulado *Brazilian Tunes* —razón por la cual lo compró— pero resultaron ser canciones de surf-rock. Al principio estaba enojado, pero lo siguió escuchando y ahí estaba, metido en la música con sus auriculares cuando de repente escuchó la canción de Dick Dale "Miserlou" y prendió su equipo y grabador portátil en su computadora… mientras íbamos a 150 millas por hora.

Le encantó el riff de la guitarra, pero no teníamos idea qué estaba escuchando. Lo único que escuchábamos era a él gritar "¡Más fuerte!… ¡MÁS FUERTE!… ¡MÁS FUERTE!", lo cual lo hacía ver como uno de esos loquitos sentado solo en el tren escuchando voces.

"¡Más fuerte! ¡Súbelo MÁS FUERTE!", seguía gritando —un DJ sin público.

Para cuando llegamos el hotel, estaba llenó de energía en el lobby, y nos dijo a todos:

—¡Tengo una! ¡Va a decir '¡Súbelo —MÁS FUERTE! ¡Súbelo —MÁS FUERTE!' ("Pump it —LOUDER! Pump it —LOUDER!").

Durante el vuelo de regreso a Tokio, arregló el ritmo desde su asiento en

el avión. Luego grabó algunas voces en un parque en Tokio. Y así fue cómo se armó "Pump It", y así es como nos gusta trabajar… manteniendo la energía en movimiento.

A través de los años, hemos tenido la suerte de ver el mundo y quedarnos en algunos lugares increíbles y disfrutar de unos hoteles cinco estrellas ridículos. Hemos llegado por avión privado, por barco y por helicóptero, y hemos vivido una vida que nuestros antepasados pensarían que es de otro mundo. Pero *nada* se compara con la vez que nos pudimos quedar en el castillo de un inglés.

El castillo de Sting en Wiltshire.

Will había estado trabajando con Sting en 2004 cuando, con *Monkey Business* en mente, decidimos usar un fragmento de la melodía de su éxito de 1988 "An Englishman in New York" y agregarle nuestra propia letra, titulándolo "Union", que al final figuró Sting con su voz.

Nuestra versión no trataba de sentirse como un "extraterrestre (alien)" sino intentaba encontrar la unidad y armonía y la igualdad de oportunidades en la sociedad, basado en el mantra de los Tres Mosqueteros: "It's one for all and all for one (Es uno para todos y todos para uno)" —la canción más seria del disco.

Fue una de las primeras ideas para el disco nuevo que se nos ocurrió mientras todavía estábamos de gira con *Elephunk*, entonces, cuando Sting averiguó que nos habían contratado por primera vez para aparecer en el Glastonbury Festival del Reino Unido —un festival que le dimos como apodo Festival de Barro— nos invitó a que nos quedaramos en su "casa" por dos noches.

Yo esperaba una gran mansión, mientras todos nos emocionábamos con la idea de visitar al gran músico y ver su estudio. Cuando llegó el día no podíamos creer lo que veíamos. Habíamos visto unas mansiones enormes en Hollywood antes, pero llegamos a ese lugar y dijimos, "¡A la mierda! ¡La 'casa' de Sting es un castillo!". Un castillo jacobino del siglo diecisiete llamado Lake House (Casa del Lago).

Este tipo tiene cuarenta cuartos, un lago en su patio trasero, una pradera como jardín y un árbol de trescientos cincuenta y tres años donde se balancea en la hamaca colgada entre sus ramas. Produce sus propios productos lácteos, tiene su propio ganado y gallinas, y tiene un campo de fruta orgánica. Yo estaba parado ahí, boquiabierto, mientras nos daba la bienvenida a su casa, diciéndonos que siempre se siente mejor cuando el lugar "cobra vida cuando hay gente". Resulta que su éxito "Fields of Gold" fue inspirado por las praderas y campos que nos rodeaban. Obvio.

Cada uno tenía su propio cuarto, lo cual a mí no me gustaba mucho porque esa mierda daba miedo. Tenía miles de fotos antiguas de lords y duques de los condados con ojos que te seguían a través de los oscuros pasillos. Estuve ahí adentro durante cinco minutos antes de decidir que estaba embrujado. Había una mierda medieval inglesa ocurriendo, y Apl y yo bromeábamos que sería el último lugar en el mundo en que querrías meterte un ácido, porque esos duques cobrarían vida y te llevarían a saltar por las ventanas.

Sting es un espíritu centrado de manera muy profunda, y él se sentaba ahí totalmente relajado y Zen mientras yo estaba ahí, inquieto con las piernas rebotando. Gracias a Dios estaba su hijo de diez años Giacomo, porque mientras Will, Fergie, Sting y su esposa Trudie discutían todo lo filosófico, profundo y tántrico, ese niño —el más personaje de la casa— nos mantuvo a Apl y a mí más que ocupados. Creo que nunca he conocido a un niño tan seguro y franco y con una personalidad tan fuerte, y nos llevó al campo en bicicletas y nos dio una visita guiada del castillo —lo mejor de lo cual fue tocar la batería en el ático convertido en cuarto de música.

Este niño dirigía la batuta, y nos sacaba en cara todo tipo de mierda. Cuando nos vio fumando cigarrillos afuera, nos observó un rato y luego dijo:

—Ah, ustedes fuman como mexicanos.

El niño era un duro, y tenía una seguridad que no quedaba otra que admirarla —probablemente porque siempre estuvo rodeado por una unidad familiar muy fuerte. Era el niño que a mí me hubiera gustado ser, y tenía la seguridad que yo le deseaba a los míos algún día.

Esa fue la observación que me llevé de aquellos dos días. El consejo que me llevé era de Sting, y se conectaba con el espíritu de los Black Eyed Peas. Nos dijo que la amistad era sacrosanto dentro de un grupo; siempre teniendo respeto el uno por el otro y la banda a través de todas las tribulaciones. "Tendrán diferencias creativas y mierda insignificante se meterá en el medio, pero si hay algo que aprendí de mis días con Police, es mantener los pies sobre la tierra y proteger la amistad que tienen", dijo.

Al día siguiente, decidió que nos quería mostrar algunos sitios.

—¿Quieren ir a ver Stonehenge? —preguntó.

—¿Stonehenge? ¿Con las piedras y eso? —le preguntamos.

—Sí, está en frente de mi casa —dijo Sting.

Y así fue que visitamos al antiguo vecino, Stonehenge, para completar el fin de semana surrealista.

Salí de esas dos noches pensando, *Esto es el éxito, de esto se trata* —esto era después de estar años en su mejor momento, tomando las decisiones correctas y haciendo las cosas justas como artista, filántropo y empresario. Creo que la vida a veces te presenta a ejemplos vivos de las personas en las que nos queremos convertir como seres humanos, y aquí estaba la vida ofreciéndome una mejor versión de la vida que estaba llevando —alguien que conoció la industria, conoció el éxito y conoció ser el foco de atención y salió ileso. Tal ejemplo me quedó registrado en alguna parte, aunque no haya tenido un efecto inmediato.

■ ■ ■

Años antes de que Sting comprara Lake House, los ingleses inventaron un dicho: "La casa de un hombre es su castillo". Entre los Peas, nosotros teníamos nuestra propia versión de ese tema, creyendo que la casa de un hombre era el símbolo de su éxito. Siempre dijimos que la primera vez que compráramos nuestras propias casas —pagando el saldo total sin un préstamo— sería el momento en que realmente podríamos decir que habíamos tenido éxito en la vida. Para nosotros, el éxito se medía con la propiedad inmobiliaria, no con la venta de discos ni la posición en las listas de éxitos. Entonces, a los veintinueve años —después de ahorrar mi primer millón y antes de partir a Londres a grabar *Monkey Business*— me mudé del sofá de mi mamá en Rosemead, me compré mi primera propiedad en Walnut, a las afueras de Los Ángeles, y me sumergí en la vida independiente. Por primera vez en mi vida, podía estirar mis bolas, poner los pies en alto y transferirme al estilo de casa y libertad que disfrutaba cuando estaba de gira.

Con la ayuda del gerente comercial Sean Larkin, encontré esta casa de dos plantas y cuatro habitaciones, y la compré rotundamente por $500.000. No era nada lujoso. Era una casa común en los suburbios, pintada de color beige y canela con un patio trasero normal. Lo más lujoso adentro era una pantalla con proyector que compré para ver películas, y lo más caro en la propiedad era un nuevo Hummer rojo que General Motors le había regalado a cada Pea como parte de un acuerdo de patrocinio. Era más roquero que mi Honda Civic, aunque un Hummer no fuera mi estilo, pero era gratis y era un beneficio que no iba a rechazar.

Aunque era mi primera casa, la trataba más como mi base. No estaba metido en la decoración de interiores ni nada de esa mierda, así que no colgué fotos, ni puse plantas bonitas, ni tenía adornos. Era una casa clásica de soltero: escueta y desnuda con una mesa, cuatro sillas, un sofá, una cama, un refrigerador, un microondas para sustituir el horno que nunca usaba. Era un lugar sin alma.

En ese entonces, no buscaba un "hogar". Solo necesitaba un lugar que Josh y yo pudiéramos llamar nuestro, y lo único que me importaba era tener la privacidad para fumar todo el porro que quisiera en mi habitación, mientras jugaba el papel se padre soltero.

No estuve ahí mucho tiempo antes de que los Peas nos fuéramos a grabar *Monkey Business* en Londres, y Josh tuvo que volver a quedarse con mi mamá durante esos tres meses.

—Seremos los propios padre e hijo viviendo en un hogar cuando vuelva —le dije.

Era una de esas promesas vacías que generalmente salían de mi boca.

Después de volver de Londres, y con el disco *Monkey Business* casi terminado, hice mi primera movida como actor. Este era uno de esos sueños accidentales que surgió orgánicamente en vez de por diseño.

Desde 2003, un agente llamada Sarah Ramaker, de la agencia Paradigm, me había dicho que debería explorar una carrera como actor porque yo tenía lo que ella llamaba "un estilo diferente". Creo que esa era su manera de decir que mi cara de loco podía tener sus beneficios.

Al principio pensé que era otra agente más de Hollywood hablando mierda. "¿Por qué me está pidiendo que actúe?" le dije a Deja. "No soy actor. Yo quiero hacer música". Aunque me había inspirado con Bruce Lee desde niño, la gran pantalla nunca me había llamado la atención ni me había parecido una posibilidad, pero cuanto más me hablaba de la idea Sarah, más se convirtió el "¿Por qué yo?" a un "¿Y por qué no?". Pero, al igual que con el *b-boying* y el rap, no quería saltar al medio del círculo sin primero entender lo básico del oficio, y así fue que me inscribí en clases de actuación en la Gloria Gifford Conservatory School of Acting, donde iba todos los domingos a la mañana desde finales de 2004, cuando no estaba grabando o de gira.

Fue una de esas decisiones que, una vez tomada, me hizo preguntar por qué lo había dudado tanto, porque en el momento en que entré por esas puertas, el ambiente me resultó tan natural como el escenario. Yo siempre tuve algo "teatral" en cuanto a mis actuaciones y mi vestuario, así que ser actor me al final me resultó con naturalidad. Me sentía cada vez más libre y cómodo en la clase que tenía unos veinticinco estudiantes. Mientras creció mi confianza, me presentaron a un entrenador de actores, Cary Anderson, quien me puso bajo su ala para desarrollar mis habilidades básicas como actor con clases particulares.

A través del proceso, Sarah continuamente me daba guiones para practicar mi presentación, y me lanzaba a audiciones para que me acostumbrara a leer en frente de una cámara (¡y al rechazo!). Después de un año de clases particulares y práctica, no parecía pasar nada, y había relegado mis posibilidades a segundo plano para concentrarme en *Monkey Business* cuando sonó el teléfono mientras estaba en Londres.

—Hola, Tab —dijo Sarah—, hay una película llamada *Dirty*... y tienen un papel que sería perfecto para ti... y el director de casting te quiere dar una oportunidad.

Me sentí retado por una nueva habilidad. Sentí mariposas en el estómago por primera vez en mucho tiempo y vi algo en que figuraba como individuo que no dependía de ser parte de un cuarteto. Me mandaron el guión para cuando volví a Los Ángeles y, después de una audición exitosa, me dieron un papel pequeño como Ramirez en *Dirty*. Durante los dos días de filmación en algunas calles conocidas de Los Ángeles, el arte de repente imitó a la vida que mi mamá nunca quiso que yo tuviera.

¿Mi papel? Un cholo de East L.A. contratado para matar.

¿Cómo me preparé? Solo pensé en Eddie y me imaginé en un universo

paralelo. Con esa ironía, di mis primeros pasos tentativos en Hollywood, y decidí que me gustaba ser actor y quería hacer más de eso. Lo cual fue bueno porque cuando la bella Jaymie Dizon volvió a entrara a mi vida en 2005, necesitaba ser el mejor actor que hubiera. Tenía que hacer el papel de tipo que ha cambiado y ha logrado controlar su vida.

ÁNGELES Y DEMONIOS

Desde que Jaymie se fue de mi vida a finales de 1999, muchas veces pensé en ella. Entre todas las idas y venidas de atención femenina, y durante todo ese tiempo que me encontraba parado en el infierno superficial de Hollywood, mi mente siempre lograba volver a la única conexión que sentí como más viva, aunque no había podido valorarla en aquel momento.

Era durante los momentos de sobriedad que me preguntaba cómo estaría y dónde estaría y, aunque la había tratado mal, mi arrogancia era tan sólida en ese entonces que nunca descartaba la idea de llamarla algún día.

Finalmente puse aquella idea en acción detrás del escenario en los estudios de NBC en Los Ángeles, cuando nos habían contratado para tocar "Where Is the Love?" y "Hey Mama" en el *Tonight Show* con Jay Leno durante la promoción de *Elephunk*. Yo estaba emocionado por tocar y, de todas las personas que conocía, quería que lo viera y lo compartiera la persona con quien no había hablado ni visto en tres años.

Le mandé un mensaje de texto de la nada: *"Sé que probablemente no te importe, pero pon el show de Jay Leno. Salimos nosotros —míralo".*

No puedo decir que estaba seguro de recibir una respuesta, pero, después del programa, mi celular vibró y se iluminó de verde: *"¡Felicitaciones —muchos meneos y movimientos de cadera!".*

Y así comenzó el juego de tenis de texto. *"¿Podemos almorzar algún día pronto?",* le sugerí.

"No lo creo", me respondió.

"¿Que tal un almuerzo el año que viene?".

"No lo creo".

"¿Y en dos años?".

Llegué a cinco, siete y diez años, e igual dijo que no, y luego de ese breve contacto aquella noche, pasó otro año y pico hasta que estuve de vuelta en Los Ángeles después de grabar *Monkey Business* y decidí hacer otro intento.

"¿Podemos almorzar este año?" le dije vía texto.

"Bueno, pero tú me vienes a buscar".

Fuimos a un restaurante cubano en Torrance. Era uno de los pocos días lluviosos en California y la fui a buscar en mi Hummer rojo. Vi a una mujer diferente correr bajo la lluvia con un paraguas. Había pasado de ser una mujer que estaba en la última moda roquera bohemia a tener casi nada de maquillaje, una de esas faldas largas y sueltas, botas de vaquero y gafas de aviador.

En ese primer almuerzo, lo mantuvimos superficial y adulto, poniéndonos al día. Le conté lo que habíamos hecho con los Peas. Ella dijo que lo había notado y me contó que se había graduado de FIDM y ahora estaba trabajando en relaciones públicas en la marca Michael Stars.

Y tenía un novio.

—Qué bueno, me encanta que estés feliz —le mentí—, y me alegró que podamos ser amigos.

Alargamos esa pretensión platónica, saliendo a almorzar algunas veces más a través de varias semanas sin que nada pasara, y comenzamos a cenar en un lugar japonés en Walnut cuando, una vuelta, nos relajamos después de unos sakes y la pretensión quedó en el olvido.

Me admitió que no estaba feliz en su relación. Yo le admití que no estaba feliz siendo soltero y saltando de un lado a otro.

—Me imagino que Josh tampoco debe estar contento con eso —me dijo.

Enfrentamos el pasado por primera vez y, gracias a los sakes, nos hablamos honestamente.

Ella me tenía miedo, me dijo. La había lastimado más de lo que me imaginaba.

—Tú fuiste la que se fue —le dije—. Renunciaste al ver el primer indicio de problemas.

—¿Todavía me amas? —me preguntó.

—Nunca dejé de amarte —le dije.

Le dije que la había cagado y que lo sentía.

—¿Cómo sé que no me lastimarás de nuevo?

—Ya no soy así —le dije—. He cambiado.

Cuando esas palabras salieron de mi boca, no era una mentira total porque había cambiado en un sentido: ahora era exitoso en vez de ser un rapero sin un centavo. Ahora tenía mi propia cuenta bancaria con dinero. Ahora tenía mi propia casa y no solo el sofá de mi mamá. Ahora estaba encaminado y podía mantener a una familia. El panorama y la fortuna que me rodeaban habían cambiado a tal punto que parecía ser una transformación.

—Si me dieras otra oportunidad, esta vez será diferente —le dije, usando la frase que ninguna muchacha debería creer.

Lo que le escondí a Jaymie ese día era lo malo del "cambio". En 1999, no era un adicto, solo un idiota. Ahora, en 2005, no me podía liberar del porro, la bebida y el estallido ocasional de Ecstasy. No podía enfrentar esa fuerza interna destructiva que aun todavía no había revelado mi peor lado, pero también sabía que quería que esta mujer fuera parte de mi vida. Había vuelto a mí por una razón. Me conocía como ningún otro, y era la mujer más lista, sólida, hermosa e inteligente que alguna vez había conocido. Y, por alguna razón, todavía me amaba.

No la iba a volver a perder. Así que era más seguro depender de las apariencias externas del cambio en vez de admitir que estaba dañado.

—Lo puedo ver en ti —me dijo—, puedo ver un gran cambio.

Dentro de unas semanas, había terminado su relación y decidimos darnos otra oportunidad. Crear la confianza tomaría tiempo, pero juramos comenzar con la página en blanco. Yo me sentía en un buen lugar con aquella decisión que tomamos. Tal vez sentía que Jaymie podía ser la respuesta —la pieza que faltaba— porque ahora tenía una casa, tenía dinero, tenía la chica y la carrera ensoñada cada vez crecía más y se hacía más fuerte. Supongo que era el tipo que lo tenía todo.

Alrededor del mismo tiempo en 2005 en que Jaymie volvió a mi vida, dos otras influencias no tan buenas se mudaron conmigo a mi casa en Walnut. Los llamaremos "Heckle" y "Jeckle" en vez de usar sus nombres reales —a ambos los conocía de mi niñez en Rosemead. Pero lo que aprendí es que una historia compartida durante la niñez no garantiza que serán hermanos, en especial cuando esos amigos veían mi vida y mi estilo de vida como la alfombra mágica a la cual se podían aferrar para disfrutar el viaje.

Había metido a este dúo en mi vida porque, al crecer el éxito me aconsejaron que estableciera una corporación —Tab Magnetic— y necesitaba ayuda con la administración diaria, organización general y el cuidado de Josh. No me importaba que estos dos vecinos latinos no tuvieran un ápice de experiencia en ninguno de estos roles. Solo los vi como dos pares de manos extra, y eran del barrio, por ende, podía confiar en ellos.

Heckle había sido el vecino de al lado desde que éramos niños, y era un tipo pequeño, gordito con pelo enorme y rizado cuya onda insoportable la con-

fundí con el tipo de actitud que me vendría bien en un tipo. Le pagué un salario para que fuera mi chófer, asistente y niñero de Josh.

Jeckle era alguien que conocía desde quinto grado. Era un tipo petizo, pelado con piel marcada por cicatrices de viruela, y podía cocinar, fue por eso que lo contraté como mi chef. Su "honorario" era poder vivir gratis en la casa con todas las cuentas y la comida pagada. Les dije a ambos que si se quedaban conmigo, les cambiaría las vidas para mejor. Realmente era un caso del ciego guiando a los ciegos.

Mi hermana Celeste también se iba a mudar a la casa, pero después de un par de visitas, al ver el lugar desorganizado, escaso y establecido al estilo de vida universitario, se quedó con mi mamá. No la culpo, y en retrospectiva, fue para mejor porque este se volvería un momento bastante oscuro, y la energía en esa casa no era buena. Mamá obviamente también tenía sus preocupaciones por Josh, que ahora estaba entre sexto y séptimo grado en la escuela.

—¿Por qué te llevas a Josh a vivir contigo y estos dos personajes que no saben nada sobre mi nieto ni sobre como manejar una casa, en vez de dejarlo conmigo? —me preguntó, con una confusión comprensible.

—Porque este es mi hijo y me tengo que ocupar de él —le dije, sin darme cuenta de lo absurda que era esta intención al compararla con las circunstancias.

Lo que le estaba tratando de enseñar a mi mamá y a Jaymie y a todos los demás —débilmente— era que había madurado y estaba "haciendo lo correcto", y quería mostrarle a Josh que podía organizarme como padre y estar ahí para él. La verdad es que estaba chocando por todas partes, actuando impulsivamente, respondiendo a una presión y culpa interna que sentía al ser un hombre de treinta cuando, en realidad, era un niño emocional e inconsciente cuya realidad eran las burbujas ambulantes de los escenarios, autobuses de gira y hoteles y los placeres de colocarse y beber todo lo posible.

No lo culparía a Josh si mirara a esta época y dijera "Si, pagabas por esto y lo otro y tenías esta casa bonita y nueva, pero siempre estabas de gira, y hasta cuando estabas en casa, nunca estabas ahí en serio".

Odio verme ahora a través de sus ojos en aquel momento porque Dios sabe lo que vio y no contó o si estaba conciente de que su padre estaba decayendo. Si sintió la distancia, Josh nunca dijo nada. Era solo un niño que se mantenía ocupado y en silencio, haciendo lo suyo, haciendo sus deberes, mirando televisión, jugando videojuegos y sirviéndose meriendas del refrigerador. Era un niño fuerte que nunca se rebeló ni gritó ni pateó. Absorbió toda la desolación de esa casa como una esponja.

Mientras tanto, yo me encerraba con Heckle y Jeckle en la habitación principal, sentados sobre la cama con las cortinas cerradas, pasando el porro de uno a otro. No hubo ni una hora durante este período de padre en que no estaba colocado en alguna nube relajada. Y Heckle, el supuesto niñero, me seguía los pasos y vivía la vida a través de mí. Jeckle seguía a Heckle como una oveja, y nadie en la casa trataba de hacerme ver las cosas. Porque para Heckle y Jeckle esto también era una vida de decadencia que nunca antes habían probado, y no querían que terminara. Los invité a un mundo poco común bajo la capa de empleo, y se les fue a la cabeza de la misma manera que me pasó a mí.

Como típicos habilitadores, lo único que querían era disfrutar de esta asociación y fiesta.

—¿Quieres ir de fiesta? —preguntaban—, ¡Listo! ¡Vamos de fiesta! —y entonces dejábamos a Josh en casa de mi mamá y nos íbamos a los clubes de Hollywood.

—¿Quién tiene la coca? ¡Tab tiene la coca!

—¿Quién paga los tragos? ¡Tab paga los tragos!

—¿Quién compra las hamburguesas? ¡Tab compra las hamburguesas!

Dentro de este círculo de muerte, yo era el Grinch en una cueva que había robado la Navidad, cuyo corazón se había achicado tanto que estaba demasiado ocupado complaciéndome para darle amor a nadie, y menos ser un padre.

Gracias a Dios tenía una madre lúcida y una novia que seguía tocando a la puerta de mi conciencia. Y Jaymie seguía preguntando: "¿Por qué tienes a estos tipos en tu vida? ¿Qué hacen exactamente aparte de vivir contigo?".

Jaymie veía mucho más que Josh en cuanto a mi estilo de vida, y lo que mis dos asistentes me "asistían" a hacer, aunque no se diera cuenta la extensión de mi uso de alcohol y cocaína. La ocultación efectiva es parte del juego de los adictos, y yo logré esconderle a Jaymie lo peor de los excesos de mi comportamiento porque estábamos saliendo y no viviendo juntos. El conflicto verdadero entre la persona que yo era y la que *ella pensaba que era* vendría más adelante, cuanto más inseparables nos volviéramos.

Monkey Business se lanzó el 7 de junio de 2005 y demostró en el mercado general que éramos más que un grupo de hip-hop. Ahora todos los demás comenzaron a prestar atención al bufé de música que habíamos brindado y eso probablemente explica por qué fue descrito ampliamente como un disco que "cruzaba" a otros géneros, mientras partíamos de gira.

Primero giramos por Latinoamérica en octubre-noviembre de 2005 antes de lanzarnos al evento principal —la sexta gira anual de Honda Civic que nos llevó a treinta y cuatro fechas entre marzo y mayo de 2006. Lo que me encantó de esta gira era el hecho que era nuestra mierda; nuestra primera experiencia como actuación principal. Ahora teníamos nuestro propio telonero —las Pussycat Dolls— y se sentía como un mundo de oportunidad más grande se había abierto ante nosotros. Ya no estábamos nadando en la ola de otro, y los boletos vendidos eran por lo que atraíamos nosotros, nadie más. Cuando has pasado casi una década en la sombra de otros se siente bien cuando el escenario se abre como solo tuyo.

Ahora, en vez de que Polo y la administración cuiden cada centavo de un presupuesto limitado, teníamos patrocinios corporativos pagándonos todo a través de Honda y el copatrocinador Verizon. Comenzamos a viajar en primera clase y nos llevaban a hoteles cinco estrellas, y toda la gira se sentía lujosa. Honda hasta mandó a hacer diez Black Eyed Peas Monkey Business Honda Civics como una edición limitada. De repente parecía que el dinero no era un obstáculo dentro de un reino de los Black Eyed Peas; como si hubiéramos pagado el derecho de piso, paleado la mierda en Disney y ahora estábamos aquí, al frente al desfile.

La escala de la gira se sentía aun más grande cuando entramos en el segundo tramo entre julio y diciembre, porque ahora comprendimos cuánto habíamos crecido *a nivel global* desde *Elephunk*.

Vi el itinerario de la gira, extendiéndose desde mediados del verano hasta el final del año, y era excitante simplemente ver la lista de países y ciudades: Moscú, Tokio, Hong Kong, Shangai, Mumbai, Tel Aviv, Honolulu, Bogotá, Buenos Aires, Panamá, México, Manila y Santiago, además de nuestras paradas de siempre a través de Estados Unidos, Canadá y fechas específicas en Europa. El disco llegó a vender diez millones de ejemplares a nivel mundial, cuatro millones de los cuales se vendieron en Estados Unidos y un millón en su lugar de origen, Londres.

También vimos nuestro crecimiento a nivel logístico porque todo nuestra organización se extendió para lograr una operación más grande. Para nuestros recorridos por Estados Unidos y Canadá, la banda tenía su propio autobús (para finales de la gira *Monkey Business*, Fergie también tendría su propio autobús), y comenzamos a tener equipos: el equipo glamoroso, el equipo de peinados, el equipo de vestuarios, la administración de giras y un grupo de seguridad.

Nuestro mánager de giras, Bobby Grant, ahora tenía su propio equipo trabajando con él. Antes, todo lo que constituyera un concierto caía en sus manos —eso significaba armar el escenario con diecinueve instrumentos, lugares de posición y aplicaciones sobre el escenario para hacer una actuación en vivo con tres Peas, cuatro músicos y equipo de sonido, trabajando en conjunto con nuestro ingeniero de audio de toda la vida David Haines. Ahora, Bobby —quien había sido el mánager de la gira, del escenario y de producción todo en uno— tenía un equipo/séquito de sesenta personas lo cual lo dejaba libre para utilizar sus cualidades como líder. Los Black Eyed Peas habían pasado de ser una unidad de once personas a una máquina de gira monstruosa, y, sin embargo, sabíamos que esto era solo el comienzo y que todavía vendría algo más grande y mejor.

En mis ojos, el alcance de los Black Eyed Peas había crecido más allá del sueño. Se sentía como si un minuto era 1997 y estábamos corriendo sin parar, cabizbajos, de gira, grabando y queriendo que pasaran cosas, y al otro era 2006 y los boletos estaban agotados en cada rincón del mundo. Me tomó un tiempo absorber la inmensidad de lo que habíamos construido. De hecho, creo que realmente no lo creí hasta ver las multitudes tumultuosas a través del mundo con mis propios ojos; diferentes credos y lenguajes nativos cantando nuestras canciones, manos al aire, de fiesta.

La vista más loca ocurrió en el Año Nuevo de 2006,en la playa de Ipanema en Brasil, al sur de Río de Janeiro. Nos habían contratado como la actuación principal para la celebración del Año Nuevo y esperábamos la cantidad de gente que llegan a las actuaciones de verano en el muelle de Santa Monica en casa. Pero entonces llegamos y vimos la realidad. Más bien parecía el peregrinaje Hajj a Meca en Arabia Saudita. Nunca había visto tanta gente.

Se habla de "mares de personas", pero esto no era un mar, esto era un océano —una densidad de personas apretujadas entre la playa y las calles, estirándose hasta donde alcanza la vista. Antes de subirnos al escenario, mientras estábamos en las alas sin creer nuestros ojos, los organizadores nos contaron que había un estimado de un millón de personas allá afuera.

Recuerdo veloz de los días tocando para veinticinco personas, y la incredulidad es obvia. Esas personas brasileras nos dieron mucho amor y la pasaron bomba esa noche sobre aquella playa. Es indescriptible lo que se siente estar ante un millón de personas cantando tus canciones; un millón de personas con encendedores o celulares en el aire; un millón de personas saltando con los puños en alto. Me dio escalofríos al terminar con "Where Is the Love?" y desearles a todos un Feliz Año Nuevo —y luego el excitamiento se volvió una situación de miedo porque este océano humano comenzó a subir y moverse hacia nosotros. No habían barrera y nada de control de multitudes y esta oleada humana comenzó a rodear el escenario por los costados y detrás, y nos sentimos inundados.

Solo una palabra nos cruzaba las mentes: estampida.

Pasó de ser hermoso a aterrador en cuestión de minutos.

A un lado de nosotros estaba el mar y todas las demás partes estaban cubiertas de personas. No había salida. Nuestro autobús se había ahogado en el medio. Nos agarramos, pero nos sentíamos como una unidad paralizada.

De repente, nos metieron en una ambulancia detrás del escenario y nos sentamos en las camillas en la parte sin vidrios de atrás, y el conductor prendió las sirenas y luces y abrió un camino de emergencia entre el gentío. Nos reímos aliviados —e incrédulos.

La gira de *Monkey Business* no solo representó un aumento en nuestro perfil global y escala de operaciones, si no una subida marcada en mi consumo de alcohol.

Ahora estaba bebiendo *durante* actuaciones, sobre el escenario.

Lejos de casa, lejos de Jaymie, lejos de Josh, me di más duro que nunca antes. Había pasado de atacar los minibares de los hoteles a beber hasta atiborrarme durante toda la noche a bajarme botellas de plástico de Arrowhead de un

litro, vaciándolas del agua y rellenándolas con vino blanco —un Chardonnay, un Pinot Grigio, un Chablis.

A veces me bajaba dos de esas botellas por actuación, a veces tres.

Todos pensaban que me estaba llevando agua al escenario para mantenerme hidratado, y cuando más bebía y me tambaleaba, más le parecía al público que lo estaba pasando bien, porque la espontaneidad de nuestras actuaciones se trataban de estar relajados, saltar y pasarla bien. Yo me volví un experto en hacer estas actuaciones bajo los efectos del alcohol.

Me salí con la mía hasta el Año Nuevo de 2005 en Las Vegas, durante una actuación en el Hard Rock Café. Estábamos a la mitad de nuestro set de *Monkey Business* y yo ya me había bajado tres botellas cuando entramos a tocar "Don't Phunk with My Heart".

Yo estaba borracho, por ende lo que sigue es una versión no muy definida de los eventos, pero yo estaba parado en la parte delantera del escenario y habían algunas celebridades esa noche que se habían sentado en la primera fila. Recuerdo ver a Elizabeth Shannon, Brian Austin Green y creo que Alyssa Milano (o alguien que se parecía a ella), y me enfoqué en esos tres rostros mientras tocamos, mirándolos directo en los ojos.

Estaba rapeando mi verso —*"Baby girl you make me feel/You know you make me feel so real..."* (*"Muchachita me haces sentir/Tú sabes que me haces sentir tan real"*)— e intenté hacer un medio saltó rápido cuando me resbalé y me caí de culo sobre uno de los monitores del escenario. ¡BUM!

Entumecido por el alcohol, me levanté de rebote en medio segundo pero vi los rostros estremecidos de la primera fila viéndome, y Elizabeth Shannon se había tapado la boca con las manos. Luego el dolor siguió lo visual: un dolor que se disparó por mi espalda hasta mi cuello.

Will, Fergie y Apl no se habían dado cuenta de nada porque estaban del otro lado del escenario haciendo lo suyo, pero la banda luego me dijo, "Sentimos el dolor al verte caer".

Supe que estaba en problemas porque estaba encorvado como un viejo. Torcido.

Llegué hasta el centro del escenario, miré hacia la izquierda y lo vi a Polo. "¿Qué pasó? ¿Estás bien?", me preguntó haciendo muecas. Yo le señalé mi espalda, pero le hice un "OK" con la mano indicándole que seguiría, pensando que se me pasaría al caminar un poco.

De alguna manera —y probablemente por la anestesia del alcohol— seguí aguantando la agonía durante las próximas tres canciones.

Para cuando me subí al vuelo devuelta a LAX esa noche, sentía el peor dolor de mi vida; el tipo de dolor que trae nauseas. No me podía sentar ni acostar sobre mi espalda, así que me tuve que acostar derecho sobre tres asientos.

—Polo, creo que algo está mal, hermano.

En el fondo de mi mente estaba la actuación del día siguiente, para la cual estábamos volando esa noche, en el centro de Los Ángeles. Me tengo que mejorar para mañana, me decía una y otra vez.

Jaymie me estaba esperando en el aeropuerto y me llevó directo al hospital en el centro de Los Ángeles. Dentro de la hora de ser admitido a la sala de emergencias, y después de una radiografía, el diagnóstico estaba listo: Me había roto el coxis.

—Pero tengo una presentación mañana a la noche —le dije al doctor.

—No tendrás presentaciones por los próximos tres meses —me respondió.

Durante los siguientes tres meses, mi rehabilitación impuesta era quedarme sentado en una almohadilla en forma de rosquilla: una versión amueblada de un anillo de goma inflable.

Jaymie era mi enfermera y Heckle y Jeckle finalmente tenían verdadero trabajo de asistente para hacer y, por suerte, todos estaban de acuerdo de que el porro era una medicina necesaria para ayudarme a relajarme.

Habían algunas pequeñas clemencias dentro del sufrimiento.

La herida se dio en el momento perfecto, entre giras, entre la latinoamericana de octubre a noviembre de 2005 y la que sería en Estados Unidos y Canadá de marzo a mayo de 2006, así que no me perdí las giras importantes, solo alguna que otra fecha. Lo único que sí afectó esta herida fue mi rol en el videoclip de "Pump It", con su tema de "borracho en una fiesta" y escenas de baile en la calle, riña de tránsito y fiestas excesivas.

La ironía me fue obvia.

Yo iba a entrar a la escena de la fiesta colgado de un arnés, pero eso no se pudo hacer por mi herida. En vez de eso, me tuve que conformar con un papel que entraba rápidamente en escena caminando.

El contratiempo más grande dentro de mi rehabilitación fue que, después de sentarme sobre aquella rosquilla durante tres meses, el coxis no se había sanado bien; se había convertido en un especie de anzuelo. Me recomendaron que fuera a un acupuntor, y este tipo chino hizo su magia y me masajeó la región lumbar semana tras semana, haciéndome sentir más cómodo.

Casi empiezo a creer en esta mierda alternativa de medicina oriental.

Luego, un día, me dijo que me agarrara porque:

—Te lo voy a volver a romper, sino vivirás incómodo el resto de tu vida.

Ningún artista o bailarín quiere escuchar ese pronóstico.

Así que me recosté de un lado, con una de esas batas que se abren atrás, y él me dijo:

—Bueno, Jimmy… rodillas al pecho… prepárate…

Estaba tratando de ver hacia atrás, sobre mi hombro.

—¿Para qué me tengo que preparar? ¿Esto me va a doler?

—Solo relájate —dijo.

Y con esa advertencia, me metió dos dedos en el culo.

—¡¡¡QUÉ MIEERRRR…!!!

Es difícil saltar y pegarte contra el techo cuando un tipo te está tratando como un títere de guante, y tenía sus dos dedos, enganchados, hurgando en mi ano, intentando agarrar mi coxis, y yo rodando de un lado a otro como un pez pescado, gritando y chillando:

—¡¡¡SACA TUS DEDOS DE MIERDA DE MI CULO!!!

La perdí. Esa era una violación de la medicina alternativa.

El sacó sus dedos, se vio igual de asombrado que yo hacía diez segundos, y yo me levanté, me vestí y me fui en sesenta segundos. ¿Lo volvió a romper? No. Yo pensé, "A la mierda, que crezca como tenga que crecer", porque ninguna herida —nada— vale como para que un tipo te meta los dedos en el culo durante tres a cinco minutos. Me alegra decir que en el año 2011, mi coxis sigue con su forma de anzuelo, y no me ha afectado mi caminar, mi bailar ni mi rap. Personalmente, creo que el trauma de la acupuntura era Dios enseñándome una lección para que nunca más me emborrachara sobre el escenario.

Rara vez nos pasa que al bajar del escenario nos sintamos desinflados, pero cuando actuamos por primera vez en Sudáfrica durante la gira de *Elephunk* en 2004, nos bajamos sintiéndonos un poco tristes y desilusionados. No era porque hubiéramos hecho un mal trabajo, pero porque todas las caras del público eran blancas.

Tocar en la tierra de los africanos sin una cara negra que nos viera, y ahí estábamos en el concierto por los Diez Años de Libertad en Sudáfrica, conmemorando la primera década desde el apartheid.

Era una realidad que chocaba con nuestras percepciones —ingenuas o no— porque esta escena nos informaba que nuestra música no le estaba llegando a la gente que esperábamos, y que nuestros conciertos estaban fuera del alcance de la gente que más queríamos entretener —la misma gente africana a quien Mandela le dio una voz. Nos dejo con un sabor amargo en la boca al volver a Los Ángeles, y en ese avión, juramos volver y dar un concierto gratis a los menos privilegiados —negros o blancos— como parte de nuestra declaración de objetivos fundamentales de nuestra Peapod Foundation, que ahora, por primera vez, podía mirar hacia el extranjero.

Habíamos conducido por Johannesburgo y visto las zonas cercanas, y habíamos visto las áreas prósperas e impecables con sus casa grandes y céspedes cortas, y unos clubes de gol al estilo U.S. Open —vecindarios hermosos. Y entonces, en una yuxtaposición cruda, vimos los guetos y la pobreza en los barrios pobres con caminos de tierra, y encontramos fuerza detrás de las estructuras desvencijadas de contrachapado y casa hechas de hojalata. Era para ese barrio que queríamos volver.

Durante una noche a finales de mayo de 2006, en las semanas después de terminar la gira de Honda Civic, volvimos para cumplir con nuestra promesa, y, esta vez, lo que vimos nos contentó: cuarenta mil personas desfavorecidas llenaban el estadio de Johannesburgo. La vista de esas caras radiantes, y escuchar todos esos cantos africanos, fue una experiencia que al instante relegó al millón de la playa de Ipanema al fondo de nuestras mentes.

En ocasiones verdaderamente humanas como esa, no me importaba lo que dijeran las personas sobre nosotros siendo unos vendidos. No me importaban las palabras de la industria sobre si éramos "hip-pop" o "un cruce" o para el "mercado general" ni nada de esa mierda. Porque durante las próximas dos horas, nuestra música le estaba dando algo a gente que no tenía para beber agua limpia y nunca antes habían visto un espectáculo en vivo en ningún tipo de sitio. Esto era la música sirviendo un propósito superior.

Antes del concierto, viajamos a Soweto para ofrecer un taller artístico con un sello discográfico local, Ghetto Ruff, y visitamos a niños de la escuela Belleh Primary School y la Umbuyisa School of Art. Al llegar, nuestro microbús se transformó en el flautista de Hamelín con todos esos niños extasiados corriendo al lado o detrás del vehículo, sonriendo y saludando mientras trataban de seguirnos por las carreteras polvorientas. Corrieron hacia nosotros a rodearnos y saludarnos con choques de cinco.

—No podemos creer que están aquí —dijo un niño—, Ni siquiera Snoop se molestó en venir a visitarnos cuando vino a Sudáfrica. Gracias. Gracias por venir.

El día entero fue una lección en humildad. Pensamos que conocíamos la lucha en East L.A., pero esta lucha era a otro nivel, y, sin embargo, eso no disminuyó el mensaje con el cual llegamos: para decirles a esos niños que los sueño con conocen las clases ni los orígenes, y no existe la palabra "No".

Nunca olvidaré cuando Will sostuvo el brazo de un muchacho de catorce años y dijo: "Tiene catorce años. Yo tenía catorce años cuando empecé un grupo que se convirtió en los Black Eyed Peas. Yo también vine de un origen pobre. Todos venimos de lugares pobres. Pero yo la he logrado —y ustedes también pueden hacerlo". Y ese pequeño aplauso fue el aplauso más grande que alguna vez habíamos escuchado.

Luego estaba el niño llamado Bongeni Moragelo. El tenía nueve años y era de Soweto. Tenía una cara redonda y gordita y tenía puesto un suéter con un estampado divertido, y nos dimos cuenta que estaba con ganas de actuar cuando se acercó, sin poder esconder el entusiasmo. Todo su ser emanaba "llamador de atención" —uno de esos niños que resaltaba y te llamaba la atención.

Le ofrecimos el micrófono y fue increíble. Era rapero y bailarín, pero

lo que más me impactó era su audacia, aprovechando este momento único en donde el foco lo había encontrado entre la oscuridad de Soweto. Vi su pasión —su necesidad desesperada por actuar— y reconocí mi propia pasión juvenil. Vi a Will en Ballistyx en la manera en que se movía y rapeaba, furiosamente dictando versos en el micrófono. Hay talento como el de Bongeni dispersado por todo el mundo, al igual que nosotros los inadaptados estábamos desparramados por Los Ángeles, buscando una salida. Fue genuinamente tan impresionante que lo invitamos a que actuara con nosotros en Johannesburgo, y su carita se iluminó cuando le ofrecimos la oportunidad.

Esa noche, Will —que tomó al niño bajo su ala y al final lo terminó patrocinando— le dio una gran presentación y, mientras el niño subía al escenario, todo el lugar rugió por él. Improvisó y dio una voltereta como un joven Apl, y el lugar enloqueció.

Solo cuando has visto a un niño de Soweto aprovechar sus quince minutos de fama sobre un escenario en un estadio dentro de una ciudad que nunca puede visitar es que puedes comprender el poder y la unión de la música y el arte. Este niño no tenía nada diferente a nosotros. Había nacido para ser artista —lo podías notar por su espíritu— y él tenía un sueño como lo tuvimos todos. Cumplir ese sueño enfrente de cuarenta mil personas fue algo hermoso. Ese niño, esa cara y ese concierto es el recuerdo más vívido de todo ese viaje por Sudáfrica. Lo cual es raro al saber que conocimos a Nelson Mandela la mañana después de la actuación.

Al pensar en esta presentación trascendental, no podría haber estado más emocionado. "¿Queeé? ¡Vamos a conocer a Nelson Mandela! ¡¡¡Miiieeerda, que locura!!!", dije al enterarme. Él era el Martin Luther King de Sudáfrica; el luchador por la libertad que se animó a decir "¡Sí, se puede!" en su campaña contra el apartheid. Cuando hablas de sueños y lograr lo imposible, de caer hacia arriba, Mandela, parado desafiante con su puño levantado, es el ejemplo máximo. No veíamos la hora de conocerlo. Will hasta trajo a su abuela Sarah Cains, para compartir este viaje y experiencia único en la vida.

Pero ese día, visitándolo en su casa en el Nelson Mandela Foundation, no comenzó bien para mí porque después del concierto en Johannesburgo me emborraché hasta la mierda. Decidí celebrar el momento histórico bebiendo desde las once de la noche hasta las cinco de la mañana. Como siempre, no pensé en lo que estaba arruinando al día siguiente. Nunca podía ver el futuro cuando estaba en ese estado.

Caí en cama alrededor de las 6:30 de la mañana y, olvidándome por completo que teníamos que estar en el lobby a las ocho de la mañana para visitar a Mandela. Bajé las escaleras sintiéndome como la muerte misma, y vi a Will en un traje blanco impecable con su abuela hecha la personificación de la gracia. Vi a Fergie inmaculada y arreglada, y Apl se veía fresco y listo. Y ahí estaba parado yo, con la misma ropa de la noche anterior: una chaqueta de camuflaje militar y pantalones negros. Ese era mi estado de preparación para conocer a un gran hombre.

La cruel verdad es que podría haber tenido una audiencia con Dios mismo y no me hubiera importado. Hubiera actuado de la misma manera. Ahora, al pensarlo, me da vergüenza pensar que no estaba lo suficientemente sobrio para disfrutar de la ocasión. Ni siquiera recuerdo la emoción del momento, el lugar ni las calles por las cuales viajamos, porque me quedé dormido en la parte de atrás del microbús hasta llegar, tratando de callar la emoción vocal de Will, Polo, Fergie y Apl. Todos estaban perdidamente felices y yo era el zombi caminando detrás de ellos, mientras unos dignatarios y un equipo de MTV (que vinieron para filmar unas escenas) nos dieron la bienvenida al entrar.

Entré al lugar ilustre y se sentía adornado y majestuoso, como un museo. Convencional. Oficial. Me hizo sentir sofocado y sudoroso. Me fui afuera, en la terraza trasera con vista a unos jardines, para robarme un momento y fumarme un cigarrillo. Estaba alejándome del edificio, balanceándome, cuando escuché que cerraron las puertas de vidrio doble de las cuales había salid.

—¡Espeeereeen! ¡Soy parte del grupo! —grité, botando el cigarrillo.

Pero las puertas se mantuvieron cerradas, y el tipo de seguridad se me quedó mirando, preguntándose quién era este tipo con la ropa camuflada.

Toqué al vidrio otra vez.

—Soy uno de los Black Eyed Peas... estoy con ellos —grité, señalando hacia adentro a mi "fam-er-ree" que todavía no se había dado cuenta que no estaba con el grupo de gente en la recepción.

Vi cómo se formó un círculo y luego la actividad, las sonrisas y los apretones de mano —y ahí fue cuando primero vi los rizos plateados de Nelson Mandela, rodeado por un cámara de MTV, fotógrafos y asistentes, mientras de a poco se acercaba a los Peas. Toqué el vidrio más duro y, durante todo ese tiempo, una segunda cámara de MTV me estaba filmando, la luz radiante, viendo cómo había quedado afuera como una escena idiota de la película *Trading Places*.

Uno de los tipos de seguridad que parecía medio matón finalmente recibió la orden para dejarme entrar y abrió las puertas.

—Tienes que ser más puntual. Cuando se mueve el grupo, tú te debes mover con ellos —dijo, y me dejó entrar.

Ya había hecho este tipo de espectáculo siendo el tipo que llega tarde y apurándome para alcanzar al resto del grupo.

—Hola, ¡qué bueno que pudiste venir! —dijo Will, irónicamente.

Segundos más tarde, estaba estirando la mano para saludar a Nelson Mandela.

Se veía como el más sabio de los viejos, y la edad lo había vuelto más débil del hombre poderoso que una vez fue, pero su presencia sonriente igual era inmensa. Habló en una voz suave, sostenido por dos asistentes que lo protegían,

y todos se inclinaron hacia él para escuchar lo que tenía que decir. Dijo lo feliz que estaba de tenernos ahí aunque no sabía mucho sobre nuestra música. Todos nos reímos a la vez. Nos preguntó por el concierto. Will y Fergie fueron los que hablaron. Les pidió que hablaran un poco más duro porque su audición no era lo que había sido. Nuevamente nos reímos todos a la vez.

Mientras hablaba, Fergie tenía una sonrisa radiante, revoloteaba las pestañas, jugaba con su pelo y volvió toda coqueta con él. ¡Juro que le estaba flirteando! Nos burlamos de ella después y, como bien dijo, ¿cómo no te puede atraer tal grandeza?

Afuera, nos llamaron para una foto en los escalones y esa es la imagen, publicada en primer plano del diario de Johannesburgo *The Star*, que cuelga enmarcada en mi oficina hoy, la cual me hace sentir privilegiado y decepcionado.

Se los ve a Fergie y Will uno de cada lado de Nelson Mandela, tomandolo de la mano para equilibrarlo, cada uno feliz y contento como dos niños sentados en la falda de Papá Noel. Y yo, parado detrás de ellos tres, tan pálido como un fantasma, intentando una media sonrisa. Me decepciona porque recuerdo la falta de respeto que mostré por esa ocasión, y lo que pasaba por mi mente:

¿Faltara mucho para que termine esto?

Mierda, no veo la hora de acostarme.

Mierda, esa almohada se va a sentir muy bien.

Esa es la triste verdad detrás de aquel día trascendental. Había pasado, de la noche a la mañana, a apreciar el momento aleccionador de un niño artista de nueve años de edad a la falta de respeto por uno de los grandes líderes de nuestros tiempos.

Nunca fui una de esas personas que se sobreexcitan con las ceremonias de premios. Crecí viendo los Grammys y los American Music Awards, pero sí me emocionaba la idea de *actuar* en un escenario como esos, más que recibir un trofeo. Hasta cuando mi ego estaba más inflado que nunca, reconocí temprano que estas ceremonias eran eventos presuntuosos que les brindaban a los sellos discográficos la oportunidad anual para masturbarse y mostrar el talento, y luego ese talento tenía el chance de decirle al mundo "¡Mírenme… soy especial!".

El reconocimiento es parte del juego, pero los Peas siempre nos ha interesado ganarnos el reconocimiento, antes que nada, como artistas, y ese verdadero reconocimiento solo llega durante una gira con la interacción directa con los fans, no a través de una gran ceremonia en Nueva York, Los Ángeles o Las Vegas. No me malinterpretes. Un premio tiene un valor dentro de la jerarquía de los logros, pero no le proporciona —o no debería— al artista la sensación de validación solo porque tienen un trofeo dorado entre sus manos. He visto unos discursos efusivos, tanto en la industria musical como en la del cine, y siempre me quedo pensando, "¿En serio? ¡¿Te importa *tanto*?!".

Nosotros nos ganamos nuestro primer Grammy en 2005 con "Let's Get It Started", luego de abrir con un popurrí de esa canción tocada con Gwen Stefani y Franz Ferdinand. No puedo olvidar ese ocasión porque estaba engripado y me sentía fatal. Unos momentos antes de subir al escenario, estaba echado, acurrucado, sudando y dolorido, pero el autopiloto "canta mono, baila mono" se prendió y, de alguna manera, logré hacerla. Tampoco puedo decir que ganar el Grammy me haya hecho sentir mejor, porque lo ganamos fuera de cámara, y eso ayudó a aumentar mi sensación anticlimática que rodea a la temporada de premios.

Antes del show, estábamos detrás del escenario en el camarín relajándonos, cuando un miembro del personal de los Grammy tocó a la puerta, metió la cabeza y dijo:

—Solo les quiero decir, ¡felicitaciones! ¡Ganaron el Grammy a Mejor Actuación Rap de un Duo o Grupo¡

—¿Ah, entonces no saldrá al aire? —le preguntamos.

—No, desafortunadamente no es uno de los premios que se pasan por la televisión —dijo.

Y nos miramos y rompimos en carcajadas. Así que ese fue nuestro primer GRAN momento Grammy, captado detrás del escenario, fuera de cámara. Luego descubrimos que el gramófono dorado nos lo enviaron por correo, así que no ocurrió ninguna entrega en el día. Meses más tarde —meses, no semanas— un tipo de UPS tocó a la puerta, sin saber que le estaba entregando un Grammy a un tipo al azar en Walnut, y dijo que tenía un paquete para mí. Lo abrí y ahí estaba —mi trofeo de gratificación retardada.

Pasó lo mismo en 2006 cuando teníamos cuatro nominaciones de Grammy y nuevamente nos ganamos Mejor Actuación Rap por un Duo o Grupo con "Don't Phunk with My Heart". Sé que igual son victorias, pero no me apego a esto con mucho sentimentalismo. Es un recuerdo, y lo expongo con orgullo en el estante de mi oficina como un adorno de lo que hemos compartido juntos.

Supongo que nuestro momento más grande en cuanto a premios llegó en 2006 en el American Music Awards, cuando nos ganamos tres AMAs, para disco preferido de rap/hip-hop con *Monkey Business;* banda preferida de rap/hip-hop, duo o grupo; y banda preferida de soul/R&B, duo o grupo. Pero, nuevamente, nos tuvimos que reir de nuestra mala suerte en cuanto a los premios, porque, sí, estos fueron televisados, pero nosotros no estábamos ahí para recibirlos porque estábamos de gira por Costa Rica. Así que nuestra primera aceptación visual fue vía satelite desde algún lugar en la selva, lo cual significa que grabar nuestros discursos de agradecimiento previamente, desde lejos, por si acaso… tres veces. Con razón no sentimos ese apego a la temporada de premios como gran ocasión. Es como nos dijimos esa noche, mientras alzábamos una copa de champaña y nos emborrachamos nuevamente: "¿Qué preferimos perdernos? ¿Ganar seiscientos mil dólares en una gira o masturbarnos en público por un premio?".

Yo sé lo que yo prefiero hacer con mi tiempo.

Por si uno de nosotros peligrábamos entusiasmarnos de más con nuestro perfil creciente en 2006, la vida nos lanzó un recordatorio como un cable a tierra de lo que era ser *verdaderamente exitoso* cuando conseguimos la actuación de nuestros sueños para abrirles a los Rolling Stones.

Los Stones históricamente han usado una variedad de artistas como teloneros en su giras por Estados Unidos, así que no era que nos estaban destacando por tener un talento singular. Pero igual estábamos honrados de ser los elegidos para comenzar su gira *On Stage* durante un par de fechas en Boston, antes de que le pasáramos la batuta a Maroon 5, Pearl Jam y John Mayer.

En lo único que podía pensar en el anticipo era el hecho de que iba a conocer el dios del rock malandro: Keith Richards, cuya notoriedad yo había estado imitando todo este tiempo.

Llegamos a Fenway Park y de repente nuestra gira *Monkey Business* parecía mínimo en comparación. Era como si acabara de entrar de las calles de Rosemead y me encontrara abrumado por los rascacielos de Manhattan. El escenario hacía que hasta la vastedad de Fenway Park se viera chica en comparación.

Desde atrás, habían cuatro pisos diferentes que subían desde el centro del campo, y parte del escenario ascendía y se extendía a cien pies dentro y por arriba del público para cuando tocaban "Satisfaction". Luego, la extensión se retiraba y unos labios inflables gigantes, cubiertos por estampados de flores, subían como un globo aerostático, y quedaba colgado sobre el público a tiempo para "Honky Tonk Woman". Eso es lo que mejor recuerdo de ambas noches, excepto que abrimos nuestro set de cuarenta y cinco minutos con "Hey Mama" y cerramos con "Let's Get It Started".

Los detalles de nuestra actuación son borrosos, pero tengo un vago recuerdo del público aplaudiendo cuando me quité la chaqueta y el público —desde los de sesenta hasta los de veinte— aplaudieron mi camiseta de los Rolling Stones.

Detrás del escenario, no llegamos a pasar tiempo con Mick Jagger ni Keith Richards. No era ese estilo de gira. No eran ese estilo de grupo. No hubo una sensación de inclusión con ellos, solo una sensación específica de separación. Creo que lo máximo que intercambiamos a nivel conversación fue un "¡Hola, muchachos!".

En el momento, de alguna manera lo comprendí. *Son los Rolling Stones,* pensé, *obvio que no van a pasar un rato con un grupo hip-hop de Los Ángeles que, si los mides con su trayectoria, todavía estaban en pañales.*

Pensé eso hasta que nos fuimos de gira con U2 en 2009. Luego les contaré más detalles sobre eso.

Observé a los Stones lo suficiente para ver a Keith Richards de cerca

—y lo que vi me resultó chocante. Seguramente no se veía peor que hacía treinta años, pero lo único que pensaba era *Ay, te ves hecho mierda*.

Parecía un reptil con toda la piel colgando, claramente asolado por todos esos años de fiesta. Era una leyenda viva de la música, pero también era un ejemplo vivo y (aun) respirando de lo que te pueden hacer físicamente años de drogas, tragos y fiestas. Creo que me obsesioné demasiado en cómo se veía para apreciar lo demás. Porque aquí estaba el tipo al cual había tomado como modelo para vivir mi vida de la misma manera, en cuanto a fiestero enloquecido, y ahí estaba el reflejo de una posible versión más grande de mí mismo.

Volví al hotel esa noche y examiné cada sombra, bolsa y defecto debajo de mis ojos y a través de mi piel, preguntándome si mi aprendizaje comparable en tragos y drogas ya habían causado algún daño notable.

"Mierda, mano, tienes que parar", le dije a mi reflejo en el espejo. Ahora hacía esto más a menudo —mirándome fijamente en el espejo, hablándome, suplicándome que lograra estar sobrio.

La actuación con los Rolling Stones me enseño tres cosas: a) por más de que admire el talento de Keith Richards, nunca jamás quiero terminar viéndome así; b) no quería seguir tocando con los Black Eyed Peas a los sesenta años; y c) pero mientras tanto, ese es el tipo de escenario que necesitamos tener algún día.

Nos separamos del costado de los Rolling Stones y volvimos al foco como actuación principal para nuestro primer contrato por un millón de dólares.

Polo nos anunció que un tipo en Estados Unidos estaba preparado para pagarnos un millón por una actuación de una hora. Por si no podíamos hacer los cálculos, nos dio otra perspectiva al decirnos: "¡Eso equivale a un poco más de $16.000 por minuto, muchachos!".

Era un honorario que sería compartido entre el grupo, pero alzamos una copa y recordamos cuando tocamos por Pepsi y pizza. Todo esto estaba pasando como para hacernos recordar cuán lejos habíamos llegado, y pensarías que me tenía delirantemente feliz, pero no puedo decir que esa era la emoción que sentía. Sí, era una locura y saltamos por todas partes como niños excitados, pero creo que mi corazón, mente y alma ahora estaban tan nublados que hacía que mi espíritu sea casi ambivalente a noticias tan buenas.

Yo decía, "Ah, qué loco. Muy bien, cool", y después quería salir de fiesta como antes, usando tal noticia como otra excusa para celebrar y beber.

Creo que no apreciaba del todo la importancia de tales momentos. Ahora sí la veo, al escribirlo todo, pero pregúntame si me puedo acordar de esa actuación de un millón de dólares, dónde fue, para quién, y quedó totalmente en blanco.

Hubieron momentos increíbles que merecían ser eternos en mi memoria, pero para mí, no fueron registrados de la manera en que se lo merecían. Nuestra primera actuación de un millón de dólares y el concierto de los Rolling Stones hoy

en día son hitos vagos, en vez de memorias vívidas. Las expongo ahora para ilustrar las cimas a las que estábamos llegando como grupo, y la imagen borrosa por la cual pasaba como persona.

Después de la gira *Monkey Business,* me traje mis hábitos de beber a casa y me bajaba vino y vodka o sake cada dos días. Me levantaba, llamaba a Heckle y Jeckle y otros amigos para que nos encontraramos en Benihana's, un restaurante japonés en el centro comercial Puente Hills cerca de la autopista 60. Este sitio se volvió mi lugar habitual durante el día previo a salir de noche.

Me sentaba ahí a tomar sake al mediodía para estar hecho mierda a eso de las dos de la tarde, llegar a casa, fumarme un porro, dormirme y levantarme a las seis de la tarde para prepararme para beber durante el turno de la noche en mis clubes en Hollywood.

Al beber así, mi ego era algo irritable y agresivo, lo cual es triste porque solía ser un borracho feliz y nada amenazante. Ahora había cambiado y me había convertido en uno de estos tipos amargados y malos que le faltaba el respeto a mis más cercanos, y hasta a extraños al azar.

Como una vez que fui a almorzar con Jaymie en Benihana's.

Estaba siendo el tipo que habla fuerte y es el centro de atención y me había tomado varios sakes cuando, por alguna razón, decidí que quería comprarles a todos unas copas.

Había una señora media gordita sentada cerca con su familia y me di cuenta que no estaba bebiendo. Cuando alguien no estaba bebiendo, no la estaba pasando bien.

—¡Tienes que tomar! —grité, mirándola—. ¡Denle una copa a esa señora!

Ella sonrió, con vergüenza, tratando desesperadamente de ignorar al borracho belicoso.

—Estoy embarazada —dijo—. No estoy bebiendo.

—¡No estás embarazada! ¡Tómate un trago! —le dije.

—No —me dijo, seriamente.

Hubo algo en cómo me rechazó que me hirió.

—¡Igual no deberías estar comiendo. No estás embarazada, solo eres gorda. ¡Eres una gorda! ¡Vete a la mierda!

Humillé a esa señora en frente de toda su familia y el restaurante entero. Todos se levantaron y se fueron, pero, mientras pasaba por nuestra mesa, paró, me miró hacia abajo, miró a Jaymie y dijo:

—Lo siento mucho por ti… eres demasiado buena para este perdedor.

Jaymie estaba mortificada. Yo estoy mortificado al leer estas páginas. Pero logré desviar la situación como la única vez que pasaría, culpándolo en todo tipo de mierda como la presión de las giras y la presencia de Heckle y Jeckel en mi casa. Lo cual llevó convenientemente a la conversación sobre un cambio positivo para ver si Jaymie se mudaría conmigo. Ya lo habíamos hablado antes, y nuestra relación avanzaba velozmente así que tenía sentido.

Ahora éramos Josh, Heckle, Jeckle, Jaymie y yo bajo un mismo techo.

El problema con esa cercanía era doble: ya no podría esconder mi adicción ni mi mecha corta, y, en cuanto a Heckle y Jeckle, ahora había una mujer en la casa que no escondía el hecho de no comprender cuál era el propósito de ellos dos. En sus ojos, ellos representaban una amenaza a mi bienestar. Te podrás imaginar la incomodidad y tensión dentro de esta situación doméstica, y no iba a pasar mucho tiempo para que explotara esa fricción.

Inevitablemente, pasó cuando yo no estaba ahí, cuando estaba de viaje tocando alguna fecha en Estados Unidos a finales de 2006. Me enteré por teléfono a través de Jaymie, y ambos lados habían chocado en la cocina sobre alguna cosa y Heckle comenzó a gritarle a ella.

Jaymie no se detuvo en decirle lo que pensaba y le pidió que hiciera sus maletas y se fuera, y él lo hizo, rápidamente seguido por su sombra leal, Jeckle. Esa misma semana, pidió su renuncia en el trabajo y dijo que de ahora en más se ocuparía de Josh a tiempo completo.

—Vamos a ser una familia —dijo—. Solo tú, yo y Josh.

En casa, usaba la excusa de tener que "ir al baño" para cubrir que estaba oliendo cocaína cuando necesitaba un golpecito y sentir la jala. Cuando Jaymie se despertó en el medio de la noche y me encontró sentado viendo una película en la televisión, le dije que era insomnio que no podía dormir.

—Pero son las seis de la mañana —dijo ella.

—Ese es el efecto de las giras —le dije—. Te cambia el reloj interno.

Cuando eres un artista, siempre te puedes esconder detrás de excusas sobre los horarios de las giras y la adrenalina para encubrir la mierda que te estás haciendo. Había pasado tanto tiempo engañando a los demás y enmascarando mis excesos que la negación se volvió mi actuación diaria, tratando de luchar contra la peor exposición para no verme como el fraude que temía ser.

La cosa es que yo no estaba en negación porque me había mirado en el espejo muchas veces aceptando mi adicción. Pero esa admisión no pasó de un susurro detrás de puertas cerradas y, como descubriría más tarde, si no lo admites en voz alta, en realidad no estás admitiendo nada.

Me gusta pensar que hay un momento de claridad dentro de la negación enorme de todos, y para mí, ese momento llegó después de que Jaymie se fue por una gran discusión en donde le falté el respeto demasiado. Hasta los ángeles tienen sus límites.

Al día siguiente, supuestamente nos íbamos a juntar con Deja y su esposa Liseth para pasar un día familiar en Disneyland. Le prometí a Josh que la ida de Jaymie no afectaría nuestros planes, y le dije que durmiera y se prepara para el

día siguiente. Me fui a mi cuarto, cerré la puerta con llame y me atiborré con cocaína, metiendo líneas entre la medianoche y las seis de la mañana.

Llegué a Disneyland, a Josh y a mí nos llevó un amigo, Gary, y Deja dijo que me echó un vistazo y "sabía que estabas en el punto más bajo en que te había visto jamás".

—¿Qué mierda pasó? —me preguntó.

—Se fue. La perdí, mano.

—Tab, estas drogas, los tragos... te están haciendo infeliz, hermano, entonces por qué sigues metiéndote esa mierda?

Ahora vi la tristeza y decepción en la cara de mi mejor amigo.

Me sentí como un perdedor en los ojos de todos. Vi a Josh correr hacia el parque y me pregunté cuánto tiempo pasaría antes de perderlo a él también.

Deja me haló a un lado durante el almuerzo y me dio una de sus charlas severas.

—Vete a tu casa, enderézate, contrólate y llama a Jaymie —dijo.

Un par de días sobrios pasaron y Jaymie llegó a la casa, y puso las cartas sobre la mesa; severa pero con voz suave.

—¿Por qué haces esto?

No tenía respuestas, así que seguí escuchando.

—Tienes que comprender que estoy aquí para ti, pero solo si paras... porque si no paras, te arruinara tu relación y no habrán más oportunidades, Jimmy. Así que, básicamente, si no paras de beber, te voy a dejar.

Era el 2 de noviembre de 2006. Recuerdo la fecha, como recuerdo todas mis fechas más oscuras, porque fue el día que dejé de beber, y no he tocado ni una gota desde ese día.

Dejé de beber por mi cuenta. Me lo metí en la cabeza y lo logré. Me dije que iba a hacer algo, y lo hice. Habré luchado, pero nunca me dejé hundir porque me hubiera costado a Jaymie.

Suena demasiado bueno para ser verdad, ¿no?

Pues, es verdad. Dejé de *beber*.

Porque es más fácil parar cuando tienes guardado un poco de Kush, Ecstasy y cocaína en el cajón de la mesa de luz. Lo que debes comprender es que esto es lo que hacen los adictos: manipulan las situaciones y hacen aparentar que todo esta mejor. Por un rato.

El día de los enamorados en 2007, le propuse matrimonio a Jaymie.

Después de tres meses sin tomar ni una gota, fue una decisión fácil de tomar después de todo lo que habíamos vivido. Ella me había conocido antes del éxito y las ganancias monetarias. Me había conocido como el rapero sin un centavo y como el alcohólico perdedor. Había estado ahí para mí y para Josh, y Dios sabe que toleró más de lo que debería tolerar cualquier mujer. Me mostró no solo lo que era el amor, sino también lo que *significaba* —y estableció el estándar en cuanto a su compasión y espiritualidad, y lograr ser mejor persona. Era mi mejor amiga y aliada principal y no me podía imaginarla siendo la compañera ni esposa de otra persona.

Más que nada, había despojado todas las capas del llamado estatus, finanzas y personas, y yo sabía que aquí había confianza y fe, me veía por todo lo no era, pero todo lo que esperaba que llegaría ser.

Sus palabras, no las mías.

Habíamos salido de compras en Beverly Hills y nos conduje deliberadamente al mostrador de Neil Lane Jewelers, sabiendo que ella había estado ojeando un anillo en particular de Tiffany's por un tiempo.

Dentro de la tienda, hice la gran movida ensayada.

—¿Sabes cómo has querido ese anillo de Tiffany's? —le dije—. Bueno, no quiero que tengas un anillo que tendrá también otra. Quiero que tengas tu propio anillo. Así que estamos aquí para diseñar uno.

Dejé pasar unos segundos para que lo procesara, y entonces le pedí que se casara conmigo. Dijo que sí, nos emocionamos en frente de todos y nos pusimos a trabajar en el diseño del anillo platino con diamantes —y comenzamos un nuevo futuro. Sea cual fuere la fuerza misteriosa que nos conectó y nos mantuvo unidos a través de las tribulaciones, no tenía duda alguna de que quería consolidar esta conexión y transformarla en una unión eterna.

En aquellos viejos tiempos, no quería nada más.

Realmente pensé que lo peor ya había pasado.

EPIFANÍA

Me puedes preguntar mil veces y la respuesta será la misma: No sé por qué hice lo que hice en la mañana del 26 de marzo de 2007. No sé por qué decidí arriesgar la vida de mi hijo.

De una letanía de acciones estúpidas, este día sigue siendo el más inexplicable, en especial con todo lo que había ocurrido antes. Es como si mi lado autodestructivo se hubiera hecho el muerto, como en el clímax de una película de terror, solo para saltar y agarrarme el tobillo en el momento exacto en que pensé que ya habíamos terminado.

No había tocado ni un trago desde aquel día en noviembre y, aparte de fumar porro y meter algo de cocaína, no había salido a rumbear para nada (aunque la gente que me conoce dirán que todavía tenía ese aire vacío y ausente). Pero, como aprendería en terapia, hay una gran diferencia entre pasar un período de sequía y estar sobrio de por vida. Cuando no has tenido frenos durante tanto tiempo, parar de repente no será tan sencillo como parece.

En este día de marzo, un impulso alocado volvió y se apoderó de mí y decidí meterme más drogas que nunca antes —y lo hice la misma mañana que sabía que llevaría a Josh a la escuela.

Eso es lo más espeluznante para mí —que mi imprudencia no consideró ni por un segundo la seguridad de mi hijo, y menos la mía, e interrogaría mi propia conciencia durante semanas por esto. Pero esta autodestrucción máxima

—el momento de tocar fondo— estaba rápidamente acercándose, supongo, de la manera monstruosa que sea.

¿Quizás eso es lo que hacen todos los adictos al final, inconscientemente?

Quizás lo *tienen* que hacer para dejar salir la mierda.

Ven la pared de ladrillos y tratan de evitarla, pero a su vez están apretando el acelerador hasta el fondo, conduciendo directo a ella. Porque, de alguna manera, estamos tratando de controlar el estar *fuera de control*; y al diseñar un acto final grandioso, podemos aparentar tener la última palabra en un conflicto entre el ser que perdimos y la adicción en la que nos hemos convertido.

Cualquiera que haya sido la cosa dentro de mí, había estado persiguiendo el punto de quiebre la noche anterior, cuando llamé a un vecino quien siempre podía conseguir porro a último momento. O eso era lo que yo pensaba.

Con mi reserva agotándose, lo llamé.

—¿Tienes porro?

—No, no me queda —pero tengo unas barras de Xanax.

Fue lo peor que me podría haber dicho. Nunca había probado eso antes, y la misma curiosidad que me llevó al Ecstasy y la cocaína se despertó con esto.

—¿Qué causan? —le pregunté.

—Son una locura, mano —¡sientes que todo tu cuerpo está colocado! —dijo—. Pero no debes meterte demasiadas.

La segunda peor cosa que podría haber dicho.

Ahí, una vez más, estaba la instrucción que causaba una reacción instantánea en mí: el "no hagas". Seguido de mi respuesta automática: ¿No hacer? *Mírame.*

Este tipo vivía cerca, así que le dije Jaymie que iba a buscar un poco de porro, porque era la única sustancia que aceptaba que utilizara "en moderación".

En su puerta, el vecino me dio seis Xanax.

—Solo métete dos a la vez, Tab —enfatizó.

Vamos hijo, estás hablando con un veterano —yo puedo con todos.

—Solo dos —le respondí.

No venía aprobado por la FDA (por sus siglas en inglés, departamento de control de alimentos y medicamentos de Estados Unidos). No me advirtió de lo intenso que era el efecto y los peligros de mezclarlos con otras drogas. No me dijo lo fuerte que era esta mierda, pero aunque lo hubiera hecho, probablemente no hubiera cambiado nada.

Volví a casa y puse estas pastillas curiosas en forma de barra en el primer cajón de mi mesa de noche. Las puse al lado de mi reserva de porro de $400 y unas píldoras rojas de Ex. De repente observé esta mini colección como si fueran regalos desenvueltos en Nochebuena. Porque supe —supe en ese momento premeditado— que los iba a consumir todos la mañana siguiente.

Antes de llevar a Josh a la escuela —Muscatel Junior High en Rosemead. Jaymie ya estaba durmiendo en la cama a mi lado.

Apagué la luz, me di vuelta, la besé en la frente y me dije que no veía la hora de que llegara la mañana siguiente.

Estaba recostado en la cama despierto. Las luces digitales rojas del despertador me anunciaron la hora: 6:45 a.m. Al sol californiano no le faltaba mucho para salir.

Dentro de los siguientes treinta minutos, Josh —ahora de trece años— también se levantaría y comenzaría su día. Miré a Jaymie y seguía dormida. Giré mis piernas hacia el costado de la cama, me levanté y silenciosamente abrí el cajón de la mesa de luz. Saqué mi Kush, dos píldoras de Ex y seis Xanax, y me los llevé al baño, cerrando la puerta al entrar.

Me paré frente al espejo del baño y me tomé dos Ex y dos Xanax con un vaso de agua. Puse los cuatro Xanax que quedaban en mi cartera. Luego me armé un porro y me fui abajo y afuera al patio trasero para fumar. Este era mi desayuno. No me podría haber sentido más satisfecho.

Josh se preparó, y cinco minutos antes de salir, comencé a sentir como me pegaba toda la otra mierda, veinte minutos después de filtrarse en mi torrente sanguíneo. Ya estaba ido antes de siquiera poner las llaves en el arranque.

Me subí a mi Range Rover Sport negro y Josh saltó en el asiento de pasajero, prendiendo la radio como lo hacía siempre. Puse ambas manos sobre el volante y trate de orientarme.

—¿Estás bien, Papá? —me preguntó Josh.

—Estoy bien, solo un poco mareado —le dije.

La llave dio vuelta y se prendió el motor. Respire profundo. El Xanax me había inducido una sensación pesada… como si una tonelada de ladrillos se hubieran apoyado en mí. Sin embargo, se sentía bien; como una alegría retorcida desparramada por mi pecho. Mientras conducía, comencé a arrastrar las palabras, y sonaba —según Josh— como un casete sonando con las pilas muriéndose.

Con cada minuto que pasaba, me daba cuenta que mi hijo estaba cada vez más asustado.

—¡Papá! ¿Qué onda? ¿Qué está pasando? —dijo, con una voz distante.

Sentía como se retorcía en el asiento, pero no podía tranquilizarlo verbalmente sin causarle aun más miedo.

Estaba manejando en piloto automático, inconsciente de los giros y las señalizaciones. Me sentía acalorado y sudoroso y entonces… ¡BUM!… la mierda me empezó a pegar en serio; esta sensación increíble, alienante y espacial. Mi cuerpo comenzó a temblar y estaba aferrado al volante como si de eso dependiera mi vida. De repente me di cuenta que estábamos afuera de la escuela.

Josh rápidamente abrió la puerta y saltó afuera, como alguien que se acaba de bajar de una montaña rusa en la que no querían subirse desde un principio. Se quedó ahí parado, con la puerta abierta, alejándose pero sin dejar de mirarme. Confundido. Asustado.

—Bueno Josh —logré decir—. Que tengas un buen día.

Él cerró la puerta. Yo me fui. Y él quedó parado ahí.

Nuevamente en la autopista 60 yendo hacia casa, el camino —en mi mente— comenzó a caerse hacia la izquierda, luego hacia la derecha, como un puente suspendido oscilando en un terremoto.

Luché contra mí mismo para conducir a través de estas olas de concreto.

No miré ni una vez por el espejo retrovisor. Si lo hubiera hecho, hubiera visto a las cuatro patrullas siguiéndome con sus luces centelleantes.

Yo solo quería llegar a casa; ojos fijos hacia delante.

Pero tomé la salida equivocada —Grand Avenue en vez de Fairway.

Mientras viré hacia la derecha y bajé por la vía de salida, una furgoneta blanca se asomó.

Hubo una sacudida.

La había chocado por atrás, a quince millas por hora y desacelerando.

Miré al reloj digital en el salpicadero. 7:55 a.m. Detalles extraños dentro de la oscuridad.

—¡Mierda!

Le hice señales al vehículo hacia un centro comercial al lado de la salida en la calle contigua, y ambos autos avanzaron a los puestos vacíos del estacionamiento para intercambiar información. Ni siquiera estaba fuera del auto cuando llegaron las patrullas, sirenas aullando.

Me reí.

Otra vez me están haciendo una broma en Punk'd.

Salí del vehículo, algo desequilibrado.

Ashton Kutcher estaba escondido en una furgoneta en alguna parte.

Sonreí, y el policía no podría haberse visto más serio.

Las primeras palabras estúpidas que emití fueron:

—Mira, mano, soy los Black Eyed Peas… ¡¿esto es una broma para *Punk'd*?!

—Por favor ponga las manos en la cabeza, Señor —me dijo.

Oscilé de izquierda a derecha.

—¡Claro, mano!

Me hizo la prueba del alcohol y me pidió que siguiera su dedo. Los doce dedos.

Mis ojos estaban tan dilatados que no podría haber seguido ni una roca si hubiera rodado frente a mí.

—¿Ha estado bebiendo? ¿Tomando drogas? No parece estar sobrio.

—Sí, mi hijo nació en octubre —respondí, pensando que eso era lo que

me había preguntado; una respuesta trastocada captada para la posteridad en el informe policial. Al parecer, seguía diciendo sandeces y mencionando el grupo.

—Soy Black Eyed Peas, ¿hay algo que puedas hacer por mí?

—Señor, acaba de chocar a esa señora —me dijo, esposándome—. Tiene suerte de no haber matado a nadie.

Recobré el equilibrio al apoyarme contra el costado de la patrulla, él me preguntó que había tomado.

Le dije codeína, por mi reciente cirugía dental.

Revisó el Range Rover y encontró unas sobras de porro.

—¿Fumaste esto también?

Me revisó la cartera y encontró las otras barras de Xanax.

—¿Y estás?

Debo haber mencionado los Black Eyed Peas nuevamente porque me dijo que no le importaba quién era, iría a la cárcel.

Al igual que en St. Martens, pero sin una tarjeta para salir de la cárcel.

Me subieron al asiento trasero del auto, y recosté la cabeza sobre el separador de plástico que dividía los asientos delanteros de los traseros. No recuerdo el viaje a la estación de policía City of Industry. Solo recuerdo estar parado dentro de la estación con un policía equilibrándome al tenerme agarrado de las muñecas esposadas. Entraba y salía de lo que me rodeaba, escuchando una conversación lejana sobre una prueba de orina.

No meé.

Eso lo sé.

Me metieron en una celda de detención con dos tipos que se veían gángsters; dos cholos. Cara a cara con el pasado otra vez, y esta vez en una pila de problemas en serio. No recuerdo más hasta luego en el día, cuando las drogas empezaron a perder su efecto. Y creo que ahí es donde comenzó este libro...

Tomo asiento con la espalda contra la pared helada, dolorido y gimiendo.

Esta bajada se siente como la más empinada y oscura hasta el momento...

Mi cabeza se siente pesada y mecánica, mi boca está tan seca que siento como si tuviera una docena de bolitas de algodón metidas debajo de mi lengua...

Tengo paredes grises en frente, detrás y a mi izquierda. A mi derecha hay barras de prisión del techo al suelo que me enjaulan del pasillo que lleva a la oficina del jefe de policías.

Hasta estar en mi propia piel se siente claustrofóbico.

Empiezo a caminar de un lado al otro, mis chinelas arrastrándose y saltando del piso...

Un policía llega a la puerta. Señala un vaso vacío y me dice que me habían pedido que orinara en él para una muestra, pero fui incapaz.

Miro detrás de él, a lo largo del pasillo, y veo un reloj. Son las cuatro de la tarde.

Me recuerda como me salvó de una paliza.

—Ah —dice el policía antes de partir—, deberías saber que los paparazzi te están esperando afuera.

Espero que la administración pague los $15.000 de fianza.

Me habían detenido por la sospecha de que tenía narcóticos en mi posesión y por conducir bajo la influencia, pero, sin una prueba de orina, no había suficiente evidencia, entonces me liberaron sin cargos mientras mandaban un archivo a la oficina del abogado del distrito.

Lo que *deberían* haber hecho era una prueba de sangre, pero, por alguna razón bendecida, no la hicieron y este detalle luego me salvaría el culo.

Lo que la policía si recordó hacer fue tomarme la foto para la ficha policial, y me enfrenté con mi primer momento de flash al dejar la celda. Era lo peor que me había visto o sentido y, parado contra una pared blanca, lo único que podía pensar es: *Esta foto va a terminar en TMZ* —y así fue.

Pensamientos irracionales corrían desenfrenados por mi mente porque la vida con los Peas me había enseñado todo sobre el poder de la imagen; la imagen duradera tenía que ver con emitir el mensaje correcto, sea en la tapa de un disco, una sesión de fotos o la llegada a la alfombra roja. Comencé a interpretar el mensaje de la foto de la ficha policial antes de que ni siquiera saliera impresa.

Decía "Detenido". Decía "Vergüenza". Me señalaba como el perdedor de los Black Eyed Peas. La oveja negra. Decía que todo lo que había luchado para lograr ahora no significaba nada. Mírame. Sueña como yo. Hazlo mierda como yo. Aquí tienes el ejemplo del tipo que lo tuvo todo y lo botó. Eso es lo que decía.

El policía me dijo que reclamara mis pertenencias y buscara mi vehículo, lo cual significaba tomar un taxi de la estación de policía al recinto a cinco minutos de distancia. Afuera, enfrenté más flashes, con un paparazzi en frente mío y otro tipo colgado de un árbol para la toma elevada; dos imágenes más para capturar el peor momento de mi vida.

Cuando llegué al recinto y al Range Rover, no estaba casi dañado, salvo una marca de pintura blanca en el paragolpes delantero, así que caminé hacia la cabina para firmar por las llaves. Había una mujer en su puesto, sentada, cabizbaja, leyendo una revista. Estaba parado del otro lado del mostrador, desapercibido, cuando la vida me jugó una de sus bromas pesadas.

Detrás de ella, pegado a la pared, había un afiche de nuestro disco *Monkey Business* y al lado estaba mi ficha de detención, colgada de un sujetapapeles. Era como si Dios —o Nanny— deliberadamente había alineado el sueño con la vergüenza como un último recordatorio crudo sobre las decisiones tomadas.

La mujer miró hacia arriba y su cara de inmediato la registró como una

fan de los Black Eyed Peas. Mi persona estaba desvestida, desenmascarada y totalmente desnuda, dejando que yo —la persona idiota— me sintiera expuesto y avergonzado. Pero ella ni se dio cuenta ni le importó.

—Hola —me dijo—, antes de que te vayas, ¿podrías firmar mi afiche? Soy una gran fan.

Tomé su pluma y garabateé mi firma, como lo había hecho miles de veces antes, pero en esta ocasión, no me podría haber sentido más como un impostor.

La mujer fue gentil. Me sonrió y me dijo que le había hecho el día.

Debe de haber sido las ocho de la noche cuando llegué a la entrada de mi casa. Tendría que haber estado devuelta en casa a las 8:30 de la mañana. Los caminos de la vergüenza no llegaban a ser mas deprimentes que esto.

Metí la llave y abrí la puerta. Jaymie ya estaba de pie en el pasillo, negando con la cabeza. Josh estaba sentado sobre las escaleras.

—No te puedo creer —dijo Jaymie—. No te puedo creer.

No tenía nada que explicar. Entre Polo y Sean, ella se había enterado de todo, y Josh obviamente le había contado lo que faltaba sobre nuestro viaje a la escuela. Me odié por la preocupación que les había hecho sentir a los dos. Jaymie había estado bombardeando mi celular con llamadas perdidas durante horas hasta que recibió la primera llamada de Polo.

—Lo siento —dije.

—Siempre lo sientes —me dijo, derrotada, y se fue a la cocina.

Josh ahora estaba parado en las escaleras, apoyado contra la barandilla.

—Papá, si no paras, me voy a vivir con mi mamá —me dijo, y subió corriendo las escaleras hacia su cuarto.

Escucharlo decir eso me mató. Era como un cuchillo penetrándome hasta el hueso.

Ninguna mujer ni hombre me podría haber hecho sentir lo que sentí cuando mi hijo dijo —sin otra intención— que estaba listo para dejarme; que me quería pero se sentiría mejor viviendo con Karish. Los padres abandonan a sus hijos, pero los hijos no abandonan a sus padres. Por lo menos no bajo circunstancias normales. Amor firme de un niño de trece años.

Cuando la gente habla sobre la claridad y los incentivos y la fuerza de voluntad, los refiero a este momento. Llegó como un rayo de luz solitario en medio de la oscuridad, como un foco sobre el escenario en el que de repente entré.

No había estado en casa ni cinco minutos cuando empezó a sonar el teléfono sin parar. Primero fue el abogado que contrataron, hablando todo tipo de mierda legal, y luego Seth Friedman, Sean Larkin y Polo, todos puteándome por rebosar la copa con esta gran gota. No supe nada de Will, Fergie ni Apl —y ese silencio, a petición de la administración, fue más severo que cualquier palabra.

Sabía lo que estarían pensando. Sabía que los había decepcionado.

Porque todos sabían lo que yo sabía: que mi arresto había puesto en riesgo el trato corporativo multimillonario más grande que nos habían ofrecido. Pepsi, en conjunto con Doritos, una semanas antes habían ofrecido patrocinar y financiar una nueva gira mundial para el otoño de 2007. El contrato se acababa de firmar. Era otra oportunidad de salir de gira entre discos, y ahí estaba yo mandando todo a la mierda.

Tanto Sean como Polo me recordaron la dura verdad: que bajo la cláusula de mala conducta en el contrato, Pepsi podía cancelar el trato si cualquiera de los Peas desacreditaba a la compañía con su comportamiento, o si cualquiera de nosotros éramos condenados por un delito.

—¡¿Entiendes lo que quiere decir esto, Tab?! —dijo Polo por teléfono, exasperado—. Quiere decir que podríamos perder este trato por tu culpa. ¡Nuestro *trato más importante hasta la fecha*, hermano!

Parecía una consistencia cruel que todo estuviera fuera de control, y para todo fuera demasiado tarde. Él mencionó que teníamos "el mejor abogado abordo". Dijo alguna mierda sobre como deberíamos manejar a los medios para limitar los daños.

Pero en lo único que podía pensar era en lo que me había dicho Josh.

El gerente comercial Sean también me puso los puntos sobre la mesa:

—Tab, no tienes las herramientas para mejorarte por tu cuenta. Necesitas comprender que requieres de ayuda profesional de gente con conocimiento dentro de esta área. Si quieres recuperarte, te puedo presentar a esas personas.

Pero en lo único que podía pensar era en lo que me había dicho Josh.

Mamá vino a casa esa noche. Nunca había interferido antes, pero ni el amor parcial de una madre podía quedarse callado ahora.

—Hijo, eres un adicto y necesitas ayuda. Si necesitas que venga a la casa todos los días después del trabajo, lo haré. Estaré aquí. Seré tu niñera.

—Gracias, Mamá —le dije. Le quería contar lo que me había dicho Josh, pero si lo decía en voz alta, creo que me hubiera derrumbado y, en esa noche, necesitaba toda mi fuerza para mantenerme entero. Ya me sentía lo suficientemente débil como para encima caerme a pedazos delante de todos.

No se dijo mucho más esa noche. Me dejaron solo, como un niño regañado con el tiempo necesario para pensar seriamente. Me acosté en la habitación principal, escuchando voces lejanas preocupadas hablando, y el teléfono no ceso. La casa abajo esta llena de todas las personas que amaba, y había una preocupación seria por mi bienestar. Yo sabía eso, y era un consuelo inmenso.

Pensé en lo que había dicho Sean, porque no servía de nada solo decir que quería estar limpio. Necesitaba *desear* renunciar a las drogas, *desear* sentirme mejor —de la misma manera que había deseado el sueño de niño.

Tenía que prepararme para construir un nuevo ser, volver a entrenar la mente, y a la vez limpiar mi sistema de la dependencia química. Este caso no se

arreglaba al dejar el alcohol y guardar drogas en el bolsillo; no había lugar para más juegos de manos. El nivel del agua estaba por alcanzar el techo y me habían dado la cantidad mínima de aire necesaria para respirar. Iba a darme por vencido, soltar y ahogarme, o iba a reunir algo de fuerza de alguna parte y atravesar el techo.

Pensé en lo que me había dicho Josh, y me quedé allí acostado hasta que el agotamiento me durmió.

Al día siguiente me sentía terrible.

Estaba temblando, sudando y la culpa era apabullante. No podía mirar a los ojos a

Jaymie o Josh. Me arrastraba como un extraño en su propia casa, yendo de cuarto en cuarto. Lo único que podía hacer era repetir las imágenes una y otra vez en mi mente. 7:55 a.m. fue cuando choqué. 8 a.m. me esposaron. 9 a.m. estaba en la celda. 10 a.m. Jaymie se estaba poniendo frenética… y así sucesivamente.

Pero este video también comenzó a perseguirme con la reproducción de lo que podría haber pasado. En esta versión "¿y si…?" de los eventos, me declaraban culpable e iba a la cárcel y perdía el sueño; o chocaba con Josh todavía en el auto y los servicios sociales de guardería se lo llevaban; o volvía a casa y Jaymie me había dejado una nota, ida para siempre; o Will, Apl y Fergie juraban nunca más hablarme.

Dentro de mi pánico, estos juegos psicológicos me atormentaban.

Jaymie intentó sacarme de mi propia cabeza al sacarme de la casa, y nos fuimos de compras a Target con Josh. Era igual de sin rumbo que mi día. Estaba sentado en el asiento del pasajero, temblando y sudando, y Josh callado atrás. En el camino hacia el lugar, Jaymie —serena y fuerte— me hablaba suavemente, diciendo que el único camino adelante era el cambio. Casi podía oírlo a Josh escuchando.

—Aquí estoy para ti, amor… te quiero ayudar pero solo si tú te quieres ayudar —me dijo. No me estaba reprendiendo como lo hubieran hecho algunas esposas. Ella, nuevamente, me demostró una suave compasión, dándome empujoncitos hacia un camino superior. Vio que su pareja estaba en problemas, pero debe de haber sido raro pero *ella* se volvió el hombre de la relación, tomando el control, siendo el apoyo sólido y la consejera principal.

A través de Target, seguí repitiendo el mismo mantra en mi cabeza: "Voy a cambiar mi vida… Voy a cambiar mi vida… Voy a cambiar mi vida".

Vi a Josh parado en uno de los pasillos, haciéndose el ocupado.

¿Cómo pude poner tu vida en peligro?

—Disculpa —dijo una voz, y me di vuelta para encontrar una muchachita saludándome, no más de catorce años. Alrededor de la edad de Josh.

—¿Me puedo tomar una foto contigo? —me preguntó.

—Bueno —le dije.

La abracé mientras su amiga tomó la foto feliz, y forcé una sonrisa constipada. Vi a esta niña pensando *No deberías estar tomando una foto de mí... estarás asqueada cuando salga la noticia... no soy ningún héroe. Soy un cero...*

Se fue de ahí. Tan... contenta. Sin embargo, ignorante. Dos fans en dos días, sin querer me habían hecho sentir como un fraude, indigno de la posición que ocupaba en sus ojos.

Estarás de acuerdo conmigo más adelante, pensé, *cuando todo quede claro.*

Mi arresto salió en todos los medios, el Internet, blackeyedpeas.com y los programas de espectáculos por televisión.

Revista *People*: **"Taboo de los Black Eyed Peas Detenido por DUI"**. *USA Today*: **"Taboo de los Black Eyed Peas Arrestado en Choque"**. *NME*: **"Cantante de los Black Eyed Peas Detenido por Conducir Bajo la Influencia"**. Era un humillación interminable y necesaria.

Deja llamó al celular.

—Mano, ¿qué mierda está pasando? ¡Estás por todo el Internet!

En la borrosidad, con tantas llamadas, no le había contado a mi mejor amigo y se había enterado por la Web. De todos, creo que él fue el que menos se sorprendió.

—Anda, hermano —me dijo—. Este es el ejemplo perfecto de por qué necesitas tomar control ahora. Ya voy para allá.

Cuando llegué a casa, todo me alcanzó. Solo puedes dejar atrás a la avalancha por cierto tiempo.

—No me siento bien —le dije a Jaymie, y me fui al baño. Llegué justo para vomitar violentamente y toda esta agua comenzó a salir de mí. La nausea parecía llegar con cada aliento y solo seguía vomitando, más y más, hasta que estaba vacío. Jaymie escuchó las arcadas y entró para encontrarme acurrucado al lado del inodoro.

—Amor... —me dijo, y eso fue todo. Rompí en llanto.

—La cagué... la cagué... la cagué.

Me levanté del piso como si fuera alguien que se había caído de una silla de ruedas, sin poder ayudarse a sí mismo, y se quedó conmigo. Toda máscara, pretensión y frente que había puesto y con las que había caminado arrogantemente acababan de caerse y romperse en mil pedazos contra ese piso de baldosas, dejándome tirado ahí como un paquete crudo de nada. Porque este era yo sin el estrellato, la bebida, las drogas y la reputación de fiestero. Esta era la nada que siempre traté de ocultar.

Me acurruqué entre los brazos de Jaymie como un niño asustado y sollocé; el tipo de sollozo que te hace aullar y temblar. La última vez que había llo-

rado así fue después de la muerte de Nanny, pero puedo honestamente decir que este era el nuevo peor día de mi vida.

—Voy a cambiar… voy a cambiar —dije.

—Tienes que llamar a Sean —me dijo ella.

Una vez que me componga, lo haré.

Me fui arriba para componerme y estaba sentado al borde de la cama. Me encontré abriendo el cajón de la mesa de luz por hábito. Vi un poco de Kush, lo olí y tuve el antojo familiar.

Voy a cambiar. Voy a cambiar.

Lo seguía viendo y oliendo.

Me quiero colocar ahora mismo. Necesito colocarme ahora mismo.

A la adicción le vale mierda cuán bajo estás o cuán peligroso es el estado en que te encuentras. Te provoca. "A la mierda con la cárcel. A la mierda con la carrera. A la mierda con el cambio. Solo colócate". Es como una voz implantada debajo de tu piel, alentándote, impulsándote.

Solo que esta vez me asusté.

No lo puedo explicar porque nunca había experimentado ese miedo, pero de repente estaba consciente del hecho de que si me colocaba ahí y en ese momento, me llevaría a llamar a un proveedor para conseguir más, y el círculo vicioso se repetiría y perdería la familia y la carrera

Agarré la bolsa de porro como si estuviera levantando al enemigo de la garganta.

—Esta mierda no la hago más —dije en voz alta. Se trataba de reclamar el poder.

Entré al baño, subí la tapa del inodoro, boté lo que quedaba de mi bolsa de marihuana de $400 y tiré la cadena. Luego entré al pasillo y abrí la puerta del armario, sabiendo que ahí era donde había puesto mi pipa de vidrio. La saqué y la estrellé contra la pared del baño.

Esa tarde fue la última vez que vería o tocaría cualquier cosa que tuviera que ver con el porro. Volví al cuarto, levanté el teléfono de la casa e hice la mejor llamada de mi vida.

—¿Sean? Es Tab. Necesito tu ayuda. Haré todo lo que sea necesario.

Esos primeros pasos dentro del proceso de recuperación se sintieron como si otra vez fuera un bebé. Me sentí pequeño, inepto e indefenso, necesitando apoyarme en otros adultos para volver a aprender como caminar y ser la versión del "yo" que no necesita mejoras químicas para sentirme cómodo y seguro en mi propia piel. Esos primeros pasos los di en el piso ocho de un edificio de ocho pisos en Sherman Oaks, Los Ángeles, donde Sean Larkin maneja los negocios de los Black Eyed Peas, y donde una terapeuta llamada Dr. Betty Wyman me estaba esperando.

Sean la había contratado anteriormente para otro cliente, y en Hollywood se la considera una de las terapeutas de las grandes ligas, trabajando desde el centro de rehabilitación en Malibu llamado Promises (Promesas).

Ese primer día yo era un desastre: inseguro de qué esperar, confundido con cómo me sentía y nervioso de tener que enfrentar esta mujer porque, antes de conocerla, se sentía como una confrontación. Al final, no era nada como la terapeuta austera que me esperaba. Era una mujer normal, vestida de manera informal, de cuarenta y pico, natural sin maquillaje y usando jeans y una camiseta por fuera. Cuando se presentó firmemente, emanó una onda práctica y al grano que decía, "Soy igual que tú, así que no seamos comemierdas".

Estaba sentado a su lado en un sofá de gamuza negra, y Sean acercó una silla para completar el triángulo. Las paredes que nos rodeaban estaban llena de placas que conmemoraban las ventas platino de nuestros discos *Elephunk* y *Monkey Business*. La vista de afuera era una impresionante de los Hollywood Hills al sur y el San Fernando Valley al norte, ambos regodeándose en los rayos radiantes del sol. Había estado en esta oficina antes, sintiéndome en la cima del mundo. Ahora, necesitaba una taza de té entre mis manos para dejar de moverme nerviosamente.

Betty ha visto gente como yo ir y venir con los años. Yo solo era otro caso malo del legado de Hollywood y, como resultado, no perdía tiempo acariciando egos. No respeta el estatus de celebridad ni le importa lo que has logrado o dónde has ido. Esa placas en la pared le valían mierda. Ella se interesa en enderezar al ser humano, no en mejorar reputaciones. Me di cuenta de eso cuando me largué a llorar mientras hablábamos de mi historia y ella me puso en mi lugar.

—¿Sabes lo que es esto? —me dijo, sin simpatía—. Llorar es la culpa y vergüenza que sientes, y yo no estoy aquí para festejar tu autocompasión. Yo estoy aquí para ayudarte a que te ayudes a ti mismo y cambies.

Ah, este es el tipo de mujer dura que necesito.

Dejé de llorar, como un niño que se ha caído y se da cuenta que ya no es el centro de atención.

—Tú no eres una gran cosa en mi vida. Tú eres igual que todos los demás y si yo invierto tiempo en ti, entonces tú tienes que estar totalmente comprometido y debes seguir hasta el final —dijo, severamente. Luego lo explicó en más detalle: quería que me someta a un tratamiento llamado Pro-Meta, que hiciera terapia con un terapeuta y fue fuera a reuniones de AA.

No hice preguntas ni quise saber en qué consistía el tratamiento. Lo único que me importaba era hacer lo necesario para librar esta enfermedad de mi sistema. Si había algo en lo que no dudaba era mi fuerza de voluntad para lograr que pasen cosas. Si puedo salir adelante de East L.A. y convertirme en un Black Eyed Pea, entonces puedo levantarme del fondo de este barril y volver a encaminarme. Eso es lo que le dije a Betty.

—Ya he escuchado todo tipo de buenas intenciones —me dijo.

Sentí su duda, y si hay algo que nunca cambió en mí es la respuesta automática cuando escuchó que alguien está dudando de mí.

Ah, ¿no lo crees? ¡Entonces, mírame!

Probablemente fue la mejor duda a la cual enfrentarme en ese momento.

Someterme al tratamiento Pro-Meta era como dar sangre, y solo necesitaba tres sesiones de treinta minutos. "Tres tratamientos te cubren por el resto de tu vida porque te quitan los antojos", recuerdo que me dijeron.

Es una vía rápida directo al torrente sanguíneo, con una infusión de un líquido incoloro, que me resultaba mucho más atractivo que la idea convencional de tener que encerrar y confinarme en un centro de rehabilitación. Costó $20.000, pero esos $20.000 me salvarían la vida.

Me convertí en un paciente externo de Promises en sus oficinas en Santa Monica, en vez de uno de sus residentes en Malibu.

Básicamente, me acostaba en una cama, me encontraba la vena y esta mierda química arrancaba mi proceso de recuperación. Después de tres chorros, me fui con un suministro de medicaciones que me durarían un mes y —bajo instrucciones de la doctora Wyman— una receta para asistir a Alcohólicos Anónimos y hacer terapia. Ese es el punto de Pro-Meta: está diseñado para que se integre a tratamientos de medicina y comportamiento. No es una magia que funciona sola, y solo puede eliminar el veneno y trabajar en los desbalances químicos del cerebro. No puede ordenar la enfermedad mental.

Al principio —entre tratamientos— luchaba contra la tentación todos los días. Era como una dieta de hambre, y cada vez tenía más y más hambre, y me tomó toda mi fuerza de voluntad y unas dos o tres semanas antes de que esas punzadas y la irritabilidad que conllevaban se calmaran. Mis adentros dieron una vuelta de 360 grados a nivel químico, así que no podía esperar nadad menos, pero fue duro. No podría haber sobrevivido sin Jaymie, Mamá, Deja y las reuniones de AA a los cuales iba religiosamente en un lugar llamado Windsor House en Glendale. Extraído del estudio, la música y las giras, mi recuperación y este refugio se volvieron el enfoque que me absorbía todo el tiempo. Sé que muchos dicen que los "primerizos" temen cruzar ese umbral, pero yo no veía la hora de lanzarme y aferrarme de ese salvavidas. Temía más la idea de *no* hacerlo. Solo me quería recuperar.

También era la mentalidad que significaba que debía guardar distancia de Will, Apl, Fergie y el resto del equipo. Sean y Polo eran el único contacto real que tuve con los Peas durante las primeras semanas. De todas maneras, Will y Fergie estaban convenientemente envueltos en sus proyectos como solistas, lo cual me parecía perfecto. Ferg estaba promocionando y tocando canciones de su disco *The Dutchess* y Will estaba promocionando su línea de ropa. Hablamos por teléfono y me mandaban mensajes de apoyo, y sabía que estaban ahí si los necesitaba, pero fue una bendición que no estuvieran cerca, porque quería recuperarme antes de volverlos a ver. No quería que me vieran como este tipo frágil y quebrado en el proceso de recuperación. Solo me habían conocido como el tipo seguro y quería recobrar algo de esa confianza antes de verlos otra vez.

Mientras tanto, los abogados lidiaron con las formalidades legales y para mayo —al no tener mis pruebas de orina y sangre— solo me acusaron de dos infracciones menores de posesión de marihuana, y el caso se resolvió en la corte en mi ausencia. Mi castigo fue una multa de $200. Y como era una infracción menor, y no un delito, no hubo consecuencias en cuanto al trato con Pepsi. Nuestro patrocinador más grande —apoyando nuestra gira de Black Blue & You— no se veía afectado y seguíamos adelante en aquel septiembre.

No creas ni por un segundo que no comprendía lo suertudo que era. Me concedieron una segunda oportunidad que muchas personas no reciben.

Piénsalo: un conductor igual de ido que yo bajo la influencia en general choca y se mata o mata a otros, pero yo me logré escapar. Y no solo me escapé con vida, sino que me escapé de terminar en prisión, y no perdí a la mujer, el hijo y el trato con Pepsi. Ni siquiera vale la pena pensar en las repercusiones y las probabilidades en otra vida. Choqué, sobreviví y un poder superior me otorgó la oportunidad de revivir mi vida a través de la sobriedad. Por eso no tuve ningún problema en lanzarme dentro del mundo de AA durante los próximos seis meses, yendo a reuniones tres veces por semana y haciendo sesiones de terapia. Betty Wyman demandaba dedicación y yo le di dedicación.

No importaba que tuviera un problema más relacionado a las drogas que el alcohol e igual iba a AA. Como me explicó, una vez alcohólico, siempre alcohólico, y una adicción es una adicción, y AA esta lleno de drogadictos que tambien tienen un problema con el alcohol. AA. NA. Es la misma mierda bajo diferentes carteles.

Recuerdo como regresé a la realidad con mi debut en AA.

Durante esos primeros días de recuperación, todavía tenía una onda de Hollywood de mierda, y aparecí con un conjunto de cuero, un pendiente de diamante, un collar de diamantes, unas zapatillas súper cool y gafas negras. Estaba brillando. Parecía estar vestido para una premiere roquera en Hollywood Boulevard, desesperado por hacer una buena primera impresión.

Era —yo era— ridículo.

En mi defensa, no sabía nada sobre AA y pensé que me estaban mandando a un AA roquero para otros músicos y artistas, y el cuarto estaría lleno con personajes al estilo Ozzy Osbourne y Slash, no mujeres y hombres comunes y corrientes que ves en la calle.

Me resultaba difícil escapar la mentalidad que me llevaba a esconderme detrás de la máscara de artista en el mundo de artistas.

Entré a este silencio incómodo dentro de un centro social, con sillas plegadizas abiertas y formando un círculo, y todos estaban parados con ropa normal, sudaderas y tops viejos, con una onda que ya se habían dado por vencidos en la vida. Todos estos ojos se levantaron del piso y me miraron fijamente como diciendo, "¿Quién mierda es este payaso?".

Había entrado a un cuarto con un grupo de gente cuyas adicciones y miseria estaban más hechas mierda que las mías, y una mirada de todos ellos me hizo sentir como un idiota. Mi pretensión de estrella encontró su última frontera en un cuarto que era naturalmente anónimo. Me quité las gafas y la chaqueta de cuero, y me senté, tratando de integrarme como podía, pero no podía hacer nada con los pantalones de cuero brilloso y las zapatillas llamativas.

Como el "primerizo", y el nuevo idiota coronado, sentí como si todos dentro del círculo me estuvieran mirando y, sin mis gafas oscuras, era un infierno estar ahí sentado dentro de esa mirada fija. La única manera de calentar aquel cuarto era siendo bien real y honesto. Después de hablar un poco por medio del administrador, era mi turno para "compartir" y presentarme.

Me paré y comencé a hablar.

—Hola, mi nombre es Jaime, y soy un alcohólico y drogadicto. Me arrestaron el 27 de marzo… —y bla bla bla bla, conté mi historia: yo empujando los extremos, yo atiborrándome con alcohol, yo actuando como perdedor, yo chocando, yo en una celda. Una vez que empecé a hablar, no podía parar. Encontré que una historia no suprimida era fácil de contar. Abrir esa válvula de la verdad era liberador.

Mi historia, no mi conjunto de ropa, dijo que era uno de ellos, y ellos me aceptaron.

Los que estaban sentados alrededor mío eran un grupo de compañeros adictos bastante azotados. Había unos doce de nosotros en total. Había una señora embarazada a quien le quitaron sus dos hijos hasta que se limpiara de su adicción. Habían dos tipos que perdieron todo: trabajo, esposa, hijos. Habían unas historias bien fuertes, y yo pertenecía en este escenario con un reparto triste y me sentía cómodo sin estatus, sin tener que ser "alguien". Había encontrado un santuario sin presión donde podía conversar íntimamente con gente que estaba pasando por problemas similares, y donde podía compartir y escuchar y aprender. Algunos habían caído mucho peor que yo y estaban reuniendo la fuerza para mejorarse, y eso me apoderaba. Aun más importante, al ver lo que perdieron otros, me hizo sentir agradecido al dejar la reunión y volver a casa a Jaymie, Josh y un trabajo. Era un agradecimiento que me mantuvo enfocado.

Al final de cada reunión decíamos La oración de la serenidad, la cual me conozco ahora igual de bien que las letras de "Joints & Jam" o "I Gotta Feeling":

Dios, concédeme la serenidad
para aceptar las cosas que no puedo cambiar,
valor para cambiar las que sí puedo
y sabiduría para discernir la diferencia

Una oración. Una fe. Una comprensión humana que nunca hubiera recibido si hubiera seguido hurgando en la superficialidad de Hollywood. En esta comuna de AA, algo nuevo y espiritual se abrió y me conectó con la fe que tenía Nanny, y con el Dios con quien la había visto hablar desde su sillón cada mañana, Biblia en mano. No estoy por entrar en la palabrería del renacido. Porque no era un "renacido", era una segunda oportunidad.

En este momento, comencé a reconectarme con algo que había sido parte del mundo de Nanny; con algo que siempre me trató de enseñar, en casa o en la iglesia o prendiendo una vela a Nuestra Señora de Guadalupe en El Mercado.

Nanny me había inculcado la importancia de Dios, pero lo había perdido porque había estado pasando tiempo con el demonio y habíamos tomado tragos y fumado porros por demasiado tiempo. Me cegué por el estereotipo de sexo, drogas y rocanrol, hasta que Dios estiró Su rama de olivo en aquella celda, y hasta que redescubrí una fe aleccionadora en mis reuniones de AA.

Una fe en Dios. Una fe en mí mismo.

Llevaba esa fe conmigo en forma de fichas estilo póquer de AA que eran como medallas entregadas para señalar el primer día y luego cada treinta días de sobriedad. En mis ojos, en vez de acumular una reserva de porro, me enfoqué en armar una pequeña pila de fichas. Un día. Treinta días. Sesenta días. Noventa días.

Entrando la etapa de dos meses, me sentí lo suficientemente fuerte para ver a Will y Apl, y pasamos un rato hablando mierda en el estudio, charlando sobre la gira de Pepsi-Dorito, cuando Will me preguntó:

—¿Crees que alguna vez volverás a beber?

—No —le dije, con seguridad.

Apl se rió.

—¡Volveras! —dijo, refiriéndose a mis hábitos fiesteros.

No dije nada en ese momento, pero era una respuesta que me asustaba porque aquí estaba mi hermano y amigo dudando abiertamente de mi habilidad y fuerza mental para mantenerme encaminado. No lo podía culpar después de todo lo que había visto, y todas las promesas falsas que había hecho antes. Pero igual fue un sacudón, porque me recordó cuán débil y enganchado debí estar para justificar tal cinismo.

—No lo haré —dije—. No volveré.

Apl se lo tomó con humor y se rió.

Nuevamente avivaron el fuego de la duda; ese rebelde interno se levantó una vez más al escuchar a alguien decir que no era capaz. *Ah, ¿no lo crees? ¡Pues, mírame!*

Es lo mejor que me podría haber dicho Apl bajo las circunstancias porque lo dijo en un momento en donde muchos adictos sucumben: ese período de peligro entre los dos o tres meses donde la recaída te acosa más intensamente. ¿Quizás fue por eso que lo dijo? ¿Un poco de psicología inversa? De cualquier manera, yo *sabía* que no había vuelta atrás.

Recuerdo alcanzar el hito de tres meses y volver a casa a toda velocidad para contarle a Jaymie. "Hace noventa días que estoy sobrio!" —y eso se sintió como uno de los obstáculos más grandes que había logrado vencer.

Las fichas siguieron llegando: ciento veinte días. Ciento cincuenta días. Ciento ochenta días. Todavía las tengo guardadas hoy en día. Como dije, son mis medallas que me gané en las trincheras. Pero sabía que la prueba de fuego llegaría cuando volviera a la vida en el autobús, de gira y entraba nuevamente a los antros de la industria musical que fueron los primeros en tentarme.

Una manera en que sobrellevar y lidiar con la humillación pública era burlándome de mí mismo, condicionado por la "fam-er-ree" Black Eyed Peas. Durante el primer mes, noté que en los foros de blackeyedpeas.com estaban debatiendo esto y lo otro sobre mi arresto: *¿Supiste lo de Taboo? ¿Fue por alcohol? Nunca pensé que Taboo era drogadicto. ¿De qué se trata todo esto?*

Sentí que había decepcionado a estos fans que me miraban como ejemplo, y respondí con un mensaje: *Todos nos equivocamos, pero aquellos que aprenden de sus errores son los que salen ganando. Gracias por todo el amor y apoyo.*

Pero no quería volverme demasiado pesado y serio, así que pensé, *Sabes qué, voy a hacer una canción y videoclip sobre lo ridículo que soy y lo voy a transformar en una autoparodia.* El rap y video se titularon "March 27th" y fue mi manera de dirigirme aceptar públicamente la farsa que había cometido.

Era una crónica rapeada de los eventos de todo el día, y me metí en la cabina de voz en Stewchia e improvisé esa mierda en una toma. Fluyó de mí en verso, y luego hicimos el video para acompañarlo: yo conduciendo mi Range Rover, con un gran porro en mano —*"sliding it/colliding it/smoking that weed again"* ("deslizándolo, chocándolo/fumando ese porro otra vez")— y luego siendo esposado mientras hacía de payaso con los policías. Me puse un mono naranja, me encerré en una cárcel, hablando con Josh a través del teléfono para visitas en una de esas cabinas resguardadas, y él me gritaba —*"What was I doing? What the hell was I thinking?"* ("¿Qué estaba haciendo? ¿Qué estaba pensando")— y todo el video era yo diciendo "Sí, la cagué y comprendo la gravedad del asunto, pero me estoy recuperando y, miren, me estoy burlando de mí mismo porque me estoy riendo del asunto —no me vencerá".

Los terapeutas te animan a sentirte cómodo con, y ser dueño de, tu "lado oscuro", y yo utilicé mi hora más sombría para descargar algo de creatividad, produje un video viral para que mi yo sobrio se pudiera reír —en público— de mi yo bajo la influencia. Supongo que era parte de la necesidad de procesarlo y pareció funcionar. Me hizo sentir mejor y los fans parecían apreciarlo. *"¡Qúe buen video! ¡Bienvenido de vuelta, Taboo!".*

Escribir una autobiografía debería ser parte del tratamiento porque el proceso de escribir te hace las mismas preguntas interminables, desentierran tu pasado y rastrilla las mismas heridas. Volcar todo sobre estas páginas me recordó sesiones de terapia durante el verano de 2007, y es difícil decir cual de los dos es más laborioso, doloroso y agotador: el escrutinio urgente de un desconocido sentado en una silla y hurgando en tus asuntos o la auto-examinación que ocurre con el tipo de reflexión que solo permite el tiempo. Ninguno de los dos procesos me son naturales, y para alguien que nunca le ha gustado profundizar, la búsqueda para darle sentido a todo parece haber tomado tanto tiempo como todas las grabaciones y giras. No sabía que saldría cuando primero comencé a escribir este libro en diciembre de 2009, y fue lo mismo cuando crucé el umbral del terapeuta: simplemente estaba abierto al proceso.

Terminé yendo a las oficinas de Santa Monica de Promises a encontrarme con una mujer llamada doctora Poland, cuya onda se sintió como el calzado perfecto al entrar, acompañada de Jaymie. Ella tenía un espacio más informal no tan oficina, con un sofá para nosotros y una silla de cuero en frente para ella. La doctora Poland era una estrella de rock: rubia, dientes perfecto y un estilo medio hippie que la llevaba a ponerse unas camisetas súper cool de teñido anudado. Y tenía unas zapatillas buenísimas. Las noté en seguida.

Antes de hacerme preguntas, me contó que había estado en una banda y conocía ese mundo. Ahora era una terapeuta ayudando a otros. Aquí había alguien que comprendía mi mundo, y esa perspectiva y empatía significó que nos conectamos en seguida. Su onda relajada me hizo sentir cómodo en todo sentido, y sentí que le podía contar a esta mujer cualquier cosa y todo, y durante varios meses, con una sesión por semana, salló mi historia; la versión desnuda de los hechos fuertes sobre lo que has estado leyendo.

Comencé al principio, trabajé a través del medio y llegué al final, paso a paso, siempre de la mano de Jaymie. Era más personal y con un sondeo más profundo que las sesiones de AA, y una complementaba a la otra en ese respecto: un balance entre la comuna general y lo profundamente confesionario.

No voy a comenzar a escribir el análisis completo y complicado. En todo

caso, ya mencioné el impacto que tuvieron los eventos de mi niñez, mi padre ausente y mi padrastro presente. Pero la doctora Poland me hizo entender el panorama más amplio: que era una acumulación gradual de *todo* —la niñez, la baja autoestima resultante, la culpa reprimida de no estar ahí para Josh, las giras que me sacaban de la "normalidad", la forma en que maneje la explosión de los Peas, las presiones sutiles de la industria musical— lo que me había jodido. La vida que venía llevando era tan alejada a la experiencia humana normal que me distancié y me perdí en el proceso.

Tomó mucho sentarme ahí con Jaymie y desnudarme así, capa por capa, pero ella me hizo sentir seguro al hacerlo. Ella aceptó mi vulnerabilidad y nunca amenazó con estar disgustada o salir corriendo con ella, y sé que este proceso nos unió aun más. Me llevó tiempo comprender y aceptar el valor de realmente comunicarme con mi persona más cercana.

La terapia, al final, incluía tanto consejos a nivel pareja como sobre mi propia recuperación. Entonces, cuando digo que Jaymie me enseñó lo que era el amor —la intimidad, quién era yo— no exagero.

Durante una sesión, la doctora Poland cerró las persianas, apagó las luces y nos dijo a mí y a Jaymie que íbamos a hacer un ejercicio.

—Se van a acostar en el piso juntos, cierren los ojos y respiren juntos —nos dijo.

Unas semanas antes, previo al arresto, la sola idea de hacer una cosa como esta me hubiera generado una gran indiferencia. Pero ya no estaba en esa zona de riesgo, y lo único que quería hacer era volver a casa, a mí mismo. La doctora Poland podría haber dicho párate en un rincón sobre una pierna con tu dedo índice derecho en el culo.

¿Funcionará meterme el dedo en el culo? ¡Sí! Listo, cool.

Tanto así confiaba en el proceso.

En la oscuridad artificial del día, yacía ahí junto a Jaymie, sincronizando nuestra respiración. Adentro. Afuera. Adentro. Afuera.

Sentí su vida al lado de la mía.

¿Cuántos hacemos esa mierda? Escuchar de esa manera. Me había acostado en la cama con ella, la había sentido a nivel físico, teniéndola, haciendo el amor con ella, pero nunca esto.

Apreciar cada uno de sus alientos durante minutos interminables.

Agarrados de la mano en la oscuridad.

Jaymie siempre le ha gustado el "equipo" y la "familia". Yo solo me había concentrado en mí mismo.

El hombre se engaña si cree que puede subir y conquistar montañas solo. Sin la base de una casa, amor y familia a la cual volver.

Dentro de ese cuarto con la doctora Poland, durante varias semanas y a través de algunas lágrimas, uní todos los pedazos que había roto a través de los años, dentro de mí, y dentro de la relación. En ese cuarto, me sentí un hombre liberado de tanta mierda del pasado: ojos abiertos ahora, consciente, comprendiendo mejor, aprendiendo paciencia, conociendo la compasión.

—Debes venir a nuestra boda —le dijimos a la doctora Poland.

—No me lo perdería por nada en el mundo —nos respondió.

EL FINAL FELIZ

Antes de caminar hasta el altar, primero tenía que probarme a mí mismo y a otros que podía mantenerme en el camino correcto.

Había pasado seis meses sobrio y sentí que el Pro-Meta estaba cumpliendo con su promesa: no tuve antojos por más de la mitad del tiempo. Me sentía bien y fuerte, pero todavía no había pasado el obstáculo más grande: salir de gira nuevamente.

La gira mundial Black Blue & You, patrocinada por Pepsi —el mismo trato que había puesto en peligro— nos iba a llevar a veinte países ese otoño, incluyendo China, Rusia, Corea del Sur, Malasia, Indonesia, Singapur, Nigeria, Tailandia, Venezuela y el bloque oriental de Europa.

No me molesté al escuchar que la administración se quería asegurar de que seguiría en recuperación y no sufriría una recaída. Si soy honesto, estaba seguro de mis intenciones, pero ni siquiera yo podía garantizar qué pasaría una vez que volviera a la escena de las giras. Una cosa era caminar, cabizbajo y enfocado, en un ambiente casero rodeado de una red de apoyo: prometida, mejores amigos, terapeuta y reuniones de AA. Pero la gira era otra historia. Me bombardearía todo a la vez con el tipo de pruebas que la terapia no recomienda: me quitaría los estabilizadores para ver si podía andar solo; me arrancaría de la normalidad a una órbita lejana sin la esperanza de estar tranquilo en un lugar por más de cuarenta y ocho horas durante un período de dos mes; y me devolvería al mismo ambiente social —los hoteles, los autobuses y aviones, los clubes donde nos contrataban—

que me había llevado por mal camino al principio. La prueba de fuego solo se iba a presentar una vez que estuviera cara a cara con ese tipo de aburrimiento y agenda agitada que llevan a artistas como yo a ver el alcohol y las drogas como un mecanismo para afrontar lo demás.

Por eso la doctora Betty Wyman me designó un compañero sobrio quien sabía lo que conllevaba llegar a una recuperación verdadera. Se pegaría a mi como pegamento en la gira, dijo la administración, pero no te preocupes, será como tener un guardaespaldas.

Les dije a Polo, Sean y Betty lo mismo: "He llegado demasiado lejos para sucumbir ahora, así que hagamos lo que sea necesario".

Mi sombra se llamaba Tim. Su trabajo era protegerme de mi propio demonio llamado "Recaída". Tim era un tipo blanco, alto de Los Ángeles quien fue elegido porque había sido un compañero sobrio eficaz para otra persona que conocía el grupo, así que no era un extraño. Habíamos visto esta "sombra" antes. Yo confiaba en él.

También confiaba en su camino. Era un alcohólico ya con unos años de estar sobrio. Podía caminar solo sin apoyo —sin la necesidad de colgarse de la soga de otro— y lo único que pienso cuando se me viene a la mente hoy es su humor; un ingenio seco y sarcástico que significaba que cuajaba perfectamente con la "fam-er-ree". Se refería a su pasado de adicto como él siendo un "cubo de basura profesional", cualquier porquería o mierda que le ofrecían, el agarraba. Para mí, era difícil ver el pasado en su cara porque ahora era un hombre sólido, una atalaya, ojos vivaces, cara fresca. Pero yo lo estaba viendo en el futuro que alguna vez él ni se imaginaba, y eso es lo que lo hacía mi ejemplo a seguir.

Pasaba tiempo conmigo, caminaba conmigo, compartía historias conmigo y escuchaba el silencio conmigo. Nos reuníamos después de cada actuación. Me bajaba del escenario, bañado en sudor y energizado con la adrenalina, e iba directo a la zona mental compartimentada con Tim; un momento uno a uno para bajar y enfocarme.

Olía porro en el aire por dondequiera que iba. Seguía habiendo alcohol gratis y las mismas grupis en busca de fama por asociación. Todo a lo que había sucumbido antes seguía rodeándome.

—¿Cómo te sientes aquí? Háblame —me dijo Tim, manteniéndome enfocado.

—Asqueado. Me siento asqueado por todo —le dije—. Y debilitado —le agregué.

La kriptonita a mi recuperación.

Cuando alguien encuentra a Dios o redescubre la fe, normalmente no van a pasar tiempo con el demonio. Pero yo seguía pasando tiempo en la guarida del demonio porque no me quedaba otra. El ambiente habilitador de la industria musical era mi mundo. El escenario era mi casa. Los clubes y fiestas después de

conciertos eran mi obligación por contrato o actuación paga. No me podía despegar de este gemelo siamés.

Al principio, me resultaba difícil ver como alguien se prendía un porro o se servía un vaso con vodka mientras todos reían y la pasaban bien. Me paralizaba. Era como si ya no supiera cómo pasar un rato naturalmente.

¿Quién soy en este ambiente si no puedo tomar ni fumar?

Will y Polo siempre me alentaban. "No tienes que beber. Solo tienes que estar aquí por una hora. Es trabajo, Tab, míralo como trabajo", me decían.

Este soy yo trabajando. Siendo profesional.

Pero no siempre era tan fácil como tener una charlita conmigo mismo y apoyarme en Tim, porque esos períodos de una hora a veces se sentían como una década de largos y hubieron dos o tres ocasiones donde solo duré cuarenta y cinco minutos y me tuve que ir. Salir corriendo parecía mejor que enfrentarlo. Como una fobia. Asustado por la vida que podría volver a perder.

Me tomó tiempo comprender que estaba reaccionando al miedo de que me empujaran algo en frente que yo sabía era malo para mí. Esa comprensión de parte de Tim fue indispensable durante aquella gira porque cuanto más me contaba sobre lo que era normal o típico dentro de la recuperación, más crecía mi conciencia, y me volvía más fuerte. Cuando no puedes mirar hacia el futuro y alguien en quien confías te dice que estás yendo por buen camino, te dan ganas de seguir caminando.

Yo era como el boxeador saliendo de una ronda furiosa y recibiendo una charla de aliento en mi rincón. Y cada ciudad, concierto y club representaba una ronda, y cada charla me mantenía lejos de las sogas.

Sigue luchando. Manténte a la defensiva.

Le vertía mis pensamientos y sensaciones a Tim al final de cada día, sabiendo que podía expresar una experiencia, una emoción, confusión, preocupación o duda y él tendría las respuestas. El mejor entrenador que haya tenido en la vida.

Sigue fuerte. Sigue conmigo. Tú puedes hacer esto. Tú puedes ganarle.

Nuestra primera fecha de Black Blue & You no podría haber sido más accidentalmente apropiada, el 9 de septiembre de 2007: Jerusalén.

Fuimos la actuación principal del festival Jerusalem Rocks en el local llamado Sultan's Pool, salteándonos los MTV Awards —donde Fergie se ganó Mejor Artista Femenina en su ausencia— para este festival sin fines de lucro que celebraba la paz y la unión. Desde una perspectiva personal, que mejor ubicación para probarme por primera vez que la ciudad del Santuario Bendito.

Era el lugar más espiritual en que habíamos tocado alguna vez: actuando en el pozo al aire libre de la antigua reserva de agua con paredes de la vieja ciudad ascendiendo a un lado hacia Mount Zion; sobre un escenario construido al lado de las paredes para crear un anfiteatro rodeado de asientos estilo gradas verdes. Era un lugar íntimo para alrededor de seis mil personas, pero salir allá afuera se sentía único, dentro de las piedras despedazadas y la historia antigua.

Me había preguntado cómo me sentiría nuevamente en el escenario, poscrisis y recientemente sobrio. *¿Qué pasá si no tengo la misma energía que antes? ¿Qué pasa si perdí algo durante la recuperación?*

Me había sentido tan crudo, culpable y vulnerable durante tanto tiempo que me preocupaba cuanto podía dar como artista allá arriba. Me sentí, de alguna manera, achicado por la recuperación y la terapia, porque todo el proceso te desnuda, y todavía estaba luchando con la culpa de mis acciones. En realidad me tomaría un año antes de poder parar de culparme por mis acciones que hirieron a Jaymie y había arriesgado la vida de Josh.

Esta gira era solo el comienzo de mi aprendizaje sobre cómo funcionar profesionalmente con todo este peso extra encima de mi espalda, y con los pedazos nuevamente unido recién asentándose. Era una gira que determinaba si todas las piezas movibles e instintos naturales todavía funcionaban eficazmente. En retrospectiva, ahora puedo ver que me estaba preparando para la gira de E.N.D. que nos esperaba en el futuro.

En el camarín en Jerusalén antes de subir al escenario, hablé con Tim y hablé conmigo mismo. Pero más que nada, hablé con Dios. Si Él me iba a escuchar en alguna parte, sería aquí en la tierra prometida. Me miré en el espejo. Ya no parecía estar embrujado. Tenía color en mis mejillas y mis ojos no parecían tan muertos. Como individuo, estaba en mejor forma. Pero el reflejo del artista y la reacción a los sentidos solo se darían a conocer una vez me montara en el escenario.

Hicimos nuestro círculo previo a la actuación mientras los israelíes fiesteros cantaban nuestro nombre. "Aquí estamos en Jerusalén", dijo Will, siempre liderando las palabras de ánimo. "El comienzo de una nueva gira, un nuevo comienzo. Salgamos y demos todo lo que tenemos. 1-2-3… Aprecio a todos los amigos que me rodean… blanco, negro, marrón…".

Nadie hizo alarde del momento para mí. Eso me hubiera hecho sentir peor. Pero ese círculo, y todas esas palabras alentadoras e inclusivas, me hicieron dar cuenta que nunca estaba solo con esta fam-er-ree.

Abrimos con "Hey Mama", y al comenzar ya estábamos haciendo lo nuestro.

Recuerdo haber levantado el micrófono y sentirme débil. Recuerdo hacer algunos pasos y no sentir la adrenalina. Le conté a Tim que sentía como si me estuviera engripando y que todo lo que podía sentir eran los dolores y achaques. No importó que nos fue genial con la actuación esa noche. No importó que el gentío festejó como Jerusalén había olvidado festejar. Yo no me sentía *yo mismo*.

Durante los días siguientes, tuve pesadillas de gira que estaba parado

sobre el escenario, sin saber como rapear, bailar o actuar, y el público me estaba abucheando. Pero aquí es donde entraba Tim como mentor y hermano, ayudándome a comprender que ahora era una persona nueva acostumbrándome a mi piel nueva. Claro que se sentiría extraño, me dijo.

Así que me tomé lo que quedaba de la gira Black Blue & You como terapia física para rearmarme como nueva persona y fortalecerme. Jerusalén representaba tantas cosas: el despertar, la realización de la transición, la esperanza de ser una persona más completa *y* un artista —la ciudad donde hurgué profundamente y dependí exclusivamente de la fe para seguir adelante.

Jerusalén fue una experiencia monumental porque volví a casa y al fin tenía algo importante para contar y compartir. Ya no era una memoria borrosa a través de la neblina del alcohol, y no era la misma historia de siembre "Tocamos en este sitio, fuimos a este club y tocamos en este otro sitio y fuimos a este otro club".

Floté en el Mar Muerto. Visité la iglesia en la Ciudad Vieja un domingo. Caminé por Belén, y visité el Muro de los Lamentos, encantado por el gentío de todas las edades parados y sentado ante su grandes pedazos de piedra, dejando notas con oraciones entre sus grietas. Parados ahí orando en silencio, en su sombra. Tal como lo hizo Nanny ante Nuestra Señora de Guadalupe. Estar ahí entre ellos se sentía potente.

¿Tal vez era esto lo que sentía Nanny cuando rezaba?

Yo dije una oración en silencio, imaginándome que el Muro de los Lamentos era El Mercado.

Nunca había entendido totalmente los rituales matinales de Nanny de oración, aunque me habían fascinado, y, sin embargo, en Jerusalén —de todos los lugares— esta sensación de espiritualidad me impactó y me hizo comprender mejor. Era como si le hubiera pedido ayuda a Dios en aquella celda y esta casualidad del destino —el momento, la ubicación, las realizaciones— era Su respuesta.

Hicimos maletas y nos preparamos para nuestra próxima fecha en la gira: Addis Ababa en Etiopía.

Me despedí de Jerusalén después de solo dos días, pero antes de partir, puse en mi maleta dos recuerdos para llevarle a Jaymie: un poco de arena del Mar Muerto y agua bendita de Belén.

Algo de sustancia y significado para llevar de vuelta a mi rincón de Hollywood.

Al finalizar la gira en octubre, yo volvía a una casa nueva que Jaymie estaba decorando y dándole los toques finales. Habíamos decidido dejar la casa en Walnut con la misma velocidad en que la familia dejos la casa en la película *Poltergeist*. Estaba llena de fantasmas malos y energía negativa y necesitábamos un nuevo comienzo.

Para mayo de 2007, dos meses después de mi arresto, nos habíamos ido de ahí.

Sean Larkin, quien fue una verdadera muleta a través de todo este período, sabía que estábamos viendo casas en Pasadena porque la zona quedaba cerca de Rosemead y a un corto viaje del centro. Pensé que habíamos encontrado un hogar cuando llamó y nos hizo pensar dos veces.

—Encontré una casa que creo les encantara. Solo véanla antes de tomar una decisión.

—¿Dónde queda?

—Altadena —nos dijo.

Altadena está a una altura más alta y al norte de Pasadena. Deriva la primera parte de su nombre, "alta", del español. Es un lugar que se siente más como campo que ciudad, y es, para mí, como ninguna otra parte de Los Ángeles. No se ven condominios, apartamentos ni palmeras, y, al estar más elevado con temperaturas diferentes, se sienten las estaciones —raro para Los Ángeles. En el otoño, las hojas de los árboles se vuelven doradas y el aire de la montaña comienza a sentirse invernal.

Los árboles aquí son únicos: Altadena tiene un tipo de cedro que normalmente se encuentra en el Himalaya —el cedro deodar— y estos son los árboles que forman parte de la famosa Christmas Tree Lane (calle de los árboles navideños). Sus calles pintorescas nos hicieron sentir esperanzados mientras conducíamos por una de las calles principales hacia la falda de la montaña en la distancia.

Cuando llegamos a la casa que había elegido Sean, de inmediato nos quitó el aliento. Estaba parada, con su frente beige y techo mediterráneo, alta y amplia y guapa sobre una colina alejada de la calle silenciosa. En cuanto subimos los escalones hacia la puerta principal y entramos, se sintió bien. Luego fuimos a la parte de atrás afuera y la vista cerró el trato: el patio trasero eran las montañas de San Gabriel, que comienzan a subir al final del jardín inclinado.

Esta es nuestra casa. Esto es el Paraíso.

Corrí hacia el principio del jardín, con la espalda a las montañas y mis ojos mirando hacia abajo a este castillo de cuatro habitaciones, y estaba ahí parado, absorbiéndolo todo cuando note la ausencia de los sonidos de Los Ángeles: nada de sirenas, ni tráfico, ni helicópteros, nada de la sensación de apuro. Solo silencio, interrumpido únicamente por la frecuencia de la naturaleza de pájaros cantando y árboles susurrando. Todo lo que veían mis ojos era verde suculento. Este lugar sobrepasaba todo lo que nos habíamos imaginado.

Vi el garaje para cuatro autos y de inmediato comencé a imaginarme apartando dos de los espacios y construyendo un estudio de música (que, en 2010, se volvió una realidad). Vi el estudio de madera oscura y me imaginé una

oficina de donde podría manejar mis asuntos y colgar todas mis placas. Jaymie vio uno de los cuartos y se lo imaginó como el cuarto para el bebé que queríamos tener.

Y vi un cuarto arriba y me lo imaginé como un cuarto para zapatos —diseñado como una tienda de zapatos con un banco en el medio, estantes con casillas y espejos inclinados hacia arriba que correrían a lo largo de cada pared— para guardar mis ochocientos pares de zapatillas. Yo soy el Imelda Marcos de los Black Eyed Peas, habiendo coleccionado zapatillas desde adolescente (y este cuarto tambien es una realidad hoy en día, pintado de rojo y negro).

Pinté esas realidades desde el primer día cuando juré que nadie más compraría esa casa. Estaba en el patio trasero cuando llamé a Sean y le dije:

—Nos encanta, la queremos, haz una oferta.

La ironía hermosa es que la pagamos con una parte del dinero ganado en la gira de Pepsi. Lo que casi arruiné me volvió como un regalo y nos proporcionó una casa nueva y un comienzo fresco.

Dios, tomé la decisión correcta.

Lección aprendida.

Habiéndome quitado una máscara —la de la estrella de rock fiestera— en el proceso de aprender a ser yo mismo, no pasó mucho tiempo para que la vida en el mundo del espectáculo me invitara a ponerme otra, que daba aun más miedo: la de un ninja español llamado Vega.

Supongo que Hollywood siempre me proporcionaría máscaras para usar. Por suerte, esto era todo en el nombre del progreso para mi carrera de actor.

Previo a mi arresto, había ido a una audición para la película de acción de 20th Century Fox llamada *Street Fighter: The Legend of Chun-Li* y no pensé más en eso después de la tormenta que había creado.

Pasaron siete meses y entonces llamó Polo.

—¡Felicidades, serás Vega!

En el videojuego que inspiró la película, Vega es el guerrero enmascarado de España que lleva una garra en la mano que le ganaría a la de Freddie Krueger si alguna vez se enfrentaban en las pesadillas de Elm Street. Él es mitad matador, mitad ninja, y usa una máscara plateada sin expresión porque, como dice la leyenda, "él cree ser imposiblemente hermoso y es obsesivamente narcisista". En otras palabras, Vega tenía unos rasgos muy Hollywood.

Este sería mi tercer papel como actor, habiendo hecho una película independiente llama *Cosmic Radio* luego de hacer *Dirty,* pero fue directo a DVD. *Street Fighter* estaba en otra liga, y cuando salió en 2009, tuvo un gran lanzamiento en mil teatros a través de Estados Unidos y ganó $8 millones de ingresos brutos en la taquilla.

Le había insistido a mi agente, Sarah Ramaker, que quería un papel más desafiante que mostraría mejor mis habilidades como actor, y pareció un momento oportuno que esta llamada llegó cuando me estaba encaminando. En especial porque mi arresto había cagado mis posibilidades de ir a la audición de *The Bucket List*, la cual Sarah también me tenía preparada. Las segundas oportunidades llegaban en todas las formas y tamaños en 2007.

Yo estaba emocionado porque Vega parecía hecho para mí, permitiéndome conectar con mi amor por las artes marciales. Hacía rato que había aprendido los movimientos ninja para el escenario, pero esta oportunidad en pantalla me dejaba, por lo menos en mi mente, vivir algo del sueño Bruce Lee y héroe de acción. También significaba viajar a Tailandia para la filmación, la cual duraría cinco semanas.

Uno de los opositores de Vega en la película es un personaje llamado Balrog, un boxeador afroamericano criado en el gueto, y su papel lo hacía Michael Clarke Duncan, quien había sido nominado a un Oscar por su rol de John Coffey en *The Green Mile*. Nunca olvidaré la bondad de Michael y su profesionalismo, porque hizo todo y más por establecer una relación antes de filmar, y se comunicó conmigo cuando mi confianza no estaba donde tenía que estar. Se aseguró de ir a una actuación de los Black Eyed Peas y pasar un rato detrás del escenario porque, dijo, "Quería ver tus pasos y establecer una relación personal antes de entrar a filmación". Eso es lo que tuvimos en escena, y hasta el día de hoy todavía lo considero un amigo.

Ese tipo de trabajo preliminar, y mis charlas con él sobre su experiencia como actor, me aumentó la confianza, y luego entrené durante dos meses con un luchador llamado Eddie Mills, quien era un luchador K1 y me enseñó kick-boxing y técnica elevada.

—¡Has hecho esto antes! —me dijo cuando me vio en acción.

—¡Aprendí en un garaje hace muchos años de niño! —le expliqué.

Silenciosamente le agradecí al padre de Antown por esas sesiones y aquellos nudillos ensangrentados mientras aprendimos la base del Jeet Kune Do.

Cuando llegamos a Tailandia, se sintió extraño, porque era la primera vez que viajaba a Bangkok sin los Peas y sin la atención de los medios.

Me encontré aislado de la zona de confort y transferido a un set de cine, y me encantó porque, dentro de la transición por la que pasaba mi vida, me mostró que seguí parado sobre mis dos pies.

La mejor parte de este viaje a Tailandia fue poder traerme a Jaymie y compartir la experiencia con ella. En los días que no estaba filmando, podía sentirme como un turista por primera vez en mi vida. En visitas previas, estaba amarrado a una cinta transportadora de ciudad a ciudad, fiesta de prensa a fiesta de prensa, pero ahora podía saborear el lujo de un verdadero respiro.

Al caminar y explorar Bangkok, nunca olvidaré la imagen de un hombre

paseando un elefante bebé por la calle. Lo observé asombrado mientras esta escena poco natural se desarrollaba ante mí. Con la locura de las calles citadinas, este elefante tamaño Dumbo estaba caminando por la calle cuando él y su entrenador llegaron a una señal de pare.

El hombre dijo algo y el elefante lentamente asentó el culo en el asfalto. Cuando la luz se volvió verde, el hombre dijo otra cosa y el elefante se levantó y cruzó la calle. Era como si el hombre estuviera sacando a pasear a un perro… pero este era un elefante gigante.

Supongo que todas las bestias, no importa que fueron enseñadas, pueden ser entrenadas devuelta para caminar por la vida de otra manera.

Jaymie y yo nos casamos el 12 de julio de 2008 en la iglesia de St. Andrew's en Pasadena —dos días antes de cumplir mis treinta y tres años.

Todos menos mi papá y Eddie estuvieron ahí.

Will, Apl, Polo, Josh y mi cuñado Anthony fueron los hombres del cortejo de la boda y Deja el padrino, en un día temático de la década de 1920, inspirada por *Harlem nights*. Ellos se vistieron a lo Al Capone y se veían frescos, y Dolce & Gabbana diseñó los trajes con ese estilo. Fue una de esas ocasiones elaboradas, sin límite financiero para un momento único en la vida. Quería que el día fuera perfecto.

Esa mañana, despertando en el Westin Hotel en Pasadena, me sentí pensativo. No sentía nervios al pararme sobre el escenario en frente de miles de personas, pero ahora tenía un nudo al pensar en tener que pararme en frente de ciento cincuenta miembros de nuestras familias y amigos.

Cuando llegó la hora, llamé al cuarto de Josh.

Entró con su traje puesto, viéndose como un adulto en todo su derecho, y estábamos parados uno en frente del otro —padre e hijo, hermano mayor, hermano menor— cara a cara, sin decir nada durante un par de segundos. Se subió las gafas por la nariz, sonriendo.

—Te quiero dar algo, hijo —le dije.

En la palma de mi mano, le extendí dos mancornas con una escritura Maya antigua al frente. Las había heredado de alguien en la familia hacía años; no significaban mucho en ese entonces, pero ahora sí.

Le puse las mancornas.

—Esto es un símbolo para decirte gracias —le dije—. Gracias por ser parte de mi vida… gracias por estar conmigo… y me es un honor compartir este momento contigo, mi hijo, al volverme un esposo.

Habré fallado en muchos departamentos con Josh. Tardé en aprender lo que significaba ser un padre y el me dio una buena patada en el culo cuando más lo necesitaba. Mientras él lea esto, espero que sepa lo que no le dije en ese entonces: que algunos eventos accidentales en la vida demuestran ser las bendiciones más grandes, y él, como mi primer hijo, es un regalo que valoro más allá de las palabras.

Adentro de la iglesia, estaba parado frente a los escalones que iban hacia el altar, con Josh y los del cortejo parados al lado del altar hacia la derecha, y las muchachas del cortejo hacia la izquierda.

—Esto es... es ahora o nunca —me susurró Deja.

Veía al altar como un escenario y me animé en mi cabeza. Quería mantener mi compostura y no volverme todo inquieto.

Contrólate. Contrólate.

Escuché el sonido del órgano y entonces comenzó la marcha nupcial. En frente mío, a lo largo del pasillo, Jaymie caminaba del brazo de su mamá Vicky.

Contrólate. Contrólate.

Vi a estas dos mujeres caminando hacia el altar en lo que parecía cámara lenta. Ambas han sido unas rocas en mi vida. Vi a mi mamá en el primer banco, radiante. Y en alguna parte, seguramente parada atrás, lanzando su bastón a un lado y queriendo bailar, estaba Nanny. Estaba ahí. La sentí.

Jaymie pasó el punto medio —y ahí estaba mi terapeuta, la doctora Polan, y la fam-er-ree de Black Eyed Peas. Todos: la banda, el equipo, la administración. Y Fergie, siempre viéndose como una súper estrella, parada al lado de su entonces prometido Josh Duhamel. Y probablemente estaban todos parados ahí, incrédulos de que había llegado el día en que di vuelta mi vida unos 360 grados.

Jaymie llegó a los escalones donde estaba yo.

"Señora Gómez". Eso te queda bien, nos queda bien.

Por siempre impaciente, siempre adelantándome.

Necesitas paciencia con toda la mierda católica que pasa... el rosario... el agua bendita... encender las velas... y más y más y más. Nos arrodillamos durante tanto tiempo en aquel altar que me preguntaba si alguna vez nos volveríamos a parar. La iglesia católica no hace las cosas breves. También aprendí esa lección aquel día.

Cuando llegó el momento de nuestros votos, Jaymie rompió con lo protocolar. Yo le había dicho, "¿Jaymie, tú me tomas a mí, Jaime Gómez, como esposo?". Pero cuando le tocó a ella, no quiso usar mi nombre. En lugar de eso, dijo *"Babe"* (como si fuera "bebé" en español).

—¿*Babe,* tú me tomas a mí, Jaymie Dizon, como esposa?

Esa era la manera de Jaymie de decirme que yo era su *"babe"* pase lo que pase, y yo pensé que fue una movida con estilo. Nos pusimos los anillos de boda y nos convertimos en esposo y esposa.

Habíamos contratado a Boyz II Men y luego Frankie J para que cantaran en la recepción en el hotel Biltmore en el centro de Los Ángeles. Boyz II Men cantaron "On Bended Knee", que siempre había sido uno de los himnos míos y

de Jaymie, y Frankie J cantó "More than Words" para nuestro primer baile, en una noche en donde también hubo un grupo de mariachis para representar mi cultura y bailarines tradicionales filipinos para representar la de Jaymie.

Pero fueron los discursos antes de la fiesta que, para mí, le dieron un toque especial al día.

Deja, mi padrino de la boda, habló y lo aniquiló. Había visto a "Dave la enciclopedia" más temprano, caminando de un lado a otro, practicando con sus hojas de papel y pluma correctora, pero cuando le llegó el momento, botó el papel y habló del corazón. Explicó como nos conocimos —él sentado en la biblioteca, yo tomándolo bajo mi ala— y la parte de su discurso que me quedó más que nada fue algo así:

—Yo estaba con Tab cuando nació Josh, he estado con él a través de su éxito profesional, y aquí yace otro hito al comprometerse a Jaymie. Todos en esta sala saben que no ha sido un camino fácil llegar hasta aquí, pero lo que más me impacta es que Tab tuvo el carácter y valor para reconocer sus defectos y corregirlos en lo posible. No muchos lo podrían haber hecho, pero no muchos tienen su carácter o el amor de una mujer como Jaymie. Vivan cada momento, y amen, honren y respétense el uno al otro.

Y pidió un brindis por nuestro final feliz.

Ambos nos emocionamos porque los dos apreciamos hasta donde había llegado una amistad que comenzó en la escuela. Amigos como Deja. Esposas como Jaymie. Hermanos y hermana como Will, Apl y Fergie. Una unidad como los Black Eyed Peas. Una banda como Bucky Johnson. Una fam-er-ree con la que estábamos bendecidos. Nada de esto es normal. Así que cuando yo hice un brindis esa tarde para amigos y familia —en especial a Mamá, Julio, Celeste y Nanny— sabía la suerte que tenía. Porque, sin el amor de ellos, no solo me pregunto dónde estaría hoy en día, sino que me pregunto si estaría vivo.

Estaba sentado en la barra de desayuno en la cocina de nuestra casa nueva una mañana de noviembre de 2008, cuando Jaymie me sorprendí por detrás.

—Te tengo una sorpresa —me dijo.

Escondida detrás de su espalda, sacó un palito azul claro y me dio el resultado de uno de esas pruebas de embarazo.

Había un "+" en la pequeña ventana.

La miré. Sus ojos estaban radiantes.

—¡¡¡Yuuu-juuu!!! —grité. A veces, esa es la única manera que tengo para expresar mi felicidad.

Cuando las palabras no funcionan, "¡Yuuu-juuu!" lo dicen todo.

Ambos estábamos en las nubes, saltando por todas partes. Habíamos estado planeando para esto. Nuestro primer hijo y un hermano para Josh, quien estaba igual de emocionado cuando le contamos la noticia. Íbamos a ser una familia, nuestro propio cuarteto.

Así era como debía sentirse: planeado, preparado y listo mental y financieramente. No accidental, a los dieciocho años y sin un trabajo.

Había pasado por la mierda y ahora había crecido. Estaba con la mente clara y todo se sentía bien. Me habían dado una segunda oportunidad para ser un hombre. Ahora me estaban dando una segunda oportunidad para ser un mejor padre.

Juré ser un mejor ejemplo.

EL SUEÑO DENTRO DEL SUEÑO

No hay línea final en la recuperación y ninguna posibilidad de ser nominado por Mejor Artista Recuperado del Año. La sensación de logro en la sobriedad viene al mirar hacia atrás y ver la distancia que he puesto entre mi nuevo yo y los tiempos de adicción. Cuanto más grande esa distancia, mejor las posibilidades de una recuperación a largo plazo.

En este momento, estoy pasando el hito de tres años sin haber consumido drogas desde aquel día de marzo de 2007, y aun más largo para el alcohol, desde aquel día de noviembre de 2006. Ahora ya he pasado el período de dos años, que dicen es el período en que hay más probabilidades de que aparezcan recaídas dentro del camino al éxito. Ahora sé, con la misma convicción que tuve al volverme un artista, que no volveré a tocar un trago ni drogas y ni siquiera fumar porro otra vez. Clavo esa promesa al mástil y la izo a lo alto junto con la bandera mexicana.

Hoy, entre los Peas, ya no me ven como el tipo desastre de quien se burlan con la canción sobre fiestas de Eddie Murphy. Ahora tengo dos apodos nuevos: "El Cardenal" o "El Cristiano". Entonces, cuando la gente pregunta cómo estoy, así es cómo estoy.

Ahora puedo sentarme en clubes e ir a fiestas como observador bebiendo agua, gaseosas o té verde. Puedo estar alrededor del alcohol y servirte un vodka si quieres. Puedo oler el porro en el aire y tratarlo como humo de cigarrillo —algo inevitable pero no es lo mío. Y veo la escena, aprecio el ambiente y su diversión y siempre apoyaré a Will y Apl cuando hacen de DJ, pero ahora me doy cuenta que no necesito de sustancias para disfrutarlo. Porque me siento seguro en mi propia piel.

Al final de cada concierto o acto de presencia oficial, mi único pensamiento es volver a mi casa a mi familia. He encontrado la verdadera sustancia en la vida, y es un sentimiento interno —esta certeza y sensación de estabilidad— que se ha vuelto mi verdadera forma de medir mi recuperación junto con la pila de fichas de AA.

De maneras muy diferentes, cada uno de nosotros —Will, Apl, Fergie y yo— hemos pasado por tribulaciones. Yo he contado las mías. Es la elección de ellos contar o no las suyas. Pero nosotros los inadaptados compartimos un sueño y hemos estado en un viaje desde que comenzamos en 1995, y desde que se unió Fergie en 2003 antes del lanzamiento principal y el despegue.

Ese viaje nos ha desafiado nuestra entereza como grupo y como personas, y nos ha llevado a diferentes extremos, y todos hemos llegado al otro lado. Era como si la vida estuviera probando a ver si éramos capaces de manejar lo que nos presentaría. Cuando podíamos justificar una gira monstruosa y a grande escala. Cuando el mundo bajaría nuestra música rompiendo récords al hacerlo. Cuando nos pusieron en la tapa de la revista *Rolling Stone* y describieron nuestro viaje como "la ciencia de la dominación del pop global". Cuando nuestro sueño crecería a tal punto que lo llamaríamos "el sueño dentro del sueño".

Es como si la vida nos hubiera estado preparando para *The E.N.D.*

—¡Tenemos que hacer esta mierda! —anunció Will—, ¡El que logre el baile, gana el juego! ¡Esta mierda esta fuera de sí!

Volvió a Los Ángeles vigorizado después de estar en Australia filmando la película *X-Men Origins: Wolverine,* donde tenía el rol de mutante John Wraith, y donde le preguntó a algunos locales de Sydney dónde estaban los clubes más calientes de hip-hop.

—¿Hip-hop? —le dijeron los australianos al americano—. El hip-hop ya no es cool, amigo. Ahora la onda es electro, amigo.

WIll Investigo, descubrió y se inspiró. Volvió delirando sobre cómo estos DJs estaban bombeando dance electro no solo en Australia sino por todo el mundo. Nada de rapear, solo ritmos. Ese era el tipo de sonido que teníamos que captar, dijo.

Entonces, mientras el capitán de nuestro barco giró el volante para cambiar de rumbo, los cuatros nos encontramos sumergidos en el mundo electro, haciendo nuestra "investigación" normal al ir a los clubes en las costas este y oeste de Estados Unidos. Conocimos a tales como Crookers, un duo de DJs italiano,

y Boyz Noize, un productor de música electrónica alemán, y tanto Will como Apl pasaron de ser raperos a creadores de ritmos, aprendiendo como hacer de DJ, conectándose con el pulso de la juventud, navegando la onda electro.

Nos estaban conduciendo hacia la cultura DJ que una vez había surgido en la década de los noventa en Estados Unidos antes de volver a ser un movimiento *underground*. Pero es la reaparición de la música dance de hoy día lo que proporcionó a Will la base para nuestro sonido nuevo.

Al principio, me sentía un poco dubitativo porque mis gustos no iban por el mismo camino. Me tomó unos minutos comprender los pensamientos de Will.

¿Qué es esto? ¿Por qué estamos cambiando una fórmula ganadora?

—Confía en mí, Tab, confía en mí —me dijo—. Esta mierda nos va a llevar a lugares que nunca hemos estado.

Me dirigió la mente hacia la escena *underground* de principios de los noventa, cuando el hip-hop estaba ligado al baile.

—Es igual que entonces; la mierda nueva en la que están todos, pero con ritmos más pesado y nada de letras —dijo—. Todos tenemos que comprender que este sonido va a lograr grandes cosas, así que lo tenemos que escuchar, aprender, estudiar, creer y convertirnos en él —dijo.

Sin Will, no habría Black Eyed Peas. Él ha sido el visionario que siempre nos abrió el camino, entonces, cuando pide apasionadamente que pienses más allá de los límites y fuera de lo normal, lo haces.

Continuamos la evolución al tomar prestado, interpretar y expandir los sonidos electro y volverlos canciones. No habré tenido la misma cantidad de palabras y es más difícil rapear encima de ritmos eléctrico, pero cuantos más ritmos creamos, más lo empecé a sentir. Tomamos la música electro como inspiración y le agregamos el sello de los Peas, aumentamos los pulsos por minutos y simplificamos las letras y la instrumentación en vivo.

Era un giro musical que llamamos "electro-static funk".

El resultado final fue, como lo dijo Will, "un disco que era sobre el escapismo —liviano en cuanto a materia gris, pero pesado en la onda de pasarla bien".

Su título, *The E.N.D. (El final),* surgió en parte porque habíamos decidido disfrutar de una travesura a costa de los medios. Desde 2004, hubo un consenso general en un par de ocasiones que decía que nos estábamos por separar porque Fergie y Will lanzaron sus proyectos solistas.

—El final; eso causaría algo de polémica, ¿no? —dijo Will. Al jugar con la palabra, decidimos usar las siglas *E.N.D. —Energy Never Dies*, que en español significa *La Energía Nunca Muerte*— para representar nuestra amistad y nuestra música, y causar una controversia mínimamente llamativa.

La mayoría del disco lo armamos en la casa de Will, donde ahora grabábamos, pero necesitamos una semana de estudio en Londres, porque Fergie estaba filmando su papel en la película *Nine* de Rob Marshall. Volvimos a Metropolis

Studios donde habíamos grabado *Monkey Business* y grabamos la mayoría de las voces de Fergie durante sus días libres. No hubo mucho tiempo de descanso para disfrutar de nuestro segundo hogar en Londres. Llegamos con una mentalidad de fábrica: trabajo estricto, fichar la llegada, fichar la salida y partir.

Terminamos el disco en Los Ángeles y teníamos nuestra colección típica de alrededor de cincuenta canciones de las cuales elegir. Cuando Will le llevó a Interscope las quince canciones elegidas, les encantó. El sello no podría haber estado más feliz. Su veredicto fue que estaba adelantado para la época y sonaba como un Black Eyed Peas diferente.

El sonido no era la única diferencia. Las imágenes eran basadas en conceptos futurísticos y robóticos, con la idea de que estábamos yendo de 2008 a 3008 en una onda postapocalíptica que marcaría la tendencia de nuestra moda, sonido y videos.

Como artistas, todos presentamos nuevas imágenes de diferentes maneras, algunas eran más visibles que otras. Will y Apl ya no tenían sus largas rastas, Fergie pasó de ser rubia a morocha y mi pelo largo amerindio se acortó, ahora solo llegando a mis hombros en vez de mi espalda. Pero la diferencia principal conmigo era la invisible —este era el primer disco que haría sobrio.

En toda manera posible, el disco representaba el futuro. Un sonido y estilo nuevo para una era nueva. La única incógnita era cómo lo interpretarían los fans.

En un club en la isla mediterránea de Ibiza, Will estaba absorbiendo los últimos ritmos electro de París y Londres cuando un tipo le ofreció un micrófono para hacer raps en el acto. En la oscuridad, Will no pudo distinguir quién le ofreció el escenario, pero se subió, hizo lo suyo y no pensó más en el asunto.

Solo después de irse del club fue que sonó el celular del tipo con quien estaba y le dijo a Will: "¿Quieres hablar con David Guetta?", el padrino de los DJs de Europa y uno de los mejores creadores de ritmos que gustan en la escena electro.

Will agarró el celular y David le dijo que estaba contento de que había aceptado el micrófono y le agradeció por improvisar.

Así fue como Will y David Guetta se conocieron por primera vez en 2008, y ese encuentro espontáneo en Ibiza llevó a que Will llamara a David unos meses más tarde, preguntándole si quisiera colaborar en nuestro quinto disco (y también trabajaría con nosotros en *The Beginning*).

David es un francés con cara angular, divertido, y con un gran alma que había estado en la escena musical de Europa desde los noventa. Como DJ, estaba en la vanguardia del futuro de los DJs como artistas que está recién comenzando en Estados Unidos; la cultura donde un DJ y su laptop es igual a un hombre y su

banda ambulante. Supuestamente, fue de esa laptop que salió el ritmo principal de "I Gotta Feeling" que mandó vía correo electrónico David.

En el momento en que Will recibió ese ritmo, se puso a trabajar. De la misma manera en que le llegó la inspiración en aquel tren bala en Tokio, le llegó en su estudio cerca de los Hollywood Hills —y la canción comenzó a crecer ahí en ese instante.

—¡Da-da-da-DUH! ¡Da•da-da-DUH! —comenzó a murmurar—, Da-da-da-DUH/Tonight's da•duh/da-da-da-DUH!

Seguía repitiéndolo una y otra vez.

Hasta se convirtió en la línea: *"Tonight's the night/Let's live it up..."* ("Esta es la noche/Vivámosla").

La canción se armó en un poco más de una hora.

La primera vez que escuché el ritmo y el enganche, la emoción inmediata me hizo saltar por todas partes. Era uno de esos himnos vigorizantes de fiesta y yo estaba encantado, "Ah, este va a ser un gran himno universitario".

Un himno universitario, pero no más que eso.

Nadie nunca sabe de verdad qué va a despegar. Este juego se trata de instintos, nada de garantías, pero la verdad es que ninguno estábamos saltando por todas partes al escuchar "I Gotta Feeling" y diciendo "¡Este va a ser un éxito mundial!". Para nuestros oídos, era otro tema de club nocturno representando un quinceavo de un disco que sentimos era fuerte de principio a fin.

El disco *The E.N.D.* se lanzó oficialmente en junio de 2009, pero antes de eso, una maldición del pasado retornó: la maldición de la canción filtrada.

De alguna manera —e investigaciones subsiguientes nunca llegaron a confirmar cómo— una versión no terminada de la canción de letra escasa y mucho ritmo nocturno "Boom Boom Pow", llegó al Internet. Era tan cruda que el verso de Apl ni siquiera se había grabado.

Nos enteramos por medio de un fan que subió un comentario en un foro en blackeyedpeas.com que decía: "¿Escucharon la canción nueva? ¡Está buenísima!".

En efecto, "Boom Boom Pow" estaba en YouTube. Will estaba furioso de que nos habían filtrado por segunda vez, pero en vez de sentirse derrotado por la situación, decidió usarlo. "¡A la mierda con esto, vamos a lanzarlo!".

No era el comienzo que teníamos en mente. Con casi nada de coro, su bajo fusionado de Miami, su boom-boom pum, sus sintetizadores pesados y las voces Auto-Tune, no era una canción para la radio y nunca fue planeada como el primer lanzamiento del disco. Pero los eventos nos habían torcido la mano y, en la segunda semana de marzo, salió al aire por la radio previo a lanzarla vía iTunes.

Es como si hubiéramos dejado caer un fósforo accidentalmente en un parque nacional en California. La canción que nosotros pensábamos no era "amigable" para la radio comenzó a recibir un montón de transmisión por la radio y subió al número 54 en la lista *Billboard* Hot 100. En la segunda semana ya estaba como número 39 y, en la cuarta despegó a número 1, vendiendo 465.000 bajadas por Internet dentro de la primera semana de su lanzamiento digital. Nuestra incredulidad continuó mientras permanecimos en la posición numero 1 por las siguientes doce semanas. Una canción que nosotros considerábamos un tema para los clubes se había convertido en nuestro primer sencillo número 1 en la lista *Billboard* Hot 100 de Estados Unidos.

Se transformó en una broma continua que los empleados de oficinas, maestras y niños en la calle comenzaron a usar "Boom Boom Pow" como frase favorita.

Y confirmó lo que venía diciendo Will todo este tiempo: estábamos viviendo en otros tiempos en comparación a nuestro último éxito monstruoso, "Where Is the Love?", que solo había llegado a la lista Top 40 Mainstream como número 1 basado en la transmisión radial. En vez de una letra social y con inclinación política, ahora teníamos una canción con tres ritmos y la palabra "boom" repetida ciento sesenta y ocho veces.

Y a la gente le encantó.

En mayo, se transformó en nuestro segundo sencillo número 1 en el Reino Unido y las noticias seguían llegando, ya que estuvo como número 1 de larga trayectoria en Australia, Canadá y Bélgica. En total, vendimos más de 4,25 millones de bajadas digitales y se volvió nuestra canción vendida de manera más rápida y de más cantidad en Estados Unidos. Nada podría sobrepasar esto, nos dijimos.

Pero esa era la cuestión de 2009 a 2010 —nos seguiría sorprendiendo.

Cuando nació mi segundo hijo, Jimmy Jalen Gómez, el 19 de julio de 2009, el momento en que me convertí en padre otra vez fue una experiencia totalmente nueva en comparación al desmayo nauseabundo que me dio al ser padre adolescente.

Vi a este muchachito entre los brazos del doctor, le quitaron algo de la mucosidad de su nariz y boca, y entonces... ¡soltó el aire de sus pulmones!

Podría haber bajado digitalmente el sonido de su llanto hasta romper todos los récords de bajadas digitales. *Así es cómo se debe sentir,* me dije, *una alegría que te revienta el alma.*

Le pusimos Jimmy en honor a Nanny, pero usamos su segundo nombre: Jalen.

No veía la hora de llevarlo a casa para comenzar su vida junto a nosotros y Josh.

Este pequeño ser entre mis brazos —ciego e inocente de todo lo pasado

antes de su llegada— alzó la vista con el derecho concedido por Dios para que yo lo cuide, lo proteja y esté presente para él, y estaba más listo que nunca.

Lanzamos nuestro segundo sencillo el 16 de junio de 2009, con "Boom Boomb Pow" todavía en la posición número 1. Habíamos hecho sonar "I Gotta Feeling" en los clubes antes de lanzarlo porque nos intrigaba ver cómo reaccionaba la gente. Lo que quedó claro en cuanto a su recibimiento es que causaba energía positiva al instante y la gente preguntaba "¿Cuál es este tema?".

Así que pensamos, cool, es una canción con buena onda para el verano. Animada. Alegre. Un himno de fiestas. Algo para escuchar un viernes por la noche mientras te alistas para salir.

Pero al lanzarlo, supimos que algo increíble estaba pasando porque fue a parar directo a la posición número 2 en *Billboard* Hot 100, justo después de "Boom Boom Pow".

¿Cuán seguido *no* pasara eso en nuestras carreras?

Tener un éxito detrás del otro en las posiciones 1 y 2 se sentía increíble. Más al grano, fue la primera vez en cinco años que un grupo lo lograba; uno de solo once grupos de todos los tiempos.

—Acaban de hacer historia en *Billboard* —nos dijo Polo.

Pero el ímpetu solo estaba comenzando.

"I Gotta Feeling" luego cambió lugar con "Boom Boom Pow" y se quedó como número 1 durante las siguientes ocho semanas —convirtiéndonos en el primer grupo que alguna vez logró estar primeros en la lista de *Billboard* Hot 100 durante veinte semanas consecutivas.

—Acaban de hacer historia en la industria musical —nos dijo Polo.

Cuando pasa mierda así de grande, es difícil procesar. Pasa. Lo registras. Y entonces, sin darte cuenta, comienza el torbellino de actividad y los medios te están succionando a tal velocidad que la noticia nunca tiene tiempo de asentarse y llegar a casa. Pero no voy a mentir —una parte mía quería levantar un puño al aire a todos los que dudaron y nos acusaron de ser unos vendidos. Porque si esto era ser un vendido —vender discos, romper récords— entonces, todo bien, porque esta es la razón por la cual cada uno de nosotros entró a la industria musical con un sueño: hacer música que venda.

—¡Se lo ganaron! —dijo Jimmy Iovine—. Estoy tan orgulloso de ustedes —ahora salgan a disfrutarlo.

Interscope había dicho que necesitaban otro gran disco, pero este viaje iba más allá de lo que esperábamos todos. Si "Boom Boom Pow" fue un éxito monstruoso, "I Gotta Feeling" era su hermano súper héroe. En el momento que nació, comenzó a respirar por sí solo y asumió una vida y forma independiente.

He escuchado el argumento de que el momento culminante para "I Gotta Feeling" fue el día que la tocamos para abrir la fiesta celebrando la vigésima cuarta temporada del *Oprah Winfrey Show*. No podemos negar el hecho que "el factor Oprah" le agregó un motor de avión al ímpetu. Pero la cuestión es la siguiente. Nosotros grabamos el programa de Oprah el 8 de septiembre. Habíamos lanzado el sencillo el 16 de junio —y llegó a ser número 1 por su propia cuenta. Creo que esas fechas hablan por sí solas.

En todo caso, esta canción creó su propio ímpetu con la ayuda de "Boom Boom Pow", no la de Oprah. Pero eso no quita nada de la experiencia que compartimos con Oprah, y la *compartimos* porque nosotros, al igual que ella, no teníamos idea de la escala de lo que ocurriría ese día al grabar el programa.

Más de cuatro millones de personas han visto el video en YouTube del baile flashmob (de multitud instantánea) de "I Gotta Feeling" sobre Michigan Avenue, en Chicago, y es un evento y espectáculo que vivirá conmigo por el resto de mi vida: 20.000 hombres, mujeres y adolescentes común y corrientes uniéndose e irrumpiendo en baile en un estallido de sincronización perfecta.

Si no lo has visto, míralo porque mis palabras no le harán justicia. Si eres uno de los miles que participaron, sabrás lo que se sintió en ese momento cuando la humanidad se unió y bailó y cerró la Magnificent Mile.

Ese evento apareció en nuestro radar cuando la gente de Harpo Productions comenzó a hablar con la administración de BEP sobre maneras de marcar la temporada número veinticuatro de Oprah. Ella es una gran amiga de Will y siempre ha estado ahí para los Black Eyed Peas, entonces queríamos ser parte de lo que transcurriera.

En breve la meta era "planear algo memorable que sorprenda a Oprah y haga un programa televisivo buenísimo". Por nuestra parte, editamos la canción para adecuarla a un programa diurno cambiando la palabra "tonight" (esta noche) por "today" (este día) en el enganche para decir *Today's gonna be a good day...*.

Después de eso, lo dejamos en mano de los coreógrafos y productores. Lo único que sabíamos al llegar era que iba a haber algún tipo de "baile especial". Esperábamos unos doce a quince bailarines haciendo alguna cosa extraña. Además de eso, estábamos en la misma que Oprah, sin saber mucho más.

Lo que la administración no nos había dicho era que doscientos coreógrafos habían pasado tiempo con grupos de cien personas común y corrientes en pasillos y centros sociales y luego en las calles, enseñándoles cada paso básico de baile: los saltos, las sacudidas, los meneos, las olas.

En el día, mientras nos presentaron y comenzó la música, yo estaba parado a la derecha del escenario al aire libre. Miré hacia el público y vi un océano de personas hasta donde me daba la vista, todos apretados dentro y alrededor de los edificios de la ciudad. Y entonces empezó la canción y una mujer vestida de azul y negro comenzó a bailar en la fila de adelante. Sola.

Una mujer bailando como una fan enloquecida. Las otras 19.999 personas paradas y quietas.

A nuestra izquierda estaba Oprah —vestida de amarillo para el verano— con su celular filmando la actuación desde su perspectiva detrás del escenario.

Alrededor de seis personas que rodeaban a la mujer solitaria al frente del escenario también comenzaron a bailar; seis nadadores sincronizados. Y luego otros veinte se unieron al baile —todos con los mismos pasos, bailando en unísono.

¡Buenísimo, se están sumando al baile! pensé.

Pero seguía creciendo; esta energía y baile se extendieron como una gran ola. Cien personas bailando. Luego toda la sección de enfrente. Después la gente a una cuadra. Y a dos cuadras. Hasta que cada una de las veinte mil personas que ocupaban Michigan Avenue estaban bailando como si la calle fuera un gran escenario de un musical.

Ahí fue cuando yo *paré* de bailar. Me incliné hacia delante y miré hacia la izquierda y vi a Oprah saltando de la emoción, todavía con su celular en mano filmando, gritando "¡OH WOW! ¡OH WOW!".

Es la primera vez que dejé de bailar en el medio de una actuación. Era una vista que necesitaba contemplar y creo que ninguno logró comprender la escala de lo que estaba pasando, y no podíamos parar de sonreír. Oprah tenía lágrimas en los ojos al final de la canción. Estaba saltando de arriba abajo como una niña emocionada.

—¡Qué cool! ¡Eso es tan cool! ¡ESO ES LO MÁS COOL DE TODOS LOS TIEMPOS! ¿Cómo lo hicieron? —nos preguntó gritando.

Pregúntame qué fue el momento más grande con "I Gotta Feeling" y no te diré que fue cuando nos nominaron para Canción del Año en el World Music Awards ni cuando nos nominaron para Disco del Año en los Grammys. Tampoco te diré que fue cuando actuamos en el fin de semana del Super Bowl XLIV en Miami o en el concierto de nominaciones de los Grammys. Ni siquiera fue cuando el sencillo pasó la marca de seis millones de bajadas digitales en 2010.

Por más alucinantes que fueron esas experiencias, te diré que el momento más grande fue cuando organizamos una fiesta en la calle y vivimos el baile flashmob más increíble de todos. Para una de nuestras fans.

Cada vez que nos atrevíamos a pensar que una experiencia había sido la mejor de todas, la vida sacaba otro conejo blanco de su sombrero. Poco después de dejar Chicago, recibimos una llamada que nos contrató para abrirles a U2 en el Rose Bowl. Lo que hacía que esto fuera extra especial era el hecho de que el estadio en Pasadena estaba virtualmente calle debajo de mi casa. Sentí que le estábamos abriendo a Bono desde mi patio trasero.

En los ensayos el día anterior, la escala en la que entramos nos voló la cabeza. No era la vastedad del estadio. Conocía ese espacio demasiado bien. Era la escala del montaje —eclipsaba todo lo que habíamos visto con los Rolling Stones.

Nosotros, como hormigas, nos subimos al escenario circular en el medio del campo; una vista de 360 grados para la gira de U2 de 360 grados que promocionaba su nuevo disco *No Line on the Horizon.* Fue nuestro primer gusto de actuar dentro de un estadio, y solo estar ahí afuera, hasta sin el público, me dio piel de gallina. Miré directamente hacia arriba hacia la panza de un cohete de 150 pies llamado "Claw", con sus cuatro piernas volteadas hacia fuera plantadas alrededor del círculo, sosteniendo una gran pantalla de video. Parecía una nueva versión de *War of the Worlds.*

Yo estaba parado en el medio, dando vueltas y disfrutando de la vista de 360 grados, recordando la magnitud de los eventos que se habían producido aquí: el Super Bowl, las Olimpiadas de 1984, el Mundial de 1994 y luego todos los conciertos de Rock, desde los Stones a Pink Floyd, de Guns N'Roses a Kiss. Y ahora U2 —apoyados por los Black Eyed Peas.

Mi espíritu se infló y de repente sentí que tenía veinte pies de altura.

Hubo un momento en que Bono estaba parado en la misma posición, me dije. Cuando él también soñó con estas oportunidades —y luego lo hizo realidad.

Había leído sobre su niñez ese mismo año. Fue un artículo que me mostró un amigo del tema de la portada de la revista *Sunday Times* de Londres, y decía como "su papá le dijo que nunca tuviera sueños porque no quería verlo desilusionado —y eso lo hizo soñar aun más a lo grande".

Un irlandés con la misma actitud de *Ah, ¿no lo crees? Pues, mírame.*

Un público de 96.000 personas vinieron a verlo esa noche, y la mayoría ya estaban en su lugar cuando llenamos el estadio de ánimo y energía con un set de *The E.N.D.* Esto era un precalentamiento para la gira mundial de nuestro disco, que ya se había convertido en el más exitoso de todos hasta el momento.

Había debutado como número 1 en la lista de *Billboard* Hot 200, vendiendo más de 300.000 ejemplares en la primera semana. Ahora ya ha vendido más de siete millones a nivel mundial. La revista *Rolling Stone* dijo que era lo mejor que habíamos grabado. No veíamos la hora de comenzar la gira para este disco.

El Rose Bowl también nos brindó la plataforma para mostrar nuestro tercer sencillo, "Meet Me Halfway", el cual llego a número 7 de la lista americana de Hot 100, pero se volvió otro número 1 en el Reino Unido y Australia. En el video de la canción, orbité alrededor del sol en un traje espacial, dando vueltas en otra galaxia. Lo cual es una metáfora perfecta para nuestra experiencia con U2.

Bono es el máximo ejemplo del máximo artista, y es un humanitario y activista todo en uno; alguien que ha hecho una diferencia con su música y su voz. Él conmueve el alma del público. Pincha la conciencia de los gobiernos. Su trabajo

incansable —usando su plataforma para llevar a cabo campañas para terminar la deuda del Tercer mundo y para gritar por la causa y bienestar de África— es un ejemplo de un artista usando su fama como debe ser: como una luz referente y un movilizador de montañas.

U2 también es un gran ejemplo como grupo —cada uno de ellos define la palabra "hermandad". Me impresionó ver que todavía compartían un camarín después de todos estos años. La sensación de compañerismo, alegría juguetona y tontería era obvio desde el momento en que los conocimos. Al contrario a nuestra experiencia con los Rolling Stones, no había una separación entre la actuación principal y los teloneros. No existía el ellos y nosotros.

Bono hizo todo lo posible para hacernos sentir incluidos.

—¡Hola, Peas! —nos dijo al entrar a nuestro camarín con su encanto irlandés—. ¿Cómo andan muchachos? Estamos tan contentos de tenerlos aquí en esta gira.

Después de unos abrazos, pasó a agrupar a ambos grupos en un círculo con su cámara.

—¡Hagamos una gran foto de U2 con los Black Eyed Peas! —dijo.

Quería una foto para recordar la ocasión.

Piénsalo: Bono quería una foto para recordar este momento. Humilde. Con los pies sobre la tierra. Nos hizo sentir incluidos. En el tiempo que compartimos con U2 —hicimos un manojo de fechas con ellos— un tema recurrente aparecía en mis conversaciones: la importancia de la química y amistad dentro de una banda; el crecer, fallar y triunfar juntos; y cómo la longevidad puede fortalecer la creatividad colectiva. Porque hay más que una unión, hay sinergia. Sabiduría del maestro.

Estas ocasiones no solo se tratan de apoyar a una actuación principal masiva, también se tratan de observar y aprender. Sobre el escenario, cuando tienes a alguien como Bono y pone un lugar como el Rose Bowl en la palma de su mano y le canta, has presenciado la magia. De la extravagancia de Busta Rhymes al refinamiento de Bono: estos son los colegas que me han inspirado a través de mi viaje.

Fuera del escenario, hay experiencias y perspicacia para recolectar de los grandes.

Como le dijo Bono a Will: "Es la música que producimos la que le llega más cerca de la gente de lo que nosotros alguna vez podríamos estar. Tú estás en sus oídos. Tú estas en su cabeza. Ese es el poder de la música".

Nos invitaron a volar con Bono y su grupo a bordo de lo que yo me refería como las "fuerzas aéreas de U2". Pasamos toda una noche volando a alguna parte. Me he subido y bajado de tantos aviones que no recuerdo el destino exacto, pero recuerdo a Bono abriendo una botella de whisky irlandés y yo celebré la ocasión con agua. Si hacer un brindis con este ícono a 25.000 pies de altura en un avión privado no me va a dar ganas de tomar, creo que mi sobriedad está bastante segura.

Lo que más me impresionó fue que los padres, esposas y familias del grupo estaban todos participando del viaje. De esto se trata, dijo él, de compartirlo con la familia.

Mi nuevo apodo "El Cardenal" de repente se sintió muy roquero.

En la noche del 25 de junio de 2009 estábamos en nuestra fiesta por el lanzamiento del disco *The E.N.D.* en París. Acabamos de actuar y estábamos dentro de la sala VIP del club, muy cerca del Champs-Elysées, y Will estaba haciendo de DJ. Estábamos vigorizados esa noche porque más temprano habíamos tocado "Meet Me Halfway" en vivo por primera vez y fue muy bien recibido.

Estaba al costado del escenario observando a Will trabajando el sitio cuando levantó su celular y revisó sus mensajes de texto. Se acercó y gritó que recibió mensajes diciendo que Michael Jackson había muerto.

Al principio, todos pensamos que era una de esas bromas vía texto. Will tenía una relación personal con Michael y buenas palabras emanaban sobre los ensayos para su gira AEG This Is It. El tipo estaba a dos semanas de comenzar su gran regreso al escenario en Londres. No había manera de que pudiera estar muerto.

Salí del lugar y llamé a Jaymie en Los Ángeles. No sabía nada, pero no había prendido la televisión. Le pedí que revisara en Internet. "Ay Dios mío, no lo puedo creer..." dijo. A su vez, Will le había mandado un texto a Quincy Jones en Moscú. La respuesta confirmó que Michael Jackson había sufrido un paro cardíaco fatal.

Yo estaba entrando de nuevo al club cuando Will paró la música y, en un silencio inusitado, anunció la noticia que acabábamos de recibir. El lugar estaba desolado. La fiesta se había acabado. Al prenderse las luces, vi a franceses, hombres y mujeres, con lágrimas en los ojos. Creo que no había visto un evento que impactara tan profundamente a tantas personas a la vez.

Afuera del club, el resto de París parecía ignorar la noticia. Ya era el día siguiente. Yo estaba parado en el Champs-Elysées. Estaba pasando el Arco de Triunfo en el auto. Estaba viendo las noticias en CNN en mi cuarto de hotel. Estaba llamando a Deja en California, tratando de conectarme a esta realidad a larga distancia. Como adolescentes, pasamos horas en su casa viendo videos de conciertos de Michael Jackson.

En la falsa tormenta de titulares sensacionalistas que rodeaban su vida privada y acusaciones sin pruebas, la gente rápidamente se olvidó de su genio musical. El fue, simplemente, el mejor artista que alguna vez se subió a un escenario. El estableció un estándar tan alto —en cuanto a música, moda, espectáculo, letrista y producción— que nunca tendrá un rival. Si hay una justicia en su muerte

prematura, es el hecho que su música ha logrado lo que él siempre quiso que lograra —ha tenido la última palabra.

La única cosa que ninguno de nosotros podría haber sabido en el tiempo inmediato después de su muerte es que los Black Eyed Peas estarían levantando la batuta de gira que dejó atrás con AEG Live, el patrocinador detrás de This Is It.

El fallecimiento de Michael Jackson dejó un gran agujero en la agenda de AEG y comenzó a buscar maneras de llenar el vacío —y nos ofreció una oportunidad. Esto no trataba de llenar los zapatos de MJ: eso era imposible. Se trataba más de heredar la gira y el peso de AEG. Nos estaban ofreciendo el apoyo para girar con el que solo habíamos soñado. Ahora, por primera vez, podíamos hacerlo a lo grande y espectacular. Crear una verdadera "experiencia Black Eyed Peas".

Estaríamos emprendiendo la gira de cien fechas de AEG E.N.D. en 2010, y teníamos la sensación de que sería especial.

Mientras se ponían a trabajar grandes mentes para crear algo ambicioso para lo que se convirtió en la gira mundial Blackberry E.N.D., primero llevamos el disco a Australia, Nueva Zelanda y Japón con Frontier Touring, y tocamos en ciudades como Tokio, Osaka y Nagoya, y Sidney, Brisbane y Adelaide. Pero lo mejor de esa gira no fue lo que ocurría sobre la tierra, es lo que ocurrió cuando nos hicimos miembros del Mile-High Club.

El Black Eyed Peas Karaoke Mile-High Club.

Habíamos adquirido el gusto por romper récords así que tuvimos esta idea alocada de romper el récord de la actuación de altitud más alta, previamente establecida por Jamiroquai en 2007.

Cuando llegó el día para romper el récord el 9 de octubre, llegamos a la pista del aeropuerto en Melbourne y los muchachos de Richard Branson en Virgin Atlantic nos recibieron con bombo y platillos. Porque ahí, parado en frente nuestro, estaba el avión 737 Virgin Blue con nuestras caras pegadas de cada lado del fuselaje.

Nos quedamos sin habla. De repente, sentimos que habíamos viajado al pasado y éramos miembros de Led Zeppelin.

En la cima de su carrera, se apropiaron de un avión de gira llamado The Starship —un avión previamente de United Airlines— para las fechas en Norteamérica entre 1973–1975, y fue descrito famosamente como un "palacio volador de gin y joda". Los voló por los cielos en otra era de traga-gasolina y traga-bebida del rocanrol, mucho tiempo antes de que los aviones Gulfstream y privados se volvieran algo común en la industria musical.

Pero este día de octubre de 2009 igual se sentía como un viaje mágico al pasado —y Led Zeppelin, por lo que sé, solo tenía el logo del grupo en el fuselaje. Nosotros teníamos nuestro propia envoltura Black Eyed Peas con una versión de nuestras caras a 120 pies de altura mirándonos de vuelta.

Nos quedamos ahí durante unos cinco minutos tomando fotos y video, imitando las poses del gran Led Zeppelin en frente de nuestro propio avión, sin poder creer lo que estaba ocurriendo.

Fergie, una gran fan de Zeppelin, estaba en su salsa.

—¡Aah, esto es una LO-CU-RA! —dije. Miré a Apl y ambos estábamos pensando lo mismo—: ¡¿Del Motel de las Cucarachas a andar en autobuses por Los Ángeles a esto?!

Recuerdo cuando apareció el autobús envuelto en nuestra tapa de disco para la gira Warped, y pensamos que *eso* era el lujo máximo.

—¡Qué locuuura! —dijo Apl, rompiendo en carcajadas.

Abordo, no había una cama de agua, ni alfombras de lana, ni una barra, ni un club con sofás de cuero. No podíamos tener todo lo que disfrutó Led Zeppelin. Tuvimos una versión un poco mas improvisada ya que Virgin destripó la clase business y la reemplazó con los equipos de DJ y la máquina de karaoke. El resto de los asientos del medio y atrás se mantuvieron para despegar y aterrizar, pero una vez que estábamos volando, disfrutamos del espacio adelante y lo transformamos en una gran sesión improvisada en el aire.

Cómo nos divertimos hizo que fuera uno de los vuelos más graciosos que habíamos hecho de gira. Dante Santiago comenzó el karaoke cantando "Kiss" de Prince, Fergie le entró a "Black Dog" de Led Zeppelin y yo y Apl cantamos "All the Small Things" de Blink-182. Mientras "cantamos" Apl y yo, Will decidió lanzarse al público y la gente —incluyendo treinta invitados VIP que habían ganado una subasta de caridad— se pararon en los pasillos y lo pasaron hasta el fondo del avión sobre sus cabezas y por arriba de los asientos.

Luego caminó hacia el frente del avión y eligió su número —"Copacabana" de Barry Manilow. Creo que ninguno de nosotros esperaba eso.

En alguna parte del oeste de Australia, entre Melbourne y Perth, tocamos un par de nuestras canciones, incluyendo una versión acústica de "I Gotta Feeling". El capitán anunció por los parlantes que habíamos llegado a 41.000 pies y acabábamos de volar hacia el *Libro Guinness de Récords Mundiales*. Despertamos a los dioses con un avión meciéndose y aplaudiendo, probablemente por primera vez desde los setenta.

En los grandes sueños que pintamos de niños, Deja y yo siempre dijimos que un día correríamos juntos. En nuestros días con el grupo United Soul Children, la cosa que siempre decíamos en vos alta era: "Algún día estaremos de gira".

Nunca me había olvidado de eso, y él tampoco. Y el día que el se paró a mi lado como padrino de mi boda fue el día que supe que le estaría pasando la pelota a este hermano. Me gusta usar a la NBA como metáfora porque todo tiene que ver con ayudar, y ahora yo estaba en una posición —mental y físicamente— para ayudar al tipo que estuvo a mi lado a través de todo.

Deja había dejado Activision y estaba trabajando como líder de proyectos en Electronic Arts, pero yo sabía que estaba en busca de un nuevo reto en la vida, y yo estaba buscando un líder con un cerebro, un intelecto y buen organizador. Así que lo llamé y le recordé el sueño que alguna vez tuvimos.

—Bueno, creo que es hora de que lo hagamos realidad y nos vayamos de gira juntos —le dije. Le ofrecí un trabajo y le puse una oferta sobre la mesa que expresaba mi agradecimiento.

—¿De verdad? —me dijo.

—Sí señor —le dije.

Justo a tiempo para el comienzo de la gira E.N.D., encontré la pieza que me faltaba en mi establecimiento y puse a Deja como mi mano derecha, mánager del día a día y nueva adición a la "fam-er-ree" BEP. Como bien dijo Bono, la hermandad es todo.

Cuando construyeron el escenario para la gira mundial BlackBerry E.N.D., y vimos toda la producción y luces en el primer ensayo general en enero de 2010, supimos que habíamos llegado al destino de nuestros sueños.

No habrá sido la puesta tamaño planeta de U2, pero igual era el monstruo ambicioso que habíamos visualizado sentados en la oficina de Jimmy Iovine en 1997, cuando negociamos el apoyo de giras en nuestro primer contrato. Trece años más tarde, teníamos lo que habíamos deseado: una gira mundial a grande escala entera con gradas para la banda, una gran pared de pantallas LED, cubiertas iluminadas, láseres, pirotecnia, efectos especiales y artilugios mecánicos geniales.

Nunca habíamos tenido esta escala de producción profesional antes, y el hombre detrás de todo, Tim Miller, es *la crème de la crème* de la industria. Trabajó con nuestra directora creativa Fatima Robinson y diseñador de producción Bruce Rodgers para crear un escenario que refleje el tema Cybertron del disco. Como dice Bruce, terminamos con algo que era "un cruce entre un insecto extraterrestre monstruoso y una máquina del tiempos futurística".

Teníamos escalones de veinte pies que se dirigían hacia abajo a una plataforma para la banda y una pista de sesenta pies de largo extendiéndose hacia el público, y teníamos rampas disparadas de la izquierda y derecha del escenario. Los escenarios tamaño estampilla de los clubes de Los Ángeles y el Jazz Cafe de Londres parecían estar a un mundo de distancia.

Debajo del escenario había un mundo subterráneo iluminado con luces navideñas para iluminar el camino a nuestros mini camarines para el cambio de vestuario al cual nos habíamos acostumbrado. Habían ascensores como tostadoras que nos catapultaban al escenario para abrir el concierto; los mismos "trampolines" con disparadores de aire que iba a utilizar Michael Jackson en su gira.

La mía era la cápsula número 4, y Will y yo comenzamos un concurso durante el ensayo para ver quien lograba lanzarse más alto, y llevamos esa competitividad a través del mundo. El árbitro era siempre Bobby Grant. En cuanto aterrizábamos, mirábamos de reojo hacia la izquierda y ahí estaba el del pelo salvaje, con sus tapa orejas al estilo aeropuerto, señalando al ganador. Creo que mi mejor marca personal entrando a 2011 eran quince pies, según Bobby. Bobby ahora tenía una operación de ciento cincuenta personas a su cargo. No sesenta. No once. Pero un ejército. Yo entraba a los ensayos —en cada lugar— y no podía creer cuántas personas teníamos viajando con nosotros ahora.

Recuerdo la historia que Bobby trajo de Londres cuando estábamos grabando el disco *Monkey Business* y James Brown, durante un descanso entre sesiones, lo sentó y le regalo una perla de sabiduría.

—Tú eres alguien que trabaja sin parar, Bobby —le dijo el señor Brown—, y no puedes esperar una palmadita en la espalda porque estás yendo a toda velocidad para una palmadita. Nosotros somos las estrellas. A nosotros nos dan las palmaditas en la espalda. Pero recuerda esto, Bobby —una estrella no es una estrella sin el cielo, ¡y tú eres el cielo!

Teníamos ciento cincuenta versiones diferentes de Bobby, y yo estaba agradecido con cada uno por hacernos brillar.

En una previa encarnación, no necesitábamos producción en las giras. Nos teníamos a nosotros mismos, a la banda y nuestra espontaneidad. Pero ahora teníamos a un mundo ambulante, una estructura, una lista de sets, cambios de vestuario, medidas de tiempo hasta el segundo... y bailarines. Seis talentos femeninos: Marlyn Ortiz, Julianne Waters, Jessica Castro, Niki Delecia, Brandee Stephens y Nina Kripas.

La idea de incorporar coreografía nos era extraña, pero yo estaba con ganas de aprender. El reto me recordaba a mis días haciendo *b-boying*. Quería aprender hasta el último detalle. Cada Pea trabajó con un bailarín, y pasamos varias horas dominando las secciones de coreografía en estallidos repetitivos. Analicémoslo. Mantengámoslo repetitivo. Es más fácil de aprender así, nos dijeron.

Mi guía era una austriaca llena de energía, Nina Kripas. Le puse "The Coach" como apodo —siempre sonriente, positiva y paciente. Bajo su tutela, regresé a mi niñez con una cámara de video en el patio trasero, ahora usando mi cámara flip para grabar diferentes pasos y analizarlos en casa. Como dice Nina: "Lo único que preguntabas era ¿cómo me está yendo? ¿Este brazo lo debería poner ahí? ¿Esto está bien? Querías darle en el clavo al cien por ciento".

El perfeccionista en mí nunca dejará de ser.

Las muchachas se sentaban en el escenario, gritando algunos consejos, haciendo observaciones, en especial cuando nos tocó aprender a usar el arnés para el trabajo de bungee y aéreo, los cuales Marlyn y Jessica los hacían ver

naturales. Esa mierda *no era* natural, y esos bungee casi me revientan las bolas, con volteretas para atrás y vueltas al estilo ninja en el aire. Pero practiqué como alguien que está endemoniado, y cuando le daba en el clavo, las chicas sentadas al borde del escenario me aplaudían y me animaban.

Baila, mono. Actúa, mono. Prepárate para un escenario aun más grande, mono.

THE E.N.D.

Los Ángeles: 30 de marzo de 2010:

Lo escucho antes de sentirlo.

Estoy agachado en mi cápsula número cuatro abajo del escenario, la adrenalina a toda velocidad. No hay nadie a mi izquierda, pero Fergie está a mi derecha, cabizbaja, metida en su propia caja de cristal en nuestro "submundo". A su derecha, en unas cápsulas contiguas, están Will y Apl.

Parecemos cuatro atletas en su marcas, esperando el disparo para arrancar. En una cueva.

Nos acabamos de poner en posición y estamos en oscuridad total.

En mi mundo es aun más oscuro —tengo puestas unas gafas oscuras.

Las luces al frente de la casa han disminuido y todos están en una leve oscuridad.

Y entonces... ese sonido inconfundible e innombrable.

Llega como una ventolera, un murmullo creciente del público. Expectante. Mis ojos están cerrados. Estoy tratando de saborear el momento. Nunca me he sentido así de alerta, así de vivo. Esta vez se siente diferente. A estar sobrio. En esta escala. Se siente como si nuevamente fuera mi debut.

El sonido crece y azota fuerte, tomando impulso hasta que el rugido del público es un tornado aproximándose, barriendo el escenario, pasando por encima nuestro. Siento la vibración. Bajo mis pies. Contra el vidrio del ascensor.

Entonces llega el canto:

—¡BLACK EYED PEAS… BLACK EYED PEAS… BLACK EYED PEAS!

Ahí viene el viaje.

Mis músculos se tensan y me reequilibro. Mis pies están instalados en los resortes que están por catapultarme al aire. No veo la hora de estar allí afuera y derrocar esta mierda.

El público comienza a gritar. Han visto las sombras de figuras en el escenario. Ahora sé que la banda, Bucky Jonson, ha tomado su puesto.

Habla un robot en una voz grave retumbante, como una nave espacial anunciando su invasión:

—¡BIENVENIDOS… A THE END!

Escucho los gritos aumentar. Sé que los láser están virando por el escenario, en círculos, comenzando a formar cuatro lagunas de luz.

Y entonces comienza el conteo espacial.

10-9-8-7-6…

Pienso en Jaymie, Josh y Jalen. Le agradezco a Dios por este y cada momento.

5-4-3-2-1…

Y estoy en el aire, sobre al frente del escenario, volando bajo una luz deslumbrante.

Me había olvidado lo bien que se sentía: el estado de actuación.

Me había envuelto en la fiesta por demasiado tiempo, y dejé de serle fiel a mi sueño. Lo atropellé, lo meé, lo cagué, lo vomité, me lo cogí, lo fumé, lo bebí y ni quiero saber lo cerca que estuve de matarlo.

Iniciamos la gira en Atlanta en el Philips Arena el 4 de febrero de 2010, y esa sensación —esa transmisión de energía y esa pared de sonido de la gente que nos canta nuestras canciones— es la mejor de todas, mejor que cualquier coloque o jala: sexo, drogas y rocanrol todo en uno.

Durante la gira de un año que nos llevó hasta 2011 y nos mandó al norte, sur, este y oeste de Norteamérica, Canadá, Europa y Sudamérica, me desperté cada mañana con la certeza de saber que esa sensación increíble estaba garantizada al final de cada día de actuación.

Y luego, en los momentos entre fechas, tenía tiempo con mi familia. Hasta cuando estaba de gira, había Skype, lo cual me dejaba ver crecer a Jalen remotamente. Estaba saboreando lo que nunca en verdad pude apreciar antes: la verdadera sensación de la sustancia y la realización de ser un padre.

En la vida anormal de un artista y la normal de un padre, no había ningún vacío por llenar. No había necesidad de rellenar agujeros con alcohol, drogas y chicas, y toda esa mierda artificial que, en últimas instancias, me hacían miserable.

Hoy he aprendido a dejar las máscaras en el camarín. He aprendido cómo dejar de lado el trabajo, apagarlo, y ser el hombre de familia que siempre quise ser.

Nuestros pies no parecieron tocar el piso durante la mayoría de 2010 y, aunque la agenda era exigente, se transformó en nuestra gira más exitosa y rentable. Dondequiera que fuéramos, se agotaban las entradas, y cuando puedes decir eso al final de cien fechas, sabes que la has botado del parque, capaz de tocar en las grandes ligas.

Ya habíamos pasado por la excitación de la ventas que rompieron récords, abriéndole a U2, el baile flashmob de Oprah y el Karaoke Mile-High Club, y 2010 siguió por el mismo camino.

Nos nominaron para seis Grammys, y agregamos a nuestra colección de victorias no televisadas tres Grammys para Mejor Disco Pop Vocal, Mejor Actuación por un Duo o Grupo ("I Gotta Feeling") y Mejor Video de Formato Corto ("Boom Boom Pow").

Un mes más tarde, cerramos Times Square con "un concierto sorpresa" para lanzar la nueva televisión 3D de Samsung. Las normas de seguridad de Nueva York significaron que no podíamos promocionar el concierto al aire libre hasta quince minutos antes de comenzar, pero hasta con solo ese tiempo, gracias a la velocidad de los medios sociales y Twitter, diez mil personas aparecieron y Times Square se paralizó. Eso quedó como "el día que paramos el tiempo en Times Square" en el álbum de recortes de la "fam-er-ree".

Hicimos el circuito de festivales europeos mas alocado que nunca, como actuación principal en siete ciudades durante once días: Lille, Barcelona, Venecia, Atenas, Dublín, Edimburgo y Bruselas. Luego vino Canadá y el Festival d'été de Québec donde 120.000 personas se metieron en el Plains of Abraham a la noche. Habíamos visto a un gentío extenso antes —en la playa de Ipanema— pero Québec fue una experiencia intensa; una masa de personas enfrente, atrás y a los costados, cada uno sosteniendo una luz roja en la oscuridad, saltando, rebotando, agitando y volviéndose locos. Cuando tocamos el bis "I Gotta Feeling" la atmósfera me creó la octava maravilla del mundo.

Deseaba el bis donde fuera que estuviéramos. El escalofrío que la gente me cuenta que sienten cuando tocamos esa canción es el mismo escalofrío que siento al hacerla. Se ha convertido en uno de esos éxitos escasos que nunca envejecerán, y no había más fortalecedor que ir de continente a continente y ciudad a ciudad y ver que esa canción causaba la misma reacción en la gente, sin importar la edad, credo, raza o religión.

Recuerdo el momento en que tocamos en el *Good Morning America* Summer Concert Series en Central Park después de una noche viajando y sin dormir. Estábamos grogui, por no decir más, para la prueba de sonido a las siete de la mañana. Entonces se nos iluminó una lamparita interna y estábamos "prendi-

dos". Tocamos tres canciones para la televisión en vivo y terminamos con "I Gotta Feeling", y ahí fue cuando vi a las mujeres de mediana edad y las abuelas bailando y saltando, cantando las palabras. Lo que pensamos era un himno universitario se había convertido en un himno mundial. Nos dimos cuenta de eso cuando nos invitaron a tocar el concierto de celebración inicial para abrir La Copa Mundial de la FIFA en Sudáfrica en junio: para mí, lo mejor de 2010.

No solo fue especial porque pudimos tocar en frente de un público mundial de dos mil millones de personas en el evento más grande del mundo, lo cual en sí era increíble. También lo fue porque yo tocaría dos veces: una con el grupo, y otra solo.

Una llamada telefónica entró de la nada previo a la copa.

—¿Qué piensas con respecto a tocar *sin* los Peas? —me preguntó Deja.

—¿En serio?

—Sí señor —dijo Deja—. Juanes quiere que actúes con él. Solo tú, hermano.

—¿Qué canción quiere que haga?

—La Paga —dijo Deja.

Nunca antes había apreciado al fútbol hasta llegar a Johannesburgo para la Copa Mundial y Soweto para el concierto. Dame una pelota de básquetbol o un bate de béisbol y estoy atento y listo, pero ¿fútbol? Me hacía bostezar.

Nunca antes le había prestado atención a la Copa Mundial. Pensaba que los eventos nunca llegaban a ser más grandes que los Oscars o lo Grammys. Pero entonces llegamos ahí y BUM —esa realidad hermosa me pegó entre los ojos. Sudáfrica era la anfitriona de la fiesta más grande del mundo, y yo, el americano tonto, acababa de llegar, preguntándome por qué hacían tanto alboroto por esto.

Habían banderas de nacionalidades diferentes por todas partes, agitadas sin antagonismo, y cada dos autos que pasaban tenían izado los colores de Sudáfrica. Era un ambiente al estilo carnaval y gente de diferentes razas interactuaban, se abrazaban, chocaban cinco los unos con los otros.

Vi camisetas y banderas mexicanas, las estrellas y rayas americanas y la bandera de St. George de Inglaterra. Habíamos estado aquí en 2004 y sol habíamos visto una raza —gente blanca— disfrutando de nuestro concierto; y aquí estábamos seis años más tarde presenciando gente negra, blanca y de todos los orígenes unidos. El Planeta Fútbol parecía ser el lugar más cool del universo, y el concierto fue una de las ocasiones más grandes de las que habíamos participado, compartiendo con Shakira, John Legend y Alicia Keys.

El ambiente sobre el escenario adentro del estadio Pirates era electrizante y recuerdo tocar "I Gotta Feeling" ante un estadio repleto con los Peas y pensar que todo el estadio estaba temblando. Esa canción, según nos contaron, era la que usaba el equipo portugués como himno antes del juego para motivarse durante las etapas eliminatorias del año anterior.

Fue un privilegio ser parte del ambiente del Mundial, y era doble privilegio que me hayan pedido que toque con Juanes, uno de los músicos latinoamericanos más exitosos. No pude creer que primero pude actuar con mi grupo y ahora volver al escenario para representar a los latinos. Ahí estaba, este artista americano de origen latino, conocido por su música americana, entrando al mercado latino con un maestro colombiano sobre el escenario del mundo en Sudáfrica. Las oportunidades no se sienten mucho más internacionales que eso.

La noche anterior había hecho una prueba de sonido pero no me salía del todo bien mi parte. Solo me habían dado diez días para redescubrir la canción que había grabado como un remix para Juanes en 2003, y no había salido bien en los ensayos. Probablemente no ayudaba saber que todos esos asientos estarían llenos al día siguiente y dos mil millones de personas estarían del otro lado de las cámaras de televisión. Hacerlo solo —mi primera actuación "en vivo" fuera de los Black Eyed Peas— me agarró desprevenido.

Ese día, los Peas habían hecho su segmento, y yo tenía unos treinta minutos para prepararme antes de que Juanes me invitara a su set. Me fui al baño para tener un momento privado. En mi cabeza, un entrenador de la NBA me estaba animando, diciéndome que me estaba por sacar del banco y meter en el juego. Mi chance para meter un mate de tres puntos en frente del mundo.

Cuando llegó el momento, estaba parado en las alas, sintiéndome vigorizado. Estaba vestido de blanco —pantalones blancos y una chaqueta de cuero blanco con la palabra orgullosa "MÉXICO" bordada en la espalda. Miré hacia fuera y vi el mismo gentío que había visto al actuar con los Peas.

No hay diferencia, me dije. *Está todo en tu cabeza.*

La llamo a Nanny. *Bien, Jim. Ándale…*

Entonces lo escuchó a Juanes decir mi nombre: "¡TABOOOOOO!".

Subo corriendo y al instante se siente raro no tener a Will, Apl y Fergie alrededor, pero tampoco me sentí perdido, no con mi compadre Juanes a mi lado. Mientras entramos en "La Paga", me alimenté de su energía y traje mi propia arma al escenario, y la multitud latinoamericana enloqueció.

Fue más que especial. Vi todas esas banderas sudafricanas agitándose. Luego el azul de Italia. El amarrillo de Brasil. Después el verde, blanco y rojo de México. Una a la izquierda. Una en el mero medio. Al final de mi primer verso, le grité a mi gente: "¡VIVA MÉXICO!".

Un aplauso masivo rebotó hacia mí, y más banderas mexicanas fueron levantadas a lo alto y con orgullo. Casi podía oír la respuesta atrasada: "Espera. ¡¿El asiático que da miedo en realidad es de MÉXICO?! ¿Es uno de nosotros?".

Al terminar el último verso, saqué una bandera verde, blanca y roja doblada de México, la desplegué, la alcé y levanté mi puño en un saludo.

Fue un momento poderoso para mí, mi cultura y la importancia que reconocí en tener una voz mexicoamericana. Tenía una voz en un evento televisado por el mundo y donde el deporte había traído a Corea del Norte al mismo campo de juego que Estados Unidos, en un país donde Nelson Mandela había sacrificado su libertad para derribar a la discriminación racial.

Sin embargo, en Estados Unidos, en un país que es el modelo de la democracia justa, había una injusticia que estaba cometiendo contra los latinos, y yo no veía la hora de volver para usar mi voz, pararme y hacer algo de ruido.

Cada vez que vuelvo a entrar a Estados Unidos —y en especial en la frontera con Canadá— el nombre "Gómez" siempre atrae algo de atención de la aduana. Siempre hay una lista larga de preguntas y, a veces, me han llevado a una oficina por las actividades de otros Jaime Gómez que andan por ahí rondando. En los aeropuertos y las fronteras, entiendo por qué el mismo nombre puede causar una señal de alerta.

Lo que no entiendo ni puedo aceptar es la idea de que alguien pueda ser parado en la calle, al azar, mientras él o ella sigue su rutina diaria, en un estado de Estados Unidos, solo porque *parecen ilegales.* Cuando digo "parecer ilegal", me refiero a alguien con origen latino.

Porque esa era la realidad de una nueva ley contra inmigrantes que había sido aprobada y firmada en Arizona en el verano de 2010. Su Gestapo dirá que el proyecto de ley 1071 no apunta a los latinos, sino *cualquiera* "que despierta una sospecha razonable". Pero ese es un discurso político de mierda. La realidad es que Arizona es visto como una entrada ilegal para los que cruzan las fronteras, y esos violadores de la ley casi siempre son latinos. Entonces, en el momento en que entregas una ley de caza-busca-y-deporta a policías que *no están entrenados* en la inmigración, hay solo un resultado: los perfiles raciales.

Estábamos en Berlín de gira por Europa a mitad de mayo —dos semanas antes de la Copa Mundial— cuando saltó en la conversación con Deja y Will. Mi primera reacción fue entrar a Twitter y comentar en contra de la ley.

Cuanto más lo pensaba, más enojado me volvía. Imagina el alboroto si el Gestapo de Arizona de repente empezara a parar gente porque tenían piel pálida y se veían ingleses, y *eso* era una razón de sospecha, dije.

Me tocó un nervio porque recordaba a Nanny y sus historias de cómo ella había sufrido de ese tipo de racismo de niña en Jerome, y me hizo pensar en lo que diría Nanny ahora.

—Tenemos que hacer algo al respecto —dijo Deja—. Tú eres un latino conocido.

—Pregúntate esto, Tab —dijo Will—. Mírate en el espejo y pregúntate "¿Te ves ilegal?".

Nunca me había sentido tan conmovido por algo como para hacer algo al respecto, pero no era lo suficientemente elocuente para pararme en un podio y presentar mi punto. Quería hacer lo que habíamos hecho históricamente con los Black Eyed Peas: quería usar a la música como un medio... pero pararme solo, como latino. Esto no se trataba de ser una celebridad con una causa. Se trataba de usar mi voz para hablar para los que no tienen una.

Los latinos son personas orgullosas, y lo único que quieren hacer es ganarse la vida y mantener a sus familias, trabajando en granjas, limpiando casas y cosechando fresas. Dan su sangre, sudor y trabajo duro para Estados Unidos —y entonces Arizona los señala y los hace vulnerables a una detención arbitraria. Tratándolos como el enemigo en vez de la fuerza laboral.

En la parte europea de la gira teníamos como telonera a la solista Cheryl Cole, la pequeña cantante inglesa quien es masiva en Londres y solo está esperado irrumpir en Estados Unidos. Will siempre ha creído en su talento y yo tuve la oportunidad de conocerla por primera vez en Europa. La muchacha es una súper estrella en el Reino Unido, y no podía creer la cantidad atención de la prensa que recibía a diario, entonces era admirable ver cuán natural y razonable era. Casi se sentía como si estuviera asombrada de estar de gira con los Black Eyed Peas —como si ella misma no lo creyera— y me gustaba su humildad. También estaba asombrado con la manera en que manejaba su equipo —la banda, los cantantes, su asistente Lily— y cuando escuché las voces de sus coristas Kristen y Sarah, les dije, "¡Aaah, ustedes deberían tener sus propios contratos discográficos!".

Fue durante una de las fiestas Bacardi de los Peas después del concierto —en París o Prague— que estaba sentado con nuestro baterista y productor musical Keith Harris hablando sobre la posibilidad de hacer un proyecto solista en contra del proyecto de ley 1070. Ahí fue cuando miré a través de la sala VIP, vi el duo dinámico de Cheryl y se me ocurrió una idea. Ya teníamos el ritmo. Lo que necesitábamos era la letra, y Kristen y Sarah dijeron que eran cantautoras.

Al volver a Londres a final de mayo, le mostramos el ritmo y empezaron a empaparse del tema, y comenzar a escribir. Solo había visto a Will trabajar más rápido que ellas. De repente, estaban escribiendo *"One heart, one beat..."* ("Un corazón, un latido").

Mientras me preocupaba por crear un enganche, su letra me inspiró y escribí *"...it takes one to fight for y'all, one man to stand up tall..."* ("solo se necesita uno que pelee por ustedes... un hombre de pie, con la cabeza alta...").

Entonces estaba Mooky, la otra tercera parte de Atban Klann y nuestro viejo amigo, quien todavía era amigo de todos nosotros y seguía haciendo lo que mejor hace: producir y escribir canciones. Mook y yo tenemos mucho en común: tuvimos hijos cuando éramos adolescentes, ambos hemos sido parte de las vidas de Will y Apl, y ambos hemos tenido nuestras luchas. Hoy, somos más amigos que nunca, y leyó un pasaje en mi casamiento. Él es, hoy día, una parte integral de mi equipo y, en Los Ángeles, se le ocurrió la línea: *"We're marching, we're*

marching...justice must be served" ("Estamos marchando, estamos marchando... la justicia debe ser servida").

De repente, esta canción se empezó a formar y tener ímpetu.

En la Copa Mundial, hablé con Juanes. "Me súper interesa, Tab... cuenta con mi apoyo".

Hablé con Shakira. Ella me apoyaba "a cada paso del camino".

Una vez de vuelta en Estados Unidos, fui a la casa de Eva Longoria para pedirle su apoyo. Visité a Óscar de la Hoya en una pelea —y ambos me apoyaron al cien por ciento. Cada uno me dio un breve videoclip con el mensaje que decía "Yo opongo al proyecto de ley 1070". Los grabé con mi cámara de video Flip que Cheryl Cole nos había dado a cada Pea como un regalo de agradecimiento.

Pero el verdadero golpe y honor sería conseguir el apoyo de Dolores Huerta, una de las figuras y activistas más poderosas de la comunidad latina. Ella había sido una fuerza activa con John F. Kennedy, Martin Luther King y César Chávez. Se había parado al lado de Bobby Kennedy en su podio en el Ambassador Hotel de Los Ángeles el 5 de junio de 1968, durante los momentos previos a su asesinato. Esta era una mujer cuyo poder para cabildear estaba empapado de historia.

Ella es una mujer de ochenta años que todavía tiene una pasión de una defensora estudiantil cuando se trata de representar a la gente latina, así que acordó no solo apoyar mi canción pero aparecer en el video. A nivel personal, sentí como si hubiera reclutado a la Madre Teresa o a Gandhi.

Nos habíamos conocido en otra ocasión durante la marcha de César Chávez en Los Ángeles, representando a los trabajadores de granja en 2007. Ella sabía donde estaba mi corazón, y ambos sabíamos el poder del mensaje en la canción. Lancé "One Heart, One Beat" —gracias al director Fernando Díaz— como un video viral a través de YouTube y Twitter, en julio de 2010, justo cuando un juez anunció una orden judicial temporaria que suspendía la ley en Arizona. El sentido común se apoderó del viento prevaleciente, pero el estado dijo que seguiría luchando. Al igual que nosotros.

Somos un mundo, una tribu, una gente, y en el camino hemos perdido la compasión por la humanidad. Pero entonces hay personas como Dolores Huerta. Nelson Mandela. Bono. Las voces de la razón. En los grandes ejemplos que la vida me continuó mostrando, me enseñó que solo se necesita que una persona alce la voz y hable para seguir tocando suavemente a la puerta. Una voz puede crecer y transformarse en millones de voces, de la misma manera en que una canción se puede bajar seis millones de veces. Si mantenemos eso en mente, lugares como Arizona quizás logran despertarse. Me gusta pensar que Dios hasta les da segundas oportunidades a los estados cuando la cagan.

El año 2010 parecía ser el año en que encontré mis alas. Primero, la oportunidad con Juanes. Luego "One Heart, One Beat". Y después, en agosto, el lanzamiento de mi propia línea de zapatos. El tema de "un sueño dentro de un sueño" se propagaba.

Desde que tengo doce años colecciono zapatillas. Por lo tanto, la necesidad de un cuarto para los zapatos en la casa. Soy un "proxeneta de las zapatillas" que tiene un desorden obsesivo-compulsivo cuando se trata de tanto mi calzado como el de la gente. Siempre estoy mirando el estilo, la marca, analizando el estilo y el color que eligieron. No soy un observador de personas. Soy un observador de zapatos.

Nunca pensé que llegaría el día en que tendría la suerte de entrar al juego de la moda y poner un sello en mi propia zapatilla. O por lo menos no lo pensé hasta la semana de la moda de 2008 en Nueva York cuando estaba de compras por Bloomingdale's. Agarré una zapatilla Jump del estante y comencé a hablar entusiasmadamente sobre su estilo con el hombre parado a mi lado.

—¿Tú eres de los Black Eyed Peas? —me preguntó este tipo, y le dije que sí, pensando que me pediría un autógrafo. Pero entonces se presentó.

—Hola, soy Victor Hsu, director de marketing para Jump Corp Footwear. Me alegra que te guste tanto ese zapato —me dijo. Le conté lo que me gustaba. Le conté de mi obsesión. Le conté lo que me gustaba usar sobre el escenario. Me dijo que me mandaría una mierda gratis. Entonces le dije que deberíamos colaborar en alguna cosa.

—Seguro —dijo.

Como bien se enteraría Victor, eso era todo lo que necesitaba escuchar. Lo perseguí por semanas diciéndole que quería trabajar con él. Guiado por uno de esos instintos poderosos, no lo podía dejar pasar. En el momento en que siquiera me imaginaba un trato con algún calzado, se me convirtió en un sueño al mismo nivel que buscar un contrato discográfico.

Comencé a irme a la cama, visualizando mi propia línea en los estantes de Bloomingdale's. "Lo voy a lograr", le decía a Deja a cada rato, "solo mírame".

Entonces, un día suena el teléfono y era Victor.

—Estamos por lanzar una nueva línea llamada Zeto —me dijo—, así que pensé que podríamos mezclar moda con música y hacer nuestra primera colaboración.

Para hacer el cuento corto, ellos armaron el plan para estas zapatillas de alta costura envueltas en bolsas de satén y cajas hechas de cajones, a $300 y se llamarían el Taboo X-Jump.

—¿Dónde las vas a vender? —le pregunté.

—Bloomingdale's —dijo Victor—, y Saks Fifth Avenue.

Me dieron ganas correr de norte a sur por Manhattan. Y luego me dieron ganas de ir a China. Quería ver como se hacían, quién las hacía y en que condiciones estaban hechas.

Soy un artista musical —me gusta darle la mano al productor.

No quería ser simplemente otro nombre agregando su nombre a un producto. Quería conocerlo a nivel íntimo y lograr meterme debajo de su piel de cuero. Así fue que me encontré en China, conocí a las cien personas por cuyas manos pasaron las zapatillas antes de llegar al estante. Los vi elegir el cuero, cortarlo, clavarlo, coserlo, hacerlo perfecto. Elaborando un sueño personal en el piso de una fábrica. Era increíble estar en la línea de ensamblaje, viendo las filas de personas sentadas con máquinas de coser en overoles azules, aplicando un enfoque intenso a su trabajo manual. Me picaron las ganas de hacer más cosas en China.

—No nos detengamos aquí —le dije—. Diseñemos una zapatilla más accesibles a nivel precio —le dije.

¿Y, adivina? En agosto de 2010, en una tienda de Foot Locker en Nueva York, lancé Taboo Deltah, haciendo zapatillas para las masas. Me gusta pensar que el producto final es parecido a este libro —te da la posibilidad de caminar en mis zapatos.

Antes, en la parte americana de la gira de THE E.N.D., había un chiste que consistía en yo saliendo a los clubes tambaleándome o cayéndome, rebotando de persona a persona. Ahora, lo único que me ve haciendo la "fam-er-ree" es sentarme a sorber té verde, yendo de persona a persona y mostrándoles filmaciones de mi hijo con mi celular: su primera vez en un carrito de supermercado, su primera vez sentado en una silla alta en un restaurante, su primera vez en la hamaca en el jardín, su primera vez en su corralito.

Me perdí de tantos momentos "primerizos" con Josh —y la primera mitad de mi carrera— que no quiero perderme ni un momento en esta segunda vuelta.

Jalen es el tipo de niño que irradia felicidad. Su cara cuenta toda la historia. Su cara me hace el día. Podría estar —lo he estado— en un humor de mierda, y lo único que necesito hacer es ver su sonrisa. Puede sonar súper cursi, pero la verdad a veces puede ser súper cursi.

Eso se ha vuelto lo más difícil de las giras: dejar mi hogar y mi familia. Estoy enfocado sobre el escenario, pero, en Australia y Japón, me encontré pensando mucho en Jaymie, Josh y Jalen y preguntándome qué estarían haciendo.

No quería seguir imaginándome la cara de Jalen de gira. Lo quería conmigo. Quería llevar conmigo su sonrisa y sus momentos "primerizos" como una libro de bolsillo lleno de memorias, y tenerlo conmigo en el avión y el autobús de gira, y detrás del escenario y devuelta en el hotel.

En el día antes de partir a la maratón AEG, mientras Jaymie arreglaba algo de ropa y me ayudaba a empacar, yo cargaba a Jalen, bien alto sobre mi brazo izquierdo. Me fui de la habitación, caminé por el pasillo y entré al baño, cerrando la puerta con llave.

Quería un momento entre padre e hijo.

Nos miré a ambos en el espejo: él curioso con su reflejo, sus dedos en sus encías, su boca abriéndose como un pez. Con mi mano derecha, saqué mi celular del bolsillo y sostuve el video enfocado en el espejo, grabándonos como si el lente fuera el ojo de otro.

Comencé a hablarle suavemente a su reflejo, en mi cabeza.

Le quería decir lo que él significaba para mí y la diferencia que había hecho; que algún día leerá esta historia y comprenderá cómo llegué a ser su papá.

Soy más fuerte ahora que estás aquí.

Quiero que sepas cuánto te quiero, que nunca te abandonaré y que siempre estaré presente a través de la vida. Tú tienes mi corazón. Yo te protegeré.

Estuve parado ahí por unos dos minutos, observándonos a él y a mí juntos, hasta que la escuché a Jaymie llamándome. Apreté "stop" y la filmación quedó guardada.

Seguía viendo ese momento en mi pantalla, una y otra vez, a través de la gira. Al verlo, notaba las cosas que extrañaba en el momento: la manera en que me toca la mano; la manera en que descansa su cabeza sobre mi hombro; la manera en que depende de mí; y la manera en que podría estallar del orgullo.

Se lo muestro a una azafata. Se lo muestro al portero del hotel. Se lo muestros a los guardaespaldas. Se lo muestro a cualquiera que lo quiera ver y escuchar.

En Londres, se lo muestro a las coristas de Cheryl, Kristen y Sarah. Estábamos escribiendo "One Heart, One Beat" cuando, al mirar la filmación de Jalen, dije algo impulsivamente:

—Lo que quiero hacer en serio es escribirle una canción a mi hijo.

Les conté la historia que te acabo de contar: sobre tener un momento a solas con él para decirle lo que significaba para mí, pero quería más que solo palabras. Quería transformarlo en una canción.

Kristen llamó al guitarrista de Cheryl y, juntos, escribieron el enganche. Durante las siguientes semanas, se transformó en una canción titulada "Innocence".

Es una canción con una atracción universal para cualquier padre orgulloso que entiende su legado. Espero algún día lanzarla.

Sin música, sin ritmo, no lleva la misma fuerza, pero hay una sección de la letra que escribió el equipo, y la comparto aquí porque expresan lo que siento más que cómo lo podría expresar yo:

Es el amor en tus ojos, o la manera en que resplandeces
La música en tu voz que le habla a mi alma
Tu inocencia me recuerda cómo alguna vez brillamos
Ha sido una subida difícil, pero nuestro tiempo es hoy
Tu risa alcanza para hacer que el mundo parezca tan libre

Tú vales por cada momento en que luché para creer

Por siempre en mi corazón

Juntos somos uno

Tú serás mi luz referente

Yo seré tu sol resplandeciente...

Jalen entró en mi vida cuando todo se había alineado de manera perfecta: el matrimonio, el éxito, la estabilidad financiera, la recuperación. Cuando la vida fiestera desapareció, una nueva vida comenzó, y la gracia trajo a esa nueva vida en la forma de Jalen.

En cuanto a Josh, es un joven muchacho ahora que me proporciona el mismo orgullo. Está creciendo y es muy ambicioso, y su enteraza excede cualquier cosa que yo le pueda haber enseñado. A los once, comenzó a aprender a rapear. A los catorce, se entrenó clásicamente en el piano. Autodidacta. Compró un libro llamado *Teach Yourself Piano* y sus instintos musicales hicieron lo demás. y hoy, está imitando Will, Apl y David Guetta. Es un DJ —un buen creador de ritmos— que ya esta siendo contratado y va por las fiestas de Los Ángeles.

Los Ángeles: 30 de marzo de 2010:

Estoy debajo del escenario, sobre una moto directo de la escenografía de Tron, amplia, negra y malandra con bandas laterales de color blanco neón que se brilla en la oscuridad.

Estoy inclinado hacia delante, brazos estrechado ampliamente sobre el manillar bajo, piernas hacia atrás. Cuero negro pulcro. La moto descansa en un ascensor que sube lentamente debajo del centro del escenario. Hay cuatro alambres que sostienen a la moto por delante y detrás. Confío en su durabilidad. Lo debo hacer ya que me están por levantar a cuarenta pies de altura del escenario y me van a pasear por arriba del público.

Solo estamos esperando la señal.

Arriba mío, fuera de visa, aplausos y silbidos comienzan a callar. Lo cual significa que el segmento de Apl acaba de terminar con su canción "Mare".

Las luces se oscurecen. Entonces hay un zumbido fuerte y estática eléctrica. Una frecuencia cambiando. Ahora sé que el público está viendo mi nombre centelleando en grandes letras Tron en la pared de pantallas de videos tan amplia como el escenario. Luego diferentes fotos en blanco y negro en seis pantallas de video. Nuevamente escucho cómo aumenta aquel sonido.

Este es mi momento más excitante de la noche.

Pero esta noche no se trata de los fans en la arena. Es sobre el público a través de Estados Unidos. Estamos siendo transmitidos en 3D en una emisión simultánea a 450 Regal Theaters agotados.

Es un momento primerizo para un concierto. Estamos rompiendo otro récord.

Mi canción "Rockin' to the Beat", comienza.

Estoy subiendo. Me siento, ojos ahora al nivel del escenario. El rugido ahora sube conmigo. Me están subiendo a lo alto, en cámara lenta, y esta multitud se aleja hacia mi derecha.

A cuarenta pies, mi moto hace girar cabezas —y me estoy moviendo para delante, arriba de un mar de cabezas. Rapeando. Volando. No me importaría estar cantando una canción de niños como "Baa Baa Black Sheep". Tampoco le importaría al público. Están aplaudiendo el espectáculo. Yo estoy viajando con la energía.

Estoy en la cima del mundo.

De las cien fechas, siempre fue este concierto en el Staples Center el que más nos entusiasmaba. Habíamos estado de gira durante casi ocho semanas, y este era nuestro concierto de bienvenida a casa.

Acabamos de terminar "Where Is the Love?" —la canción que nos lleva al set de los bis.

Pero Will están en el micrófono hablando sobre lo especial que ha sido esta noche. Es el comienzo de un monólogo que solo podría tener sentido en Los Ángeles.

Está bañado en sudor, pero está radiante. Todos lo estamos. Hay pancartas de cartón elevados por gente en el público: "EAST L.A." y "¡BOYLE HEIGHTS!". Veo una que dice "¡VIVA MÉXICO, TABOO!" y levanto mi puño al aire.

Apl saluda a una muchacha gritando por las Filipinas. Estamos rodeados de hermanos, no solo fans.

Allá afuera, en alguna parte, está mi viejo hermano Eclipse —el hombre que me dio un empujón hacia mi sueño. La primera persona en el mundo que creyó que tenía algo especial. Él está aquí con sus dos hijos, contándoles cómo empezó todo en los gimnasios de la escuela.

En otra sección está la señorita Moran y el señor Musgrave, mi maestra de lengua y arte de Rosemead High y mi maestro de matemáticas de Muscatel Junior; ambos aquí para decir lo orgullosos y contentos que están. Pero no está el señor Callahan, mi maestro de inglés, así que no sé que pensará él de mi historia —mi comienzo, desenlace y final.

Detrás del escenario están Deja y Mooky esperando. Siempre presentes.

Pero la felicidad más grande es saber que Boogaloo Shrimp está ahí con su mánager Jim White. Parado en la misma fila que Eclipse. Ambos habíamos crecido inspirados por él como bailarín. Al igual que Michael Jackson. Y ahí estaba yo, siendo visto por este pionero del *b-boying*, quien me inspiró a soñar a lo grande.

La vida dando la vuelta completa.

Todas estas figuras importantes están agregando a la emoción que todos estamos sintiendo, y Will le está explicando a los fans por qué significa tanto, y habla por todos nosotros.

Nosotros somos locales, dice, al igual que ustedes. Teníamos un sueño, dice, al igual que ustedes.

Y esta noche miramos en retrospectiva a nuestro viaje y no podemos creer que estamos aquí, actuando dentro del Staples Center a unas cuadras del lugar donde comenzó todo. No lo podríamos haber hecho sin el apoyo de ustedes. Son ustedes quienes nos ayudaron cumplir este sueño.

Gracias. ¡Gracias!

Es el final del bis después de "Boom Boom Pow". El momento sexual del concierto —y Staples está que arde.

Pareciera que cada una de las 18.000 personas estuvieran de pie saltando. Por todo el piso y apretado alrededor de la pista. En las gradas y afuera de las suites. El lugar entero está pulsando en tándem con el espectáculo de luces.

Bucky Jonson hace la señal para la última canción de la noche. El lugar estalla.

Seis luces tamaño nave espaciales arqueadas por arriba del escenario, emanan rayos centelleantes que inundan la arena de luz blanca. Luego se apagan.

Estoy brincando por la pista iluminada de azul, con una chaqueta de cuero rojo y pantalones negros.

Will, con su chaqueta plateada, salta enfrente: "Aplaudan las manos todos… Aplaudan las manos todos… Aplaudan las manos tooodooos", canta.

Fergie y Apl están detrás de nosotros, a mitad de la pista más cerca del escenario.

Juntos cantamos: "I Gotta Feeling…".

En unísono, el público emana un: "¡YUUU-JUUU!".

"That tonight's gonna be a good night…That tonight's gonna be a good night…".

Cualquier que sea esa sensación, captúrala, embotéllala y vívela.

Suéñalo.

Mantelo positivo.

AGRADECIMIENTOS

En alguna parte entre *The E.N.D.* y *The Beginning*, decidí escribir este libro, y así, mientras viajaba por el mundo, me encontré simultáneamente viajando a través de mi vida, vertiendo todo para afuera, tratando de comprender el viaje hasta ahora.

En el año entre diciembre de 2009 y diciembre de 2010, probablemente pasé el mismo tiempo hablando en una grabadora que cantando en un micrófono, y la producción del libro es igual que la creación de un sencillo, un disco o una gira —es un esfuerzo conjunto.

Al igual que con el sueño de los Black Eyed Peas, no podría haber hecho esto sin el mejor equipo a mí alrededor, así que mi agradecimiento se extiende a un reparto de miembros de mi familia, amigos y profesionales del libro:

Primero y principal, gracias a mi esposa Jaymie, quien ha estado desde el principio, cuando lo único que tenía era un sueño. Me cuidaste en las buenas y en las malas, creíste en mí, me apoyaste y reconociste el potencial del hombre que podría ser. Estoy tan bendecido de tenerte en mi vida, y que hemos seguimos enamorados y dedicados el uno al otro. Tú, tu amor, tu amistad y tu fuerza son realmente apreciadas todos y cada uno de los días.

Joshua Gómez —casi crecimos juntos, y tú me has enseñado tanto sobre la vida. Estoy honrado de tener la bendición de tenerte como mi primer hijo. Eres un alma vieja maravillosa y hermosa cuyo extenso conocimiento de la música y las artes continúa inspirándome. Tú eres el próximo en la fila. ¡Ve por ellos J/1der! Te amo con todo mi corazón, hijo.

Jalen "Kung Fu" Gómez —tú eres un sueño hecho realidad. Tu luz brilla fuerte en todas nuestras vidas y estar a tu lado es una verdadera alegría. Te veo y siento amor, y no puedo creer la alegría que has traído a nuestras vidas. Ay Dios mío. Eres una gran bendición para tu madre y para mí, y estoy tan emocionado al verte crecer y convertirte en lo que sea que quieras ser. ¡Ve por ellos Bam Bam! Te amo.

De seguro no estaría en ninguna parte si no fuera por mis "hermanos" Will y Apl. Ambos me han enseñado todo lo que sé sobre la música, el baile, la producción y el estilo, y les debo mucho de mi carrera a ustedes, por ver algo en mí como artista que me permitió vivir mis sueños más alocados. Gracias. Y luego está Fergie, a quien quiero agradecer por ser una "hermana" tan maravillosa y una influencia positiva. Me has mostrado mucho de lo que una súper estrella puede lograr dentro de un grupo, y de manera independiente. ¡Te amo, Ferg!

Polo Molina, gracias carnal. Tú viste algo en mí a los catorce años y me dijiste que me harías "famoso". ¡Míranos ahora! Gracias por tu confianza, guía y apoyo ilimitado.

Y ahora Mamá, Julio y Celeste —sé que hubo tiempos difíciles, pero sin esos dolores de crecimiento nunca hubiera sido la persona que soy hoy. Por eso les agradezo el amor que me dieron. Estuvieron ahí cuando más los necesité, y no sé si alguna vez les expresé mi agradecimiento, pero significa el mundo para mí. Rezo por que logren mostrarle ese mismo amor al resto de mi familia, quienes son extensiones naturales mías.

Un agradecimiento especial debe ir a David "Deja" Lara. Tú eres el verdadero significado de un amigo de la niñez, un hermano y un confidente. Estoy agradecido que entraste a mi vida, y estoy honrado de que ahora seas parte del equipo de Tab Magnetic. Sé que nos esperan cosas grandes en el futuro, y estoy deseando crecer nuestro imperio juntos. Sacudamos al mundo. ¡Qué viva el Montezuma Project!

Esas son las personas detrás de mi vida. Ahora paso a los que están detrás de este libro, quienes ayudaron a darle forma a esa vida para que se convierta en una historia, y al gran equipo dentro de la editorial Simon & Schuster. Mi gratitud inmensa va dirigida a:

Directora editorial Stacy Creamer quien, desde el momento en que nos conocimos, me impresionó con su visión y pasión contagiosa por este proyecto. No hubiera querido hacer esto con ninguna otra persona. Me guió, con una mano experta, a través de un territorio desconocido y hacia un producto del cual estoy orgullos. ¡Ha sido un gran viaje!

Mi coautor y cómplice, Steve Dennis. "¡¿Cuántos capítulos vamos a hacer, Steve?!". Gracias por tu paciencia, honestidad y talento, *mate*. Tú hiciste

AGRADECIMIENTOS

que este libro sea una cosa estupenda, y disfruté (la mayoría de) nuestro tiempo junto, de gira y en Los Ángeles.

Luego, agente literario Alan Nevins por creer en esta historia junto con H. Yu Esq., y logrando que se haga el libro; George Pajon, Printz Board, Keith Harris, Nick Lauher y Bobby Grant por ser mi memoria distante al recopilar eventos. También es la cámara de George la que ha captado expertamente muchas de las fotos de gira y detrás del escenario en este libro —proporcionando una nostalgia que nos transporta al momento en que comenzó todo.

Y el resto del equipo de Simon & Schuster: La mano derecha de Stacy Creamer, una mujer llamada Lauren Spiegel, por ser un eje crucial; correctora de estilo Patricia Morrison por tu meticulosidad y ojo experto; y Cherlynne Li por crear una cubierta tan impresionante. Gracias también a la asesora interna Emily Remes, diseñadora Ruth Lee-Mui, editor de producción Josh Karp, mánagers de producción George Turianski y Mike Kwan, director editorial asociado David Falk, mánager de marketing Meredith Kernan, director de publicidad Marcia Burch, mánager de publicidad Shida Car y editor administrativo Kevin McCahill. Gracias también a otros queridos amigos y familia: Fernando Diaz, por tu trabajo alucinante con las fotografías de la cubierta y por ser un gran hermano; Julio Godina por ser una parte integral del mismo equipo; luego mi suegra Vicky; y Roger; mi cuñada Leslie y Rolly Bayaca; y mi cuñado Anthony Dizon; y Cathy Dizon, por todo el amor y apoyo. No olvido la hospitalidad del personal de los restaurantes que sirvieron como bases para escribir: Teresita's en East L.A. y Canali en Venice Beach.

También quisiera agradecer a los fans que me han apoyado y los lectores que se han tomado el tiempo para leer mi historia. Espero que le dé esperanza a cualquiera que enfrenta las paredes de "no se puede" o "es imposible", y espero que mi historia sirva para recordarle a cualquier soñador que camine por un camino positivo, y haga lo que está en su corazón.

Finalmente, he guardado el gracias más grande para el final porque se merece una mención especial: Nanny —has sido el mejor sistema de apoyo en mi vida. Hasta en tu ausencia, me sigues formando e inspirando. Tú iluminas tu luz desde el cielo para que yo pueda seguir el camino correcto. Te amo con todo mi corazón y sé que nunca habrá otra persona como ti. Tú eres realmente única. Tu Jim definitivamente va a "ir por ellos". Gracias por simplemente creer en mi sueño.

Jaime Gómez